A Liturgia das Horas no Oriente e no Ocidente

Robert Taft, SJ

A Liturgia das Horas no Oriente e no Ocidente

As origens do Ofício Divino e seu significado hoje

Tradução:
Milton Camargo Mota

Paulinas

Edições Loyola

Título original:
The Liturgy of the Hours in East and West
– The Origins of the Divine Office and Its Meaning for Today

Liturgical Press, Saint John's Abbey, Collegeville, Minnesota, 56321, USA
ISBN 978-0-8146-1405-1

Dados Internacionais de Catalogação na Publicação (CIP)
(Câmara Brasileira do Livro, SP, Brasil)

Taft, Robert
A Liturgia das Horas no Oriente e no Ocidente : as origens do Ofício Divino e seu significado hoje / Robert Taft ; tradução Milton Camargo Mota. -- São Paulo : Edições Loyola : Paulinas, 2024. -- (Liturgia)

Título original: The liturgy of the hours in east and west : the origins of the divine office and its meaning for today.
Bibliografia.
ISBN 978-65-5504-348-8 (Loyola)
ISBN 978-65-5808-297-2 (Paulinas)

1. Cristianismo - História 2. Liturgia 3. Oração I. Título. II. Série.

24-214741 CDD-242.72

Índices para catálogo sistemático:
1. Liturgia das horas e contemplação : Literatura devocional 242.72

Tábata Alves da Silva - Bibliotecária - CRB-8/9253

Preparação: Andrea Stahel M. Silva
Capa: Ronaldo Hideo Inoue
Composição a partir da árvore simbolizando a passagem do tempo, extraída da imagem generativa de © Be Naturally, sobre a textura de fundo de © margo1778. © Adobe Stock.
Diagramação: Sowai Tam

Paulinas
Rua Dona Inácia Uchoa nº 62 – Vila Mariana
04110-020 São Paulo, SP
T 55 11 2125-3500
Telemarketing e SAC 0800-7010081
editora@paulinas.com.br
www.paulinas.com.br

Edições Loyola Jesuítas
Rua 1822 nº 341 – Ipiranga
04216-000 São Paulo, SP
T 55 11 3385 8500/8501, 2063 4275
editorial@loyola.com.br
vendas@loyola.com.br
www.loyola.com.br

ISBN (Paulinas) 978-65-5808-297-2
ISBN (Loyola) 978-65-5504-348-8

100790

Em memória de Bernard F. McSally
16 de setembro de 1928-7 de agosto de 1978

Sumário

Parte II
O Ofício Divino no Oriente cristão

Parte III
Liturgia das Horas nas tradições ocidentais

Parte IV
O que tudo isso significa

Abreviações

AC	*Antike und Christentum*
ACC	Alcuin Club Collections
ALW	*Archiv für Liturgiewissenschaft*
AM	Aureliano de Arles, *Regra para os monges*
ApTrad	Hipólito, *Tradição Apostólica*
AT	Antigo Testamento
AV	Aureliano de Arles, *Regra para as virgens*
BELS	Bibliotheca *Ephemerides liturgicae*, Subsidia
CCL	Corpus Christianorum Latinorum
CM	Cesário de Arles, *Regra para os monges*
CS	Cistercian Studies Series
CSCO	Corpus scriptorum Christianorum orientalium
CSEL	Corpus scriptorum ecclesiasticorum Latinorum
CV	Cesário de Arles, *Regra para as virgens*
DACL	*Dictionnaire d'archéologie chrétienne et de liturgie*
EL	*Ephemerides liturgicae*
HBS	Henry Bradshaw Society
HS	*Hispania sacra*
Id.	Idem
JTS	*The Journal of Theological Studies*
L	*Laudate*
LF	Liturgiegeschichtliche Forschungen
LMD	*La Maison-Dieu*
LQF	Liturgiewissenschaftliche Quellen und Forschungen

LXX	Septuaginta grega, AT
Mansi	J. D. Mansi, *Sacrorum conciliorum nova et amplissima collectio*
MGH	Monumenta Germaniae historica
NPNF	Nicene and Post-Nicene Fathers
NT	Novo Testamento
OC	*Oriens Christianus*
OCA	Orientalia Christiana analecta
OCP	*Orientalia Christiana periodica*
OS	*L'Orient syrien*
PG	Migne, *Patrologia Graeca*
PIO	Pontificio Istituto Orientale (Roma)
PL	Migne, *Patrologia Latina*
PO	Patrologia orientalis
POC	*Proche-orient chrétien*
RB	*Regra de S. Bento*
RevB	*Revue bénédictine*
RM	*Regra do Mestre*
SC	Sources chrétiennes
SRM	*Scriptores rerum Merovingicarum* (in MGH)
ST	Studi e testi
TU	Texte und Untersuchungen

Tabela do saltério

A numeração dos Salmos de acordo com a Septuaginta grega (LXX), a Vulgata latina, a Pšiṭta siríaca e a Bíblia hebraica

A numeração da LXX e da Vulgata é a mesma. As traduções modernas geralmente seguem a numeração da Bíblia hebraica. A literatura e liturgias siríacas seguem a numeração da Pšiṭta. O sistema LXX-Vulgata, seguido em todas as outras tradições orientais, no Rito Romano pré-Vaticano II, e em todas as fontes cristãs antes do advento das Bíblias vernáculas, é seguido aqui. Quando dois números são dados para um salmo, o segundo é da numeração hebraica.

LXX	*Pšiṭta*	*Hb*	*LXX*	*Pšiṭta*	*Hb*
1	1	1	112	113	113
2	2	2	{ 113,1-8	{ 114A	114
3	3	3	113,9-26	114B	115
4	4	4	114	{ 115A	{ 116A
5	5	5	115	115B	116B
6	6	6	116	116	117
7	7	7	117	117	118
8	8	8	118	118	119
{ 9,1-21	9	9	...	...	...
9,22-39	10	10	144	144	145
10	11	11	145	145	146
11	12	12	146	146	{ 147A
12	13	13	147	147	147B
13	14	14	148	148	148
...	...	...	149	149	149
...	...	...	150	150	150

Prefácio à edição brasileira

"Estai sempre alegres, orai incessantemente,
dai graças em todas as circunstâncias,
pois esta é a vontade de Deus a vosso respeito em Cristo Jesus"
1Ts 5,16ss.

"Ela [a celebração da Liturgia das Horas] constitui 'a oração pública da Igreja',
na qual os fiéis (clérigos, religiosos e *leigos*) exercem
o sacerdócio régio dos batizados..."
Catecismo da Igreja Católica, 1174.

O estudo sobre a Liturgia das Horas no Brasil ganha um reforço de inestimável profundidade com a publicação deste livro, que é fruto de uma pesquisa monumental feita pelo historiador de liturgia e padre jesuíta norte-americano Robert Francis Taft.

Já por ocasião da publicação de sua primeira edição, *Liturgia das Horas no Oriente e no Ocidente* ganhou em 1986 o prêmio da Associação de Editores Católicos dos Estados Unidos e Canadá de melhor livro de teologia publicado naquele ano na América do Norte. Além disso, o reconhecimento da importância da pesquisa feita por Taft adveio principalmente do fato de sua obra ter sido, em pouco tempo, elevada ao *status* de publicação de referência na área dos estudos litúrgicos, particularmente aqueles dedicados ao Ofício Divino. Ainda hoje seu livro faz parte de "bibliografias obrigatórias", sendo utilizado nas melhores instituições teológicas ao redor do planeta como um dos textos-base para o estudo da celebração da Liturgia das Horas. Portanto, ter esse livro editado no Brasil só pode ser motivo de alegria e satisfação, por ser uma ferramenta que poderá ajudar sobremaneira a todos aqueles que desejam se aprofundar no estudo da liturgia, particularmente a Liturgia das Horas.

Apesar da importância desse trabalho, padre Taft ainda é relativamente desconhecido no Brasil, mesmo entre os "entendidos" no que diz respeito aos estudos litúrgicos. Por essa razão, creio que convenha fazer uma breve apresentação de sua trajetória de vida.

Padre Robert Francis Taft (1932-2018) nasceu nos Estados Unidos e proveio de uma família que forneceu algumas contribuições notáveis para a política norte americana: seu primo, por exemplo, William Howard Taft, foi nada mais nada menos que o 27º presidente norte americano. Embora a família Taft fosse majoritariamente protestante, um avô, que era católico, tornou-se uma influência que levaria o futuro padre Robert a entrar no noviciado da Companhia de Jesus em 1949. Entre os jesuítas, Taft conheceu um colega que o levou a participar de uma celebração em um rito cristão oriental pela primeira vez. Nessa ocasião, como ele mesmo chegou a expressar, sentiu um "amor à primeira vista". Efetivamente, durante sua formação na Companhia, após ter terminado seus estudos em filosofia, foi enviado, em 1956, para fazer um período de três anos na Missão Jesuítica de Bagdá como professor de inglês em um colégio da Companhia. Aquilo que fora um "amor à primeira vista", foi então confirmado e se consolidou durante essa estadia no Iraque. É também relevante constatar que durante esse período nesse mesmo país, Taft conheceu o padre Juan Mateus, SJ (1917-2003), estudioso das liturgias orientais e que posteriormente iria ser seu orientador no doutorado. Esse encontro com Juan Mateus fez com que o jovem jesuíta tomasse para si o estudo da liturgia oriental como uma proposta de vida. De fato, voltando aos Estados Unidos, ele começou então a aprofundar seus estudos orientais, dedicando-se particularmente à língua russa. Em seguida, pediu permissão e migrou para a Igreja católica grega russa, sendo aí ordenado presbítero em 1963. Em 1975 obteve seu doutorado pelo Pontifício Instituto Oriental em Roma, ao defender uma tese sobre a *Grande Entrada da Divina Liturgia* (isto é, a preparação, a procissão e demais ritos relativos às oferendas na Divina liturgia de São João Crisóstomo). Em seguida, tornou-se professor nesse mesmo Instituto, cargo que exerceu entre os anos de 1975 a 2011. No período de 1995 a 2001 exerceu também o cargo de vice-reitor dessa venerável instituição romana. Foi ainda professor visitante na Notre Dame University (Indiana, EUA). Durante todo o longo período de docência, orientou várias teses doutorais, de modo que sua atuação lhe granjeou grande estima junto não apenas a seus alunos, mas também às igrejas orientais que foram conhecendo seu trabalho e dedicação. Ademais, desempenhou uma intensa atividade editorial: foi editor da revista especializada *Orientalia Christiana Periodica* por um período de três anos e, ao longo de toda sua vida acadêmica, publicou um volume impressionante de artigos e livros — sua bibliografia apresenta mais de 800 títulos! —, muitos deles traduzidos em vários idiomas. Essa intensa produção não lhe impediu de prestar outros serviços de grande importância como, por exemplo, a função de consultor de vários organismos do Vaticano, chegando a ter um papel crucial na famosa questão da aprovação da Anáfora dos Apóstolos Addai e Mari[1].

Embora tenha dedicado toda sua vida ao estudo da liturgia, padre Taft nunca aceitou muito bem o título de liturgista, preferia muito mais ser considerado um "historiador da liturgia". A esse propósito, como bem foi notado, há certa analogia entre seu trabalho e a obra do insigne pesquisador, também jesuíta, o padre Josef Andreas Jungmann, autor do célebre livro *Missarum Sollemnia*, publicado no Brasil em 2009. Como se sabe, a obra de Jungmann causou um grande impacto nos estudos histórico-litúrgicos, principalmente no que dizia respeito à missa no âmbito da Igreja Latina. Do mesmo modo, a pesquisa levada à cabo por Taft no âmbito da Divina liturgia bizantina resultou em uma obra que, em seu conjunto, reúne quase três mil páginas, marcando profundamente todos os estudos posteriores nesse campo. Tanto afinco nessa pesquisa motivou o carinhoso apelido de "Jungmann Bizantino", dado a Taft por um seu colega professor, tal fora a relevância de seus estudos para a tradição litúrgica oriental.

Ao se retirar da vida acadêmica em 2011, em seus últimos anos de vida foi morar nos Estados Unidos. Refletindo sobre a morte, às vezes dizia: "Não devemos ter medo da morte, nós morremos como vivemos, no amor do Senhor-Salvador, que morreu para nos salvar e não para nos condenar". Faleceu na

---

1. Trata-se da questão envolvendo uma das mais antigas anáforas que chegaram até nós por meio da tradição da Igreja caldeia — denominada *Anáfora Primeira* ou *Anáfora dos Bem-aventurados Apóstolos Mar Addai e Mar Mari* — e que apresentava a particularidade de não possuir o relato da instituição. Sobre essa questão, Cf. Pontifício Conselho para a Promoção da Unidade dos Cristãos, *Diretrizes para a Admissão à Eucaristia entre a Igreja Caldeia e a Igreja Assíria do Oriente*, 20 de julho de 2001, texto (em italiano) publicado na edição do jornal *L'Osservatore Romano* de 26 de outubro de 2001. Ver também o artigo de Giraudo, Cesare. L'anafora degli Apostoli Addai e Mari: la "gemma orientale" della *lex orandi*, in: Divinitas 47 (2004) 107-124.

Solenidade de Todos os Santos do ano de 2018 junto à comunidade dos jesuítas de Campion Center, em Weston (EUA).

Ferrenho defensor do Concílio Vaticano II e sua reforma litúrgica, padre Taft deixou um grande legado ao qual, ainda que numa pequena fração representada por este livro, agora os leitores brasileiros poderão ter acesso. Esta obra está organizada em quatro partes, e apresenta um amplo panorama da história do Ofício Divino. No Brasil, esse estudo é único em seu gênero, já que contempla, como o próprio título evidencia, a análise da celebração da oração para além da liturgia cristã no Ocidente. Na verdade, ao nos propor um estudo que engloba também a liturgia oriental, padre Taft realiza uma das grandes aspirações do Concílio, que nos convida a ter uma atitude de abertura a respeito do cristianismo como um todo:

> Conhecer, venerar, conservar e fomentar o riquíssimo patrimônio litúrgico e espiritual dos orientais é da máxima importância para guardar fielmente a plenitude da tradição cristã e realizar a reconciliação dos cristãos orientais e ocidentais (Decreto *Unitatis Redintegratio*, 15).

Por outro lado, nesse mesmo espírito de abertura, é preciso reconhecer que a Liturgia das Horas é ainda uma grande desconhecida na pastoral litúrgica da maioria de nossas paróquias no Brasil. Apesar de uma ou outra exceção, a "oração pública da Igreja" continua sendo uma espécie de monopólio do clero e dos religiosos. Malgrado iniciativas importantes da Igreja no Brasil, como o "Ofício Divino das Comunidades" — ou mesmo a tentativa de popularização da Liturgia das Horas mediante aplicativos de celular e a impressão de subsídios contendo seu ciclo mensal — a verdade é que a celebração comunitária da oração — e por "comunitária", entenda-se aqui todo o povo de Deus, não apenas as comunidades religiosas! — com a Palavra de Deus em seu centro, é ainda um dos grandes desafios a serem conquistados. Corre-se constantemente o risco de reduzir a uma mera retórica certas expressões solenes como, por exemplo, "a oração pública e comunitária do povo de Deus é com razão considerada uma das principais funções da Igreja" (*Instrução Geral da Liturgia das Horas*, 1).

Embora aqui e ali sejam feitos esforços louváveis, como já acenado, é preciso avançar mais, é preciso buscar todos os meios para que nosso povo possa ter amplo acesso aos "tesouros da Bíblia" como fora já preconizado pelo Concílio Vaticano II (cf. SC 51), e a esses tesouros, não se tem acesso apenas na celebração da Eucaristia: é preciso que o Ofício Divino entre também na nossa prática celebrativa comunitária.

Nessa linha, a de buscar todos os esforços possíveis, este livro representa certamente algo formidável, pois ele se configura como uma ajuda válida para a formação dos pastores e de todos aqueles que desejam se aprofundar no estudo da liturgia. Assim, apresenta-se como um agente catalisador para o resgate da grande tradição da Igreja no âmbito da oração e também tornar mais patente a graça operada pela Encarnação do Verbo que "trouxe a este nosso exílio o hino que se canta por toda a eternidade nas moradas celestes", assumindo nossas vozes na sua única voz que se eleva em um cântico divino e perene de louvor diante do trono de Deus (cf. SC 83 ss.).

Boa leitura!

Itaquaquecetuba, Segundo Domingo da Quaresma, 2023

Prof. Gabriel Frade

Prefácio

Alguém familiarizado com o estado real da Liturgia das Horas em toda a extensão e amplidão da maior parte da cristandade experimenta uma sensação vertiginosa de irrealidade nos períodos altaneiros em que os católicos exaltaram essa forma de oração. Tal retórica eclesiástica provocou comentários irônicos de J. D. Crichton em sua discussão dos números 83-101 da *Constituição sobre a Sagrada Liturgia*, do Vaticano II:

> A Igreja mantém uma elevada doutrina do ofício divino, mas sua prática deve ser considerada baixa. Em poucas igrejas, mesmo em igrejas catedrais, o ofício é cantado ou recitado, e em quase nenhuma paróquia se ouve alguma parte do ofício. É um setor da liturgia sobre o qual os leigos quase nada sabem e que, nos últimos tempos, tem causado grande ansiedade no clero[1].

Carl Dehne, em palestra sobre as horas no encontro anual da Associação de Liturgistas Jesuítas da Universidade de Georgetown, Washington, D.C., em janeiro de 1980, disse a mesma coisa em palavras diferentes. Ele contou como ficava empolgado ao ler, ainda jovem estudante do ensino médio, livros do movimento litúrgico como *O ano da graça da Igreja*, de Pius Parsch, repletos de afirmações retumbantes como: "Durante as noites do Advento [...] a Igreja reza sua verdadeira oração do Advento, as Matinas [...] com um tom de alegre confiança [...]", "Ao nascer do sol, a Igreja nos chama: 'Vigiai zelosamente; o Senhor nosso Deus está perto'", "Ao pôr do sol, a Igreja canta: 'Tu apareceste, ó Cristo,

1. Crichton, J. D., *The Church's Worship*, New York, Sheed and Ward, 1964, 187.

Luz da Luz'"[2]. Ele logo descobriu que praticamente em nenhum lugar do mundo fora dos mosteiros havia alguma voz levantada a Deus à noite, ao nascer do sol, ao pôr do sol ou em qualquer outro momento, com essas emocionantes palavras da oração das horas da Igreja.

Então alguém está tentando nos enganar? É claro que manter um pensamento positivo é um estratagema bem conhecido nos escritos da Igreja, uma espécie de assobio eclesiástico no escuro na esperança de que, se pintarmos a teoria com belas cores, talvez a realidade se mostre à altura do desafio. Mas, no caso do Ofício Divino, isso poderia parecer como aplicar uma transfusão a um cadáver. As páginas a seguir são o Ato de Esperança de um homem de que isso não seja verdade.

Em todo caso, não se pode dizer que é desnecessário um novo livro sobre a Liturgia das Horas. Se este satisfaz ou não a necessidade, deixo para os outros julgarem. Mas nenhuma história importante do Ofício Divino apareceu desde a virada do século XX, quando o campo era dominado pelos "B": *Geschichte des Breviers* em dois volumes, de Suitbert Bäumer (Freiburg im B., 1895), *Histoire du Bréviaire romain*, de Pierre Batiffol (Paris, 1898) e *Le Bréviaire romain*, de Jules Baudot (Paris, 1907). Os próprios títulos traem sua perspectiva agora ultrapassada: são histórias do *breviário*, um livro. Sabemos agora, e espero que o leitor também saiba, que a Liturgia das Horas é muito mais do que um livro de orações — razão pela qual a reforma do Ofício Romano inspirada no Vaticano II mudou seu nome.

Desde aqueles primeiros dias, grandes avanços foram feitos no estudo da oração pública da Igreja, e vários livros importantes apareceram: *Das Stundengebet der römischen Kirche*, de Joseph Pascher (Munique, 1954); *The Origins of the Modern Roman Liturgy*, de S. J. P. van Dijk e Joan Hazelden Walker (Londres, 1960); *The Breviary through the Centuries* (Collegeville, 1962) e *L'office divin au Moyen Âge* (Paris, 1967), de Pierre Salmon. Mas esses estudos se ocuparam exclusivamente dos ofícios latinos. Do período anterior ao meu recente estudo sobre os ofícios orientais, *The Liturgy of the Hours in the Christian East* (Cochin, 1984), não conheço nenhum livro geral sobre a Liturgia das Horas que inclua o material oriental.

2. PARSCH, Pius, *The Church's Year of Grace*, Collegeville, The Liturgical Press, 1957, v. I, 26, 114, 276.

Isso agora é necessário por causa da revolução na liturgiologia levada a cabo nos últimos cinquenta anos por historiadores da liturgia oriental. A própria distinção entre liturgia de catedral e liturgia monástica, um conceito que mudou radicalmente nossa perspectiva sobre a história inicial do Ofício Divino, foi desenvolvida pela primeira vez pelo orientalista alemão e fundador da escola de liturgia comparativa Anton Baumstark (falecido em 1948). Além disso, Baumstark e aqueles que vieram depois dele mostraram que a liturgiologia, como a filologia, é uma disciplina comparativa. Não se pode ser liturgiólogo conhecendo apenas uma tradição, assim como não se pode ser filólogo conhecendo apenas uma língua. O estudo clássico de Gabriele Winkler sobre as vésperas de catedral mostrou a preciosa utilidade dessa abordagem comparativa para estudos do ofício[3].

E, assim, os avanços em nosso conhecimento das origens, do significado e da história posterior da Liturgia das Horas foram produzidos recentemente e aos pedacinhos, muitas vezes em estudos extremamente técnicos e focados em revisões eruditas, ou em edições e comentários das primeiras fontes monásticas. O trabalho de Adalbert de Vogüé sobre a *Regra do Mestre* e, com J. Neufville, sobre a *Regra de São Bento*, e os estudos de Jordi Pinell sobre os ofícios ibéricos são apenas alguns exemplos das esplêndidas edições, comentários e estudos especializados agora disponíveis. Uma olhada nas notas de rodapé e na bibliografia mostrará a dívida que temos com esses e outros.

Mas é especialmente aos meus predecessores e colegas da Seção Litúrgica da Faculdade de Estudos Cristãos Orientais do Pontifício Instituto Oriental de Roma que deve ser dado o crédito. No último meio século eles fizeram mais do que qualquer outro grupo de estudiosos para aprimorar nosso conhecimento dos ofícios primitivos e orientais. Nomes como J.-M. Hanssens, A. Raes, J. Mateos e M. Arranz tornaram-se palavras familiares no campo da liturgiologia. Mateos sozinho revolucionou nosso estudo do ofício na Antiguidade Tardia.

Chegou a hora, talvez, de tentar uma síntese dessas descobertas recentes dispersas e das novas perspectivas que elas geraram. Para a história inicial do ofício, isso foi feito recentemente por Paul Bradshaw em seu excelente livro *Daily Prayer in the Early Church* (Londres, 1981). Meu próprio livro, que cobre uma extensão mais ampla da história, cresceu, como a liturgia, aos bocados.

3. Winkler, Gabriele, Über die Kathedralvesper in den verschiedenen Riten des Ostens und Westens, *ALW* 16 (1974) 53-102.

Baumstark disse em algum lugar que "die Geschichte der Liturgie aus Sonderentwicklungen entsteht" [a história da liturgia surge de desenvolvimentos especiais], e isso é eminentemente verdadeiro para esta obra também. A maior parte do capítulo 10 foi originalmente um artigo escrito em reação ao livro de Bradshaw e apresentado num encontro da Academia de Liturgia da América do Norte (Douglaston, NY, janeiro de 1983); foi publicado posteriormente em *Worship* (1984). Os capítulos 1-5, 12-15, 17 e 21-22 foram escritos sob pressão em quatro semanas durante o semestre da primavera de 1983. Começaram como uma série de palestras públicas, as Placid Lectures, proferidas em Roma, de 25 a 29 de abril de 1983. Trata-se de uma série anual, que ocorre em homenagem ao Pe. Placid J. Podipara (1899-1985), sacerdote carmelita de rito malabarense e ex-colega no corpo docente do Pontifício Instituto Oriental de Roma. Minha participação nas palestras de 1983 foi devida à persistência de meu amigo Pe. Albert Nambiaparambil, CMI, na época diretor do Centre for Indian and Interreligious Studies, Roma, que patrocina as Placid Lectures. Por trás de sua persistência estava o *lobby* de meus numerosos alunos indianos de pós-graduação no Instituto Oriental, que queriam ver se eu poderia falar sobre suas tradições também em inglês.

A entusiástica recepção das palestras, junto com mais encorajamento de Pe. Albert, resultou na produção apressada de uma redação um tanto ou quanto ampliada e documentada do que foi dito nas palestras. Ela foi publicada em Cochin, Kerala, em janeiro de 1984. Como as coisas haviam chegado a esse ponto, e o livro foi calorosamente recebido por aqueles a quem o enviei, decidi fazer o que sempre aconselhei outros a *não* fazerem: intrometer-me num campo que se estende além do limite de minha especialidade e rematar o livro para um público maior adicionando capítulos sobre os ofícios ocidentais.

Visto que a liturgia ocidental é muito mais estudada que a oriental, presumi ingenuamente que isso seria fácil: não me preocuparia, o trabalho estava feito — bastava-me ler e costurar tudo. Mas, de alguma forma, a Gália parece ter se perdido na confusão. Não encontrei nada confiável sobre os ofícios gálicos, de modo que me vi forçado a voltar às fontes. Muito do capítulo 6 é resultado dessa nova pesquisa. Com esse ímpeto, fui estimulado também a dar uma olhada nas fontes originais de todo o material ocidental — o Mestre, Bento, os Padres Ibéricos — embora, nesse caso, a maior parte do trabalho já tivesse sido feita, graças aos estudiosos que cito, principalmente De Vogüé e Pinell.

Claro, num trabalho com este escopo, deve-se estar atento ao que Helmut Leeb diz na introdução ao seu estudo dos ofícios de catedral jerosolimitanos:

> Em nosso tempo, o que se exige da pesquisa em história da liturgia é que produza resultados claros e seguros. Nesses resultados, os fatos estabelecidos devem ser claramente distinguidos das hipóteses. Por causa dos métodos de pesquisa refinados dos estudos litúrgicos de hoje, com sua atenção a questões especiais e detalhadas, a obra abrangente de um só autor cobrindo uma vasta área torna-se cada dia mais problemática e impossível. Muitas asserções incertas teriam de ser apresentadas, muitas hipóteses teriam de ser arriscadas, justamente porque uma pessoa não pode mais abarcar com a vista todas as diversas ciências. Hoje, um liturgista generalista como Anton Baumstark [...] cada vez mais está se tornando uma raridade[4].

Portanto, não posso pretender apresentar aqui uma história completa da Liturgia das Horas em todas as tradições, nem mesmo em qualquer tradição. Isso exigiria um volume para cada tradição.

Meu objetivo foi mais modesto. Na Parte I, tentei oferecer uma história completa das origens e do significado da Liturgia das Horas durante o período formativo da Antiguidade Tardia. Considero isso absolutamente essencial para mostrar o que o Ofício Divino realmente significa. Como historiador das tradições litúrgicas cristãs, tenho a convicção inabalável de que uma tradição só pode ser entendida geneticamente, com referência às suas origens e evolução. Aqueles que ignoram a história são prisioneiros do mais recente clichê, pois não têm nada para usar como comparação. Isso é o que o conhecimento do passado pode nos fornecer. O conhecimento do futuro seria igualmente eficaz, mas infelizmente ainda não está disponível para nós.

Isso não significa que nossa ignorância do futuro nos faça escravos do passado. Pois, sim, conhecemos o presente; e no presente o passado é sempre instrutivo, mas não necessariamente normativo. O que fazemos hoje é regido não pelo passado, mas pela adaptação da tradição às necessidades do presente. A história só pode nos ajudar a decidir quais são os elementos essenciais dessa tradição e os parâmetros de sua adaptação.

A Parte II tenta apresentar não mais do que um relato resumido das principais horas do ofício nas principais tradições existentes no Oriente cristão hoje. A Parte III oferece o mesmo para as horas ocidentais, embora os problemas peculiares dos desenvolvimentos litúrgicos ocidentais nessa área tenham exigido maior atenção à história do ofício desde a Idade Média do que no caso do

---

4. Leeb, Helmut, *Die Gesänge in Gemeindegottesdienst von Jerusalem (vom 5. bis 8. Jahrhundert)*, Vienna, Herder, 1970, 21 (Weiner Beiträge sur Theologie 28).

Oriente. A Parte IV é mais reflexiva do que fruto de pesquisa, uma tentativa de entender o significado da Liturgia das Horas na vida da Igreja.

O que proferi nas palestras públicas, que formaram o núcleo original deste livro, era forçosamente dirigido a um público mais amplo do que aquele com um interesse profissional no estudo da liturgia. Espero que o mesmo se aplique a este livro. É obra de quem gostaria de se considerar um estudioso litúrgico. É também obra de quem gosta de rezar em comum a Liturgia das Horas. Assim, apesar das partes técnicas do livro, espero que seja legível para aqueles cuja piedade se nutre do louvor comum a Deus na oração da Igreja.

Com isso em mente, tentei reduzir as notas de rodapé ao essencial. Sempre que possível, tratei fontes patrísticas e históricas conhecidas como trato a Bíblia: referências a livro, capítulo, número ou versículo são dadas no corpo do texto sem referência a uma edição, sempre que julguei que isso seria suficiente. Qualquer pessoa moderadamente familiarizada com essa literatura deve ser facilmente capaz de encontrar uma edição do original em uma das coleções padrão. Referências a fontes secundárias também são limitadas tanto quanto é compatível com a obrigação de dar crédito a ideias que não são minhas, ou de indicar estudos importantes na área. Pelas mesmas razões, a bibliografia se limita às obras secundárias mais importantes sobre o Ofício Divino. O leitor que desejar consultar essas obras encontrará abundantes referências para uma bibliografia adicional.

O livro foi elaborado para que o leitor interessado em apenas uma ou algumas das tradições tratadas nas Partes II-III possa ler essas seções seletivamente, sem perda de continuidade. Mas as partes I e IV devem ser lidas na íntegra, e os capítulos 18-19 são essenciais para uma compreensão da história peculiar das horas no Ocidente.

São muitas as pessoas com quem tive o privilégio de oferecer a Deus o sacrifício de louvor que é a Liturgia das Horas, especialmente a comunidade da Igreja Católica Russa de Santo Antônio Abade em Roma; alunos e colegas do Programa de Pós-Graduação em Estudos Litúrgicos da Universidade de Notre Dame; e comunidades religiosas e monásticas que vão desde as Irmãs Basilianas Bizantinas do Monte Santa Macrina em Uniontown, Pensilvânia, Arquiabadia de São Meinardo, Abadia de São João e Abadia do Getsêmani nos Estados Unidos; até Chevetogne na Bélgica; Camaldoli, a Abadia de Praglia, a Abadia Grega di Grottaferrata e o Mosteiro Católico Ucraniano de Estúdio em Castelgandolfo, todos na Itália; e Dayr Abu Maqar no deserto egípcio. Eles compartilharam sua oração comigo; eu compartilho meu livro com eles. Que isso os ajude a compreender melhor e a amar ainda mais o louvor de Deus na Liturgia das Horas.

Agradecimentos

Agradeço aos editores de *Worship* e a The Liturgical Press, Collegeville, Minnesota, pela permissão de usar nos capítulos 4 e 15 o material do meu artigo "Praise in the Desert: the Coptic Monastic Office Yesterday and Today" (*Worship* 56 [1982], 513-536); nos capítulos 5, 6 e 10, "*Quaestiones disputatae* in the History of the Liturgy of the Hours: the Origins of Nocturns, Matins, Prime" (*Worship* 58 [1984], 130-158); no capítulo 21, "The Liturgical Year: Studies, Prospects, Reflections" (*Worship* 55 [1981], 2-23); aos editores de The Liturgical Press novamente pela permissão de usar no capítulo 17 algum material de meu "Sunday in the Eastern Tradition" (originalmente publicado em M. Searle [org.], *Sunday Morning: a Time for Worship*, 1982, 49-74). Agradeço também aos editores de *Diakonia*, John XXIII Center, Fordham University, NY, pela permissão de usar no capítulo 21 parte do meu artigo "Thanksgiving for the Light: Toward a Theology of Vespers" (*Diakonia* 13 [1978], 27-50); e aos editores de *Sobornost*, incorporando a agora extinta *Eastern Churches Review*, por me permitir reutilizar no capítulo 13 alguns parágrafos de meu artigo "On the Use of the Bema in the East-Syrian Liturgy" (*Eastern Churches Review* 3 [1970],30-39).

Agradeço também aos meus colegas Juan Mateos, SJ, do Pontifício Instituto Oriental, Roma, Hans Quecke, SJ, do Pontifício Instituto Bíblico de Roma, Gabriele Winkler da St. John's University, Collegeville, e John Allyn Melloh, SM, da Universidade de Notre Dame, por lerem partes do manuscrito e fazerem sugestões úteis; à Sra. Pat Palmer da Universidade de Notre Dame, e à irmã Maria Grazia, SDC, e o senhor Maurizio Domenicucci, do Pontifício Instituto Oriental, pela digitação da maior parte do manuscrito; e a Michael Naughton, OSB, de The Liturgical Press, por seu árduo trabalho na edição do livro e sua publicação, bem como por suas sugestões valiosas para melhorar o manuscrito.

Parte I
A formação da tradição

1

Prólogo: oração cristã no Novo Testamento e seu contexto judaico

À parte a questão do culto no templo, não há dois autores que pareçam concordar nem mesmo sobre elementos fundamentais dos serviços e orações judaicos na época de Cristo. Havia serviços públicos na sinagoga diariamente, ou apenas em determinados dias? Quantas horas de oração privada havia diariamente? Quais eram elas? E por quê? Não tenho competência para responder a essas perguntas. E, o que é mais importante, não creio que seja necessário ter essas respostas. Os *detalhes* dos sistemas de oração judaicos foram menos importantes para o desenvolvimento do Ofício Divino do que geralmente se acredita, e é impossível demonstrar uma ligação direta entre ambos, apesar das tentativas nesse sentido no passado. Os judeus rezam em horários determinados. Os cristãos também. Os primeiros convertidos judeu-cristãos talvez até recitassem as mesmas orações nos mesmos horários que seus contemporâneos judeus. As orações matinais e vespertinas parecem ter sido as horas mais constantes e importantes da oração judaica. Isso também se tornará verdade para os cristãos. E, sem dúvida, os temas e tipos do Antigo Testamento, e até mesmo seus textos, fizeram parte da matéria da oração cristã desde o início. Para além de tais generalidades, há obscuridade e especulação.

Textos do Novo Testamento a respeito da oração

Se excluirmos aquelas asserções do Novo Testamento acerca do que hoje chamamos de "sacramentos" — textos relativos à Ceia do Senhor, batismo, imposição das mãos, unção dos enfermos —, ficaremos com quatro categorias de textos relativos à oração no Novo Testamento:

1) referências a Jesus e outros em oração;
2) exortações e comandos para orar;
3) instruções sobre como orar;
4) orações e hinos reais.

Desses textos, aprendemos que os cristãos oravam "diariamente" (At 2,46), até mesmo "constantemente" (1Ts 1,2). Oravam quando estavam sozinhos (At 10,9), quando estavam juntos (2,46), quando estavam separados (20,36-38; 21,5). Rezavam em casa (At 2,46; 10,9; 12,5.12), no templo (2,46; 3,1; Lc 24,53) ou na sinagoga (13,14-15). Em suas orações, usavam salmos bíblicos, cânticos e bendições, ou composições de um gênero literário semelhante[1]. Suas orações incluíam louvor e bênção, agradecimento, confissão de fé[2]; e petições para vencer a tentação, ou cumprir a vontade de Deus, para o perdão de seus perseguidores, a salvação de Israel, para ajuda na pregação do evangelho, a vinda do reino, o perdão dos pecados, para governantes e a paz que somente eles podem nos assegurar, para sabedoria, santidade, impecabilidade, força e perseverança, fé, esperança, amor, saúde, revelação, iluminação e o dom do Espírito[3]. Às vezes, eles ficavam "repletos do Espírito Santo" (At 2,4) e profetizavam ou oravam em línguas (At 2,11; 10,46; 1Cor 14).

Quanto ao ensino e comandos explícitos concernentes à oração, o Novo Testamento ordena que os cristãos orem persistentemente (Mt 7,7-12; Lc 11,5-13; 18,1-8), até mesmo constantemente (Lc 18,1; 21,36; Ef 6,18; Cl 4,2; 1Ts 5,16-18) com fé e confiança (Mc 11,24; Lc 18,1), mas humildemente (Lc 18,9-14), e sem hipocrisia ou ostentação ou muitas palavras (Mt 6,5-8). Finalmente, eles devem estar sempre vigilantes (Lc 21,36; Cl 4,2), vigiando e orando para não cair em tentação (Mt 6,13; 26,41; Lc 11,4). Um modelo é fornecido no pai-nosso (Mt 6,9-13; Lc 11,2-4): os cristãos devem rezar a Deus como Pai, e é sugerida uma série de intenções exemplar, mas de maneira nenhuma exaustiva. E eles rezavam em

1. "Salmos e hinos e cânticos espirituais": Colossenses 3,16-17; Efésios 5,18-20; especificamente hinos cristãos: Filipenses 2,6-11; Colossenses 1,15-20; Efésios 2,14-16; 5,14; 1 Timóteo 3,16; 1 Pedro 3,18-22; Hebreus 1,3; Prólogo de João; bendições etc.: Lucas 1,46-55.68-79; 2,29-32.

2. Romanos 1,8; 15,6.9-11.30-32; 1 Coríntios 1,4; 2 Coríntios 1,3 ss.; 1 Tessalonicenses 1,2; 2,13; 2 Tessalonicenses 1,3; Efésios 1,3.9 ss.; Colossenses 1,3 ss.; Filipenses 1,3 ss.; 2 Timóteo 1,3; 1 Pedro 1,3 ss.; Filêmon 4 ss.

3. Ver, por exemplo, Mateus 5,44; 6,9-15; 9,38; 26,41; Marcos 14,38; Romanos 10,1; 1 Coríntios 1,4; 1 Tessalonicenses 3,11-13; Efésios 1,15 ss.; 3,14-19; 1 Timóteo 2,1 ss.

nome de Jesus (Mt 18,19-20; Jo 14,13-14; 15,16; 16,23-26; 1Cor 1,2; Cl 3,17). Essa doutrina sobre a oração do Novo Testamento, mais descritiva do que exaustiva, contém uma ordem frequentemente repetida que a tradição posterior aplicará à Liturgia das Horas, a ordem de "orar incessantemente" (1Ts 5,16-18; Cl 4,2; Ef 6,18; Lc 18,1).

A oração no Novo Testamento e no judaísmo do século I

Havia formas e horários fixos de oração cristã neste período inicial, formas e horários que pudessem ser vistos como o ancestral remoto de nossa Liturgia das Horas? É difícil generalizar. No século I, antes da separação entre Igreja e sinagoga, e antes da destruição do Templo em 70 d.C., sabemos que os judeu-cristãos na Palestina participavam do culto na sinagoga e no templo. Mas parte disso era uma regressão de uma liberdade precedente e maior perante a Lei Antiga[4]. E os judeu-cristãos helenísticos certamente consideravam suplantado o culto no templo (At 6,8 ss.)[5]. A Primeira Carta aos Coríntios, um documento do cristianismo gentio, é o texto mais antigo e explícito do Novo Testamento relativo ao culto cristão. 1 Coríntios 11 tem a ver com a Ceia do Senhor, mas o capítulo 14, o único texto do Novo Testamento que é um verdadeiro tratado sobre o culto cristão[6], descreve uma assembleia com glossolalia, revelações, profecia, doutrina, salmodia, bênçãos, ações de graças e fórmulas como "*maranatha*" e "amém". Outras epístolas contêm mais fórmulas, a *pax* etc.[7] Mas não parece possível postular nenhuma conexão direta, exceto no sentido mais geral, entre esses dados e o que mais tarde se tornou a Liturgia das Horas.

Mais relevante do que qualquer relação direta entre *formas* judaicas ou cristãs primitivas de oração pública e o ofício posterior é, talvez, o costume judaico de rezar *em horários estabelecidos*[8]. Há pouco acordo sobre os horários

---

4. Hahn, F., *The Worship of the Early Church*, Philadelphia, Fortress Press, 1973, 42.

5. Ibid., 58 ss.

6. Ibid., 68.

7. Romanos 15,33; 16,16.20.27; 1 Coríntios 1,3; 12,13; 16,19-24; 2 Coríntios 1,2 ss.; 13,12-14; Gálatas 1,3-5; 6,18; Efésios 1,2; Colossenses 1,2; 4,18; Filipenses 1,2; 4,9.23; 1 Tessalonicenses 1,1; 2,28; 2 Tessalonicenses 1,2; 3,16.18; 1 Timóteo 1,2; 6,21; 2 Timóteo 1,2; 2,18.22; Tito 1,4; 3,15; Filêmon 3; Hebreus 13,21; 1 Pedro 1,2; 5,14; 2 João 3; 3 João 15; Judas 2,25; etc.

8. Nesta seção, estou me baseando, em parte, em Beckwith, R. T., The Daily and Weekly Worship of the Primitive Church in Relation to its Jewish Antecedents, in: Id. et al.,

da oração judaica nesse período, o que não é de admirar, pois o judaísmo do século I estava longe de ser uniforme. Havia várias escolas de pensamento: fariseus, saduceus, essênios... Além disso, a maioria dos primeiros convertidos judeu-cristãos era de judeus helenistas, e dispomos de menos informações sobre os costumes judaicos fora da Palestina. Para agravar o problema, a liturgia judaica desse período, embora não totalmente amorfa, era em grande parte não codificada[9]. Portanto, já não é possível simplesmente postular um único padrão judaico de dois sacrifícios diários no templo (de manhã e à tarde), paralelamente a dois momentos de oração privada nos mesmos horários, que por sua vez conduziriam supostamente a duas principais horas cristãs do louvor matinal e das vésperas. Em vez disso, vemos um padrão misto: uma recitação dupla do Shemá de manhã e à tarde, que nos círculos rabínicos se junta a uma oração privada diária *tripla* — e aqui o momento de oração adicional é a hora nona, um padrão que, segundo alguns, pode ter surgido de uma mudança da hora do sacrifício do templo: do crepúsculo vespertino para as 15h00. Acrescentem-se a isso os usos essênios, bem como as práticas dos terapeutas descritas por Fílon; a evidência de Daniel 6,10, Salmos 55/56,17, 2 Henoc 51,4; e, finalmente, o Novo Testamento e o testemunho cristão primitivo de um sistema de manhã-meio-dia-tarde no judaísmo no período do Novo Testamento — então os precedentes judaicos para os horários da oração cristã mostram-se muito mais confusos do que às vezes parecem. Portanto, tudo o que se pode dizer sobre a influência dos horários da oração judaica na oração cristã no período apostólico é, a meu ver, o seguinte. A oração judaica era centrada no templo, na sinagoga e no lar.

I. Templo

Havia dois sacrifícios diários no templo, de manhã e à tarde, e o Novo Testamento nos diz que os primeiros cristãos "estavam sem cessar no Templo, bendizendo a Deus" (Lc 24,53) e, "de comum acordo, iam diariamente ao Templo com

---

Influences juives sur le culte chrétien, Louvain, Abbaye du Mont César, 1981, 89-122 (*Textes et études liturgiques 4*); e Bradshaw, P., *Daily Prayer in the Early Church*, London, SPCK, 1981 (ACC 63), e New York, Oxford University Press, 1982, caps. 1-2.

9. Sobre as formas de oração judaicas e sua codificação, ver especialmente Heinemann, J., *Prayer in the Talmud Forms and Patterns*, Berlin/New York, Walter de Gruyter, 1977 (Studia Judaica 9); Hoffman, L. A., *The Canonization of the Synagogue Service*, Notre Dame/London, University of Notre Dame Press, 1979.

assiduidade" (At 2,46). No entanto, como Bradshaw apontou, Atos (3,11–4,31; 5,12-42) também deixa claro que esses cristãos se reuniam no Pórtico de Salomão como um grupo separado, para pregar Jesus como o Cristo, motivo pelo qual eram perseguidos por outros judeus[10]. Portanto, esses textos sobre o templo dificilmente podem significar que os primeiros cristãos de Jerusalém simplesmente deram continuidade a seu culto judaico usual sem mais problemas.

II. Sinagoga

Não está exatamente claro o que a oração coletiva da sinagoga abrangia durante o século I cristão, nem em quantos dias ela era realizada. Mas parece que havia serviços públicos na sinagoga pelo menos nos dias de mercado (segunda-feira e quinta-feira) e, claro, no sábado. Beckwith postula um padrão de quatro serviços: oração da manhã, oração adicional (a qualquer hora), oração da tarde e oração da noite[11]. Pelo menos no sábado, ao que parece, havia cultos matinais e vespertinos, e a assembleia matinal incluía uma recitação do Shemá e da Tefilá ou bendições[12], além de leituras da Lei e dos Profetas. Lucas 4,16-30 descreve a participação de Jesus em um desses serviços. Por outro lado, Epifânio (*Adv. Haer.* 29,9) fala de apenas três horários de oração na sinagoga entre os judeus: "de manhã, no meio do dia e à tarde, três vezes ao dia, em que eles dizem suas orações nas sinagogas".

O Novo Testamento nos relata que Paulo frequentava as sinagogas locais em suas viagens missionárias antes de 61 d.C., mas, como mostram os textos, ele o fazia no intuito de pregar Cristo e foi perseguido por seus esforços (At 9,20-23; 13,5–14,7; 16,13-24; 17,1-17; 18,4-19; 19,8-10), de modo que isso dificilmente pode ser apresentado como prova de culto cristão nas sinagogas. Na verdade, parece que os primeiros judeu-cristãos logo formaram uma sinagoga para si próprios. A Carta de Tiago, dirigida aos convertidos judeus por volta de 49-58 d.C., refere-se a "vossa sinagoga" (2,2) e, mais tarde, por volta de 70-80, o Evangelho de Mateus tem Jesus aconselhando seus seguidores a rezar em casa

---

10. Bradshaw, *Daily Prayer*, 24.

11. Beckwith, Daily and Weekly Worship, 96 ss. Esse é o padrão da *Tefilá* na *Mishná*, Berachot 4,1 (ver nota 13 abaixo).

12. Sobre Shemá, cf. abaixo. Duas versões do texto das bendições são dadas em Dugmore, C. W., *The Influence of the Synagogue upon the Divine Office*, Westminster, The Faith Press, 1964, 114-125 (ACC 45).

em vez de na sinagoga (6,5-6), e fornece prova inequívoca da tensão entre Igreja e sinagoga naquela época (10,17; 23,34).

III. Lar

Com a oração doméstica cristã primitiva, estamos em terreno mais seguro. Sabemos que os primeiros judeu-cristãos "todos, unânimes, eram assíduos à oração" (At 1,14), e que essa oração às vezes era feita em comum, em casas particulares (2,1.46; 4,23-31; 12,5.12). Essa oração formal se dava em horários estabelecidos todos os dias? E, em caso afirmativo, isso estava em continuidade direta com os horários de oração judaicos? O problema em interpretar os horários regulares da oração privada judaica é que temos evidências de vários sistemas distintos. Em primeiro lugar, havia a recitação do Shemá no início e no final do dia. O Shemá, mais um credo do que uma oração, compreendia quatro passagens que resumiam a Lei: o Decálogo; Deuteronômio 6,4-9; 11,13-21; e Números 15,37-41. Essas perícopes eram precedidas por duas bendições de ação de graças, pela criação e pela revelação. Tudo era concluído com uma bendição em ação de graças pela redenção do Egito e, ao cair da tarde, com uma oração pelo descanso.

A oração judaica por excelência era a Tefilá ou bendições, recitada em particular três vezes ao dia (Dn 6,10). Mas em que momentos? O costume rabínico era rezar a Tefilá pela manhã, tarde e noite, mas outros textos — Salmos 55,17 (54,18), 2 Henoc 51,4; Epifânio, *Adv. Haer.* 29,9 — referem-se à oração pela manhã, ao *meio-dia* e à tarde. Embora haja evidências de uma conexão entre o sacrifício do templo vespertino e a oração privada (Sl 140/141,2; Esd 9,5-15; Dn 9,20-21; Jt 9,1-14, Lc 1,10), não está claro que as horas de Tefilá correspondiam às horas da oferenda do templo ou às horas fixadas para a recitação do Shemá, pelo menos na época do Novo Testamento. A *Mishná*, Berachot 4,1[13], permite a Tefilá da manhã a qualquer hora antes do meio-dia e a Tefilá da tarde a qualquer hora antes do pôr do sol. A oração durante o dia não tinha horário fixo.

13. Berachot 4,1: "A Tefilá da manhã [pode ser dita a qualquer hora] até o meio-dia. R. Judah diz: Até a quarta hora. A Tefilá da tarde [pode ser dita a qualquer hora] até o pôr do sol. R. Judah diz: Até o meio da tarde. A Tefilá do anoitecer não tem tempo definido; e a Tefilá Adicional [pode ser dita] a qualquer hora durante o dia. R. Judá diz: Até a sétima hora". *The Mishnah*, trad. inglesa de H. Danby, Oxford University Press, 1933, 5. A Tefilá adicional aparentemente era feita apenas na sinagoga: ver Ibid., Berachot 4,7.

Posteriormente, contudo, as bênçãos da manhã e da tarde foram combinadas com a recitação dupla do Shemá.

Além disso, havia também a oração de grupos como os essênios na Palestina e os Terapeutas, judeus helenísticos no Egito. Os textos pertinentes de Qumran são, na melhor das hipóteses, ambíguos e abertos a várias interpretações, mas parece que os essênios também oravam três vezes por dia — de manhã, ao meio-dia e à tarde[14]. Além disso, realizavam vigílias noturnas, dedicadas ao estudo da Lei. À parte algumas referências nos Salmos, essa é a única evidência de oração noturna no judaísmo palestino. Segundo a descrição de Fílon (13 a.C.-*c.* 45-50 d.C.), em *Da vida contemplativa* 27-28, 83-89, os Terapeutas rezam privadamente ao raiar do dia e ao fim da tarde, e realizam vigília comum no sábado. Mas outra fonte egípcia, *O livro dos segredos de Henoc*, aparentemente escrito no Egito por um judeu helenístico no início da era cristã, e mencionado por padres cristãos alexandrinos como Clemente e Orígenes, atesta o sistema mais tradicional de oração três vezes ao dia: "É bom ir de manhã, ao meio-dia e ao entardecer à morada do Senhor, para a glória de vosso Criador" (2 Henoc 51,4)[15].

Por fim, Flávio Josefo (37 a.C.-*c.* 101 d.C.), em seu livro *Antiguidades Judaicas* 4, 212 ss., parece atribuir um lugar privilegiado à oração da manhã e da tarde. Além disso, ele explica o espírito dessa oração em termos semelhantes aos usados posteriormente pelos Padres da Igreja ao falar do louvor matinal e das vésperas:

> Duas vezes por dia, ao amanhecer e quando chegar a hora do repouso; que todos reconheçam diante de Deus as bênçãos que ele lhes concedeu por meio de sua libertação da terra do Egito. Ação de graças é um dever natural, e é prestada tanto em gratidão pelas dádivas passadas quanto para inclinar o prestador para outras que virão.

Portanto, se juntarmos e peneirarmos todos os indícios sobre horários de oração do templo, sinagoga, Shemá e Tefilá, parece difícil negar que manhã e tarde constituíam os períodos para oração mais gerais e privilegiados nas várias tradições do judaísmo no período em discussão.

---

14. Ver Bradshaw, *Daily Prayer*, 4 ss., para os textos e suas interpretações conflitantes.

15. Charles, R. H., *The Apocrypha and Pseudoepigrapha of the Old Testament in English*, Oxford University Press, 1913, 2:461A. Sobre as origens desta fonte, ver Ibid., 425.

Os primeiros cristãos observavam esses horários de oração judaicos? É impossível dar uma resposta definitiva a tal pergunta. Mas o Novo Testamento conhecia o Shemá (Mt 22,37; Mc 12,29-30; Lc 10,26-27; 1Cor 8,4-6), e também retrata Jesus rezando pela manhã (Mc 1,35) e à tarde (Mt 14,23; Mc 6,46; Jo 6,15). Além disso, como os essênios e os Terapeutas, Jesus também mantinha vigília à noite (Lc 6,12). Mais tarde, em Atos, vemos os discípulos orando na terceira hora (2,1.15), na sexta (10,9) e na nona (3,1; 10,3.30). A última, pelo menos, é referida explicitamente como "a nona hora de oração", e é possível que as outras duas horas também tenham sido definidas como horas de oração. Além disso, os discípulos imitaram Jesus ao rezar à noite (At 16,25; 2Cor 6,5). E a vigília pela vinda do noivo em Mateus 25,1-13 e passagens relacionadas (Mt 9,14-15; Mc 2,18-20; 13,33-37; Lc 5,33-35; 13,35-40; cf. 1Ts 5,2; Ap 3,3; 16,15; 19,9) pode refletir uma vigília pascal quartodecimana protocristã em que, de acordo com a transformação cristã da apocalíptica judaica posterior, a segunda vinda do Senhor era aguardada[16].

Mais tarde, encontramos material litúrgico nos escritos deuteropaulinos do período subapostólico, como Colossenses 3,16-17 (cf. Ef 5,18-20):

> Que a palavra de Cristo habite entre vós em toda a sua riqueza: instruí-vos e adverti-vos uns aos outros com plena sabedoria; cantai a Deus, em vossos corações, a vossa gratidão, com salmos, hinos e cânticos inspirados pelo Espírito. Tudo o que podeis dizer ou fazer, fazei-o em nome do Senhor Jesus, dando graças, por ele, a Deus Pai.

Essa e outras passagens (por exemplo, 1Cor 14,26; Ef 5,14; Tg 5,13) realmente nos dizem apenas que os cristãos tinham salmos, hinos, leituras e orações em suas reuniões. Portanto, devo confessar meu extremo ceticismo em relação a todas as tentativas de ver uma ligação direta entre, de um lado, o que começa a emergir nos séculos III e IV como um *horarium* cristão-gentio de oração diária em horários fixos e, de outro, a primitiva participação cristão-judaica na oração

16. Cf., por exemplo, *Targum Exodi* 12:42, trad. de R. Le Déaut, 96-99 (SC 256); Eusébio, *História Eclesiástica* V, 24:2-5; *Ev. Heb.* (*c.* 120-140), ed. A. Wilmart, 58 (ST 59); Jerônimo (398), *Comm. in Matt* 4, 25:6; Lactâncio (antes de 311), *Div. inst.* 7, 19:3. Sobre essa questão, ver Strobel, A., *Ursprung und Geschichte des frühchristlichen Osterkalendars*, Berlin, Akademie-Verlag, 1977, 29-46 (TU 121); Le Déaut, R., *La nuit pascale. Essai sur la signification de la Pâque juive à partir du Targum d'Exode XII 42*, Roma, Pontifical Biblical Institute, 1963 (Analecta Biblica 22).

judaica durante o período do Novo Testamento. Como veremos, a ordem no Antigo Testamento de oferecer sacrifícios no templo de manhã e à tarde certamente influenciou a posterior Liturgia das Horas cristã. Mas eu veria isso como parte da difusão geral dos temas do Antigo Testamento no pensamento cristão a partir do século III, em vez de uma continuidade ininterrupta com o cristianismo judaico anterior. É nesse período posterior que o sábado é assimilado ao domingo como um dia de Eucaristia quando é proibido o jejum; que os temas do sacerdócio do Antigo Testamento são aplicados ao ministério cristão e assim por diante.

É claro, não pretendo negar toda a influência das formas de culto judaicas na oração e no culto dos primeiros cristãos. A *Didaqué* e o livro VII das *Constituições Apostólicas* são prova positiva de tal influência, e também podemos tomar como estabelecida a influência da *berakah* e de outros gêneros de oração judaica na oração cristã, notadamente a anáfora. Os escritos de Audet, Bouyer, Ledogar, Ligier, Talley, Giraudo e outros, embora nem sempre em unanimidade, mostram claramente que a conexão existiu. Quanto às horas escolhidas para a oração, pode-se admitir, como veremos mais tarde, até mesmo uma continuidade direta em certas áreas como a Palestina e o Egito, onde as primeiras comunidades cristã e judaica eram inicialmente indistinguíveis e desde muito misturadas. Por fim, é perfeitamente óbvio que a Bíblia, com seus salmos, cânticos e tipologia, forneceu a matéria-prima e os símbolos do que mais tarde viria a ser a Liturgia das Horas. Um exemplo paradigmático é o desenvolvimento do tema da luz no Novo Testamento e o posterior uso cristão de imagens do sol. Esse tema influenciou o simbolismo da iniciação cristã, Páscoa e Natal (*Natalis solis invicti*); influenciou a questão da orientação na oração; e influenciou um motivo-chave do louvor de catedral matutino e das vésperas. Portanto, a Liturgia das Horas tem uma dívida clara com nossa herança judaica. Mas não posso concordar com Dugmore e outros que tentam ver uma continuidade maior, pois as evidências simplesmente não garantem isso.

Conclusão

A meu ver, o máximo que podemos afirmar sobre o pano de fundo judaico e neotestamentário da Liturgia das Horas é que os cristãos, como os judeus, adotaram o costume de rezar em horários fixos, e que os momentos mais importantes para a oração litúrgica pública em comum em ambas as tradições eram o início e o fim do dia. Mas essas são horas de oração naturais em qualquer tradição.

Alguns gostariam de ver as três horas do dia — terceira, sexta e nona — como paralelas aos horários judaicos para a oração privada. Essa pode ser uma visão defensável pelo menos para o Egito, onde os convertidos judeu-cristãos helenísticos podem muito bem ter seguido os costumes judaicos mais estritamente antes que as perseguições, especialmente sob o imperador Adriano (117-138), tivessem tornado a identificação com os judeus claramente indesejável[17]. Mas mesmo isso não é seguro. De qualquer forma, o ofício que nos foi transmitido é produto do cristianismo gentio, e uma ascendência judaica direta não pode ser demonstrada. Na verdade, todos os indícios apontam no outro sentido: a ausência do Salmo 140 (141), o clássico salmo vespertino cristão, na oração judaica da tarde é apenas um exemplo notável.

Muito mais importante do que qualquer conexão judaica para a história posterior do ofício é o elemento novo e puramente cristão no Novo Testamento: a crença de que o Pai nos salvou em Cristo Jesus e que vivemos uma nova vida nele. O Novo Testamento está repleto de hinos exultantes de alegria e agradecimento por essa nova criação[18], e é isso que está na base do hino de louvor que os cristãos elevam ao Pai dia após dia, de manhã, à tarde e à noite. E continuarão a fazê-lo até o fim dos tempos.

17. Sobre o cristianismo egípcio primitivo e o judaísmo, ver ROBERTS, C. H., *Manuscript, Society and Belief in Early Christian Egypt*, London, Oxford University Press, 1979.

18. João 1,1-17; Filipenses 2,6-11; Colossenses 1,15-20; Efésios 1,3 ss.; 2,14-16; 1 Timóteo 3,16; 1 Pedro 3,18-20; Hebreus 1,3.

2

Oração diária na igreja pré-constantiniana

O século I

I. A *Didaqué*

A primeira referência explícita e inequívoca a um sistema de oração diária na Igreja primitiva é *Didaqué* 8, que fornece o mateano "Pai Nosso" com a doxologia "Pois teu é o poder e a glória pelos séculos", seguido da rubrica: "Orareis, assim, três vezes por dia". Alguns consideram isso um substituto judeu-cristão deliberado para a recitação duas vezes ao dia do Shemá. De acordo com Audet, a *Didaqué* é uma composição antioquense datada de 50-70 d.C.[1], não muito posterior ao *corpus* paulino autêntico e contemporânea dos Evangelhos sinóticos.

II. Primeira carta de Clemente Romano, aos coríntios

Quanto à oração em horários estabelecidos, a primeira testemunha cristã é 1 Clemente 40,1-4, da última década do primeiro século. As horas não são especificadas, mas a expressão "em horas fixas" ocorre três vezes no capítulo:

> devemos fazer com ordem (*taxei*) tudo aquilo que o Senhor nos mandou cumprir nos tempos fixos (*kata kairous tetagmenous*). Mandou-nos realizar oferendas (*prosphoras*) e serviços (*leitourgias*), não ao acaso ou desordenadamente, mas em tempos e horas fixos (*ôrismenois kairois kai hôrais*)...

---

1. Audet, J.-P., *La Didaché. Instructions des Apôtres*, Paris, J. Gabalda, 1958, 219 (Études bibliques).

O que temos aqui é mais uma exortação à ordem da Igreja, baseada nos paralelos do Antigo Testamento, do que uma descrição do que realmente estava acontecendo. Mais importante para a Liturgia das Horas é a passagem de 1 Clemente 24,1-3, o texto cristão mais antigo que atribui um valor simbólico às horas do dia:

> Amados, consideremos como o Senhor nos manifesta sem cessar a ressurreição vindoura, cujas primícias ele as concedeu no Senhor Jesus Cristo, ressuscitando-o dos mortos. Amados, vemos que a ressurreição ocorreu de acordo com o tempo. O dia e a noite nos mostram uma ressurreição: a noite se põe, o dia se levanta; o dia se vai, a noite aparece.

O século III

I. Clemente de Alexandria (morto por volta de 215)

É apenas no início do século III, no Egito, que vemos horários fixos para a oração na terceira, sexta e nona horas, bem como ao levantar-se, antes de se retirar e durante a noite. Clemente de Alexandria insiste que o verdadeiro cristão deve rezar sempre, mas, de acordo com o que ele diz, está claro que horários fixos para a oração já eram um costume estabelecido em alguns círculos: "Ora, se alguns designam horas fixas para a oração, como a terceira, a sexta e a nona, o gnóstico, por outro lado, reza durante toda a sua vida" (*Stromata* VII, 7, 40:3). Em outro lugar, Clemente menciona a oração ao se levantar, antes de se retirar, à noite e antes das, durante e após as refeições (*Pedagogo* II, 9-10; *Stromata* VII, 7, 49:3-4). Mas esses momentos de oração parecem ser dados mais como exemplos da oração incessante do gnóstico do que como horas distintivas e fixas de oração.

Em *Stromata* VII, 7, 43:6-7, Clemente dá testemunho do antigo costume cristão de orientação na oração, baseado no tema de Cristo, luz do mundo e sol da justiça, simbolizado pelo sol nascente no Oriente[2]:

---

2. A respeito desse tema, cf.: Dölger, F. J., *Die Sonne der Gerecktigkeit und der Schwarze*, Münster, Aschendorff, 1918 (LF 2 [14]); Id., *Sol salutis. Gebet und Gesang im christlichen Altertum, mit besonderer Rücksicht auf die Ostung in Gebet und Liturgie*, Münster, Aschendorff, 1921 (LF 4/5 [16/17]); Id., Sonne und Sonnenstrahl als Gleichnis in der Logostheologie des christlichen Ahertums, *AC* 1 (1929) 271-290; Id., Konstantin der Grosse und des Manichäismus. Sonne und Christus im Manichäismus, *AC* 2 (1930) 301-314; Id.,

> E, visto que a alvorada é uma imagem do dia do nascimento e o lugar de onde avança a luz, que brilhou primeiramente nas trevas, também alvoreceu um dia de conhecimento da verdade para os que estão envoltos em trevas; orações são feitas em direção ao nascer do sol no Oriente, em concordância com o sistema do sol.

Esse tema, assim como a prática da oração voltada para o Oriente, irá se tornar um lugar-comum na tradição cristã a partir do século III.

Clemente é também nossa primeira testemunha patrística do caráter escatológico da oração cristã à noite. Isso também se tornará um traço fundamental de todas as vigílias cristãs. No *Pedagogo* 2,9, Clemente diz:

> Devemos, portanto, dormir de modo que sejamos facilmente acordados. Porque é dito: "Permanecei em traje de trabalho e guardai as vossas lâmpadas acesas. E sede como quem espera o seu senhor voltar das núpcias, a fim de lhe abrir logo que ele chegar e bater. Felizes daqueles servos que o seu senhor ao chegar encontrar despertos" (Lc 12,35-37). Pois um homem adormecido não tem mais utilidade do que um morto. Portanto, devemos nos levantar com frequência à noite e bendizer a Deus. Pois bem-aventurados os que vigiam por ele e, por isso, se tornam semelhantes aos anjos, a quem chamamos de "vigilantes". Um homem dormindo não vale nada, não mais do que se não estivesse vivo. Mas quem tem a luz vigia, e as trevas não o vencem (Jo 1,5), nem dorme, porque as trevas não dormem. Portanto, aquele que é iluminado está desperto para Deus, e tal pessoa vive. Pois o que se fez nele foi a vida (Jo 1,3-4). "Feliz o homem", diz a Sabedoria, "que me ouve, todos os dias velando à minha porta, montando guarda no meu limiar" (Pr 8,34). "Portanto, não durmamos como os outros, mas sejamos vigilantes", dizem as Escrituras, "e sóbrios. Aqueles que dormem, é de noite que dormem, e os que se embriagam, é de noite que se embriagam", isto é, na escuridão da ignorância. "Mas nós, que somos do dia, sejamos sóbrios" (1Ts 5,6-8). "Todos, com efeito, sois filhos da luz, filhos do dia: nós não somos nem da noite, nem das trevas" (1Ts 5,5).

---

diversas notas breves em *AC* 3 (1932) 76-79, 282; Id., Lumen Christi, *AC* 5 (1936) 1-43 (trad. francesa de M. Zemb, Paris, Cerf, 1958); Id., Sonnengleichnis in einer Weinachtspredikt des Bischofs Zeno von Verona. Christus als Wahre und ewige Sonne, *AC* 6 (1940) 1-56; PELIKAN, J., *The Light of the World. A Basic Image in Early Christian Thought*, New York, Harper and Brothers, 1962. Ver também cap. 3, nota 15.

"Sentinelas" ou "vigilantes" é o termo comum para os anjos no cristianismo siríaco até hoje[3], e a noção de que os monges e monjas que mantêm vigília à noite enquanto o mundo dorme o fazem imitando os anjos, que não precisam dormir e nunca interrompem seu hino interminável de louvor, também se tornará um lugar-comum na tradição posterior. A vida religiosa será uma "vida angelical" não apenas por causa do ideal de continência absoluta, mas também por causa da regra da oração ininterrupta.

II. Orígenes (morto por volta de 254)

Orígenes, em seu tratado *Sobre a Oração* 32, também se refere ao costume de rezar voltado para o Oriente, "olhando para onde nasce a verdadeira luz". No trecho do capítulo 12,2 da mesma obra, ele também conhece apenas quatro horários de oração diária: manhã, meio-dia, tarde e noite. A passagem é também a nossa mais antiga menção do Salmo 140 em referência à oração da tarde, um salmo que mais tarde se tornaria o núcleo das vésperas ao longo de toda a cristandade:

> Ora sem cessar quem combina sua oração com as obras necessárias, e atividades adequadas com sua oração, pois seus atos virtuosos ou os mandamentos que cumpriu são tomados como parte de sua oração. Só poderemos tomar o dito "Orai sem cessar" (1Ts 5,17) como possível se pudermos dizer que a vida inteira do santo é uma poderosa oração integrada. De tal oração, uma parte é o que geralmente se chama "oração" e não deve ser realizada menos de três vezes por dia. Isso fica claro na prática de Daniel, que, ameaçado por um grande perigo, orou três vezes ao dia (Dn 6,10). E Pedro, subindo ao terraço para rezar por volta da sexta hora, momento em que também viu o vaso descendo do céu, atado pelas quatro pontas (At 10,9.11), dá um exemplo do tempo intermediário dentre os três momentos de oração mencionados por Davi antes dele: "Pela manhã, ouvirás a minha voz, ó Senhor; pela manhã, me apresentarei a ti, e te contemplarei" (Sl 5,3). O último dos três é indicado nas palavras: "minhas mãos erguidas, a oferenda da tarde" (Sl 140,2). Mas não passaremos devidamente nem mesmo a hora da noite sem tal oração, pois Davi diz: "À meia-noite levanto-me para celebrar-te por causa das tuas justas decisões" (Sl 118,62), e Paulo, conforme relatado nos Atos dos

3. Ver Gelineau, J., Données liturgiques contenues dans les sept madrošé "de la nuit" de saint Ephrem, *OS* 5 (1960) 107-121.

Apóstolos, à meia-noite, junto com Silas em Filipos, orou e cantou louvores a Deus, para que os presos também os escutassem (At 16,25)[4].

Com essas três horas de oração durante o dia no Egito do século III, é possível que tenhamos um reflexo do uso judaico. Orígenes cita Daniel 6,10, e já vimos que 2 Henoc 51,4 (um texto apócrifo dos judeus helenísticos do Egito no início da era cristã, citado por Clemente e Orígenes em outros escritos) diz: "É bom ir de manhã, ao meio-dia e ao entardecer à morada do Senhor, para a glória de vosso Criador"[5]. O cristianismo alexandrino primitivo estava intimamente ligado à grande comunidade judaica helenística de Alexandria antes das revoltas e massacres dos judeus sob Trajano (66-70) e novamente sob Adriano (117-138), forçando os cristãos a se distanciarem de seu passado judaico[6].

De qualquer maneira, Bradshaw está certo ao rejeitar a interpretação usual das fontes alexandrinas que tentam encaixar Clemente e Orígenes — ou até mesmo a *Didaqué* — num padrão posterior de "horas menores" de terça, sexta e nona[7]. Embora Clemente soubesse da oração à terça, sexta e nona horas, o padrão alexandrino inicial parece ter sido a oração pela manhã, ao meio-dia, à tarde e à noite. Bradshaw propôs isso como o "primeiro padrão de oração diária encontrado neste período", ao qual ele atribui uma "origem apostólica"[8]. Mas não tenho certeza de que esse padrão egípcio primitivo seja realmente um *horarium* da oração diária, em vez de apenas outra maneira de dizer "reze sempre", como nossa expressão "manhã, tarde e noite".

III. Tertuliano (morto após 220)

Tertuliano também conhecia o costume da orientação na oração (*Apologia* 16; *Ad nationes* 1,13), bem como outras "rubricas", como quando se levantar ou se ajoelhar (*Sobre a oração* 23; *Sobre o jejum* 14), todas as quais mostram uma crescente padronização da oração cristã. Muito mais importante para nossos propósitos é o fato de encontrarmos nos escritos de Tertuliano a primeira

4. Trad. inglesa adaptada de Jay, E. G., *Origen's Treatise on Prayer*, London, SPCK, 1954, 114-115.

5. Cf. cap. 1, nota 15.

6. Cf. cap. 1, nota 17.

7. Bradshaw, *Daily Prayer*, 47-50.

8. Ibid., 57-59.

descrição do que viria a ser, no final do século IV, o sistema clássico de oração cristã diária: oração obrigatória no início e no final de cada dia, com a oração altamente recomendada também na terceira, sexta e nona horas, e à noite.

O capítulo 25 de seu tratado *Sobre a oração*, escrito entre 198 e 204, descreve essa oração diária da seguinte forma:

> Com relação ao tempo [de oração], entretanto, a observância externa de certas horas não será inútil. Refiro-me àquelas horas comuns que marcam os intervalos do dia: a terça, a sexta e a nona, que são consideradas mais solenes nas Escrituras. Na terça hora, o Espírito Santo foi primeiramente derramado sobre os discípulos reunidos (At 2,15). Pedro, no dia em que teve a visão de toda a comunidade naquele pequeno vaso, subiu ao terraço para rezar à hora sexta (At 10,9). Ele entrou no templo com João à hora nona, quando restaurou a saúde do paralítico (At 3,1). Embora essas horas simplesmente existam sem nenhum comando para sua observância, ainda é bom estabelecer um precedente que possa reforçar a admoestação de rezar e nos afastar de nossos afazeres para esse dever como se fosse por lei, para que, no mínimo, rezemos não menos de três vezes ao dia [...] o que, conforme lemos, Daniel também observou, certamente em concordância com a disciplina de Israel. Claro que isso se soma às orações regulares, que são devidas sem nenhuma advertência no início da luz e da noite.

Tertuliano prossegue dizendo que os cristãos também devem rezar antes das refeições ou antes de ir para o banho, e quando estão com convidados (capítulo 26), e até mesmo indica a salmodia como parte dessa oração comum cristã (capítulo 27): "Os mais diligentes em rezar estão acostumados a adicionar nas orações o Aleluia e salmos deste tipo, ao final das quais aqueles que estão junto podem responder". Ele parece querer dizer que os salmos com Aleluia ou algum outro responsório como parte do próprio texto — por exemplo, LXX Ps 110-118 e 145-150 — foram escolhidos para que a companhia pudesse responder no final dos versos.

Em outro lugar, Tertuliano também menciona o costume de levantar-se durante a noite para rezar[9]. Ele até mesmo se refere a assembleias noturnas ("*nocturnis conuocationibus*") em *Para sua esposa* II, 4,2. E em sua *Apologia* 39,18, escrita em 197 d.C., ele fornece nossa evidência mais antiga para a ceia ágape com seu ritual da lâmpada ao cair da tarde, antepassado remoto do *lucernarium* das vésperas de catedral: "Depois da ablução das mãos e de trazerem

9. Tertuliano, *Para sua esposa* (*c.* 203) II, 5:2; Id., *Apologia* 39:18.

as luzes, alguém capaz se põe no centro e canta a Deus um hino da Sagrada Escritura ou de sua composição [...] assim, a festa é igualmente encerrada com oração" [tal como começou; ver 39,17].

Tertuliano apenas não explica por que considera estatutária a oração da manhã e da noite e os horários somente quase obrigatórios, mas pode-se aceitar, sem hesitação, a interpretação costumeira de que ele está se referindo ao preceito de dois sacrifícios diários no templo em Êxodo 29,38-41; 30,7-8; Números 28,3-8. Tanto Crisóstomo quanto Cassiano (*Inst.* II, 3:1) posteriormente destacam matinas e vésperas da mesma maneira, e Crisóstomo em seu *Comentário sobre o Salmo 140*,3, remete a obrigação ao preceito do Antigo Testamento.

E as horas do dia? Tertuliano dá a entender que os cristãos as escolheram como horários de oração porque eram sinalizadas publicamente: "essas três horas, como mais significativas nos afazeres humanos que dividem o dia, distinguem os negócios do comércio, que ressoam publicamente" (*Sobre o jejum* 9:10). O capítulo 25 de seu tratado *Sobre a oração* citado acima fornece uma motivação semelhante — "aquelas horas comuns que marcam os intervalos do dia" —, além de citar textos bíblicos que se tornarão a justificativa clássica para as "horas menores" nos escritos patrísticos posteriores.

Joan Hazelden Walker apontou que o costume de anunciar publicamente essas divisões do dia não era geral[10], mas a hipótese de Tertuliano não se debilita ou se fortalece com a existência ou inexistência de um sinal público audível para anunciar essas horas. Doze horas eram as divisões normais do dia, como vemos na parábola dos trabalhadores da vinha (Mt 20,3-5) e nos textos patrísticos já citados, assim como as quatro vigílias eram as divisões normais da noite (Mc 6,48; 13,35). Era costume dividir essas doze horas em grupos de três. Portanto, as horas terça, sexta e nona eram pontos normais de referência no mundo antigo, e eu concordaria com Dugmore[11] que elas se tornaram horários de oração cristãos simplesmente porque eram pontos de referência universais, usados como lembretes de que devemos rezar sempre, "de manhã, à tarde e à noite", como diríamos hoje. Walker tenta mostrar que esses horários de oração podem ter tido uma origem apostólica em Roma, um uso que ela vê refletido no relato da paixão de Marcos. A narrativa da paixão de Marcos parece ter sido moldada

---

10. Walker, J. H., Terce, Sext and None. An Apostolic Custom?, *Studia Patristica*, Berlin, Akademie-Verlag, v. 5 (1962) 206-212 (TU 80).

11. Dugmore, *The Influence of the Synagogue*, 66-67.

para se ajustar às divisões convencionais do dia romano, e o mesmo se aplica, sem dúvida, às várias referências a essas horas em Atos. Mas penso ser improvável que, em data tão antiga, o relato de Marcos seja reflexo de um autêntico *horarium* romano de oração às horas terça, sexta e nona.

IV. Cipriano (morto por volta de 258)

Cipriano, nos capítulos 34-36 de seu tratado *Sobre o pai-nosso*, escrito por volta de 250, confirma o testemunho de Tertuliano sobre o sistema de oração da Igreja do Norte da África do século III:

> Agora, ao celebrar a oração, descobrimos que, com Daniel, os três jovens, fortes na fé e vitoriosos no cativeiro, observavam as horas terça, sexta e nona, precisamente para um sacramento da Trindade. [...] Após estabelecerem esses intervalos de horas em sentido espiritual havia muito tempo, os adoradores de Deus se sujeitavam a eles como os tempos estabelecidos e obrigatórios para a oração. Posteriormente, manifestou-se o fato de que esses sacramentos existiram outrora, porque os justos costumavam rezar dessa maneira. Pois o Espírito Santo desceu sobre os discípulos na terceira hora (At 2,15). [...] Do mesmo modo, Pedro, subindo ao terraço na hora sexta, foi instruído por um sinal e também pela voz de Deus (At 10,9). O Senhor também foi crucificado desde a sexta à nona hora. [...]
>
> [35]Mas para nós, amados irmãos, além das horas de oração observadas desde antigamente, aumentaram tanto os horários como também os sacramentos. Pois também se deve rezar pela manhã, para que a ressurreição do Senhor seja celebrada pela oração matinal. Isso o Espírito Santo quis exprimir quando disse nos Salmos: "Pela manhã, ouvirás a minha voz, ó Senhor; pela manhã, me apresentarei a ti, e te contemplarei" (Sl 5,3-4). E novamente o Senhor diz por meio do profeta: "Vou embora, volto para casa. Na sua tribulação, de madrugada me buscarão" (Os 5,15–6,1).
>
> Da mesma forma, ao pôr do sol e à passagem do dia, é necessário orar. Pois, sendo Cristo o verdadeiro sol e o verdadeiro dia, quando oramos e pedimos, à medida que o sol e o dia do mundo recuam, para que a luz venha sobre nós novamente, rezamos pela vinda de Cristo, que nos fornece a graça da luz eterna. Pois nos Salmos o Espírito Santo declara que Cristo é chamado o dia. "A pedra", diz ele, "que os pedreiros rejeitaram tornou-se a pedra angular. Isso vem do SENHOR: é uma maravilha aos nossos olhos! Eis o dia que o SENHOR fez: que ele seja nossa felicidade e nossa alegria!" (Sl 117,22-24). De igual modo, o profeta Malaquias testifica que ele é chamado de sol, quando diz: "Para vós que temeis meu nome levantar-se-á o sol da justiça, trazendo a cura em suas asas" (Ml 3,20).

Mas, se nas Sagradas Escrituras Cristo é o verdadeiro sol e o verdadeiro dia, não é excluída nenhuma hora em que Deus deva ser adorado com frequência e sempre, a fim de que nós, que estamos em Cristo, isto é, no verdadeiro sol e dia, sejamos perseverantes durante todo o dia em nossas petições, e oremos. E, quando pelas leis da natureza segue-se o retorno da noite, não pode haver dano das trevas noturnas para os que rezam, porque, para os filhos da luz, há dia mesmo que seja noite. Quando está sem luz, quem tem luz no coração? Ou, quando não tem sol e dia, para quem Cristo é sol e dia?

36Portanto, nós, que estamos sempre em Cristo, isto é, na luz, não deixemos de rezar nem mesmo à noite. Foi dessa maneira que a viúva Ana, sempre orando e vigiando, perseverou em merecer o bem de Deus, como está escrito no evangelho: "Ela não se afastava do Templo, participando do culto, noite e dia, com jejuns e orações" (Lc 2,37). [...] Que nós, amados irmãos, que estamos sempre na luz do Senhor [...] contemos a noite como dia. Acreditemos que caminhamos sempre na luz. Não sejamos impedidos pelas trevas das quais escapamos, que não haja perda de orações nas horas da noite. [...] Nós, que pela indulgência de Deus somos recriados espiritualmente e renascidos, imitemos o que estamos destinados a ser. Que nós, que no Reino teremos apenas o dia, sem intervenção da noite, sejamos tão vigilantes à noite como durante a luz [do dia]. Nós, que devemos orar sempre e agradecer a Deus, não cessemos aqui também de rezar e dar graças.

Tal como Tertuliano, Cipriano usa Daniel (com um toque trinitário), vários outros textos do Antigo Testamento, a imagem da Trindade e os textos tradicionais de Atos para apoiar o costume de rezar na terceira, sexta e nona horas. Para as últimas duas horas ele adiciona a paixão de Jesus, um tema também mencionado por Tertuliano, embora menos diretamente, no capítulo 10 de seu tratado *Sobre o jejum*. Mais significativo é o notório surgimento dos temas de luz e ressurreição na oração da manhã e da tarde.

Observe-se também que para Cipriano "os tempos estabelecidos e obrigatórios para a oração — *statutis et legitimis temporibus*" (capítulo 34 citado acima) no judaísmo não são os sacrifícios do templo pela manhã e à tarde, mas as três horas judaicas de oração privada de Daniel 6,10.13, que Cipriano aplica (erroneamente) às horas do dia cristão. Isso enfraquece a teoria popular, baseada nas "*legitimae orationes*" de Tertuliano, de que os dois antigos horários de oração cristã eram manhã e tarde, aos quais as "horas menores" foram acrescentadas posteriormente. Para Cipriano, o oposto era verdadeiro: as horas de oração judaicas mais antigas, obrigatórias, eram a terceira, sexta e nona horas, às quais os cristãos acrescentaram as orações pela manhã, à tarde e à noite.

Na verdade, não temos nenhum texto antigo que sustente um padrão inicial de oração apenas pela manhã e à tarde. Algumas fontes egípcias primitivas têm o padrão manhã — meio-dia — tarde — noite; as fontes do Norte da África têm manhã, terceira, sexta, nona horas, ágape, entardecer e noite. E, como veremos em breve, a *Tradição Apostólica* de Roma por volta de 215 tem o mesmo *horarium* dos africanos, mas com o acréscimo de outra hora noturna ao canto do galo. O fato é que, exceto por uma vigília noturna ocasional — ver Tertuliano, *Para sua esposa* II, 4,2 —, as únicas duas vezes em que os cristãos se reuniam regularmente nos dias de semana eram pela manhã para instrução ou ao entardecer para uma ceia ágape.

V. A Tradição apostólica (por volta de 215)

A seguir, encontramos essas horas no que é de longe nossa fonte litúrgica mais importante do século III, um texto grego chamado *Tradição apostólica*, escrito presumivelmente por Hipólito de Roma por volta de 215. No entanto, esse documento contém sérios problemas de texto e interpretação.

Se deixarmos por ora o capítulo 25, relativo ao ágape, a seção que nos interessa começa no capítulo 35, que trata da oração em casa ao levantar-se da cama e, por vezes, de uma instrução catequética em comum de manhã cedo: "*per uerbum catecizatio*". Cito o texto da nova tradução para o inglês de Geoffrey J. Cuming[12]:

> [35]Os fiéis, assim que acordarem e se levantarem, antes de iniciarem esta obra, rezarão a Deus e, então, se apressarão para seu trabalho. Se houver alguma instrução verbal, deve-se dar preferência a esta, e ir ouvir a palavra de Deus, para conforto de sua alma. Que ele se apresse para ir à igreja, onde o Espírito floresce.

Esse capítulo é encontrado na mais antiga fonte existente do documento, uma versão latina contida em várias *folia* latinas em palimpsesto do códice *Verona LV (53)*[13]. Essas *folia* datam do final do século V, e a tradução latina em si

---

12. Cumming, G. J. (org.), *Hippolytus. A Text for Students*, Bramcote, Grove Books, 1976 (Grove Liturgical Study 8). Para a edição crítica do texto reconstruído, cf. Botte, B., *La Tradition apostolique de saint Hippolyte. Essai de reconstitution*, Münster, Aschendorff, 1963 (LQF 39).

13. Tidner, E. (org.), *Didascalia Apostolorum, canonum ecclesiasticum, Traditiones Apostolicae versiones latinae*, Berlin, Akademie-Verlag, 1963, 142 (TU 75). Para informações

seria, presumivelmente, de cerca de 375. Depois da passagem que acabamos de citar, o texto latino continua com alguns cânones sobre a Eucaristia e o sinal da cruz. Em seguida, há uma lacuna e o texto é retomado no fólio 81r com a motivação para a oração da hora nona. Editores modernos reconstruíram o texto fornecendo a parte que faltava, recorrendo à nossa próxima fonte mais antiga, a versão saídica dos *Sinodos* alexandrinos no códice *British Library Or. 1320*. O manuscrito data de 1006 d.C., mas acredita-se que a tradução saídica em si tenha sido feita a partir do texto grego antes de 700.

É claro, tais reconstruções são, na melhor das hipóteses, frágeis, mas, como a versão latina menciona a oração pela manhã e, quando o texto é retomado após a lacuna, na hora nona, não é precipitado supor que a parte ausente do texto falaria também de oração na terceira e sexta horas. De qualquer forma, aqui está o texto reconstruído, com a porção saídica fornecida entre colchetes:

> [41]Que todo homem e toda mulher fiéis, ao acordar pela manhã, antes de tocar em qualquer trabalho, lavem as mãos e orem a Deus, e então se dirijam ao seu trabalho. Mas, se a instrução na palavra de Deus é dada, cada um deve escolher ir para esse lugar, reconhecendo em seu coração que é Deus quem ele ouve no instrutor.
>
> Pois aquele que reza na igreja poderá escapar das maldades do dia. Aquele que é piedoso deveria pensar que é um grande mal não ir ao lugar onde a instrução é dada, especialmente ainda se ele pode ler, ou se vem um mestre. Que nenhum de vós se atrase para a igreja, o lugar onde se dá o ensino. Em seguida, o locutor deverá dizer o que é útil a cada um; ouvirás coisas nas quais não pensas, e lucrarás com as coisas que o Espírito Santo te dará por meio do instrutor. Dessa forma, será fortalecida tua fé em relação às coisas que ouviste. Também aprenderás nesse lugar o que deves fazer em casa. Portanto, que cada um seja diligente em vir para a igreja, o lugar onde o Espírito Santo floresce. No dia em que não há instrução, que cada um, quando estiver em casa, tome um livro sagrado e leia nele suficientemente o que lhe parece ser proveitoso.
>
> E, se estiveres em casa, reza na terceira hora e bendize a Deus. Mas, se estiveres em outro lugar nesse momento, ora a Deus em teu coração. Pois naquela hora Cristo foi pregado na cruz. Por essa razão também, no Antigo

---

sobre as fontes das *ApTrad* reconstruídas, ver as introduções às obras citadas na nota 12; cf. também Hanssens, J.-M., *La liturgie d'Hippolyte. Ses documents, son titulaire, ses origines et son caractère*, Roma, PIO, 1969 (OCA 155); Id., *La liturgie d'Hippolyte. Documents et études*, Roma, Gregorian University, 1970.

(Testamento), a Lei prescrevia que os pães da proposição deveriam ser oferecidos continuamente como um tipo do corpo e sangue de Cristo; e a imolação do cordeiro inocente é esse tipo de cordeiro perfeito. Porque Cristo é o pastor, e também o pão que desceu do céu.

Reza igualmente no tempo da sexta hora. Pois, quando Cristo foi pregado na madeira da cruz, o dia foi dividido e as trevas caíram. E então, nessa hora, que eles façam uma oração poderosa, imitando a voz daquele que orou e tornou toda a criação escura para os judeus incrédulos.

E que na hora nona eles façam também uma grande oração e uma grande bênção, para conhecer como a alma dos justos bendiz a] Deus, que não mente, que se lembrou de seus santos e enviou sua palavra para iluminá-los. Pois naquela hora Cristo foi traspassado em seu flanco e derramou água e sangue; deu luz para o restante do tempo do dia, até o fim da tarde. Então, ao iniciar a dormir e fazer o começo de um outro dia, ele cumpriu o tipo da ressurreição.

Reza antes que teu corpo descanse na cama. Levanta-te por volta da meia-noite, lava as mãos com água e reza. Se a esposa também estiver presente, orai ambos; se ela ainda não se conta entre os fiéis, retira-te para outro quarto, reza e volta para a cama novamente. Não sejas preguiçoso em orar. Aquele que está ligado pelo vínculo do casamento não é impuro.

Aqueles que se lavaram não precisam se lavar novamente, pois estão limpos. Faze o sinal da cruz com o hálito úmido, recolhendo a saliva na mão, e teu corpo será purificado até os pés. Pois, quando (a oração) é oferecida com um coração crente como se saísse de uma fonte, o dom do Espírito e a aspersão do batismo santificam aquele que crê. Portanto, é necessário rezar a essa hora.

Pois os mais velhos, que nos deram a tradição, nos ensinaram que a essa hora toda a criação fica parada por um momento, para louvar ao Senhor; estrelas, árvores, águas param por um instante, e toda a hoste de anjos (que) serve a Deus louvam-no, junto com a alma dos justos nessa hora. É por isso que os crentes devem ter muito empenho em rezar nessa hora.

Testemunhando isso, o Senhor assim diz: "Eis que por volta da meia-noite ouviu-se o grito de homens que diziam: 'Eis que o noivo vem; saí ao seu encontro'". E ele continua dizendo: "Vigiai, pois não sabeis a que hora ele virá".

E da mesma forma levanta-te ao cantar do galo e reza. Pois nessa hora, enquanto o galo cantava, os filhos de Israel negaram a Cristo, a quem conhecemos pela fé, nossos olhos voltados para aquele dia, com esperança na luz eterna da ressurreição dos mortos.

E, se assim agirdes, todos vós, fiéis, e vos lembrardes destas coisas, e as ensinardes por vossa vez, e encorajardes os catecúmenos, não sereis tentados nem perecereis, porque tendes Cristo sempre na memória.

Existem cinco pontos dignos de nota nesse texto:

1) O *horarium* diário de oração incluía sete horas — mas não as sete que estamos acostumados a ver em fontes posteriores. Em vez disso, elas são as seguintes:

ao se levantar
terceira, sexta, nona horas
ágape do fim da tarde (no capítulo 25)
antes de se retirar
cerca de meia-noite
ao canto do galo.

2) Se a versão saídica reproduz fielmente o texto grego do século III, então ela é nossa fonte mais antiga para interpretar as horas do dia em termos do relato da paixão de Marcos. Com respeito à suposta origem romana da *Tradição Apostólica*, vale lembrar a tentativa de Walker de remontar o *horarium* da paixão de Marcos a um antigo ciclo de oração romano[14].

3) Na versão latina anterior, nos fragmentos de Verona, a hora nona é interpretada como a hora da morte de Jesus, mas isso não depende da cronologia de Marcos (ver Mt 27,45-46; Lc 23,44), nem implica necessariamente, como veremos, a existência da terceira e sexta horas com uma interpretação da paixão.

4) No texto latino, as horas do entardecer e da manhã recebem uma interpretação pascal: o pôr do sol e o nascer do sol são como a morte e a ressurreição de Jesus. As horas da noite são escatológicas, visando à segunda vinda e à ressurreição dos mortos.

5) O capítulo 35 é repetido aqui na versão saídica, indicando, talvez, uma expansão posterior do *horarium* originário para incluir novo material!

Qual era, então, o *horarium* do texto originário da *Tradição Apostólica*? É possível que ele compreendesse apenas:

oração matinal
nona hora
ágape da tarde
oração da tarde
oração da meia-noite
oração ao canto do galo.

14. Ver nota 10 acima.

Bradshaw propôs a tese de que o antigo padrão egípcio de oração, manhã — meio-dia — tarde — noite, era o *horarium* mais antigo[15]. A esse foi adicionada inicialmente a nona hora como extensão do serviço que concluía a estação ou jejum na quarta-feira e sexta-feira, de que Tertuliano fala no capítulo 10 de seu tratado *Sobre o jejum*. Nessa hipótese, a terça teria sido acrescentada ainda mais tarde para arredondar as coisas. Bradshaw apoia essa visão com o fato de que na Jerusalém do século IV, de acordo com o diário de Egéria (24,2-3; 25,5; 27,3), não há terça exceto na Quaresma. Esse argumento é enfraquecido, no entanto, pelo fato de que o ciclo de Jerusalém de Egéria absolutamente não tem "horas menores", nem mesmo a sexta, aos domingos (25,1-4). Além disso, em seu tratado *Sobre o jejum*, capítulo 10, uma obra montanista escrita depois de 207, Tertuliano ataca a prática católica de encerrar o jejum estacional na nona hora, quando o Senhor morreu na cruz, em vez de prolongar o jejum até o entardecer, como faziam os montanistas rigoristas. Portanto, prefiro ver o texto reconstruído da *Tradição Apostólica*, incluindo a terceira, sexta e nona horas, como uma representação legítima do uso romano do início do século III. Isso nos deixa com o seguinte sistema de oração:

Oração privada:	*Assembleias comuns:*
ao levantar-se	
	instrução matinal
terceira, sexta, nona horas	
	ágape ao entardecer
ao retirar-se	
à meia-noite	
ao canto do galo	

Mais uma vez, a presença de duas horas noturnas de oração deveria nos fazer hesitar em uniformizar nossas evidências do século III num único padrão. No Egito, vimos um sistema de oração manhã — meio-dia — tarde — noite; em Tertuliano, um padrão de manhã, terceira-sexta-nona horas, tarde e noite. E agora, com a *Tradição Apostólica*, encontramos um sistema de oração privada como o de Tertuliano, mas com *dois* momentos de oração à noite, e com o início de uma tradição de assembleias comuns pela manhã e ao entardecer para a catequese e o ágape.

15. Bradshaw, *Daily Prayer*, 61 ss.

O texto da *Tradição Apostólica* referente à assembleia da manhã é bastante direto: tratava-se de uma instrução, não de um ofício de "matinas". O ágape, também mencionado por Tertuliano em sua *Apologia* 39, incluía uma bênção da lâmpada ao entardecer que é, sem dúvida, o ancestral do lucernário das vésperas de catedral. Esse capítulo 25 sobre o ágape não está nos fragmentos latinos de Verona. Na verdade, ele é encontrado apenas na versão etíope de nosso documento, com base numa versão árabe anterior, e datando de um período após 1295. Mas, apesar de sua data tardia, paralelos em documentos anteriores derivados da *Tradição Apostólica*, como os *Cânones de Hipólito* do Egito por volta de 336-340, as *Constituições Apostólicas* dos arredores de Antioquia por volta de 380 e o *Testamento de Nosso Senhor Jesus Cristo*, obra siríaca do século V, induziram os editores modernos a incluir o capítulo do ágape em sua reconstrução do texto originário do século III, a maioria dos quais chegou até nós em fragmentos desconexos. Eis o texto em questão:

> [25]No início da noite, com a presença do bispo, o diácono trará a lucerna; e (o bispo), de pé no meio de todos os fiéis presentes, dará graças. Primeiramente, fará a saudação, dizendo: "O Senhor esteja convosco!".
>
> O povo responderá: "E com o teu espírito!".
>
> (Bispo:) "Demos graças ao Senhor!"
>
> E responderão: "É digno e justo. A Ele convêm a grandeza e a exaltação com a glória".
>
> Não dirá: "Corações ao alto", porque isso é dito (apenas) no sacrifício.
>
> E rezará da seguinte forma: "Graças te damos, Senhor, pelo teu Filho Jesus Cristo Nosso Senhor, pelo qual nos iluminaste, revelando-nos a luz incorruptível. Atingindo agora o fim do dia e chegando ao início da noite, tendo-nos satisfeito com a luz do dia que criaste para nos saciar, e não carecendo agora da luz da tarde pela tua graça, louvamos-te e glorificamos-te, pelo teu Filho Jesus Cristo Nosso Senhor, por quem sejam a ti a glória, o poder e a honra, com o Espírito Santo, agora e sempre e pelos séculos dos séculos. Amém".
>
> Responderão todos: "Amém".
>
> Terminada a Ceia, de pé, todos orarão; e os meninos e as virgens entoarão salmos.
>
> A seguir, o diácono, ao receber o cálice preparado do sacrifício, entoará um dos salmos no qual está escrito "Aleluia". Se o presbítero ordenar, entoará outro salmo do mesmo tipo. Depois que o bispo oferecer o cálice, dirá por inteiro um salmo que se refere ao cálice, com "Aleluia", e todos repetirão. Recitando-os, todo dirão "Aleluia", que significa "louvamos Aquele que é Deus; glória e louvor Àquele que criou o Universo somente pelo Verbo".

Concluído o salmo, o bispo dará graças pelo cálice e distribuirá os pedaços de pão aos fiéis.

Conclusão

Os testemunhos dos três primeiros séculos cristãos, embora não sejam díspares, são diversos o suficiente para excluir qualquer tentativa fácil de uniformizar todos e encaixá-los num sistema ou *horarium* sem violentar os fatos.

I. O *cursus*

Entre os egípcios, encontramos um sistema de oração da manhã — meio-dia — tarde — noite que é próximo ao uso judaico e essênio. Mas as fontes egípcias também mencionam a oração antes das refeições e, em geral, enfatizam a oração incessante, de modo que os horários mencionados podem ter sido apenas outra maneira de dizer que os cristãos devem rezar "de manhã, à tarde e à noite" — em outras palavras, sempre.

Com os norte-africanos e a *Tradição Apostólica*, estamos mais perto da série completa de horas que posteriormente formarão o *cursus* do século IV:

ao se levantar
[catequese comum em *ApTrad*]
terceira, sexta, nona horas
ao se retirar
durante a noite [*ApTrad*: meia-noite e ao canto do galo].

Nenhuma fonte fornece apenas manhã e tarde como *as* horas cristãs de oração, e, portanto, não devemos dar muita importância ao fato de Tertuliano chamá-las de "*legitimae*".

II. Conteúdo dos serviços de oração

Que tipo de oração era essa, qual era sua forma, sua estrutura, o que eles realmente faziam? Não sabemos realmente, mas a história fornece algumas pistas. Eusébio, em sua *História Eclesiástica* VII, 30, 10, relata os problemas criados para a Igreja do século III pelos hinos populares dos hereges, e sabemos que isso havia provocado uma reação contra os hinos de composição privada, não bíblicos — os *psalmoi idiotikoi*, como eram chamados —, o que, por sua vez, promoveu um uso mais amplo da salmodia bíblica e dos cânticos na liturgia cristã durante os séculos II e III. Além disso, Tertuliano nos diz que as orações diárias dos primeiros cristãos eram ditas privadamente ou na companhia de outras pessoas, que hinos e salmos bíblicos eram usados, e tanto ele quanto a *Tradição Apostólica* indicam que às vezes os salmos eram executados responsorialmente. Ambas as testemunhas também descrevem o ágape, que incluía um ritual da lâmpada ao entardecer, salmodia e oração. O serviço da manhã comum na *Tradição Apostólica* era composto de Escritura e instrução. Mais do que isso não podemos dizer.

III. Significado

Neste período, também vemos o início do que se tornará a interpretação comum do *cursus* cristão de oração — sua "teologia" — pelo menos no uso de catedral. Ao entardecer e de manhã, ao pôr do sol e ao nascer do sol, a Igreja recordava a passagem de Jesus da morte para a vida. A prática da orientação na oração testemunhada por Clemente, Orígenes e Tertuliano também foi relacionada a esse simbolismo de Cristo como sol da justiça e luz do mundo, bem como à expectativa escatológica da segunda vinda do Senhor, "pois, assim como o relâmpago parte do oriente e brilha até o ocidente, assim sucederá na vinda do Filho do homem" (Mt 24,27). A luz da lâmpada ao entardecer na oração vesperal simboliza Cristo, a luz do mundo. As horas do dia recordam a paixão do relato marcano; a terceira hora é também um lembrete da descida do Espírito Santo no Pentecostes. A oração da noite é escatológica, como a vigília das virgens pela vinda do noivo e o louvor incessante dos anjos que um dia também será nosso.

Tratava-se de "oração litúrgica", "oração privada", ou algo intermediário? A própria questão é anacrônica nesse período inicial. Os cristãos rezavam. Se o faziam sozinhos ou em companhia não era algo que dependia da natureza da oração, mas de quem casualmente estava por perto quando chegava a hora da oração. As várias "rubricas" sobre a oração voltada para o Oriente, ou com as mãos levantadas (Clemente, *Stromata* VII, 7, 40:1); quando se ajoelhar e quando não; eram igualmente observadas privadamente ou em companhia. O importante era rezar. Em tempos de perseguição, ou durante a jornada de trabalho, isso geralmente significava que se rezava sozinho. Quando as pessoas podiam se reunir, elas o faziam, porque a própria natureza da Igreja significa congregar. Mas, feita por um só ou por mais de um, a oração era a mesma, exceto para os serviços como o ágape ou a Eucaristia, que, por sua própria natureza, eram realizados apenas coletivamente[16].

16. Sobre a frequência e natureza comunitária da Eucaristia primitiva, ver TAFT, R., The Frequency of the Eucharist throughout History, *Concilium* 152 (1982) 13-24.

3

O ofício da catedral no Oriente no século IV

Com a chamada Paz de Constantino em 312, a Igreja adquiriu a liberdade de desenvolver os aspectos públicos e externos de sua vida. Os efeitos foram imediatamente visíveis na organização eclesial, na arte, na arquitetura e na liturgia. Organizaram-se dioceses e províncias eclesiásticas, realizaram-se sínodos, fundaram-se mosteiros, construíram-se basílicas e batistérios, criaram-se mosaicos para adorná-los. E o culto cristão, anteriormente o negócio furtivo de uma minoria perseguida, tornou-se parte integrante da vida pública diária do Império Romano. O florescimento resultante de usos litúrgicos foi impressionante. O historiador da Igreja de Constantinopla Sócrates, que escreveu a obra intitulada *História eclesiástica* entre 439 e 450, cobrindo o primeiro século pós-niceno (324-425), diz:

> [...] É impossível encontrar em qualquer lugar, entre todas as seitas, duas igrejas que concordem exatamente em seu ritual de oração. [...] Fornecer um catálogo completo de todos os vários costumes e observâncias cerimoniais em uso em cada cidade e país seria difícil — ou melhor, impossível (V, 22).

Mas, apesar de o culto público cristão irromper em cena na segunda metade do século IV com uma verdadeira explosão de provas documentais, o que ocorre é evolução, não revolução: ele não destrói o que aconteceu antes, mas constrói a partir disso. Para nós, parece revolucionário porque acontece tão repentinamente quanto a primavera no extremo norte, onde as temperaturas aumentam drasticamente, a neve e o gelo derretem e as sementes há muito enterradas sob a neve explodem de repente em flor. Algo assim acontece com o Ofício Divino ou Liturgia das Horas nesse período. De repente, nós o vemos em todos os lugares como um ciclo estabelecido de serviços públicos diários comuns.

J. Mateos divide o desenvolvimento do ofício nesse período em três tipos: 1) catedral, 2) egípcio-monástico, 3) monástico urbano[1]. Não se trata aqui de três estágios cronológicos sucessivos de desenvolvimento de um único ofício, mas três tipos distintos de ofício que se desenvolveram em três áreas distintas da vida da Igreja. Os dois primeiros evoluem simultaneamente a partir de meados do século IV. O terceiro, uma síntese dos dois primeiros, já é visível no último quartel do mesmo século.

Essa distinção entre ofícios "de catedral" e "monástico" remonta ao renomado liturgiólogo alemão Anton Baumstark (morto em 1948), fundador da escola de liturgia comparada. Tornou-se popular nos últimos anos desafiar a base histórica da qual essa distinção depende, considerando a distinção monástico/catedral uma mera construção mental, uma estrutura conceitual que não descreve ofícios concretos que já existiram independentemente, mas sim "tipos ideais" de formas litúrgicas encontradas juntas nos mesmos ofícios desde o início. Mas a validade da distinção de Baumstark foi amplamente demonstrada nos últimos anos por estudiosos como Mateos, Arranz, Winkler, Bradshaw e também por mim. E mesmo um olhar superficial no atual *Horologion* copta desmonta esse ceticismo, como veremos no capítulo 4.

O ofício das igrejas seculares é chamado "de catedral" em vez de "paroquial" porque durante séculos foi a igreja do bispo que constituiu o centro de toda a vida litúrgica. Esse ofício das igrejas seculares era um serviço popular caracterizado por símbolo e cerimônia (luz, incenso, procissões etc.), por canto (responsórios, antífonas, hinos), por diversidade de ministérios (bispo, presbítero, diácono, leitor, salmista etc.), e por uma salmodia que era limitada e seleta em vez de atual e completa. Ou seja, os salmos não eram lidos continuamente de acordo com sua ordem numérica na Bíblia, mas apenas alguns salmos ou seções de salmos eram escolhidos por sua adequação à hora ou ao serviço. Além disso, os serviços de catedral eram oficinas de louvor e intercessão, não uma Liturgia da Palavra. Ao contrário de outro equívoco popular, não havia leituras das Escrituras no ofício normal de catedral, exceto no Egito e na Capadócia. As leituras encontradas hoje em alguns ofícios resultam do posterior desenvolvimento

1. Mateos, J., The Origins of the Divine Office, *Worship* 41 (1967) 477-485.

do calendário festivo e não fazem parte da estrutura básica dos ofícios de catedral normais[2].

Eusébio, primeira testemunha do ofício de catedral

Nossa primeira testemunha de tal ofício é o famoso historiador da igreja Eusébio (*c.* 263-339), bispo de sua cidade natal, Cesareia, na Palestina, a partir de 313. Em seu *Comentário sobre o Salmo 64*, versículo 9b (LXX): "tu fazes alegres as saídas da manhã e da tarde", Eusébio explica que essas alegrias matinais e vespertinas têm sido interpretadas como hinos (*hymnologias*) e louvores (*ainopoiêseis*), e então explica o motivo:

> Pois certamente não é pequeno sinal do poder de Deus que em todo o mundo, nas igrejas de Deus, ao nascer do sol pela manhã e nas horas do entardecer, hinos, louvores e deleites verdadeiramente divinos sejam oferecidos a Deus. Os deleites de Deus são, na verdade, os hinos enviados por toda a terra em sua Igreja nas horas da manhã e da tarde. Por isso se diz em algum lugar: "Como é bom cantar ao nosso Deus, como é agradável louvá-lo!" (cf. Sl 146,1) e "Que minha prece seja o incenso diante de ti" (Sl 140,2)[3].

A referência ao Salmo 140 é significativa, pois, embora Eusébio não o diga, veremos a partir de outras fontes do século IV que esse era *o* salmo das vésperas de catedral. O núcleo correspondente do louvor matinal era o Salmo 62, como Eusébio indica em seu *Comentário sobre o Salmo 142*, versículo 8[4]. E, comentando o Salmo 65,2, ele fala da tradição do canto e da salmodia em toda a Igreja de

2. A respeito dessa questão, cf. Zerfass, R., *Die Schriftlesung im Kathedraloffizium Jerusalems*, Münster, Aschendorff, 1948 (LQF 48). O ofício sírio-oriental (assírio-caldeu), um dos mais primitivos e puramente "de catedral", tem leituras apenas no domingo de Páscoa. Ver Maclean, A. J., *East Syrian Daily Offices*, London, Revington, Percival and Co., 1894, 264, nota 2; Mateos, J., *Lelya-Ṣapra. Les offices chaldéens de la nuit et du matin*, Roma, PIO, [2]1976, 443 (OCA 156). O evangelho agora lido nas vésperas de certos dias da Quaresma ou antes dos domingos e festas não é uma parte original do ofício, mas deriva da antiga Liturgia dos Pré-Santificados ou, no caso de domingos e festas, da Missa do dia seguinte. Cf. Pudichery, S., *Ramsa. An Analysis and Interpretation of the Chaldean Vespers*, Bangalore, Dhamaram College, 1972, 93 ss., 184-198 (Dhamaram College Studies 9); Mousses, C., *Les livres liturgiques de l'Église chaldéene*, Beirut, Imprimerie orientale, 1955, 22.

3. *PG* 23, 639.

4. *PG* 24, 49.

Deus, não apenas entre os gregos, mas também entre os bárbaros[5]. Finalmente, em sua *História Eclesiástica* II, 17,21-22, Eusébio se refere às vigílias noturnas, especialmente (portanto, não exclusivamente?) durante o tempo da paixão, em que se meditava sobre as Escrituras e em que estava em voga uma forma de canto responsorial.

Poucos anos depois de Eusébio, encontramos indícios desses ofícios em todas as províncias do Oriente cristão.

Egito

Nosso primeiro testemunho egípcio sobre o ofício de catedral do século IV vem de Atanásio de Alexandria (295-373). Sua *História dos arianos* 81 e *Apologia de sua fuga* 24 confirmam a existência de vigílias de catedral, frequentadas por monges e leigos, que incluíam leituras, salmodia responsorial e orações. Um pouco mais tarde, João Cassiano, que esteve no Egito entre cerca de 380 e 399, nas *Conferências* 21,26 faz o abade Teonas, exortando à oração matinal no Egito, dizer:

> E esse tipo de devoção é observado com máximo zelo até mesmo por muitos daqueles que vivem no mundo, já que se levantam antes que haja luz, ou muito cedo, e não se dedicam de forma alguma aos negócios comuns e necessários deste mundo antes de se apressarem rumo à igreja e se esforçarem para consagrar à visão de Deus as primícias de todas as suas ações e obras.

Esse texto menciona apenas a oração matinal, e não está claro se ela implicava uma sinaxe comum. Mas H. Quecke cita várias fontes coptas posteriores que mostram que a Igreja egípcia conhecia a oração matinal e vespertina diária[6].

Os *Cânones de Hipólito*, um documento árabe medieval que, de acordo com seu editor, R. Coquin, remonta a um texto grego original composto por volta de 336-340 no âmbito do Patriarcado de Alexandria[7], não apenas confirma

5. *PG* 23, 648.

6. Quecke, H., *Untersuchungen zum koptischen Stundengebet*, Louvain, Université Catholique de Louvain, 1970, 10-11 (Publications de l'Institut Orientaliste de Louvain 3).

7. PO 31, 329ss. Os cânones citados abaixo são traduzidos dessa edição. Sobre a proveniência desses cânones, cf. Brakmann, H., Alexandreia und die Kanones des Hippolyt, *Jahrbuch für Antike und Christentum* 22 (1979) 139-149, que os considera provenientes do Egito, mas não de Alexandria em si (cf. 149).

a existência de um ofício de catedral no Egito, mas nos fornece informações preciosas quanto ao seu conteúdo: "Cânone 21. Concernente à reunião de todos os presbíteros e pessoas na igreja todos os dias. Que os padres se reúnam na igreja todos os dias; e os diáconos, subdiáconos, leitores e todo o povo, ao canto do galo. Eles farão a oração, os salmos e a leitura dos livros e as orações". No cânone 26, intitulado "Sobre a escuta da Palavra e a oração na igreja", lemos que "todos devem ter o cuidado de ir à igreja todos os dias em que haja orações" por motivo do que se ouve na igreja, que é a Palavra de Deus. E o cânone 27 diz que se devem ler as Escrituras em casa ao amanhecer, quando não há oração na igreja, e rezar no meio da noite e ao cantar do galo. Esses textos — especialmente o cânone 21, que é bastante explícito — devem se referir ao ofício, já que não havia Eucaristia diária no Egito nesse período[8]. Portanto, podemos concluir que a Palavra de Deus — provavelmente não apenas a salmodia, mas também as lições das Escrituras — era parte integrante do ofício de catedral no Baixo Egito.

O cânone 27 do mesmo documento, "concernente àquele que não vai à igreja: que leia os livros todos os dias; e sobre a exortação de rezar no meio da noite, ou ao canto do galo", retoma os temas escatológicos e de louvor angelical da oração noturna vistos nas fontes do século III:

> Que cada um tenha o cuidado de rezar com grande vigilância no meio da noite, pois nossos pais disseram que naquela hora toda a criação é assídua no serviço de louvar a Deus, todas as hostes angelicais e as almas dos justos bendizem a Deus. Pois o Senhor dá testemunho disso, dizendo: "Eis que no meio da noite ouviu-se o grito de homens que diziam: 'Eis que o noivo vem; saí ao seu encontro'" (Mt 25,6). O canto do galo é, novamente, um momento em que há orações nas igrejas, pois o Senhor diz: "Vigiai, pois, porque não sabeis quando vai chegar o senhor da casa, se à tarde ou no meio da noite, ao cantar do galo ou de manhã" (Mc 13,35), o que significa que devemos louvar a Deus a cada hora. E, quando um homem dorme em sua cama, ele deve rezar a Deus em seu coração.

Esse mesmo cânone também deixa claro que o preceito evangélico de rezar sem cessar não era apenas para monges. Tampouco é uma peculiaridade egípcia. Vemos a mesma doutrina em Crisóstomo (*Sermão sobre Ana* 4,5-6), Jerônimo (*Carta* 46, 12) e outros.

---

8. Ver Taft, The Frequency of the Eucharist, 14.

Ao que parece, havia leituras também nos ofícios de catedral do Alto Egito. Na segunda metade do século IV, Pafnúcio, em sua *História dos monges do deserto egípcio*, cita dois amigos de Souan (Assuã) que mais tarde se tornaram monges. "Costumávamos ir à igreja juntos diariamente, tanto à tarde como de manhã, e ouvíamos as Sagradas Escrituras que eram lidas, e a lição do evangelho que diz 'Quem ama seu pai ou sua mãe mais do que a mim não é digno de mim...'."[9] Esse texto também deve estar se referindo à Liturgia das Horas, pois, novamente, não havia tradição de Eucaristia diária no Egito do século IV[10]. H. Quecke o considera um importante testemunho de leituras no ofício egípcio, que, como ele observa, era uma peculiaridade egípcia[11]. Ele também se refere a um texto posterior, uma redação árabe do século IX de uma homilia atribuída a Teófilo de Alexandria com base num original grego anterior, que confirma a presença de leituras bíblicas nos ofícios de catedral egípcios: "Um pobre homem que faz as orações a que é obrigado vai à igreja de manhã e à tarde e assiste à leitura das perícopes, recebe o corpo de Cristo e seu sangue, recebe a *pax* e se preserva de todo o mal"[12].

Capadócia

Muitas das nossas evidências para o ofício de catedral na Capadócia têm a ver com a grande e importante família cristã que produziu três bispos, um monge, uma monja e um grupo de santos: Basílio, o Grande, bispo de Cesareia na Capadócia e exarco de Ponto em 370, sua irmã, Santa Macrina, e seus irmãos São Gregório de Nissa e São Pedro de Sebaste, também bispos, bem como sua mãe e avó.

Gregório de Nissa (morto em 394) em sua *Vida de Santa Macrina*, descreve a morte de sua irmã em 379[13]. No dia anterior, Gregório desejava permanecer

---

9. WALLIS BUDGE, H. E., *Miscellaneous Coptic Texts in the Dialect of Upper Egypt*, London, British Museum, 1915, text, 437; ver também 953, e BURMESTER, O. H. E., The Canonical Hours of the Coptic Church, *OCP* 2 (1936) 82.

10. Ver nota 8.

11. QUECKE, H., Comunicação privada, e Id., *Untersuchungen*, 8-13.

12. FLEISCH, H., *Une homélie de Théophile d'Alexandrie en l'honneur de St. Pierre et de St. Paul. Texte arabe publié pour la première fois et traduit par H. Fleisch, Revue de l'Orient chrétien* 30 (1935/1946) 398.

13. As passagens citadas são traduzidas de GREGÓRIO DE NISSA, *Vie de sainte Macrine*, org. de P. Maraval, Paris, Cerf, 1971, 212, 226 (SC 178).

com a debilitada Macrina, "mas o cântico dos cantores convocava ao agradecimento pela luz, e ela me ordenou que fosse à igreja" (capítulo 22).

O serviço ao entardecer começava com o acender das lâmpadas. Essa era uma necessidade prática, indispensável para fornecer luz para o serviço. Mas, mesmo entre os não cristãos, o acendimento da lâmpada da tarde tinha um significado mais profundo. Em nossa era de eletricidade abundante, "é difícil apreciar a maravilha das lamparinas a óleo bruxuleantes que penetram na escuridão da noite. Mas as culturas pré-edisonianas saudavam a luz artificial com um sentimento de boas-vindas e gratidão"[14]. Os pagãos estavam acostumados a saudar a luz com a exclamação "*Chaire phôs agathon* (Salve, boa luz)!" ou "*Chaire phôs philon* (Salve, luz amiga)!". E Clemente de Alexandria, em seu *Protrepticus* 11, 114:1, recomenda que saudemos o verdadeiro Deus com "Salve, luz!". Portanto, mesmo antes do desenvolvimento das vésperas como ofício litúrgico formal, a piedade doméstica cristã herdara o lucernário, a prática de saudar a lâmpada vespertina com oração e louvor.

De quem eles o tomaram de empréstimo é uma questão controversa. Tertuliano, em seu *Ad nationes* 1,13, acusa os pagãos de terem tomado emprestados "o rito do *lucernarium* judaico" e outras práticas judaicas "que certamente são estranhas aos seus deuses". Mas não creio que esse uso pagão geral tenha sido adotado de uma minoria desprezada como os judeus. Além disso, embora haja paralelos com o *lucernarium* do ritual judaico da véspera do sábado e das luzes de Hannukkah, não conheço nenhum paralelo judaico nos rituais domésticos diários ou nos rituais da sinagoga dos judeus, e a saudação pagã e cristã da lâmpada ao entardecer era um caso *diário*. Portanto, estou inclinado a pensar que o *lucernarium* cristão é um rito pagão batizado[15].

Na *Tradição Apostólica* de Hipólito (*c.* 215), vimos que esse *lucernarium* cristão primitivo estava em conjunção com o ágape e incluía uma oração de

---

14. Ciferni, A., The Lucernarium, *Liturgical Prayer* 5 (1976/1977) 32-33.

15. O *lucernarium* cristão primitivo e seus paralelos pagãos são discutidos nas obras citadas no cap. 2, nota 2. Ver também Mateos, J., Quelques anciens documents sur l'office du soir, *OCP* 35 (1969) 348-351; Tripolitis, A., *Phôs hilaron*. Ancient Hymn and Modern Enigma, *Vigiliae Christianae* 24 (1970) 190 ss.; Quacquarelli, A., *Retorica e liturgia antenicena*, Roma, Desclée, 1960, cap. 7: Lux perpetua e l'inno lucernare, 153-180 (Richerche patristiche 1). Winkler, G., defende uma origem judia doméstica do lucernário cristão em seu estudo Über die Kathedralvesper in den verschiedenen Riten des Ostens und Westens, *ALW* 16 (1974) 60 ss.

graças pela luz. No último quarto do século IV, na Capadócia, esse ritual e seu nome foram incorporados às vésperas da catedral. Esse é um novo e empolgante desenvolvimento, que vemos já em 374 na eulogia de Gregório de Nazianzo a seu pai, também Gregório, que foi bispo de Nazianzo na Capadócia, onde a oração fúnebre foi proferida na presença de São Basílio, o Grande[16]. A passagem relevante diz respeito à vigília pascal, mas o *lucernarium* da vigília pascal deriva do das vésperas, e não o contrário.

Mas voltemos ao relato de Gregório de Nissa sobre a vida de sua irmã, Macrina. Sua descrição, no capítulo 25, da cena da morte na tarde seguinte mostra que o ritual doméstico da lâmpada ainda estava em voga, apesar de sua adoção no serviço religioso.

> E, quando a noite chegou e a lâmpada foi trazida, ela abriu os olhos que estavam fechados até então e olhou para a luz, e deixou claro que desejava dizer a oração de agradecimento pelo acender das luzes, mas, como sua voz falhou, ela cumpriu a oferenda com o coração e com o movimento das mãos, enquanto os lábios se moviam em harmonia com o impulso interior.

Basílio, que também morreu em 379, no mesmo ano que sua irmã Macrina, nos dá a preciosa informação de que esse "agradecimento pela luz" era o hino noturno *Phôs hilaron*, que ainda é o hino do *lucernarium* das vésperas bizantinas segundo a tradição de São Sabas:

> Ó alegre luz da santa glória do Pai imortal,
> celestial, santo, bendito Jesus Cristo!
> Quando chegamos ao pôr do sol e vemos a luz do entardecer,
> Nós te louvamos Pai, Filho e Espírito Santo, Deus!
> É apropriado em todos os momentos que sejas louvado com vozes auspiciosas,
> Ó Filho de Deus, doador da vida.
> É por isso que o mundo inteiro te glorifica!

Esse *epilychnios eucharistia*, um dos mais antigos hinos cristãos existentes, é um louvor a Cristo, que é a verdadeira luz brilhando nas trevas do mundo e iluminando — ou seja, salvando — todos os homens e mulheres. Em seu tratado *Sobre o Espírito Santo* 29 (73), Basílio diz que o hino era antigo até mesmo em sua época, tão antigo que ele nem sabia quem o havia composto:

---

16. *Oração* 18, 28-29, *PG* 35, 1017-1021, interpretada por VAN DE PAVERD, F., A Text of Gregory of Nazianzus Misinterpreted by F. E. Brightman, *OCP* 42 (1976) 197-206.

> Pareceu apropriado a nossos pais não receber em silêncio a dádiva da luz ao entardecer, mas dar graças imediatamente ao seu aparecimento. Não podemos dizer quem foi o pai das palavras de agradecimento pela luz. Mas as pessoas proferem a fórmula antiga, e aqueles que dizem "Nós te louvamos Pai, Filho e Espírito Santo de Deus" nunca foram considerados ímpios por ninguém.

A leitura de Basílio "Espírito Santo de Deus" é a original, como pode ser visto no *horologion* do Sinai do século IX editado por Mateos[17].

Basílio também parece ter conhecido a litania do "anjo da paz", tradicional fórmula de despedida, ao final do ofício da tarde. Na *Carta 11*, ele escreve a um amigo anônimo[18]:

> Depois de passar, pela graça de Deus, o dia inteiro na companhia de nossos filhos, e de ter celebrado para o Senhor um festim verdadeiramente completo [...] nós os enviamos a vossa senhoria com boa saúde, depois de rezar a Deus, amante da humanidade, para que lhes desse um anjo da paz como auxílio e companheiro de viagem [...]

Basílio também parafraseia essa litania a respeito do ofício monástico nas *Regras maiores* 37,3, "pedindo-lhe orientação e instrução no que é proveitoso".

Assim, as vésperas de catedral da Capadócia, na segunda metade do século IV, tinham um serviço pela luz com *Phôs hilaron*, provavelmente o Salmo 140, e as intercessões finais. O Salmo 140 não é indicado nos documentos da Capadócia, mas provavelmente podemos presumi-lo com base em indícios de outras áreas, como veremos em breve. Também pode ter havido leituras das Escrituras. Um pouco mais tarde, Sócrates de Constantinopla, em sua *História eclesiástica* (*c.* 439-450) V, 22, uma salada mista de informações sobre os diversos usos litúrgicos na Antiguidade Tardia, diz: "De igual modo em Cesareia, na Capadócia e em Chipre aos sábados e domingos, sempre ao entardecer, com o acender das lâmpadas (*meta tês lychnapsias*), os presbíteros e bispos explicam as Escrituras". Portanto, ao que parece, havia pregação, e talvez até mesmo leituras, nas vésperas de catedral nos fins de semana na Capadócia.

---

17. MATEOS, J., Un horologion inédit de Saint-Sabas. Le Codex sinaïtique grec 863 (IXe siècle), in: TISSERANT, É., *Mélanges E. Tisserant* III. 1, Vatican, Typis polyglottis Vaticanis, 1964, 56, 70 ss. (ST 233).

18. As cartas de Basílio citadas aqui e abaixo são traduzidas de SÃO BASÍLIO, *Lettres*, org. de Y. Courtonne, Paris, Les Belles Lettres, 1957/1961, 2 v.

Assim, as vésperas festivas de catedral na Capadócia tinham algo como a seguinte estrutura básica:

> *Lucernarium* com *Phôs hilaron*
> Salmo 140
> Lições e homilia
> Intercessões com petições de "anjo da paz"

Temos menos informações para a oração da manhã, mas a *Carta* 207, 3, de Basílio, escrita ao clero de Neocesareia em resposta às suas críticas às inovações litúrgicas de Basílio em Cesareia (*plus ça change* [...]), descreve uma vigília que termina com as matinas de catedral:

> [1]Quanto à acusação a respeito da salmodia, com a qual especialmente nossos caluniadores assustam o povo mais simples, tenho isso a dizer: [2]os costumes agora em uso estão de acordo e em harmonia com todas as Igrejas de Deus. [3]Entre nós, o povo (*laos*) "vigia depois do anoitecer" (*ek nyktos orthrizei*: Is 26,9) na casa de oração, [4]e em angústia e aflição e lágrimas contínuas faz confissão a Deus. [5]Finalmente, levantando-se das orações, eles começam a salmodia. [6]E agora, divididos em duas seções, cantam alternadamente entre si, reforçando assim o estudo das passagens das Escrituras e, ao mesmo tempo, produzindo para si mesmos atenção e um coração imperturbável. [7]Em seguida, novamente, deixando que alguém entoe o canto, o restante responde.
>
> [8]E assim, depois de passar a noite numa variedade de salmodias interrompidas por orações, [9]quando o dia começa a amanhecer, todos em comum, como em uníssono e um só coração, elevam o salmo de confissão ao Senhor, cada um fazendo suas as palavras de arrependimento.
>
> [10]Se nos evitares por essas coisas, então evitarás os egípcios, evitarás aqueles da [Alta e Baixa] Líbia, tebanos, palestinos, árabes, fenícios, sírios e aqueles que vivem perto do Eufrates — numa palavra, todos aqueles entre os quais vigílias (*agrypniai*) e orações e salmodias em comum foram realizadas em honra.

Qual era a natureza dessa vigília que, assim como admite Basílio, era uma inovação recente? Mateos anteriormente acreditava que se tratava da vigília noturna das comunidades ascéticas basilianas[19]. Mas reexaminei a questão com

19. MATEOS, J., L'office monastique à la fin du IVe siècle: Antioche, Palestine, Cappadoce, *OC* 47 (1963) 85-86.

ele, e concordamos com Bradshaw que isso não é, de forma nenhuma, correto[20]. Em primeiro lugar, como veremos no próximo capítulo, essa vigília não está de acordo com os usos dos ascetas em *Regras maiores* 37,5, que fornecem um período de descanso entre o *mesonyktikon* noturno ou ofício da meia-noite e a oração matinal dos ascetas. Além disso, o texto fala de "povo" (*laos*). Ora, é verdade, como observa Mateos[21], que Basílio não chama seus ascetas de "monges", mas todo o contexto da passagem da *Carta* 207 sobre a salmodia levaria a pensar na prática de catedral. Por exemplo, Basílio justifica seu uso litúrgico apelando àquele de "todas as Igrejas de Deus" (2) e numerosos países (10), enquanto anteriormente na mesma carta, ao falar dos ascetas, ele apela apenas aos três tradicionais berços do monaquismo: Egito, Palestina e Mesopotâmia[22]. Além disso, a ausência de qualquer comparação explícita com o uso monástico em outros lugares torna mais plausível pensar que Basílio está se referindo a uma vigília de catedral ocasional, como vemos em Alexandria e Constantinopla nessa época.

Basílio começa sua descrição do serviço (3) com uma frase de Isaías 26,9, que também encontraremos na vigília antioquense de Crisóstomo, e que ainda hoje é o convite quaresmal aos noturnos no ofício bizantino sabaítico. Além disso, a descrição da salmodia, primeiramente antifônica (6), depois responsorial (7) e interrompida por orações (8), é notavelmente similar à vigília da noite de sexta-feira dos monges de Belém, discutida no próximo capítulo (cf. *Institutos* III, 8,4, de Cassiano). Sua estrutura básica era uma unidade litúrgica de três antífonas, três salmos responsoriais e três leituras, repetidas ao longo da noite. Portanto, parece certo, pelo menos, que Basílio está descrevendo uma vigília ocasional, não diária.

Essa vigília pode ter começado (3) com Isaías 26,9 ss. como invitatório, seguido talvez pelo Salmo 118, e então a unidade litúrgica como em Cassiano, repetida várias vezes. A matina de catedral se inicia (9) com o Salmo 50 e compreende "hinos e cânticos" (*hymnoi kai odai*) de acordo com a *Carta* 2, 2 de Basílio a Gregório de Nazianzo[23]. Esse documento descreve a oração de um asceta, mas como o ofício monástico da Capadócia (cf. capítulo 5) era um

20. Bradshaw, *Daily Prayer*, 101-102.
21. Mateos, L'office monastique, 86.
22. São Basílio, *Lettres* 207, 2, org. Courtonne, v. 2, 185.
23. Ibid., v. 1, 6.

híbrido contendo elementos de matinas de catedral, podemos tomar isso como prova desse ofício.

Então, hipoteticamente, eu reconstruiria a vigília capadócia da seguinte maneira:

Vigília	Isaías 26,9 ss.	
	Salmo 118	
	Salmodia antifônica; orações	repetidamente
	Salmodia responsorial; orações	
	[Leituras]	
Matinas	Salmo 50	
	Hinos e cânticos	
	[Intercessões]	

Chipre

Epifânio (*c.* 315-403), um monge na Judeia por trinta anos antes de se tornar bispo de Salamina (Constância, no Chipre) em 367, também se refere aos "hinos e orações matinais" e "salmos e orações vesperais (*lychnikos*)" no capítulo 23 de seu tratado *Sobre a fé*, escrito por volta de 374-377. Observe-se que ele fala de hinos e orações matinais, salmos e orações vesperais, ou seja, no plural. Mais tarde, retornarei a esse ponto ao falar do número de salmos vesperais no diário de Egéria, e da controversa questão sobre a origem das laudes. Por ora, basta dizer que os salmos e hinos seguidos de orações de intercessão eram, e continuam sendo, o centro dos ofícios de catedral pela manhã e à tarde.

No capítulo 24 do mesmo tratado, Epifânio diz que a oração frequente, assídua e insistente é ordenada dia e noite nas horas estabelecidas, sem ser mais explícito sobre quais eram elas. Mas, visto que esse capítulo se refere aos leigos, é claro que o comparecimento às sinaxes da manhã e da tarde não esgotava suas obrigações de oração.

Antioquia

É de Antioquia — Antioquia e seus arredores — que encontramos pela primeira vez testemunhos maciços dos ofícios de catedral, até então vistos apenas em algumas alusões passageiras.

I. João Crisóstomo

Crisóstomo em Antioquia, por volta de 390, fornece a motivação para as duas sinaxes diárias da catedral em sua *Catequese batismal* VIII, 17-18.

> Sê muito diligente em vir aqui de manhã cedo (*orthron*) para trazer orações e louvores ao Deus de todos, e dar graças pelos benefícios já recebidos, e suplicar-lhe que se digne ser um aliado próximo para proteção no futuro. [...] Mas que cada um vá trabalhar com temor e tremor, e assim passe o dia como quem é obrigado a retornar aqui à tarde para fornecer ao mestre um relato do dia inteiro e pedir perdão pelas falhas. Pois é impossível, mesmo que estejamos dez mil vezes vigilantes, evitar a suscetibilidade a todos os tipos de falhas. Ou dissemos algo inoportuno, ou ouvimos conversa inútil, ou fomos perturbados por algum pensamento indecente, ou não controlamos nossos olhos, ou gastamos tempo em coisas vãs e ociosas em vez de fazer o que deveríamos ter feito. E é por isso que todas as tardes devemos pedir perdão ao mestre por todas essas faltas. [...] Em seguida, devemos passar o tempo da noite em sobriedade e, assim, estar prontos para nos apresentarmos novamente ao louvor da manhã. [...][24]

Em seu *Comentário sobre o Salmo 140*,1[25], também do período antioquense de seu ministério antes de 397, Crisóstomo diz que o Salmo 140 é entoado "diariamente". Mais tarde, quando relata por que ele é entoado, fica claro que ele está se referindo às vésperas. Ele também fala do Salmo 62 como o salmo matinal:

> Muitas coisas neste salmo [140] são adequadas para o entardecer. Contudo, não foi por essa razão que os padres escolheram este salmo, mas sim ordenaram que fosse dito como um salutar remédio e perdão dos pecados, para que tudo o que nos tenha maculado ao longo de todo o dia, quer no mercado ou em casa ou onde quer que passemos nosso tempo, seja eliminado de nós ao cair da tarde por meio desse cântico espiritual. Pois ele é de fato um remédio que destrói todas essas coisas.
>
> O salmo da manhã é do mesmo tipo. [...] Pois ele acende o desejo por Deus, e desperta a alma e muito a inflama, e a preenche com grande bondade e amor. [...] Mas vejamos onde se inicia e o que nos ensina: "Ó Deus, meu Deus, estou vigilante diante de ti; minha alma tem sede de ti" (Sl 62,1). Vês como isso mostra as palavras de uma

24. João Crisóstomo, *Huit catéchèses baptismales inédites*, org. A. Wenger, Paris, Cert, 1957, 256-257 (SC 50).

25. As passagens pertinentes se encontram em *PG* 55, 427, 430.

alma ardente? Onde há amor de Deus, todo o mal vai embora; onde há lembrança de Deus, há esquecimento do pecado e destruição do mal. [...]

São Basílio, em suas *Regras maiores* 37,4, também afirma que as vésperas servem como propiciação pelos pecados do dia, mas, visto que ele está falando sobre o ofício monástico, retornaremos a esse texto no capítulo 5.

Um pouco mais tarde, no mesmo *Comentário sobre o Salmo 140*,3, ao comentar o segundo versículo, "Que minha prece seja o incenso diante de ti, e minhas mãos erguidas, a oferenda da tarde", Crisóstomo aplica o preceito levítico do Antigo Testamento às matinas e vésperas de catedral, lembrando as *orationes legitimae* de Tertuliano que vimos no capítulo anterior:

> Isso foi ordenado e estabelecido por lei para os sacerdotes, que [...] de manhã e à tarde eles sacrifiquem e queimem um cordeiro. O primeiro era chamado de sacrifício da manhã, o último, sacrifício da tarde. Deus ordenou que isso fosse feito, significando que é necessário ser zeloso em adorá-lo tanto no início quanto no final do dia.

Mas Crisóstomo parece não ter conhecido um uso cerimonial do incenso no ofício de Antioquia, pois ele oferece, no contexto das vésperas, uma interpretação puramente espiritual do Salmo 140,2, "Que minha prece seja o incenso diante de ti"[26]. Talvez o mesmo possa ser dito sobre uma ritualização do acender das lâmpadas ao entardecer. Em sua homilia da Quaresma, *In Gen. sermo 4*,3, ele reclama que seus ouvintes antioquenos prestam menos atenção à luz da Sagrada Escritura que ele lhes está pregando do que às luzes da igreja e àquele que naquele exato momento, aparentemente, estava caminhando pela igreja acendendo as lâmpadas[27]. Essas homilias não eram necessariamente pregadas nas vésperas — um culto de comunhão na nona hora para quebrar o jejum seria igualmente plausível —, mas, em todo caso, o texto parece indicar que as lâmpadas estavam sendo acesas sem alarde durante o sermão.

Finalmente, em sua *Homilia 6 sobre 1 Timóteo*, 1, Crisóstomo fala das intercessões no final dos ofícios diários. A passagem 1 Timóteo 2,1-4 é o texto cristão clássico a respeito dessa oração de intercessão: "Antes de tudo, eu recomendo que se façam pedidos, orações, súplicas, ações de graças por todos os homens, pelos reis e por todos os que detêm a autoridade. [...]". Crisóstomo nos

26. *PG* 55, 430-432.
27. *PG* 54, 597.

informa que a oração de catedral da manhã e da tarde na Antioquia do século IV incluía tais intercessões para várias intenções: "O que significa esse 'antes de tudo' no culto diário? Os iniciados [batizados] sabem como [súplicas] são oferecidas diariamente à tarde e pela manhã: como rezamos pelo mundo inteiro, pelos reis e por todos os que detêm autoridade"[28].

Crisóstomo se refere novamente às intercessões diárias em outra homilia antioquense, *Sobre a obscuridade das profecias 2*, 5[29]. Ele observa que os catecúmenos estavam presentes — portanto, ele está falando de serviços de catedral, não de serviços monásticos — e diz que poderíamos pensar não ter força espiritual para rezar adequadamente pelo bispo, pelos presentes e por todos. Mas ousamos fazer isso como grupo porque a comunidade dá força, e a oração oferecida por todas as pessoas juntas na igreja tem grande poder. Os catecúmenos não podem fazer isso porque ainda não fazem parte desse povo sacerdotal e intercessor. Além disso, Crisóstomo menciona petições em prol de todo o mundo, de toda a Igreja em todo o mundo e de todos os bispos. Essa é obviamente uma descrição das súplicas que sabemos que ocorriam no final dos serviços cristãos, incluindo a Liturgia da Palavra. Mas essas intercessões "diárias" devem se referir às matinas e vésperas de catedral, uma vez que a missa não era celebrada diariamente em Antioquia naquela época[30].

Além dessas duas sinaxes comuns, Crisóstomo também exorta os leigos a rezar assiduamente durante o dia, onde quer que estejam, quando possível até ajoelhados e com as mãos erguidas em oração[31].

II. As Constituições Apostólicas

As *Constituições Apostólicas*, uma extensa diretriz da igreja escrita em grego por volta de 380 por um sírio originário dos arredores de Antioquia — embora não da própria cidade, ao que parece —, fornece a primeira descrição completa da estrutura e do conteúdo dos três ofícios das catedrais: louvor matinal, vésperas e a vigília da ressurreição dominical. No livro II, 59, podemos ler[32]:

28. *PG* 62, 530.

29. *PG* 56, 182.

30. Taft, The Frequency of the Eucharist, 15.

31. *Sermão sobre Ana* 4, 5-6, *PG* 54, 666-668.

32. O texto é traduzido de Funk, F. X., *Didascalia et Constitutiones Apostolorum*, Paderborn, Shoeningh, 1905, v. 1.

> Quando ensinas, bispo, ordena e exorta o povo a frequentar a igreja regularmente, de manhã e à tarde todos os dias, e não abandoná-la de forma alguma, mas reunir-se continuamente e não diminuir a Igreja ausentando-se e fazendo faltar um membro ao Corpo de Cristo. Pois isso não é dito apenas para o benefício dos sacerdotes, mas que cada um dos leigos ouça o que foi dito pelo Senhor como proclamado a si mesmo: "Quem não está comigo está contra mim, e quem não ajunta comigo, dispersa" (Mt 12,30). Não vos disperseis por não vos reunirdes, vós que sois membros de Cristo, vós que tendes Cristo por cabeça, segundo a sua própria promessa, presente e comunicante a vós. Não sejais negligentes, nem roubais o salvador dos seus próprios membros, nem repartais o seu corpo, nem disperseis os seus membros, nem prefirais as necessidades desta vida à Palavra de Deus, mas reuni-vos todos os dias de manhã e à tarde, cantando salmos e orando nas casas do Senhor, de manhã entoando o Salmo 62, e à tarde, o Salmo 140.
>
> Mas especialmente no sábado, e no dia da ressurreição do Senhor, que é dia do Senhor, reuni-vos ainda mais diligentemente, enviando louvores a Deus, que fez tudo por meio de Jesus e o enviou a nós e permitiu que ele sofresse e o ressuscitou dos mortos. Do contrário, como se defenderá diante de Deus aquele que não se reúne nesse dia para ouvir a palavra salvífica concernente à ressurreição, o dia em que realizamos três orações de pé, em memória daquele que ressuscitou em três dias, dia em que se realiza a leitura dos profetas e a proclamação do evangelho e a oferta do sacrifício e a dádiva do alimento sagrado?

Vemos aqui dois serviços diários, de manhã e à tarde, com os Salmos 62 e 140 como seu núcleo, bem como um serviço de vigília dominical que compreende o evangelho da ressurreição e três "orações" em honra da ressurreição no terceiro dia (mais sobre essa vigília em breve), seguidos pela costumeira Liturgia da Palavra, anáfora e comunhão. Observe-se que o capítulo correspondente da *Didascalia*, do século III, da qual a passagem acima citada é uma redação ampliada, contém apenas uma exortação geral para frequentar a igreja, especialmente no domingo para a Eucaristia, mas sem nenhuma das referências aos ofícios públicos diários, ao sábado ou à vigília de domingo[33]. Portanto, essas são claramente inovações do século IV.

O livro VII, 47, apresenta uma redação do *Gloria in excelsis*, que mais tarde se tornaria um elemento padrão nas matinas orientais, que um códice intitula "oração matinal". E o capítulo 48 apresenta um "hino vespertino" compreendendo o Salmo 121,1 (*Te decet laus*) e o *Nunc dimittis* de Lucas 2,29-32.

---

33. Ibid., 170-173.

De maior interesse é o livro VIII, 34, que apresenta o *cursus* completo do século IV da oração diária das igrejas seculares, tanto privadas como públicas:

> Fazei orações pela manhã, e na terceira, na sexta e nona horas, e ao entardecer, e ao canto do galo; de manhã, dando graças porque o Senhor vos iluminou, retirando a noite e trazendo o dia; na terceira, porque nessa hora o Senhor recebeu a sentença de condenação de Pilatos; na sexta, porque a essa hora ele foi crucificado; na nona, porque tudo estremeceu quando o Senhor foi crucificado; [...] ao anoitecer, dando graças porque ele vos deu a noite como um descanso do trabalho diário; ao canto do galo, porque nessa hora é anunciada a boa nova da vinda do dia para a realização das obras da luz.
>
> Mas, se não for possível ir à igreja por causa dos incrédulos, deveis reunir-vos numa casa. [...] Mas, se não for possível reunir-vos numa casa ou na igreja, que cada um cante salmos, leia, ore por si mesmo, ou dois ou três juntos, "Pois onde", disse o Senhor, "dois ou três estiverem reunidos em meu nome, eu estarei no meio deles" (Mt 18,20)...

Em seguida, os capítulos 35-39 do livro VIII descrevem as duas sinaxes públicas diárias, fornecendo até mesmo os textos das longas intercessões e orações finais. Visto que as litanias para as várias categorias — catecúmenos, *energoumenoi*, *phôtizomenoi*, penitentes e fiéis — são as mesmas que concluem a Liturgia da Palavra no livro VIII, 6-10, o autor remete a esses capítulos sem repetir o texto, que preenche seis colunas na edição Migne ou sete páginas na edição de Funk[34]. A cada petição os fiéis respondiam "*Kyrie eleison*":

> [...] Quando cair a tarde, deves reunir a igreja, bispo, e, depois que o salmo do acender da lâmpada (*epilychnion psalmon*) for dito, o diácono deve proclamar [as petições] para os catecúmenos e aqueles perturbados [*energoumenoi*] e os *phôtizomenoi* e aqueles em penitência, como dissemos acima [nos capítulos 6-9]. E, após sua despedida, o diácono dirá: "Todos nós, fiéis, oremos ao Senhor", e depois de proclamar as [petições] da primeira oração [acima no capítulo 10] ele dirá:
>
> Salva-nos, ó Deus, e ressuscita-nos pelo teu Cristo.
> Ao nos levantar, peçamos
> misericórdia do Senhor e sua compaixão,
> o anjo da paz,
> o que é bom e proveitoso,
> um fim cristão,
> um entardecer e uma noite pacíficos e sem pecado.

34. Ibid., 478-493, 544-555; *PG* 1, 1076-1088, 1137-1141.

E peçamos que todo o tempo de nossa vida seja
irrepreensível.
Entreguemo-nos e uns aos outros ao Deus vivo
por meio de seu Cristo.

No final da litania, o bispo recita a coleta, orando de maneira semelhante por um entardecer e uma noite pacíficos e sem pecado, e pela vida eterna. Em seguida, o diácono brada: "Inclinai-vos para a imposição das mãos", e o bispo diz a "Oração de Inclinação" ou bênção final para os fiéis curvados, pedindo o favor e a bênção de Deus, após o que o diácono anuncia a despedida: "Ide em Paz".

A estrutura da oração matinal é a mesma, exceto que o Salmo é o 62, e as petições e orações são apropriadas para a hora. A coleta pede a Deus que "receba nossa ação de graças da manhã e tenha misericórdia de nós" e, na bênção, o bispo ora a Deus para "preservá-los na piedade e na justiça e conceder-lhes a vida eterna em Cristo Jesus".

Assim, o núcleo primitivo da oração de catedral da manhã e da tarde era:

Salmodia (Salmo 62 ou 140)
Litania, oração de bênção e despedida para cada uma das quatro categorias (catecúmenos, *energoumenoi*, *phôtizomenoi*, penitentes)
Litania dos fiéis
Coleta
Oração de Bênção
Despedida

III. Teodoreto de Cirro

Meio século depois, os ofícios de catedral em Antioquia ainda estarão em pleno vigor e até mesmo apresentarão um desenvolvimento ritual. Teodoreto (*c.* 393-466), nativo de Antioquia e bispo de Cirro, uma pequena cidade a leste de Antioquia, de 423, relata em sua *História eclesiástica* II, 24 (citada abaixo no capítulo 9) como dois leigos de Antioquia, Flaviano e Diodoro, em 347-348, inventaram a salmodia antifônica para uso em vigílias noturnas. E em sua *História filoteia* 30,1 Teodoreto descreve como a virgem e asceta Santa Domina, da Síria, comparecia às horas de catedral diariamente. "Ao canto do galo, ela se dirige ao templo sagrado não muito longe dali [onde vivia] para oferecer com os outros, tanto mulheres como homens, o hino ao Deus de todos. Ela não o faz somente no início, mas também no final do dia [...]."[35]

Em suas *Questões sobre o Êxodo* 28, escritas algum tempo depois de 453, Teodoreto, comentando sobre a oferta do Antigo Testamento em Êxodo, fornece nosso primeiro testemunho explícito do embelezamento cerimonial desses serviços. O texto em questão é Êxodo 30,7-8: "Aí Aarão há de queimar o perfume; queimá-lo-á todas as manhãs, quando preparar as lâmpadas; queimá-lo-á ao entardecer, quando as acender. E um perfume perpétuo diante do Senhor, de geração em geração". Comentando sobre isso em relação ao culto cristão, Teodoreto diz: "Realizamos a liturgia reservada ao interior do tabernáculo [isto é, a oferenda de incenso]. Pois é o incenso e a luz das lâmpadas que oferecemos a Deus, bem como o serviço dos mistérios da mesa sagrada"[36]. Desse modo, ele distingue claramente entre a Eucaristia e a oferenda de incenso e luz, que sem dúvida se refere às outras duas sinaxes de catedral cristãs, de manhã e à tarde. Esse desenvolvimento cerimonial era novo, pois, como observei acima, Crisóstomo parece não ter conhecido o uso de incenso no ofício antioquense. No entanto, Efrém (morto em 373), em seu *Carmina Nisibena* 17,4[37], fala de uma "oblação de incenso", que pode se referir ao uso de incenso no ofício sob a influência de Êxodo 30,7-8.

Constantinopla

Temos muito poucos testemunhos dos ofícios da Nova Roma neste período inicial. Sozomeno, em sua *História eclesiástica* VIII, 7-8, escrita entre 439-450, atesta os ofícios de catedral em Constantinopla durante o breve e malfadado episcopado de Crisóstomo em 397-404. O povo "usava os hinos da manhã e da noite" (*eôthinois kai nykterinois hymnois echrêto*), e o próprio Crisóstomo introduziu vigílias e procissões estacionais com salmodia antifônica para competir com os serviços dos arianos.

---

35. Teodoreto de Cirro, *Histoire des moines de Syrie*, t. 2: Histoire philothée, org. P. Canivet, A. Leroy-Molinghen, Paris, Cerf, 1979, 241 (SC 257).

36. *PG* 80, 284.

37. Beck, E. (org.), *Des hl. Ephraem des Syrers Carmina Nisibena*, CSCO 218, scr. syri v. 92, 46; CSCO 219, scr. syri v. 93, 55.

Jerusalém

Dispomos de farta informação sobre a liturgia primitiva jerosolimitana por meio do relato maravilhosamente detalhado no diário da monja peregrina espanhola Egéria, que viajou pelos serviços estacionais da Terra Santa entre 381-384, durante o episcopado de São Cirilo (morto em 386), um dos grandes líderes litúrgicos dessa criativa época. Junto com as *Constituições Apostólicas*, esse diário de viagem é o documento mais importante para o estado da liturgia cristã no final do século IV.

O capítulo 24 descreve os serviços de uma semana comum. Ao lê-lo, devemos ter em mente que a essa altura Jerusalém já havia se tornado um grande centro de peregrinação e era invadida por monges, monjas, ascetas e peregrinos de todo tipo, cujo único objetivo era visitar e rezar nos santuários. Assim, a liturgia jerosolimitana não só tinha uma plenitude suntuosa e um esplendor encontrados apenas nas grandes cidades e centros de peregrinação da Antiguidade Tardia, mas também havia absorvido certos traços monásticos. Aqui está o texto na versão de J. Wilkinson[38]:

> [1]Amadas irmãs, estou certa de que será de vosso interesse conhecer os serviços diários que se realizam nos lugares sagrados, e devo falar sobre eles. A cada dia, todas as portas da Anastase são abertas antes que o galo cante, e os "*monazontes* e *parthenae*", como eles os chamam aqui, entram, e também alguns leigos, homens e mulheres, pelo menos aqueles que estão dispostos a acordar tão cedo. Desde essa hora até o amanhecer, eles cantam os refrãos para hinos, salmos e antífonas. Faz-se uma oração a cada um dos hinos, pois há dois ou três presbíteros e diáconos se alternando a cada dia, e que estão lá com os *monazontes* e dizem as orações entre todos os hinos e antífonas.
>
> [2]Tão logo amanhece, eles começam os Hinos Matinais, e o bispo com seu clero vem e se junta a eles. Ele se dirige diretamente para a gruta, e de dentro do cancelo diz primeiro a Oração por Todos (mencionando os nomes que desejar) e benze os catecúmenos. Em seguida, faz outra oração e benze os fiéis. Então sai de dentro do cancelo e todos se aproximam para beijar sua mão. Ele os benze um por um e sai, de modo que a despedida ocorre quando já é dia.
>
> [3]Ao meio-dia, todos vão novamente à Anastase e dizem salmos e antífonas até que uma mensagem seja enviada ao bispo. Ele entra novamente e não se senta, mas vai direto para trás do cancelo dentro da Anastase (ou seja, na

38. *Egeria's Travels*, London, SPCK, 1971, para essa e outras citações de Egéria.

gruta onde adentrou de manhã cedo), e novamente, após uma oração, benze os fiéis e sai de trás dos cancelos, e igualmente eles vêm para beijar sua mão.

[4]Às três horas, repetem o que fizeram ao meio-dia, mas às quatro horas eles têm o que aqui chamam *Lychnicon*, ou, em nossa língua, *Lucernare*. Todas as pessoas voltam a se reunir na Anastase, e acendem-se todas as lâmpadas e velas, o que a deixa muito iluminada. O fogo não é trazido de fora, mas da gruta — de trás dos cancelos — onde uma lâmpada está sempre acesa noite e dia. Por algum tempo, eles têm os salmos e antífonas do lucernário. Então, o bispo é chamado, entra e se senta na cadeira principal. Os presbíteros também vêm e se sentam em seus lugares, e os hinos e antífonas continuam. [5]Então, quando eles terminam de cantar tudo o que se devia cantar, o bispo se levanta e vai para a frente do cancelo (ou seja, da gruta). Um dos diáconos faz a comemoração normal dos indivíduos, e, cada vez que ele menciona um nome, um grande grupo de meninos responde *Kyrie eleison* (em nossa língua, "Senhor, tende misericórdia"). Suas vozes são muito sonoras. [6]Assim que o diácono termina sua parte, o bispo diz uma oração e reza em prol de todos. Até este ponto os fiéis e os catecúmenos estão orando juntos, mas agora o diácono diz a cada catecúmeno que fique de pé onde está e incline a cabeça; e o bispo diz a bênção aos catecúmenos desde seu lugar. Há outra oração, após a qual o diácono pede a todos os fiéis que curvem a cabeça, e o bispo diz a bênção aos fiéis desde seu lugar. Assim, ocorre a despedida na Anastase, e todos eles sobem um por um para beijar a mão do bispo.

[7]Então, cantando hinos, eles conduzem o bispo da Anastase à cruz, e todos vão com ele. Ao chegar, ele diz uma oração e benze os catecúmenos, depois diz outra e benze os fiéis. Então novamente o bispo e todas as pessoas vão para detrás da Cruz, e fazem lá o que eles fizeram diante da Cruz; e em ambos os lugares eles vêm beijar a mão do bispo, como fizeram na Anastase. Grandes lanternas de vidro estão acesas por toda parte, e há muitas velas na frente da Anastase, e também na frente e atrás da Cruz. Tudo isso termina no crepúsculo. Esses são os serviços executados todos os dias da semana, junto à Cruz e na Anastase.

Juan Mateos analisou minuciosamente os ofícios nesse documento, de modo que seguirei sua interpretação[39]. O dia começa com uma vigília devocional dos ascetas — monges e monjas — auxiliados por alguns clérigos que se revezam nesse ministério de assistência aos devotos em sua oração. Os serviços de catedral propriamente ditos incluem matinas, sexta, nona e vésperas ou

39. Mateos, Juan, La vigile cathédrale chez Egérie, *OCP* v. 27 (1961) 281-312.

"*lucernare*", como a chama Egéria (24:4). Os três primeiros serviços seguem o padrão que vimos nas *Constituições Apostólicas*: salmodia seguida de intercessões. Mas aparentemente havia mais de um salmo nos ofícios jerosolimitanos, embora seja impossível ser mais preciso nesse ponto, pois Egéria usa a nomenclatura sem grande rigor, falando de "hinos, salmos, antífonas" sem especificar exatamente a que ela se refere. (Observe-se nesse contexto, contudo, que "dizer" — *legein*, em grego; *dicere*, em latim; *emar*, em siríaco — em documentos litúrgicos antigos é um termo geral que significa executar oralmente e não significa "dizer" ou "recitar" em oposição a "entoar" ou "cantar" ou "proclamar", como alguns liturgistas erroneamente presumiram.)

Portanto, a forma de ofício de Jerusalém parece diferir do uso em Antioquia. Bradshaw[40] cita uma passagem da antioquense *Homilia 11 sobre Mateus, 7*, de Crisóstomo, como possível testemunho de mais um salmo nos ofícios de Antioquia também; mas, na interpretação de van de Paverd, esse texto se refere à Liturgia da Palavra[41]. Como Mateos mostrou[42], o antigo ofício constantinopolitano, de origem antioquena, conservou a tradição antioquena de apenas um salmo vesperal, enquanto os ofícios derivados daqueles de Jerusalém (como o ofício monástico bizantino de São Sabas, e as vésperas caldeias, sírias e maronitas) têm três ou mais salmos vesperais — sempre incluindo, é claro, o Salmo 140. Vimos acima que Epifânio de Salamina também fala de "salmos vesperais" (*psalmoi lychnikoi*), mas ele era originalmente um monge na Palestina antes de se tornar bispo em Chipre, e o ofício de sua Igreja pode refletir o uso palestino. De qualquer forma, as vésperas de catedral do tipo de Jerusalém existentes têm mais de um salmo vesperal, ao passo que nas tradições da família antioquena havia apenas o Salmo 140, e essa estrutura posterior parece estar de acordo com as poucas evidências que podemos encontrar para a forma primitiva desses serviços em fontes do século IV.

As vésperas em Egéria incluem não apenas salmos e antífonas, e as costumeiras intercessões e despedidas, mas começam com um serviço de luz em que a luz vesperal é trazida para fora do Santo Sepulcro, um rito que simboliza claramente o Cristo Ressuscitado saindo do túmulo para trazer a luz de sua

---

40. BRADSHAW, *Daily Prayer*, 74.

41. Ver *PG* 57, 200, e VAN DE PAVERD, F., *Zur Geschichte der Messliturgie in Antiocheia und Konstantinopel gegen Ende des vierten Jahrhunderts. Analyse der Quellen bei Joannes Chrysostomos*, Roma, PIO, 1970, 124 ss. (OCA 187).

42. MATEOS, Quelques anciens documents, 360.

salvação ao mundo escurecido pelo pecado. As vésperas são seguidas por breves ofícios estacionais nos dois santuários diante e atrás da cruz.

Em linhas gerais, essas vésperas jerosolimitanas eram mais ou menos do seguinte modo:

Acender das lâmpadas
Salmos vesperais, incluindo o Salmo 140
Antífonas
Entrada do bispo
Hinos ou antífonas
Intercessões e bênçãos
Despedida
Estações na frente e atrás da cruz, com orações e bênçãos

Observe-se que a sexta e a nona também eram horas de catedral feitas em comum em Jerusalém (a terça era feita apenas na Quaresma: 27:4-5), o que é raro nessa época e provavelmente atribuível ao grande número de monges, monjas e ascetas que afluíam para a Terra Santa depois da Paz de Constantino e participavam, como nos conta Egéria, dos serviços basilicais nos Lugares Santos.

Os serviços no domingo começavam com o canto do galo com uma vigília da ressurreição. Quem chegava cedo para ela, rezava no átrio até a abertura da basílica, mas essa oração não fazia parte do *cursus* de ofícios. Egéria descreve isso no capítulo 24:8-12:

> [8]Mas no sétimo dia, Dia do Senhor, antes do canto do galo, reúnem-se no pátio todas as pessoas, tantas quantas podem entrar, como se fosse Páscoa. O pátio é a "basílica" ao lado da Anastase, isto é, do lado de fora, onde lâmpadas foram penduradas para elas. Aqueles que temem não chegar a tempo para o canto do galo vêm cedo e ficam sentados esperando cantando hinos e antífonas, intercalados por orações, pois há sempre ali presbíteros e diáconos prontos para a vigília, por causa da multidão que se reúne, e não é comum abrir os lugares santos antes do canto do galo.
>
> [9]Tão logo o primeiro galo canta, o bispo entra e vai para gruta, na Anastase. As portas são abertas, e todas as pessoas entram na Anastase, que já está resplandecente com lâmpadas. Quando estão lá dentro, um salmo é dito por um dos presbíteros, ao que todos respondem; em seguida, faz-se uma oração; então um salmo é dito por um dos diáconos, e há outra oração; então um terceiro salmo é dito por um dos clérigos, há uma terceira oração e a Comemoração de Todos. [10]Depois desses três salmos e orações, levam-se incensários para a gruta da Anastase, de modo que toda a basílica da Anastase se enche de perfume. Em seguida, o bispo, de pé por trás dos cancelos, toma o livro

do Evangelho e dirige-se até a porta, onde ele mesmo lê o relato da ressurreição do Senhor. No início da leitura, a assembleia inteira geme e lamenta tudo o que o Senhor sofreu por nós, e a maneira como eles choram levaria às lágrimas até mesmo o coração mais endurecido. 11Terminado o Evangelho, o bispo sai e é conduzido com cânticos até a Cruz, e todos vão com ele. Eles têm um salmo ali e uma oração; então ele benze o povo, e isso é a despedida. Quando o bispo sai, todos vão beijar sua mão.

12Logo após, o bispo se retira para sua casa, e todos os monazontes retornam à Anastase para cantar salmos e antífonas até o amanhecer. Há orações entre todos esses salmos e antífonas, e presbíteros e diáconos se revezam todos os dias na Anastase para fazer vigília com o povo. Alguns leigos, tanto homens quanto mulheres, apreciam ficar ali até o amanhecer, mas outros preferem retornar a casa para dormir um pouco.

O relato de Egéria sobre essa vigília é um testemunho precioso da história das horas de catedral, pois os vestígios desse serviço de ressurreição dominical ainda podem ser encontrados em muitos ofícios existentes no Oriente e no Ocidente. Tratava-se de um serviço popular de grande solenidade. As multidões acorriam a ele "como se fosse Páscoa", diz-nos Egéria (24:8), e a presença do bispo durante todo o serviço religioso marcava sua notória importância no ciclo semanal. Isso era incomum para os serviços de catedral de Jerusalém. Em outras horas, o bispo deixa a salmodia e canta para o baixo clero, atrasando sua entrada solene até que seja momento de dizer as coletas de intercessão e dar as bênçãos finais. Mas na vigília da ressurreição ele está lá desde o início, indubitavelmente acompanhado pelo seu presbitério e diáconos, esperando a entrada do povo por trás do cancelo do Santo Sepulcro.

A igreja está resplandecente, brilhantemente iluminada por centenas de lâmpadas a óleo bruxuleantes. O serviço começa com três salmos, entoados sucessivamente por um presbítero, um diácono e outro do clero, o povo respondendo aos versos com um responsório ou refrão. Uma coleta se segue a cada salmo. Essa tríplice unidade litúrgica de salmodia e oração corresponde às "três orações de pé, em memória daquele que ressuscitou em três dias", nas *Constituições Apostólicas* II, 59, citadas acima. Mateos mostrou que o termo "orações" (*euchas*) aqui e em outros serviços pode ser usado para incluir também salmos e cânticos[43]. As intercessões usuais seguem as três antífonas. Em seguida, turíbulos são trazidos para o Santo Sepulcro, provavelmente em memória das

43. Mateos, La vigile cathédrale chez Egérie, 299-301.

miróforas, as mulheres que levaram especiarias ao túmulo para ungir o corpo do Senhor e, assim, se tornaram as primeiras testemunhas da ressurreição (Mc 16,1-8; Lc 23,55–24,1-11; cf. Mt 28,1-8). Pelo menos esse é um tema padrão nos resquícios dessa vigília nas tradições armênia e bizantina. Após essa preparação simbólica, o ofício atinge seu clímax com a proclamação do evangelho da ressurreição. Pela descrição de Egéria sobre as expressões de pesar que essa leitura provocava, fica claro que a leitura do evangelho incluía todo o mistério pascal, não apenas a ressurreição, mas também a paixão e a morte na cruz. O evangelho era o ponto alto do serviço: isso pode ser visto nas outras referências de Egéria à vigília (27:2; 43:1), em que "evangelho dominical da Ressurreição do Senhor" é uma abreviatura para todo o serviço. Além disso, o próprio bispo — não o diácono ou leitor, como seria de esperar — proclama o evangelho, anunciando a ressurreição como o anjo diante do túmulo por ocasião da chegada das mulheres portadoras de mirra. O ofício termina com uma breve estação na cruz, como era costume nos serviços de catedral jerosolimitanos.

Portanto, a vigília da ressurreição de domingo era da seguinte maneira:

Três responsórios ou antífonas com coletas, em honra da ressurreição no terceiro dia
Intercessões gerais
Incensação
Evangelho pascal
Procissão à cruz, com cânticos
Estação na cruz: Salmo e coleta
Bênção e despedida

Mateos certamente tem razão ao supor uma origem jerosolimitana para essa vigília[44]. É óbvia a ligação entre seu simbolismo e sua celebração na rotunda da Anastase com o túmulo vazio ou Santo Sepulcro. No final da vigília, o bispo

44. Ibid., 297. No que tange à vigília da catedral e a seus resquícios em outras fontes e ritos existentes, ver também Mateos, J., Les différentes espèces de vigiles dans le rite chaldéen, *OCP* v. 27 (1961) 47-63; Id., Les matines chaldéenes, maronites et syriennes, *OCP* v. 26 (1960) 51-73; Id., *Lelya-Ṣapra* 55-66, 423-431; Id., L'office dominical de la résurrection, *Revue du clergé africain* (maio 1964) 263-288; Id., Quelques problèmes de l'orthros byzantin, *POC* v. 11 (1961) 17-35, 201-220; esp. 203-205; Tabet, J., Le témoignage de Bar Hebraeus (d. 1286) sur la vigile cathèdrale, *Melto* 5 (1969) 113-121; Id., Le témoignage de Sévère d'Antioche (d. 538) sur la vigile cathédrale, *Melto* 4 (1968) 6-12; Id., *L'office commun maronite. Etude du lilyō et du ṣafro*, Kaslik, Lebanon, Bibliothèque de l'Université S.-Esprit, 1972, 210 ss.

e outros partem, enquanto os ascetas permanecem em sua vigília devocional habitual para aguardar as matinas ao raiar do dia, que por sua vez são seguidas imediatamente pela missa (25:1-2). As horas do dia são omitidas aos domingos, mas as vésperas são realizadas normalmente (25:3).

A propósito desses ofícios de catedral, Egéria observa que "os salmos e antífonas que eles usam são sempre apropriados, seja à noite, de manhã cedo, nas orações ao meio-dia ou às três horas, ou no lucernário. Tudo é adequado, apropriado, e pertinente ao que está sendo feito" (25:5). Isso é precisamente o que distingue os ofícios de catedral da salmodia *monástica* que encontraremos no próximo capítulo. Os ofícios de catedral tinham salmos *seletos*, escolhidos por causa de sua adequação para o serviço específico — por exemplo, Salmo 62 nas matinas e Salmo 140 nas vésperas. A salmodia dos ofícios monásticos era contínua, ou seja, simplesmente seguia a ordem numérica do saltério bíblico, sem nenhuma tentativa de coordenar o tema do texto bíblico com a natureza e o espírito da hora de oração. Havia também diferenças na execução da salmodia. Os monges, como veremos, simplesmente recitavam o salmo versículo por versículo, ou ficavam escutando enquanto um solista o fazia. No uso de catedral, a participação popular na salmodia era assegurada pelo acréscimo de responsórios e antífonas ou refrãos. Um solista ou solistas cantavam os versículos do salmo, aos quais a congregação respondia com um responsório — um versículo fixo do salmo ou um aleluia — ou com uma antífona, ou seja, um tropo ou refrão, uma peça de poesia eclesiástica. Outras diferenças são os vários papéis ministeriais (bispo, presbítero, diácono etc.) e o uso de cerimonial — luz, incenso, procissões —, coisas completamente estranhas ao uso monástico. Vimos esses elementos característicos de catedral esboçados em outras fontes. Em Egéria, o esquema está completo.

Conclusão

O que encontramos na segunda metade do século IV é, realmente, um rico festim de ofícios. Com exceção do Egito, onde a imagem não é clara, no final do século na Palestina, Síria, Ásia Menor e Constantinopla, vemos um *cursus* já bem estabelecido de ofícios de catedral celebrados por toda a comunidade — bispo, clero e povo. Matinas e vésperas eram as duas horas privilegiadas de oração diária, e os ofícios continham elementos populares como salmos e cânticos seletos, escolhidos por serem adequados para a hora, e executados com participação popular por meio de responsórios e antífonas; o uso cerimonial de luz, incenso, procissões; e as habituais intercessões peticionárias pelas necessidades caras ao coração das pessoas.

Se prescindirmos das peculiaridades locais, como as estações de Jerusalém, a estrutura das principais horas do *cursus* de catedral provavelmente teria o seguinte aspecto:

DIÁRIO	**DOMINGO**
	Vigília da ressurreição Três antífonas com orações Intercessões Incenso Evangelho Bênção e despedida
Matinas Salmos e cânticos matinais, incluindo o Salmo 62 *Gloria in excelsis* Intercessões Bênção e despedida	
	Eucaristia
Vésperas Serviço de luz e hino Salmodia vesperal, incluindo o Salmo 140 Incensação "Hinos e antífonas" Intercessões Bênção e despedida	

Não havia nada misterioso sobre a lógica desses ofícios. A hora da oração pela manhã era um serviço de agradecimento e louvor pelo novo dia e pela salvação em Cristo Jesus. Era a forma cristã de iniciar e dedicar o novo dia. E as vésperas eram a maneira cristã de encerrá-lo, agradecendo a Deus pelas graças do dia, pedindo seu perdão pelas faltas do dia e suplicando sua graça e proteção para uma noite segura e sem pecado. O símbolo básico de ambos os serviços era a luz. O sol nascente e o novo dia com a sua mudança das trevas para a luz recordavam a ressurreição de Cristo, Sol da Justiça, de entre os mortos. A lâmpada do entardecer lembrava a "luz do mundo" joanina brilhando em meio às trevas do pecado. E os cristãos faziam essas orações em comum porque, como afirmam Crisóstomo e as *Constituições Apostólicas*, seu único poder era como Corpo de Cristo. Afastar-se da sinaxe é debilitar o corpo e privar a cabeça de seus membros.

4

O ofício monástico egípcio no século IV[1]

Enquanto a formação da Liturgia das Horas de catedral estava em curso nas igrejas seculares durante a segunda metade do século IV, uma série paralela de ofícios se desenrolava em centros monásticos que haviam surgido no Egito e na Tebaida, Palestina, Mesopotâmia, Síria e na Capadócia ao mesmo tempo. Mateos divide esses ofícios monásticos em duas famílias: 1) o ofício monástico "puro" do deserto egípcio, e 2) o ofício híbrido do monaquismo urbano[2]. Essa distinção permanece válida contanto que percebamos que ela se refere a "tipos" de ofícios, pois encontramos mais de um ofício monástico egípcio "puro" e vários usos urbanos também. De especial interesse para nossos propósitos são os dois ofícios monásticos egípcios dos quais temos mais evidências: a tradição de Scetis e a dos tabenesiotas pacomianos.

A tradição do Scetis

No Baixo Egito, no século IV, havia três grandes centros monásticos, Nitria, Kellia e Scetis, localizados ao sul de Alexandria, na Líbia ou no Grande Deserto Ocidental a oeste do delta do Nilo. O mais importante desses "desertos" monásticos para nossa história é Scetis, o atual Vale Natron ou Wadi an-Natrun, 65 quilômetros a noroeste do Cairo.

1. Aos editores de *Worship* e a The Liturgical Press, Collegeville, Minn., sou grato pela permissão de usar neste capítulo algum material do meu artigo Praise in the Desert: the Coptic Monastic Office Yesterday and Today, *Worship* v. 56 (1982) 513-536.

2. Mateos, The Origins of the Divine Office, 478.

João Cassiano, que teria nascido por volta de 360 na Cítia Menor (atual Romênia), perto do delta do Danúbio, foi para o Egito como jovem monge e nos deixou uma descrição detalhada dos usos de Scetis. Cassiano viveu em Scetis de cerca de 380 a 399 e, sem dúvida, visitou os dois centros monásticos próximos de Nitria e Kellia, cerca de setenta quilômetros ao norte. Ele pode ter tido contato com os pacomianos do Mosteiro da Metanoia em Canopo, na costa do Delta (ele conhecia a "Regra" de Pacômio por se referir a ela no *Prefácio*, 5, de seus *Institutos*). Mas ele nunca pôs os pés no terreno tabenesiota na Tebaida ou no vale do Nilo do Alto Egito[3]. Em seus *Institutos*, escritos por volta de 417-425, cerca de vinte anos após deixar o Egito (ele mesmo diz já não confiar em sua memória [*Prefácio*, 4]), Cassiano está tentando elaborar não uma história do monaquismo egípcio, mas uma reforma do monaquismo gaulês segundo as linhas egípcias. Assim, ele acomoda suas experiências do monaquismo semianacorético de Scetis à estrutura do cenobitismo gaulês. Ao fazer esse ajuste, ele apresenta um ofício egípcio um tanto idealizado que é aparentemente uma síntese de vários elementos e, então, reivindica autoridade universal para ele como *a* tradição de "todo o Egito e Tebaida" (*Inst.* II, 3-4). Mas, apesar das semelhanças entre os sistemas do Alto e do Baixo Egito, ficará claro que Cassiano não pode ser considerado uma testemunha confiável dos usos pacomianos. Tudo isso deve ser levado em consideração ao examinarmos o longo e detalhado relato de Cassiano sobre os ofícios egípcios nos Livros II e III de seus *Institutos*[4]:

> [II,5][...] Um se levantava no meio para cantar os Salmos ao Senhor. E, enquanto estavam todos sentados (como ainda é o costume no Egito), com a mente fixa nas palavras do cantor, quando ele cantara onze Salmos, separados por orações introduzidas entre eles, versículo após versículo em enunciação uniforme, ele terminava o décimo segundo com uma resposta de Aleluia, e

3. Guy, J-C., Jean Cassien, historien du monachisme égyptien?, *Studia Patristica*, Berlin, Akademie-Verlag, v. 8 (1966) 366-367 (TU 93); Veilleux, A., *La liturgie dans le cénobitisme pachômien au quatrième siècle*, Roma, Herder, 1968, 150 (Studia Anselmiana 57). Acerca de Canopus, ver Chitty, D., *The Desert a City. An Introduction to the Study of Egyptian and Palestinian Monasticism under the Christian Empire*, Crestwood, NY, St. Vladimir's Seminary Press, s.d., 54-55.

4. Para a tradução de Cassiano, uso, com algumas alterações, a versão em inglês de Gibson, E. C. S., *The Works of John Cassian*, Grand Rapids, Eerdmans, 1964, series 2, v. 11 (NPNF). Para o texto latino, cf. João Cassiano, *Institutions cénobitiques*, org. J.-C. Guy, Paris, Cerf, 1965 (SC 109).

então, com seu súbito desaparecimento aos olhos de todos, punha fim, de uma vez, à discussão e ao serviço deles.

[6]Após isso, a venerável assembleia dos Padres entendeu que, pela Divina Providência, uma regra geral havia sido fixada para as congregações dos irmãos por meio da direção do anjo, e assim decretou que esse número deveria ser preservado tanto em seus serviços vespertinos quanto nos noturnos; e, quando eles acrescentaram a isso duas leituras, uma do Antigo e outra do Novo Testamento, eles as adicionaram simplesmente como extras e de sua própria escolha, apenas para aqueles que gostavam e que estavam ávidos por obter, pelo estudo constante, uma mente bem carregada com a Sagrada Escritura. Mas no sábado e no domingo eles as liam do Novo Testamento, ou seja, das Epístolas ou dos Atos dos Apóstolos, e igualmente do Evangelho. E isso também é feito por aqueles cuja preocupação é a leitura e a rememoração das Escrituras, desde a Páscoa até o Pentecostes.

[7]Então, essas orações supracitadas começam e terminam de tal forma que, quando o Salmo é concluído, eles não se apressam em se ajoelhar imediatamente, como alguns de nós fazemos neste país [...] Entre eles, portanto, não é assim; mas, antes de dobrarem seus joelhos, eles oram por alguns momentos e enquanto estão de pé passam a maior parte do tempo em oração. E então, por um brevíssimo lapso de tempo, eles se prostram no chão, como se adorassem a Divina Misericórdia, e logo que possível se levantam, e novamente em pé, com as mãos estendidas — exatamente como antes estavam de pé para rezar —, permanecem com os pensamentos concentrados em suas orações [...] Mas, quando aquele que deve "coletar" a oração se ergue do chão, todos começam a um só tempo, para que ninguém se atreva a dobrar o joelho antes de ele se prostrar, nem a atrasar quando ele se levanta do chão, para que não se pense que ofereceu sua própria oração de forma independente, em vez de seguir o líder até o fim.

[8]Essa prática também, que temos observado neste país — a saber, enquanto um canta até o final do Salmo, todos de pé cantam juntos em alta voz: "Glória ao Pai e ao Filho e ao Espírito Santo" —, nunca a ouvimos em nenhum lugar do Oriente, mas ali, enquanto todos se silenciam quando termina o Salmo, a oração que se segue é oferecida pelo cantor. Mas, com esse hino em honra à Trindade, apenas a Salmodia inteira é usualmente encerrada...

[10]Quando, então, se reúnem para celebrar os ritos acima mencionados, que chamam de sinaxe, eles ficam todos tão perfeitamente silenciosos que, embora um número tão grande de irmãos esteja reunido, não pensarias que uma única pessoa estivesse presente, exceto aquele que se levanta e canta o Salmo no meio; e é especialmente esse o caso quando a oração é concluída, pois então ninguém cospe, nem pigarreia, não há ruído de tosse, nem bocejo sonolento com a boca aberta e ofegante, nenhum gemido ou suspiro é proferido, que podem distrair aqueles que estão próximos. Nenhuma voz é

ouvida, exceto a do sacerdote concluindo a oração. Acham melhor que as orações sejam curtas e feitas com grande frequência...

[11]Portanto, eles nem mesmo tentam findar os Salmos, que cantam no serviço, por meio de uma recitação ininterrupta e contínua. Mas os repetem separadamente e aos poucos, divididos em duas ou três seções, de acordo com o número de versículos, com orações no meio. Pois eles não se importam com a quantidade de versículos, mas com a inteligência da mente; aspirando, com todas suas forças, a isto: "Cantarei com o espírito: cantarei também com o entendimento". Por conseguinte, consideram melhor que dez versículos sejam cantados com compreensão e pensamento do que um Salmo inteiro ser derramado com uma mente confusa [...].

[III,2][...] exceto Vésperas e Noturnos, não há serviços públicos entre eles durante o dia, exceto sábado e domingo, quando se reúnem na terceira hora para a sagrada comunhão.

A partir dessa descrição, aprendemos que havia apenas dois ofícios diários, um à noite — isto é, ao canto do galo, nas primeiras horas da manhã (*Inst.* III, 6:1) — e um à tarde. O núcleo dos ofícios compreendia doze salmos, sem dúvida "em sequência", com oração particular, prostração e uma coleta após cada um. O salmo final, aparentemente um "salmo aleluia", era seguido pela *Gloria Patri* e duas leituras da Sagrada Escritura. Portanto, os dois ofícios tinham exatamente a mesma estrutura:

I. Salmodia

Doze salmos *currente psalterio*, como se segue:

Sentado:	Salmo lido *tractim* por um solista, de pé (*Inst.* II, 10).
Em pé:	Oração silenciosa com os braços estendidos.
Prostração:	Rezando o tempo todo.
Em pé:	Oração silenciosa com os braços estendidos;
	Coleta feita pelo presidente (II, 7 e 10)[5].

O 12º salmo é um salmo de aleluia (II, 5, 11).

O *Gloria Patri* conclui a salmodia (II, 8).

5. Segundo alguns, Cassiano quer dizer que havia apenas uma coleta, ao final de todo o ofício, mas o contexto parece exigir uma aqui, já que Cassiano fala da coleta ao se referir à duração da prostração, que, ao que parece, era concluída pela coleta (*Inst.* II, 7:2).

II. Leituras

Duas leituras da Bíblia:
Dias da semana: Leitura do Antigo Testamento
Leitura do Novo Testamento

Sábado, domingo e tempo de Páscoa:
Epístola ou Atos
Evangelho

Como vimos, no século IV, a manhã e a tarde eram as duas horas de oração pública obrigatória no uso de catedral. E, embora haja menos do que precisão completa nas descrições ainda existentes da vida de oração dos ascetas do Baixo Egito[6], três dos *apoftegmas* com referência explícita a Scetis (Arsênio 24, Macário 33, Um Abba de Roma 1) apoiam a asserção de Cassiano — que ele repete nas *Conferências* 2, 26:2-3 — de que o *cursus* embrionário de Scetis, como o dos tabenesiotas, tinha apenas dois momentos diários de oração: ao se levantar e após a única refeição diária na hora nona (15h00), pouco antes de se retirar.

De segunda a sexta-feira, os dois ofícios diários eram executados pelos monges em suas celas, sozinhos ou com quem por acaso residisse com eles ou estivesse em visita no momento. Somente no sábado e no domingo todos os monges da laura se reuniam na igreja para ofícios, Eucaristia e uma refeição ágape ou fraternal em comum, após a qual cada um recebia suprimentos do armazém comum e os levava para sua cela para os próximos cinco dias de oração solitária. "Eles se reúnem nas igrejas apenas aos sábados e domingos, quando se encontram. Muitos dos que morrem em suas celas não são encontrados por quatro dias, porque eles se veem apenas na sinaxe."[7]

---

6. Ver as numerosas referências em fontes clássicas como *Apophthegmata Patrum*, *History of the Monks in Egypt* XX, 7-8, e XXIII, 1 (nos acréscimos de Rufino), trad. em Russell, N., *The Lives of the Desert Fathers*, Kalamazoo, Cistercian Publications, 1980, 106, 148-149, 153-154 (CS 34); Paládio, *História lausíaca* 7:5. Muitas dessas citações foram coletadas (mas nem sempre corretamente interpretadas) em Evelyn-White, H. G., *The Monasteries of the Wâdi 'n Natrún*, parte II: *The History of the Monasteries of Nitria and Scetis*, New York, The Metropolitan Museum of Art Egyptian Expedition, 1932.

7. *History of the Monks in Egypt* XX, 7. Aqui e em outros lugares, esta fonte é citada da tradução de Russell (ver nota anterior). Observe que nas fontes do Baixo Egito o uso do termo "sinaxe" para as horas de oração não implica que a oração era feita em comum, como veremos mais adiante neste capítulo. Sobre o ciclo semanal de trabalho e oração no Baixo

Mas, quando nos concentramos sobre os detalhes dos dois ofícios, vemos que a descrição de Cassiano tem seus problemas. Armand Veilleux o considera um composto de "regra do anjo" com "rubricas pacomianas" para as orações e prostrações do tipo que vemos nos "Regulamentos de Orsiésio"[8]. Quanto às duas leituras, nenhuma fonte monástica contemporânea do Baixo Egito as menciona[9]. O próprio Cassiano admite que elas são um suplemento posterior adicionado apenas para aqueles que as desejam (*Inst.* II, 6) e, portanto, não constituem uma parte fixa da tradição geral como os doze salmos que se acredita terem sido estabelecidos por intervenção divina. No entanto, sabemos por fontes citadas no capítulo anterior que havia leituras bíblicas nos ofícios de catedral egípcios do século IV, o que também poderia se aplicar perfeitamente às sinaxes monásticas de Scetis.

O ofício pacomiano[10]

O outro ofício monástico egípcio sobre o qual temos algum testemunho é o das fundações cenobíticas iniciadas por Pacômio (morto em 346) por volta de 320 em Tabenesi, no vale do Nilo, na "Tebaida", ao norte de Tebas. Nos *Preceitos de nosso padre Pacômio* encontramos uma passagem (capítulo 8) que descreve o ofício tabenesiota como salmodia, oração, leitura: "Se acontecer que durante a salmodia ou a oração ou no meio de uma leitura alguém ria ou fale, ele deverá desamarrar seu cinto imediatamente e, com o pescoço curvado, deverá se apresentar diante do altar e ser repreendido pelo superior do mosteiro"[11]. Esse ordo não é diferente do que vimos em Cassiano — e de fato, antes do estudo recente de Veilleux sobre liturgia nas colônias cenobitas pacomianas do Alto Egito[12], a maioria dos reconstrutores do ofício monástico

---

Egito, ver também GUILLAUMONT, A., Histoire des moines aux Kellia, *Orientalia lovaniensia periodica* 8 (1977) 193 ss.

8. VEILLEUX, *La liturgie*, 335 ss.; ver também 146 ss., 279 ss. Para a "regra do anjo" na *História Lausíaca* de Paládio e outras fontes, ver Ibid., 138-146, 324-334, e p. 101 abaixo.

9. VEILLEUX, *La liturgie*, 337.

10. Para o uso litúrgico pacomiano, baseio-me em Ibid., especialmente cap. 6.

11. Cito as fontes pacomianas da versão de VEILLEUX, A., *Pachomian Koinonia*, Kalamazoo, Cistercian Publications, 1980, 1981, 1982, 3 v. (CS 45-47).

12. VEILLEUX, *La liturgie*. Ver também VEILLEUX, A., Prayer in the Pachomian Koinonia, in: SKUDLAREK, W. (org.), *The Continuing Quest for God. Monastic Spirituality in Tradition and Transition*, Collegeville, The Liturgical Press, 1982, 61-66.

egípcio acreditava na palavra de Cassiano e estendia o uso que ele descreve a "todo o Egito e Tebaida" (*Inst.* II, 3). No entanto, esse texto dos *Preceitos*, como os outros componentes da "Regra" de Pacômio, faz parte de uma antologia posterior de material que não pode ser atribuído ao uso pacomiano mais primitivo[13]. E Cassiano nunca esteve no Alto Egito, de modo que tudo o que em seu relato é confiavelmente egípcio vem do *Baixo* Egito e não pode ser automaticamente estendido aos pacomianos.

O sistema pacomiano era cenobítico, e os dois ofícios diários habituais, ao amanhecer e ao entardecer antes de se recolher, eram realizados em comum. De manhã, todos os monges do mosteiro se reuniam para uma sinaxe comum. Na obra um pouco posterior de Pacômio, os *Institutos* (14), os monges de cada casa ou dormitório diziam juntos o ofício da tarde antes de se recolherem[14]. Em seu "Prefácio" às *Regras de Pacômio* (2), Jerônimo nos diz que um mosteiro pacomiano consistia em trinta a quarenta casas, com cerca de quarenta monges para uma casa[15]. Fontes pacomianas também se referem a vigílias que atravessam a noite toda, indo desde a sinaxe do fim da tarde até a sinaxe do amanhecer; mas essa era uma devoção privada feita solitariamente, não um serviço celebrado em assembleia comum, exceto na Páscoa ou quando um monge estava sendo velado. Também havia uma diferença no *horarium*. Ao que parece, o ofício matinal no sistema pacomiano não começava ao canto do galo, como no Baixo Egito, mas na hora normal do serviço matinal no uso de catedral.

Os *Regulamentos* atribuídos a Orsiésio, que assumiu a direção da federação monástica tabenesiota em 346 (Pacômio e seu sucessor imediato, Petrônio, morreram com dois meses de diferença em decorrência da peste naquele ano), dão uma ideia do que acontecia nessas assembleias:

> [7]No início das nossas orações, assinalemo-nos com o selo do batismo. Façamos o sinal da Cruz na nossa fronte, como no dia de nosso batismo, como está escrito em Ezequiel (9,4). Não baixemos primeiro a mão à boca ou à barba, mas levemo-la à testa, dizendo em nosso coração: "Nós nos assinalamos com o selo". Isso não é como o selo do batismo; mas o sinal da cruz foi traçado na testa de cada um de nós no dia de nosso batismo.

---

13. Veilleux, *La liturgie*, 116-132, and "Introduction" a *Pachomian Koinonia*, v. 2, 7-11.

14. *Precepts and Institutes* 14 (Veilleux, *Pachomian Koinonia*, v. 2, 171). Veilleux (*La liturgie*, 297) favorece a visão de que este é um desenvolvimento posterior.

15. Veilleux, *Pachomian Koinonia*, v. 2, 142.

[8]Quando for dado o sinal para a oração, levantemo-nos prontamente; e, quando for dado o sinal para nos ajoelharmos, prostremo-nos prontamente para adorar ao Senhor, tendo-nos assinalado antes de nos ajoelharmos. Quando estivermos prostrados de bruços, choremos em nosso coração pelos nossos pecados, como está escrito: Vinde, adoremos e choremos diante do Senhor que nos fez (Sl 94,6). Que absolutamente nenhum de nós erga a cabeça enquanto está ajoelhado, pois isso demonstra uma grande falta de temor e conhecimento.

[9]Quando nos levantarmos novamente, assinalemo-nos; e, depois de proferir a oração do Evangelho, supliquemos dizendo: "Senhor, instila o temor de ti em nossos corações para que possamos labutar pela vida eterna e temer-te". Que cada um de nós diga em seu coração com um suspiro interior: *Apaga minhas faltas ocultas! Afasta também teu servo dos orgulhosos: que não tenham domínio sobre mim; então serei perfeito e inocente de um grande pecado* (Sl 18,13-14); e *Cria para mim um coração puro, Deus; enraíza em mim um espírito novo* (Sl 50,10).

[10]Quando for dado o sinal para que nos sentemos, assinalemo-nos novamente na testa com a forma de cruz. Então, sentemo-nos e prestemos atenção, de coração e ouvidos, às santas palavras que estão sendo recitadas, de acordo com o que nos foi ordenado nas sagradas Escrituras: *Meu filho, teme minhas palavras, e, tendo-as recebido, faz penitência* (Pr 30,1) e novamente, *Meu filho, atende à minha sabedoria e dá ouvidos às minhas palavras* (Pr 5,1)[16].

A partir desse e de outros escritos pacomianos, Veilleux reconstruiu o ofício primitivo dos cenobitas tabenesiotas[17]. Na sinaxe, os monges sentados continuavam seu tradicional trabalho manual de tecer cestos e esteiras de juncos, enquanto os indivíduos designados iam em turnos ao ambão para recitar, provavelmente de memória, uma passagem bíblica (*não* necessariamente um salmo). Após cada passagem o leitor dava um sinal e todos se levantavam, faziam o sinal da cruz na testa e recitavam o pai-nosso com os braços estendidos em forma de cruz. A um segundo sinal, eles se benziam novamente e se prostravam no chão, lamentando seus pecados. Então se levantavam, se benziam novamente e oravam em silêncio. Depois de um último sinal, sentavam-se mais uma vez para recomeçar todo o ciclo. Portanto, a estrutura da unidade litúrgica básica era a seguinte:

16. Ibid., v. 2, 199-200.

17. Veilleux, *La liturgie*, 307 ss.

Sentados:	passagem bíblica recitada por um monge de pé no ambão
Em pé:	*sinal*, sinal da cruz na testa
	pai-nosso com os braços estendidos
	sinal, sinal da cruz na testa
Prostrados:	oração penitencial em silêncio
Em pé:	sinal da cruz na testa
	oração em silêncio
	sinal para se sentarem.

Não há certeza sobre a frequência com que essa unidade litúrgica era repetida em cada sinaxe. A oração vespertina era chamada de "O ofício das seis orações (ou seis seções de orações)", o que pode muito bem significar que cada solista da casa ou do dormitório hebdomadários encarregado dos ofícios naquela semana repetia seis passagens das Escrituras com as orações que as acompanham, antes de ceder lugar ao próximo monge por ordem de antiguidade. Em todo caso, não há nenhum testemunho que permita interpretar os "seis" como seis *salmos*, como quase todo mundo fez no passado.

A "salmodia" ou ofício dominical, entretanto, compreendia o canto de salmos pelos chefes dos mosteiros, e os irmãos da casa hebdomadária respondiam ao solista que estava cantando os versículos. No domingo havia também a Eucaristia e duas catequeses ou conferências espirituais realizadas pelo superior[18].

Isso é o máximo que podemos dizer sobre o ofício original dos tabenesiotas, apesar da tentativa imaginativa de van der Mensbrugghe de harmonizar os díspares fragmentos de evidências de diferentes estratos numa estrutura mais complexa, e contrariando numerosas tentativas de aplicar ao sistema pacomiano a regra de doze-salmos-por-ofício[19]. O fato aqui é que muito poucos dentre os numerosíssimos primeiros e ilustres viajantes monásticos no Egito chegaram a avançar bastante na direção sul do território pacomiano de Tebaida, de modo que tiveram experiência em primeira mão apenas dos usos de Nitria, Kellia e Scetis no Baixo Egito.

18. Ibid., 313-315. Exemplos de catequeses ou conferências espirituais podem ser encontrados em LEFORT, L., *Oeuvres de S. Pachôme et de ses disciples*, Louvain, Secrétariat du CSCO, 1964 (CSCO 159-160, scr. copt. 23-24); e VEILLEUX, *Pachomian Koinonia*, v. 3.

19. Ver VAN DER MENSBRUGGHE, A., Prayer-time in Egyptian Monasticism, *Studia patristica*, Berlin, Akademie-Verlag, v. 2 (1957) 435-454 (TU 64); e a crítica de VEILLEUX, *La liturgie*, 280 ss., 298 ss. Sobre a "regra do anjo" e a confiabilidade de Paládio e Cassiano como testemunhas do uso pacomiano, cf. Ibid., 138-158, 324-339.

O ofício monástico "puro"

Como vimos, o ofício monástico puro, como o sistema de catedral contemporâneo, tinha originalmente apenas as duas sinaxes comuns. Portanto, o *cursus* monástico e o de catedral, se não a estrutura dos ofícios, eram exatamente iguais: dois serviços, um no início e outro no final do dia. Visto que os monges do Baixo Egito iam para a cama ao anoitecer e se levantavam novamente após um breve descanso, seu ofício matinal na verdade começava na segunda metade da noite e terminava ao alvorecer (*Inst.* III, 4-6). Mas esses dois momentos de oração correspondem às orações da manhã e da tarde no uso de catedral. A tradição básica comum tanto à catedral quanto ao mosteiro era a oração no início e no final do dia. Os monges simplesmente começavam o dia mais cedo porque dormiam menos. Portanto, é errado relacionar essa oração monástica noturna às vigílias noturnas comuns das quais temos evidência nos fins de semana em outras tradições monásticas (ver *Inst.* III, 8-11). As fontes falam com frequência de monges egípcios orando privadamente à noite[20]. Mas, além da vigília da Páscoa e dos habituais velórios ou vigílias fúnebres, nas casas pacomianas não havia vigílias comuns como uma parte regular do *cursus* monástico egípcio[21], embora, como vimos no capítulo 3, de acordo com a *Apologia de sua fuga* 24, de Atanásio, os monges do Baixo Egito às vezes participavam da vigília de catedral. E, na época dos "Regulamentos de Orsiésio", sabemos que os monges pacomianos que não faziam vigília privada à noite deveriam se levantar cedo e recitar sozinhos em suas celas de cinco a dez salmos antes da sinaxe matinal coletiva[22].

O espírito da oração monástica primitiva[23]

Muito mais importante do que as horas das sinaxes e sua estrutura e conteúdo é o *espírito* dessa antiga oração monástica. Pelo que vimos, é óbvio que

20. A *Vita* bohaírica e a primeira *Vita* grega de Pacômio; VEILLEUX, *Pachomian Koinonia*, v. 1, 78, 339; *History of the Monks in Egypt* VIII, 48, e as adições de Rufino ao cap. XXIII; PALÁDIO, *Lausiac History*, 22:6-8, 32:6-7; cf. VEILLEUX, *La liturgie*, 289 ss.

21. Ver CASSIANO, *Inst.* III, 2; VEILLEUX, *La liturgie*, 258-261, 287, 292 ss., 302-305, 371 ss.

22. VEILLEUX, *La liturgie*, 291.

23. Sobre a oração monástica primitiva, cf., além das obras de A. Veilleux já citadas, o clássico comentário de DE VOGÜÉ, A., Le sens de l'office divin, in: *La Règle de Saint Benoit* VII: *Commentaire doctrinal et spirituel*, Paris, Cerf, 1977, 184-248 (SC hors série); Id.,

o ofício monástico "puro" dos egípcios era menos uma cerimônia ou serviço litúrgico do que uma meditação em comum sobre a Sagrada Escritura. F. Wulf apresenta uma formulação mais incisiva da diferença entre a liturgia de catedral e a oração monástica primitiva:

> No início, a liturgia não fazia parte da vida monástica. Nem mesmo a celebração da Eucaristia ocupava um lugar especial. Tudo isso estava a cargo do clero, não do monge. A parte do monge era rezar em seu coração sem cessar. Esse era seu *Opus Dei*, o seu Officium, isto é, o jejum, a vigilância, o trabalho, a contrição do coração e o silêncio[24].

Vê-se, portanto, que a dinâmica de uma sinaxe monástica egípcia era mais como uma contemplação-com-colóquio inaciana feita em comum, do que aquilo a que estamos acostumados em ofícios monásticos posteriores, nos quais a salmodia se torna nosso louvor a Deus, em vez de sua Palavra salvadora para nós. Pode-se perceber essa atenção à oração interior nas adições de Rufino à *História dos monges do Egito* XXIII, com seu relato divertido — e infelizmente racista — das distrações dos monges durante uma sinaxe em Scetis em meados do século IV:

> Certa noite, um demônio veio bater na porta de sua cela [de Macário] e disse: "Levanta-te, Macário, e vai para o encontro, onde os irmãos se reuniram para celebrar vigílias". Mas ele [...] disse: "Mentiroso e inimigo da verdade, o que sabes sobre o encontro, quando estamos reunidos com os santos?". Então o demônio respondeu: "Não sabes, Macário, que sem nós nunca há encontro ou reunião de monges?". Macário respondeu: "O Senhor está no controle de ti, demônio impuro". E, voltando-se para a oração, ele pediu ao Senhor que lhe mostrasse se a bazófia do demônio era verdade. Em seguida, foi para o

---

Prayer in the Rule of St. Benedict, *Monastic Studies* 7 (1969) 113-140; GUILLAUMONT, A., Le problème de le prière continuelle dans le monachisme ancien, in: LIMET, H.; RIES, J. (org.), *L'expérience de la prière dans les grands religions*, Louvain-la-Neuve, Centre d'histoire des religions, 1980, 285-293 (Homo religiosus 5); HAUSHERR, I., Comment priaient les pères?, *Revue d'ascétique et de mystique* 32 (1956) 33-58, 284-296; Id., Opus dei, *OCP* 13 (1947) 195-218, trad. inglesa em *Monastic Studies* 11 (1975) 181-204; Id., *The Name of Jesus*, Kalamazoo, Cistercian Publications, 1978, cap. 3 (CS 44); DEKKERS, E., Were the Early Monks Liturgical?, *Collectanea Cisterciensia* 22 (1960) 120-137.

24. WULF, F., Priestertum und Rätestand, *Geist und Leben* 33 (1960) 250, trad. inglesa in: LOUF, A. et al., *The Meaning of Monastic Spirituality*, New York, Desclée and Co., 1964, 32.

encontro onde os irmãos haviam se reunido para celebrar vigílias, e novamente orou ao Senhor para mostrar-lhe se aquela afirmação era verdadeira. E eis que ele viu a igreja inteira como se estivesse cheia de garotinhos negros etíopes, correndo de um lado para outro e fazendo tudo o que queriam. Os irmãos se comportavam como de costume, todos sentados enquanto um deles repetia um salmo e os demais ouviam ou diziam os responsos. Os meninos etíopes corriam entre eles, provocando cada um dos que se encontravam sentados, e, se conseguiam colocar dois dedos sobre seus olhos, os faziam dormir imediatamente. Se conseguiam colocar os dedos em sua boca, os faziam bocejar. Depois do salmo, quando os irmãos se prostravam em oração, corriam para cada um deles e, quando cada um se projetava para frente para orar, eles assumiam a aparência de mulheres, enquanto outros se transformavam em coisas de comer ou beber, ou faziam outras coisas. E, sempre que os demônios se transformavam em algo por zombaria, distrações entravam na mente daqueles que oravam; e ainda assim havia alguns que, quando os demônios começavam a fazer algo com eles, os repeliam à força e se lançavam para a frente para que eles não ousassem ficar diante deles ou viessem ao seu lado, embora fossem os demônios capazes de mexer na cabeça ou nas costas dos irmãos mais fracos que não estavam concentrados em suas orações. Quando São Macário viu isso, lamentou pesadamente [...] Após as orações, ele chamou cada um dos irmãos para descobrir a verdade, e, para todo rosto diante do qual ele tinha visto os demônios brincando de diversas formas e várias imagens, ele perguntou se, enquanto estava orando ou colhendo seus pensamentos, o irmão havia divagado ou seguido qualquer uma das coisas que ele o viu imaginando por meio dos demônios. E cada um, diante de sua exortação, confessou-lhe o que estivera em sua mente. E então ele entendeu que todos os pensamentos vãos e supérfluos que qualquer um concebia durante os salmos ou as orações vinham das ilusões dos demônios. Aqueles que conseguiam manter controle do coração eram capazes de resistir aos negros etíopes. Aquele que une seu coração a Deus e permanece absorto no momento da oração não pode receber em si nada que seja estranho ou supérfluo[25].

Temos o hábito de distinguir entre oração "privada" e oração "litúrgica", mas para os primeiros monges havia apenas uma oração, sempre pessoal, às vezes feita em comum com os outros, às vezes solitariamente no segredo do coração. Pois o Novo Testamento nos exorta não apenas a rezar *adialeiptôs*, sem cessar (1Ts 5,16-18; cf. Ef 6,18; Cl 4,2; Lc 18,1; 21,36), mas também: "sede repletos do Espírito. Entoais juntos salmos, hinos e cânticos inspirados; cantai e celebrai

25. Trad. em Russell, *The Lives of the Desert Fathers*, 153-154.

o Senhor de todo o vosso coração" (Ef 5,19; cf. Cl 3,16). E, escrevendo aos tessalonicenses, São Paulo também afirma:

> Nós não vivemos entre vós de maneira desordenada, mas com esforço e fadiga trabalhamos, noite e dia, para não ser de peso a nenhum de vós [...] quisemos ser para vós um exemplo a imitar. De fato, quando estávamos convosco, nós vos dávamos esta ordem: se alguém não quiser trabalhar, também deixe de comer! Ora, ouvimos dizer que há entre vós quem leva uma vida desordenada [...] sem fazer trabalho algum. A estes tais, dirigimos esta ordem e esta exortação no Senhor Jesus Cristo: que trabalhem com tranquilidade e comam o pão que eles mesmos ganharam (2Ts 3,7-12; cf. 1Ts 2,9)

Como A. Guillaumont mostrou[26], esses dois princípios, *ora et labora*, oração contínua e trabalho incessante, foram a pedra angular e o paradoxo do monaquismo primitivo. Pois como alguém pode estar sempre orando se precisa trabalhar? E como alguém pode trabalhar se deve orar incessantemente? Esse é o problema que Basílio aborda em suas *Regras maiores* 37,2, de que tratarei no próximo capítulo. Alguns extremistas como os messalianos aceitaram literalmente a ordem de 1 Tessalonicenses 5,17 de rezar sem cessar e se recusavam a trabalhar. Mas os Padres tinham uma cura certa para isso, como vemos na coleção alfabética dos *Apophthegmata*, Silvano 5[27]:

> Um irmão veio ao mosteiro de Abba Silvano e, quando viu todos os irmãos trabalhando, disse ao ancião: "Não trabalhes pelo pão que perece. Maria escolheu a melhor parte". Com isso, o ancião chamou um discípulo e disse: "Zacarias, dá um livro a este irmão e mostra-lhe uma cela vazia". A hora nona, que era a hora do jantar, veio e passou. O hóspede ficou observando atentamente a porta para ver se alguém viria buscá-lo para o jantar, mas ninguém o chamou. Por fim, ele se levantou e foi procurar o ancião. "Abba", disse ele, "os irmãos estão jejuando hoje?" "Não, todos eles comeram", respondeu o mais velho. "Por que não fui convidado?" "Porque", respondeu o mais velho, "és uma pessoa espiritual e não precisas de alimento corporal. Mas nós, carnais como somos, somos obrigados a comer e é por isso que trabalhamos. Tu, porém, escolheste a melhor parte; lês o dia todo e não tens desejo de alimentação corporal." Com essas palavras, o homem fez uma

26. Cf. seu artigo citado na nota 23.

27. Salvo indicação em contrário, as traduções do *Apophthegmata* são de Hausherr, *The Name of Jesus* (nota 23 acima).

prostração e disse: "Perdão, Abba". O ancião o perdoou e concluiu sua lição com as palavras: "É assim que a própria Maria precisa de Marta. Foi por causa de Marta que Maria pôde receber seu louvor".

Por conseguinte, o ideal não era evitar o trabalho, mas viver em incessante labuta e oração para que toda a vida fosse uma só, nunca parando de trabalhar enquanto orava, nunca parando de rezar enquanto trabalhava, como podemos ver na mesma coleção alfabética, Lúcio 1:

> Certa vez, alguns euquitas vieram visitar Abba Lucius no Enaton, perto de Alexandria. Quando ele lhes perguntou que tipo de trabalho faziam, eles responderam: "Nunca levantamos um dedo para fazer trabalho manual; em vez disso, oramos sem cessar, de acordo com a ordem do apóstolo". O ancião lhes disse: "Não comeis, então?". "Comemos", asseguraram-lhe. "Quando estais comendo, quem reza em seu lugar?" Nenhuma resposta. Ele fez outra pergunta: "Quando estais dormindo, quem mantém suas orações?". Eles não puderam lhe responder. Então ele continuou: "Desculpai-me, mas não fazeis o que dizeis que fazeis. Vou mostrar-vos como consigo rezar sempre, mesmo quando estou ocupado com o trabalho manual. Sento-me com meu suprimento de frondes úmidos de palmeira ao meu lado e, enquanto as entrelaço, digo, com a ajuda de Deus: 'Tem piedade de mim, meu Deus, segundo a tua fidelidade; segundo a tua grande misericórdia, apaga minha culpa' (Sl 50,1). Dizei-me, isso não é uma oração?". Eles garantiram que era. Então ele disse: "Trabalhando e orando assim o dia todo, posso completar cerca de dezesseis cestos. Dou dois desses para qualquer pedinte que venha à minha porta. Eu ganho a vida com o restante. E o homem que recebeu dois cestos de presente reza por mim enquanto estou comendo e dormindo. É assim que, pela graça de Deus, consigo rezar sem cessar".

Como mostra essa passagem, alguns monges até tentavam cumprir o preceito da oração incessante organizando a oração contínua em turnos, uma atitude que mais tarde deu origem aos mosteiros de monges "insones" tanto no Oriente como no Ocidente, e posteriormente a conventos de adoração "perpétua". Mas essa construção fundamentalista do preceito evangélico era uma interpretação literal exagerada, não compartilhada por Padres como Orígenes em seu tratado *Sobre a Oração* 12, que propõe uma doutrina mais equilibrada:

> Ora sem cessar quem combina a oração com os trabalhos necessários, e atividades adequadas com sua oração, pois seus atos virtuosos ou os preceitos que ele cumpriu são assumidos como parte de sua oração. Só assim podemos tomar o ditado "Rezai sem cessar" (1Ts 5,17) como possível, se pudermos

> dizer que a vida inteira do santo é uma poderosa oração contínua. Uma parte dessa oração é o que costuma ser chamado de "oração" [...][28].

De acordo com Cassiano, a regra da oração incessante explica por que os monges do Baixo Egito tinham apenas duas sinaxes diárias, sem "horas menores". O que outros monges fazem em horas determinadas, os egípcios o fazem a todo instante:

> Pois o trabalho manual é praticado incessantemente por eles em suas celas, de tal forma que a meditação nos Salmos e no restante das Escrituras nunca é totalmente omitida. E, como misturam a isso sufrágios e orações a cada momento, eles passam o dia inteiro naqueles ofícios que celebramos em tempos fixos. Portanto, exceto as vésperas e os noturnos, não há serviços públicos entre eles durante o dia [...] (*Inst.* III, 2).

Mas Cassiano se equivoca ao insinuar que a instituição das horas do dia em mosteiros fora do Egito era um relaxamento do ideal de oração incessante; isso é óbvio a partir da seguinte anedota de um mosteiro palestino nos *Apophthegmata* alfabéticos, Epifânio 3:

> O Abba deste cenóbio escreveu a Epifânio, bispo de Chipre, dizendo: "Graças às vossas orações temos sido fiéis às nossas horas canônicas. Nunca omitimos o ofício da terça, da sexta, da nona ou das vésperas". Mas o bispo respondeu e censurou os monges nestes termos: "Evidentemente, estais negligenciando as horas remanescentes do dia, que passais sem oração. O verdadeiro monge deve ter oração e salmodia em seu coração o tempo todo, sem interrupção".

Além disso, se os egípcios viam uma contradição entre horas de oração estabelecidas e a oração contínua, por que eles afinal tinham horários de oração? Na verdade, como Veilleux mostrou[29], as primeiras fontes anacoréticas egípcias não mostram oposição entre a oração incessante e um *pensum* diário fixo. Nas fontes pacomianas, a primeira regra de oração que o neófito Pacômio recebeu de seu pai espiritual, Palamon, foi a de sessenta orações ao dia e cinquenta à noite — mas isso não era um *substituto* para a oração constante: "Quanto à regra da sinaxe, [que sejam] sessenta orações ao dia e cinquenta à noite, sem contar

28. Trad. inglesa adaptada de Jay, *Origen's Treatise on Prayer* (cf. cap. 2, nota 4).
29. Veilleux, *La liturgie*, 288.

as jaculatórias que fazemos para não ser mentirosos, pois recebemos ordem de rezar sem cessar"[30].

Portanto, seria patentemente anacrônico traçar uma distinção muito nítida entre oração "litúrgica" e "privada" no monaquismo primitivo. Na literatura monástica durante a época fundacional, a única diferença entre a oração solitária e a oração coletiva era o fato de haver ou não mais de uma pessoa presente. O seguinte preceito de Abba Isaías de Scetis reflete isso: "Quando estiveres orando em sua casa, não sejas negligente [...] E, quando fizerdes salmodia juntos, que cada um diga a sua própria oração. E, se um viajante estiver contigo, pede-lhe com caridade que ore..."[31].

O próprio vocabulário da oração nos primeiros documentos monásticos revela a mesma mentalidade[32]. Nos *Apophthegmata*, "sinaxe" é sinônimo de "ofício", ou um período ou local de oração, e "fazer a sinaxe" (*ballein tên synaxin*)[33] é usado indiferentemente tanto para assembleias comuns como para a oração de solitários. E, embora as fontes pacomianas reservem "sinaxe" para as assembleias comuns dos irmãos, elas usam os mesmos termos (*meletan*, *apostêthizein*) para se referir à meditação sobre a Sagrada Escritura, quando se trabalha sozinho ao longo do dia, quando se vai à igreja ou ao refeitório, ou quando se ouvem as perícopes recitadas pelo solista na sinaxe comum[34].

A questão não era com quem se rezava, nem onde, nem de que forma, nem em que horários fixos, nem em quantas sinaxes comuns, mas que a própria vida de alguém fosse totalmente oração. Quando Abba Lot perguntou o que deveria fazer, Abba Joseph "levantou-se e ergueu as mãos para o céu como se seus dedos se tornassem chamas de fogo e disse: 'Se quiseres, tu te tornarás chama por completo'"[35].

Unir a oração a todas as atividades, até mesmo ao sono, era o ideal antigo. Os *Cânones de Hipólito* 27, uma fonte egípcia de cerca de 336-340, diz: "Quando um homem está dormindo em sua cama, deve rezar a Deus em seu

30. Apud Ibid., 288.

31. Arras, V. (org.), *Collectio monastica*, Louvain, Secrétariat du CSCO, 1963, 116 (CSCO 239, script. aethiopici 46).

32. Veilleux, *La liturgie*, 293 ss.

33. *PG* 65, 201; cf. 220.

34. Veilleux, *La liturgie*, 308.

35. Apud Ward, B., *The Wisdom of the Desert Fathers. "Apophthegmata Patrum" from the Anonymous Series* Oxford, SLG Press, 1981, xii (Friaracres Publication 48).

coração"[36]. Esse ideal é retomado mais tarde e adaptado ao apostolado ativo nos axiomas mais modernos, como o inaciano "contemplativo em ação" e "encontrar Deus em todas as coisas", bem como em práticas espirituais santificadas como pureza de intenção, presença de Deus, recolhimento.

É provavelmente a essa regra de oração incessante que se deve remontar a antiquíssima tradição egípcia relativa ao número e aos horários de oração de acordo com a chamada "regra do anjo" da *História lausíaca* 32, de Paládio, adaptada por Cassiano no *Inst.* II, 5-6, citado acima. Veilleux mostrou que a tradição encontrada invariavelmente em todos os testemunhos dessa regra é a de doze orações (*euchas*) durante todo o dia (*dia pasês hêmeras*) e doze durante as vigílias noturnas (*en tais* [*nychterinais*] *pannychisi*)[37]. Mas não é de modo algum autoevidente que originalmente "orações" (*euchas*) aqui se refiram a salmos, nem que eram agrupadas em duas sinaxes com doze orações em cada uma, de manhã e à noite. O sentido original parece ser o de que "orações" deviam ser realizadas doze vezes ao dia e doze vezes à noite, ou seja, a cada uma das 24 horas do dia — em outras palavras, constantemente. Veilleux[38] reuniu mais evidências para apoiar essa interpretação. Um antigo texto egípcio com uma série de orações para as doze horas da noite que G. Maspero escavou no túmulo de um monge copta pode indicar uma origem pré-cristã para a prática. E um texto grego chamado "os cânones diurnos e noturnos dos salmos" atribuído a Eusébio[39] distribui o saltério pelas 24 horas do dia e da noite, doze salmos por hora, além dos três salmos nas matinas e nas vésperas. E mesmo hoje, nos mosteiros ortodoxos, faz-se uma distinção entre o "ofício" e o "cânone" de oração particular de cada monge. Entre os monges coptas ortodoxos, até os nossos dias, esse "cânone" de oração privada significava doze vezes ao dia e doze vezes à noite, como pode ser visto na seguinte regra árabe do Mosteiro de Dayr Anba Bakhum (São Pacômio) no Fayyum:

> V. Oração. 1) ORAÇÃO PRIVADA: O monge deve praticar a oração pública e privada. Com relação à oração privada, ele deve rezar doze vezes ao dia e doze vezes à noite. 2) A oração privada deve seguir o saltério de acordo com o *ordo* da Igreja, e nos horários estabelecidos. 3) ORAÇÃO PÚBLICA: Os

36. PO 31, 397.
37. VEILLEUX, *La liturgie*, 324 ss.
38. Ibid., 329 ss.
39. *PG* 23, 1395.

monges devem se reunir com uma só mente, para a oração pública à noite e pela manhã[40].

Assim, o agrupamento da oração diária em duas sinaxes diárias de doze salmos cada é um desenvolvimento posterior em fontes como os *Institutos* II, 4-6, de Cassiano, a *História lausíaca* 22, de Paládio, e os *Apophthegmata Patrum*[41].

Conclusão

Seja como for, no final do século IV vemos que essa oração monástica contínua no Egito era distribuída em duas sinaxes ou ofícios diários no início e no final do dia, e que esses serviços eram mais uma meditação silenciosa sobre a Escritura do que uma "cerimônia" litúrgica do tipo de catedral. O objetivo era rezar o tempo todo. O "quando" e "como", o "onde" e "com quem" são fatores que estão, todos, sujeitos a mudanças e evolução; mas não o preceito básico que está na base de toda oração cristã e especialmente monástica daquela época, de agora e para sempre.

40. Georg, Johann, Herzog zu Sachsen, in: Id., *Streifzüge durch die Kirchen und Klöster Ägyptens*, Berlin/Leipzig, B. G. Teubner, 1914, 22.

41. *PG* 65, 273-278, 385-389.

5

O ofício monástico urbano no Oriente

Epifânio de Salamina, em seu tratado *Sobre a fé* 23:2, escrito por volta de 374-377, nos informa que "alguns monges residem nas cidades, outros se estabelecem em mosteiros e se afastam a uma grande distância". E vimos Jerusalém invadida por ascetas na época de Egéria. Assim, no final do século IV, além dos ofícios monásticos e de catedral puros, desenvolveram-se ofícios mistos, produto do monaquismo na Palestina, Mesopotâmia, Síria e Capadócia. Monges que moravam perto dos centros urbanos dessas províncias mantinham contato com a vida das igrejas seculares e adotavam os usos de catedral em seus ofícios sem, no entanto, abandonar a salmodia monástica contínua herdada, aparentemente, do Baixo Egito.

Não é difícil explicar por que isso ocorreu. Embora saibamos agora que houve mais de um berço do monaquismo primitivo, na mente popular o deserto egípcio sempre foi *a* pátria desse movimento, e o espírito e as práticas monásticas egípcias eram o ideal que os monges em outros lugares tentavam imitar. Especialmente no Baixo Egito, o movimento monástico se difundiu com espantosa rapidez. No final do século IV, havia mais de cinco mil monges em Nitria e Kellia; no século VI, havia 3.500 apenas em Scetis[1]. Foi para esses três desertos do Baixo Egito que o fluxo constante de peregrinos monásticos do século IV fez seu caminho árduo. "É uma jornada muito perigosa para os viajantes. Pois, se alguém cometer um pequeno erro, pode se perder no deserto e pôr a vida em perigo" (*História dos monges no Egito* XXIII, 1). Mas isso não intimidava os intrépidos viajantes que caminharam pelas areias escaldantes em busca do

1. Evelyn-White, *The Monasteries*, Parte II, 333.

caminho para Deus: Basílio, o Grande; Melânia, a Velha, Rufino de Aquileia, João Cassiano, Jerônimo, Paula, Paládio, Evágrio do Ponto, Porfírio de Gaza e o restante — a lista parece um *Quem é Quem* da Igreja Primitiva.

Foi lá que o galho seco imortalizado na *Carta sobre a obediência* de Inácio de Loyola foi regado e enraizou (e a árvore ainda é indicada para os viajantes mais confortáveis, embora menos crédulos de hoje). É lá que "a carta foi iniciada, mas não concluída", lá que Bento e as gerações posteriores no Oriente e no Ocidente encontraram inspiração, via Cassiano, ou na *Filocalia*, ou mais recentemente nos *Exercícios de perfeição e virtudes cristãs*, do jesuíta Afonso Rodrigues, com suas infindáveis anedotas de "o precedente confirmado por alguns exemplos" extraídos das vidas heroicas daqueles dias sublimes.

E é desses três centros do Baixo Egito que a maior parte da grande literatura do monaquismo primitivo deriva: muito dos *Apophthegmata Patrum*, uma coleção do século VI de histórias do século IV; a *História lausíaca*, relato de testemunha ocular de Paládio escrito por volta de 419-420; a anônima *Historia monachorum in Aegypto*, cujo autor esteve no Egito por volta de 394-395, mas nunca chegou a Scetis; a isso se devem adicionar os *Institutos* e *Conferências*, de João Cassiano, escritos cerca de vinte anos depois de Cassiano ter deixado Scetis em 399. Essa literatura, parte dela já traduzida para o latim no último quarto do século IV, constituiu o fundamento da vida religiosa no Oriente e Ocidente até os tempos modernos. Não é surpreendente, portanto, encontrar os efeitos dessa influência sobre a oração monástica coletiva em outras províncias do mundo cristão na Antiguidade Tardia, uma influência abertamente reconhecida e à qual muitas vezes explicitamente se recorre a fim de emprestar o peso da tradição aos usos em questão.

Palestina

Mais uma vez, o próprio Cassiano é nossa primeira testemunha desse ofício monástico urbano híbrido. Ele havia saído de casa com seu amigo Germano para se tornar monge em Belém por volta de 382-383 quando tinha apenas dezessete ou dezoito anos de idade, e permaneceu lá por um breve período antes de seguir para o Egito antes de 385-386. Em seus *Institutos*, escritos por volta de 417-418 para a instrução dos monges nos mosteiros que fundou em Marselha, ele também descreve o ofício dos monges da Palestina e da Mesopotâmia. Começa dizendo:

> O sistema noturno de orações e salmos, como encontrado em todo o Egito, já foi, penso eu, explicado o suficiente. [...] Agora devemos falar dos serviços da terça, da sexta e da nona segundo a regra dos mosteiros da Palestina e da Mesopotâmia, que atenuam com sua instituição a perfeição e o inimitável rigor da disciplina dos egípcios (*Inst.* II, 1).

Portanto, esses mosteiros — e nos *Institutos* III, 3, ele expande a lista para incluir aqueles "de todo o Oriente" — aparentemente tinham alguma sinaxe de doze salmos antes do amanhecer, como no Egito. A isso eles acrescentaram a oração no final da terça, sexta e nona horas, com três salmos e orações cada (III, 3:1; 4:2); em seguida, ele passa a justificar essas horas (III, 3:2-7) com o apelo usual a Daniel 6,10, às referências habituais a esses horários em Atos 2,15; 10,3.9; 3,1; e à crucificação e ao tormento do inferno. O último elemento acrescenta uma nuance ligeiramente diferente ao tema usual da morte na cruz da hora nona; e a referência à oração de Cornélio por volta da hora nona em Atos 10,3 (III, 3) é peculiar a Cassiano.

Então Cassiano se volta para as vésperas e matinas, aplicando-lhes textos de catedral tradicionais como os Salmos 140 e 62, bem como novo material. Anteriormente (III, 1), ele não afirmou que *tanto* os noturnos *quanto* as vésperas eram iguais aos do Egito, mas apenas os noturnos[2], consequentemente não é

2. Nos ofícios de catedral e monásticos puros, tínhamos visto apenas duas sinaxes diárias, matinas e vésperas, no início e término de cada dia. No Baixo Egito, os ofícios monásticos começavam antes das matinas de catedral porque os monges se levantavam antes dos leigos, mas ambas as horas constituíam o ofício de abertura do dia. Desenvolvimentos posteriores resultam nas seguintes combinações. 1) Alguns ofícios urbano-monásticos híbridos, combinando os dois sistemas, têm duas horas matinais, uma ao cantar do galo, outra ao amanhecer. Para evitar confusão, sigo a terminologia de Cassiano e a gálica ao chamar a hora anterior de "noturnos" e a posterior de "matinas", exceto quando discuto a *Regra de São Bento*. Bento chama o ofício da manhã de "matinas" (*RB* 8:4; 12; 13:12), mas para o ofício noturno ele usa "noturnos" (10; 15:2) ou "vigílias" (8:3, 9:8; 11:10; 16:4) indistintamente, embora "vigílias" seja a ocorrência mais comum, enquanto na Gália esse termo era usado apenas para vigílias ocasionais mais longas, não para o ofício noturno diário. A terminologia ocidental mais recente, que chama noturnos de "matinas" e as matinas de "laudes", é menos satisfatória e nunca teve nenhuma circulação fora da tradição latina. Sigo Bento (*RB* 12:4; 13:11) e os bizantinos ao restringir o termo "laudes" ao seu sentido estrito, usando-o apenas para o que os gregos chamam de "*Ainoi*", ou seja, Salmos 148–150. 2) Outros ofícios monásticos urbanos mantiveram as matinas ao amanhecer e acrescentaram o ofício diário da meia-noite chamado "*mesonyktikon*". 3) Alguns autores usam o termo "vigília(s)" para se referir indiscriminadamente a qualquer ofício noturno, sejam os noturnos

improvável que as vésperas monásticas palestinas contivessem alguns elementos de catedral, como o Salmo 140. De qualquer modo, aqui está o que ele diz sobre as duas sinaxes principais, manhã e noite, em *Institutos* III, 3:8-11.

> Mas o que pode ser dito sobre os sacrifícios vespertinos que, conforme está prescrito até mesmo no Antigo Testamento pela lei de Moisés, devem ser oferecidos continuamente? Pois o fato de que os holocaustos matinais e os sacrifícios vespertinos eram oferecidos todos os dias continuamente no templo, embora com oferendas simbólicas, é algo que se pode mostrar pelo que é cantado por Davi: "Que minha prece seja o incenso diante de ti, e minhas mãos erguidas, o sacrifício da tarde" (Sl 140,2), que podemos entender em um sentido ainda mais elevado, tanto daquele verdadeiro sacrifício vespertino que foi dado pelo Senhor nosso Salvador ao entardecer aos apóstolos na ceia, quando ele instituiu os santos mistérios da Igreja, quanto daquele sacrifício vespertino que ele mesmo, ou no dia seguinte, no fim dos tempos, ofereceu ao Pai com o levantar das mãos para a salvação de todo o mundo; esse estender as mãos na cruz é muito corretamente chamado de "elevação". Pois, quando estávamos todos deitados no inferno, ele nos elevou ao céu, de acordo com a palavra de sua própria promessa, dizendo: "quando eu for elevado da terra, atrairei a mim todos os homens" (Jo 12,32). Mas, no que diz respeito ao serviço da manhã, o que é costumeiro cantar nele todos os dias também nos ensina: "Ó Deus, Deus meu, desde a alvorada vigio diante de ti" (Sl 62,2); e "Eu meditarei em ti pela manhã" (Sl 62,7); e "Antecipei-me à aurora e grito; espero em tuas palavras. Antes da hora abri os olhos para meditar as tuas ordens" (Sl 118,147-148). Nessas horas também o chefe de família do Evangelho (Mt 20,1-6) trazia trabalhadores para sua vinha. Pois assim ele também é descrito como alguém que os contratou de manhã cedo, hora que denota nosso serviço matinal; então na terceira hora, em seguida na sexta, depois disso na nona, e por último na décima primeira, que significa a hora das lâmpadas.

Mas não é apenas isso que Cassiano tem a dizer sobre os serviços matinais, que eram um problema especial em Belém. No capítulo seguinte (III, 4), ele relata como um pouco mais tarde um novo serviço foi instituído porque os monges estavam retornando para a cama após os noturnos, que perduravam, como no Egito, do canto do galo até o amanhecer (*ante auroram*: III, 6:1). Esse retorno

diários ou *mesonyktikon*, sejam os ofícios noturnos *ocasionais* mais longos antes de certos dias especiais de festa ou penitência, como a vigília pascal. O sentido geralmente é claro com base no contexto.

para a cama era inédito no Egito, onde, após a sinaxe inicial do dia, os monges continuavam sua oração privadamente até o raiar do dia (II, 12:3; III, 5:2).

Assim, de acordo com Cassiano, os monges palestinos desenvolveram seu *cursus* em duas etapas. Primeiramente, eles adicionaram as "horas menores" ao *cursus* egípcio original de duas sinaxes. Depois vieram as matinas, um "novo serviço" (*novella sollemnitas*), recentemente instituído pela primeira vez no próprio mosteiro de Cassiano em Belém. Seu único objetivo era fazer com que os monges se levantassem ao nascer do sol, pois eles adquiriram o hábito de se retirar novamente após os noturnos e dormir até a hora terça (III, 4). Essa nova celebração ocorria ao nascer do sol (*primo mane*: III, 3:11; *ad ortum solis*: III, 4:2) e compreendia três salmos (50, 62, 89) e três orações (III, 4:2-6). Tinha, portanto, a mesma estrutura das horas menores, e alguns pretendem ver nela as origens da prima. Esse ponto será discutido nos capítulos 6 e 10, junto com a questão das origens das laudes, os Salmos 148–150, que, segundo Cassiano, foram anexadas ao final dos noturnos de Belém sem interrupção (III, 6).

Portanto, o *cursus* diário de Cassiano em Belém era o seguinte:

> *Do canto do galo até antes do dia*: salmodia noturna como no Egito, seguida de laudes (Salmos 148–150).
>
> *Ao nascer do sol*: oração da manhã, compreendendo os Salmos 50; 62; 89 com orações.
>
> *Terceira, sexta, nona horas*: horas menores, cada uma com três salmos e três orações.
>
> *Entardecer*: salmodia monástica vesperal, como no Egito, provavelmente com elementos de catedral adicionados.

Cassiano também fala de um salmo antes e depois da ceia (III, 12) e salmos antes de se deitar (IV, 19:2), mas não deixa claro se o salmo depois da ceia e aqueles antes de dormir são a mesma coisa. Alguns pretendem ver as completas nessa salmodia da hora de dormir, mas acho que isso seria anacrônico, uma vez que Cassiano omite qualquer menção a tal ofício em sua discussão bastante detalhada do *cursus* palestino. Portanto, eu preferiria ver esses salmos simplesmente como orações na hora de dormir, antes que houvesse sido introduzido um ofício formal das completas para esse propósito.

O que dizer da insistência de Cassiano de que o novo serviço matinal se originou em seu mosteiro de Belém em sua época? Voltarei a essas duas questões no capítulo 10, quando analisar mais de perto algumas questões controversas na história do ofício.

O que vemos no *cursus* monástico palestino é uma tradição mista. As horas do dia foram adicionadas às duas sinaxes do ofício monástico egípcio "puro". Essas duas sinaxes, por sua vez, absorveram elementos do ofício de catedral, como laudes pela manhã e, possivelmente, o Salmo 140 nas vésperas. E, num estágio posterior, desenvolve-se um novo serviço matinal composto de salmos matinais de catedral, todos os três reservados às laudes no antigo Ofício Romano e na *Regra de São Bento*. No domingo de manhã, a terça e a sexta são substituídas por uma única sinaxe matinal seguida de missa (III, 11). Além disso, na noite de sexta-feira, havia uma vigília que durava a noite toda, quase até o amanhecer (*usque ad aurorae uicinam*: III, 4:2), ou durante a longa noite de inverno até o quarto canto do galo (III, 8:1), compreendendo uma estrutura tríplice, com três elementos por seção: 1) três antífonas em pé, 2) depois das quais eles se sentavam para três salmos responsórios entoados alternadamente por diferentes monges, 3) em seguida, três leituras (III, 8:4). Foi isso que vimos na vigília descrita na *Carta 207*, 3, de Basílio, ao clero de Neocesareia, citada no capítulo 3 a respeito do ofício de catedral na Capadócia. Uma vez que esses três elementos sozinhos dificilmente seriam suficientes para uma vigília noturna, concordo com Baumstark e Heiming que Cassiano está descrevendo uma unidade litúrgica repetida várias vezes ao longo da noite[3].

Antioquia[4]

Quando Cassiano, nos *Institutos* III, 3,1, diz que um ofício monástico semelhante ao da Palestina é encontrado também em mosteiros de todo o Oriente (*in monasteriis ac totius Orientis*), ele estava, sem dúvida, falando da *diocese* civil do Oriente, não da *prefeitura* do Oriente, que também incluía a diocese do Egito (*Augustalis*). A diocese do Oriente tinha Antioquia como metrópole, e João Crisóstomo fornece uma descrição do ofício monástico daquela cidade antes de 397 que, de fato, se assemelha em alguns pontos aos usos de Belém descritos por Cassiano. Os dois documentos crisostomianos em questão são

3. Baumstark, A., *Nocturna laus. Typen frühchristlicher Vigilienfeier*, Münster, Aschendorff, 1957, 128 (LQF 32); Heiming, O., Zum monastischen Offizium von Kassianus bis Kolumbanus, *ALW* 7 (1961) 108.

4. Parte do material a seguir apareceu de uma forma ligeiramente diferente em meu artigo: Taft, Robert, *Quaestiones disputatae* in the History of the Liturgy of the Hours: the Origins of Nocturns, Matins, Prime, *Worship* 58 (1984) 130-158.

provavelmente reminiscências dos dias monásticos de Crisóstomo entre 370 e 376; e, portanto, as práticas a que ele refere são anteriores ao relato de Cassiano em alguns anos.

O primeiro relato está em sua *Homilia 14 sobre 1 Timóteo*, 4, que descreve o ofício monástico noturno em Antioquia:

> 1[...] ao cantar dos galos o superior vem imediatamente e, com pé, toca suavemente os que ainda dormem, despertando a todos. [...] 2Então, depois de acordarem, eles se põem de pé e cantam os hinos proféticos com muita harmonia e melodias bem compostas [...]. 3E as próprias canções também são apropriadas, e repletas do amor de Deus. "À noite", dizem eles, "elevai as mãos" (Sl 133,2) a Deus, e novamente: "À noite, minha alma vigia diante de ti, ó Deus, porque os teus mandamentos são uma luz na terra" (Is 26,9). 4E as canções de Davi que fazem jorrar fontes de lágrimas. Pois, quando ele canta [Crisóstomo cita LXX Salmos 6,7; 101,10; 8,5; 143,4; 48,17; 67,7; 118,164.62; 48,16; 22,4; 90,5.6; 43,23], ele expressa seu amor ardente por Deus[5].

Crisóstomo está apenas citando versículos apropriados ao acaso, não fornecendo uma ordem definida de salmos adequada a esse ofício. Sua citação de dois versículos do Salmo 48 separadamente e na ordem inversa mostra isso com bastante clareza. Portanto, Mateos está certo em sua interpretação ao dizer que essa seção se refere à salmodia noturna variável habitual em tais ofícios[6]. Mas a próxima frase, que cita o Salmo 148,1, parece indicar que esse é mais do que apenas outro dos possíveis versículos do salmo que podem ocorrer nesse ofício:

> 5E, novamente, quando cantam com os anjos — pois os anjos também estão cantando — "Louvai ao Senhor desde os céus" (Sl 148,1). 6E enquanto isso estamos ressonando [...] Pensai no que foi para eles passarem a noite inteira nessa função! 7E, quando o dia está iniciando, eles descansam de novo. Pois quando começamos nossas tarefas eles têm um período de descanso. 8Cada um de nós, quando é dia, vai até o seu vizinho [...], outro visita o teatro, outro executa seus próprios negócios, mas estes novamente, depois de fazer suas orações e hinos, dedicam-se à leitura das Escrituras. [...]

Assim, o ofício começava com o canto do galo, aparentemente com um invitatório fixo compreendendo o Salmo 133 e Isaías 26,9 ss. (2-3), seguido por

5. Texto em *PG* 62, 576 ss.; trad. aqui e abaixo adaptado de NPNF ser. 1, v. 13, Grand Rapids, Eerdmans, 1979, 456-457.

6. Mateos, L'office monastique, 56.

salmodia variável (4). Era concluído pouco antes do amanhecer (6-7) com os salmos das laudes, Salmos 148–150 (5), resultando na seguinte estrutura:

Invitatório: Salmo 133
Isaías 26,9 ss.
Salmodia monástica variável *currente psalterio*
Salmos 148–150

Apenas o Salmo 148 é realmente citado (5), mas a liturgia comparativa torna provável que a referência seja aos *Ainoi* ou salmos das laudes como uma unidade. É digno de nota o fato de o Salmo 133 ser um dos invitatórios fixos de noturnos nos ofícios caldeu, sírio, tikritano, maronita, copta, etíope e constantinopolitano antigo, enquanto o cântico de Isaías serve ao mesmo propósito no atual ofício bizantino de São Sabas, tradição de origem palestina.

Então, ainda na descrição de Crisóstomo, após um breve descanso (7), os monges se levantavam para "orações e hinos matinais", um ofício matinal muito curto, pois já estaria terminado, ele nos diz, no momento em que era dia (8) — provavelmente ao nascer do sol, pois a própria vigília noturna havia sido concluída pouco antes do amanhecer (6-7). Em outra de suas homilias antioquenses, *Homilia 68 (69) sobre Mateus*, 3, Crisóstomo descreve esse breve culto matinal. Os monges,

> [1][...] assim que o sol nasce, ou melhor, muito antes do nascer do sol [...] tendo-se levantado imediatamente da cama [...] e tendo formado um coro [...] todos a uma só voz, como de uma só boca, [2]cantam hinos ao Deus de todos, honrando e agradecendo por todos os seus benefícios, particulares e comuns. [...] [3]Qual é a diferença entre os anjos e esta companhia daqueles que na terra cantam e dizem: "Glória a Deus nas alturas [...]?". [4]Então, depois de terem cantado aquelas canções, eles dobram os joelhos e, ao Deus que foi o objeto de seus hinos, suplicam por coisas em que alguns não chegam a pensar facilmente. [5]Pois eles nada pedem de coisas presentes, uma vez que não as têm em consideração, mas [pedem] que possam se apresentar com ousadia diante do terrível tribunal, quando o Filho Unigênito de Deus vier para julgar os vivos e os mortos, e para que ninguém ouça a voz chorosa que diz: "Eu não te conheço", e que, com uma consciência pura e muitas boas ações, eles possam atravessar esta vida penosa e navegar sobre o mar revolto com um vento favorável. [6]E aquele que é seu Pai e seu governante os guia em suas orações. [7]Depois disso, depois de se levantarem e terminarem tais orações sagradas e contínuas, após o nascer do sol, eles partem

cada um para o seu trabalho, colhendo dele um grande suprimento para os necessitados[7].

Assim, o ofício monástico antioqueno de Crisóstomo, como as matinas de catedral nas *Constituições Apostólicas* vistas acima, compreendiam salmos ou "hinos" (2), o *Gloria in excelsis* (3), intercessões conclusivas (ajoelhar-se: 4-6) e uma oração final após levantar-se (7). O texto de algumas das intercessões (5) é semelhante às *aitêseis* ou petições do "anjo da paz" encontradas nas *Constituições Apostólicas* VIII 6-9; 37-39 e em fontes bizantinas[8], e também referidas por Basílio na *Carta 11* citada acima no capítulo 3.

Quais eram os "hinos" iniciais (4)? Crisóstomo não diz. Será que era o salmo tradicional inicial (ou os salmos tradicionais iniciais) do louvor matinal: o Salmo 62 como nas *Constituições Apostólicas* II, 59:2 (cf. VIII, 38:1) e o *De virginitate*; o Salmo 50 como nos documentos basilianos; ou ambos, mais o Salmo 89, como em Cassiano, *Institutos* III, 6[9]? Visto que *Constituições Apostólicas* é o documento paralelo mais próximo em tempo e lugar, o Salmo 62 é uma escolha provável. Isso produziria a seguinte estrutura:

Salmo 62
Gloria in excelsis
Intercessões
Oração(ões) conclusiva(s)

Aqui também vemos um ofício híbrido no qual as laudes foram anexadas à salmodia monástica "pura" dos noturnos, e as matinas foram preenchidas com ainda mais elementos do louvor matinal de catedral, como o *Gloria in excelsis* e as intercessões. No capítulo 10, desenvolveremos exatamente como tudo isso aconteceu.

Na *Homilia 14 sobre 1 Timóteo*, 4, Crisóstomo também menciona "salmos e hinos" na terceira, sexta e nona horas e à tarde, bem como depois da ceia.

7. Texto em *PG* 58, 644-646; trad. inglesa adaptada de NPNF ser. 1, v. 10, Grand Rapids, Eerdmans, 1978, 418.

8. Ver Taft, R., The Great Entrance, Roma, PIO, ²1978, cap. 9 (OCA 200).

9. Esses documentos também são estudados nos capítulos 3, 6 e 10.

As semelhanças e diferenças entre os sistemas de Belém e Antioquia, observáveis nas duas primeiras sinaxes do dia — as únicas para as quais temos dados suficientes para fazer uma comparação — podem ser vistas no seguinte esquema:

	BELÉM	**ANTIOQUIA**
Do canto do galo até um pouco antes da aurora:	*vigília:*	*vigília:*
		Salmo 133
		Isaías 26,9 ss.
	salmodia variável	salmodia variável
	Salmos 148–150	Salmos 148–150
Ao amanhecer:	*novella sollemnitas:*	*ofício matinal:*
	Salmos 62; 50; 89 com três orações	Salmos 50; 62 (?)
		Gloria in excelsis
		Intercessões
		Oração(ões) conclusiva(s)

O restante do *horarium* — terça, sexta, nona, vésperas, orações para as refeições e para a hora de dormir — é substancialmente o mesmo em ambas as tradições. Pelo que sabemos de ofícios posteriores, provavelmente podemos presumir que as horas menores antioquenas também tinham três salmos, e que as vésperas incluíam alguma salmodia monástica contínua. Vale indagar se as vésperas monásticas também continham elementos de catedral, como um ritual de luz e o Salmo 140 com incenso, tal como vemos também em ofícios híbridos posteriores. Não sabemos, embora Cassiano, nos *Institutos* III, 3:9, citado acima, realmente comente sobre o Salmo 140 no contexto da "hora das lâmpadas" em Belém, e tais elementos são encontrados em todas as vésperas híbridas catedral-monásticas posteriores no Oriente cristão.

O que encontramos no ofício monástico urbano da Palestina e Antioquia é, penso eu, basicamente um *cursus* monástico que absorveu elementos catedrais. Isso é demonstrado pelo fato de que seu ofício mais primitivo no início do dia segue o *horarium* do Baixo Egito. O novo serviço matinal ao raiar do dia ou ao nascer do sol é uma adição posterior. Mas a seguir nos voltaremos para a Capadócia e encontraremos, penso eu, o oposto: um ofício monástico urbano que é mais um *cursus* de catedral no qual foram enxertadas horas monásticas.

Capadócia[10]

I. Basílio

Temos informações sobre o ofício monástico da Capadócia com base nos escritos de São Basílio, o Grande (morto em 379). Basílio, um bispo cosmopolita e de sólida formação, visitou os centros monásticos da Síria, Palestina, Mesopotâmia e Egito para aprender seu espírito e usos, e levara uma vida ascética com seu amigo Gregório de Nazianzo (morto por volta de 390) antes de se tornar bispo de Cesareia na Capadócia e exarca do Ponto em 370. Suas famosas regras tiveram enorme influência em toda a história do monaquismo cenobita — São Bento se baseou bastante em Basílio — até nossos dias.

Para dar aos seculares um modelo vivo de vida cristã, Basílio estabeleceu suas comunidades de ascetas nas cidades, e, em *Regras maiores* 3,1, rejeita explicitamente a ideia de que sejam "monges". Eles eram simplesmente cristãos levando todo o empreendimento a sério. Por isso, as práticas que Basílio descreve estão próximas dos usos das igrejas seculares — caso contrário, como poderiam ser um exemplo para os leigos? Mas, ao mesmo tempo, ignorar a herança ascética do Egito, *o* berço da vida religiosa na mente popular, era impensável. Assim, esses ascetas basilianos celebravam matinas e vésperas em imitação dos ofícios catedrais, acrescentando-lhes a terça, a sexta, a nona, e depois as completas, além de uma novidade, um *mesonyktikon* ou vigília noturna não ao canto do galo como na Palestina e em Antioquia, mas à meia-noite. Claramente, esse *cursus* é principalmente uma "liturgização" do antigo *horarium* da oração diária cristã.

Em *Regras maiores* 37,2-5, após as afirmações habituais sobre a regra da oração incessante, e sobre como reconciliar a aparente contradição entre esse preceito evangélico e a regra do trabalho, Basílio descreve o *cursus* monástico[11]:

> [1]Ora, visto que alguns usam a oração e a salmodia como pretexto para evitar o trabalho, é necessário saber que, para certas outras tarefas, há um tempo especial, como diz Eclesiastes (3,1): "Há tempo para tudo". [2]Mas para a oração e a salmodia [...] qualquer tempo é conveniente, de modo que, enquanto nossas mãos se movem no trabalho, podemos louvar a Deus com a língua

10. Cf. MATEOS, L'office monastique, 69-87, embora eu me afaste um pouco da interpretação de Mateos.

11. Texto em *PG* 31, 1012 ss.

quando isso for possível, ou melhor, quando for propício à edificação da fé. Senão, [louvamos a Deus] no coração, com salmos e hinos e cânticos espirituais (Ef 5,19; Cl 3,16), como está escrito, cumprindo o dever de rezar em meio ao trabalho. [...] 3Se não for esse o caminho, como pode haver coerência mútua nas palavras dos apóstolos, "orai sem cessar" (1Ts 5,17) e "trabalhando noite e dia" (2Ts 3,8)?

4Nem de fato, porque a ação de graças em todos os momentos foi ordenada até mesmo por lei [...], devemos negligenciar os tempos de oração estabelecidos na irmandade, 5tempos que havíamos escolhido necessariamente porque cada um tem sua própria lembrança especial das bênçãos recebidas de Deus.

6De manhã [oramos] para que os primeiros movimentos da alma e do pensamento sejam consagrados a Deus, e nada mais seja levado em consideração antes de nos deliciarmos com o pensamento de Deus, como está escrito, "Lembrei-me de Deus e deleitei-me" (Sl 76,3), e para que o corpo não se empenhe em trabalho antes que se cumpra o dito: "Pois a ti orarei. Pela manhã, ouvirás a minha voz, ó Senhor; pela manhã, me apresentarei a ti, e vigiarei" (Sl 5,4-5).

7Novamente, na terceira hora, devemos nos levantar para rezar e reunir a irmandade [...] e, recordando o dom do Espírito dado aos apóstolos na terceira hora (At 2,15), todos devem adorar juntos em harmonia para que também se tornem dignos de receber a santificação, pedindo-lhe orientação e ensinamento no que é proveitoso, de acordo com as palavras "Cria para mim um coração puro, ó Deus" (Sl 50,10-12), e em outros lugares: "Seu espírito é bom, que ele me conduza por uma terra plana!" (Sl 142,10). E assim nos aplicamos às nossas tarefas novamente.

8E se alguns, talvez, estão ausentes devido à natureza ou local de seu trabalho, eles são necessariamente obrigados a observar lá tudo o que é prescrito para a observância comum, sem nenhuma hesitação, "pois, onde dois ou três estiverem reunidos em meu nome, eu estarei no meio deles" (Mt 18,20).

9E julgamos necessária a oração na hora sexta, em imitação dos santos, que dizem "De tarde, e de manhã, e ao meio-dia, orarei; e clamarei, e ele ouvirá a minha voz" (Sl 54,17). E, para que possamos ser libertos do contratempo e do demônio do meio-dia (Sl 90,6), ao mesmo tempo o Salmo 90 também é dito.

10A nona [hora], entretanto, nos foi transmitida como necessária para a oração pelos próprios apóstolos em Atos, em que se relata que "Pedro e João subiam ao Templo para a oração da nona hora" (At 3,1).

11E, quando o dia termina, ações de graças devem ser oferecidas pelo que nos foi dado durante o dia ou pelo que fizemos corretamente, e confissão deve ser feita do que deixamos de realizar — uma ofensa cometida, seja voluntária ou involuntária, ou talvez despercebida, seja em palavras ou atos ou no próprio coração —, propiciando a Deus em nossas orações por todas as nossas falhas. Pois o exame das ações passadas é um grande auxílio contra a recaída em falhas semelhantes. Por isso se diz: "Meditai em vossa cama o que disseste em vosso coração" (Sl 4,5).

[12]E também, no início da noite, pedimos que nosso descanso seja sem ofensas e livre de fantasias, e a essa hora o Salmo 90 também deve ser recitado.

[13]E Paulo e Silas nos transmitiram o horário da meia-noite como necessário para a oração, como prova a história de Atos, dizendo: "E, à meia-noite, Paulo e Silas cantavam os louvores de Deus" (At 16,25); o salmista também, dizendo: "À meia-noite levanto-me para celebrar-te por causa das tuas justas decisões" (Sl 118,62).

[14]E devemos levantar-nos novamente para antecipar o amanhecer com a oração, para que não sejamos apanhados de dia adormecidos na cama, segundo aquele que disse: "Antes da hora abri os olhos para meditar as tuas ordens" (Sl 118,148).

[15]Nenhum desses momentos deve ser negligenciado por aqueles que escolheram uma vida dedicada à glória de Deus e seu Cristo. [16]Mas penso que a diversidade e variedade nas orações e salmodias nas horas fixas são desejáveis por este motivo: por meio da rotina, a alma muitas vezes se cansa de alguma forma e se distrai, ao passo que, pela alternância e variedade na salmodia e nas Escrituras a cada hora, o desejo é revigorado e sua sobriedade, renovada.

Vemos aqui um ciclo completo de sete horas: matinas (6, 14), terça (7), sexta (9), nona (10), vésperas (11), completas (12) e vigília da meia-noite (13). No final do *cursus*, Basílio retorna novamente às matinas (14), mas em ambos os lugares (6, 14) ele se refere a ela como o ofício da aurora (*orthros*) e está obviamente falando de um, não de dois serviços matinais.

Parte desse *cursus* é mencionada em outros escritos de Basílio. Sua *Carta 2* a Gregório de Nazianzo, escrita por volta de 358, fala de matinas desde o amanhecer até depois do nascer do sol, de oração durante o trabalho, *lectio divina*, a prática da presença de Deus, oração antes e depois das refeições e oração à meia-noite[12]. Seu *Discurso ascético*, que resume muitos dos pontos nas *Regras maiores*, conhece apenas seis horas, de modo que a sexta é dividida em duas para perfazer o número clássico de sete referido no Salmo 118,164[13]. Mas a autenticidade desse documento não é absolutamente certa. Em *Regras maiores* 37,2-5, Basílio também dá informações sobre o conteúdo dessas horas. Ele afirma explicitamente que o Salmo 90 é recitado à sexta (9) e novamente nas completas (12), e é possível que alguns dos outros salmos que ele menciona para justificar certas

12. São Basílio, *Lettres*, org. Courtonne, v. 1, 5-13.
13. *PG* 31, 877.

outras horas fizessem parte dos ofícios — especialmente o Salmo 54 à sexta (9) e o Salmo 118 no *mesonyktikon* (13), que também são aplicados a essas horas no *Discurso ascético*. A tabela a seguir compara os salmos do atual *horologion* sabaítico bizantino com aqueles que Basílio fornece (o asterisco assinala que o *Discurso ascético* também localiza o salmo no ofício em questão; o ofício da meia-noite na coluna do *horologion* refere-se ao *mesonyktikon* sabaítico original, agora os noturnos das matinas):

	HOROLOGION	BASÍLIO
terça:	16	
	24	
	50	*50* e 142
sexta:	53	
	54	*54,18
	90	*90*
nona:	83	
	84	
	85	
completas:	*90* (*Grandes Completas*)	*90*
meia-noite:		**118*

As matinas consistiam no Salmo 50 seguido de hinos e cânticos, e provavelmente eram concluídas com intercessões, como vimos no capítulo 3.

Basílio também fornece uma justificativa para as horas. A propósito das horas diurnas, ele cita os textos usuais de Atos para a terça e a nona, mas não para a sexta. Versos de salmos também são citados como suporte, mas não o texto clássico de Daniel 6 nem o *horarium* da paixão dos evangelhos, embora o *Discurso ascético* mencione a paixão em referência à nona hora. Mais importante, as razões de Basílio para a oração matinal e vespertina correspondem exatamente ao que Crisóstomo diz a respeito dessas horas no uso de catedral (ver capítulo 3).

II. *De virginitate*

Um padrão ainda mais desenvolvido de oração monástica noturna e matinal emerge claramente no tratado *De virginitate* 20. Esse documento é atribuído a Atanásio de Alexandria, mas M. Aubineau desafiou sua autenticidade e, no processo, mostrou que o vocabulário do tratado é semelhante ao dos escritores da Capadócia por volta de 370[14]. Além disso, seu material litúrgico, que, para mim, parece da época de Capadócia, e não de Alexandria, apenas confirma esse ceticismo em relação à sua proveniência atanasiana. O padrão litúrgico desse tratado sobre a virgindade é repetido em ofícios orientais existentes, como o caldeu e, antes desse, o bizantino[15], e sabemos por Basílio que os ascetas capadócios estavam em contato próximo com a vida das igrejas seculares. Aqui está o texto[16]:

> [1]À meia-noite levantai-vos e cantai hinos ao Senhor vosso Deus, pois a essa hora nosso Senhor ressuscitou dos mortos e cantou hinos para o Pai. Por tal razão, convém-nos cantar hinos a Deus nessa hora. [2]Ao levantar-vos, dizei primeiro este versículo: "À meia-noite levanto-me para celebrar-te por causa das tuas justas decisões" (Sl 118,62), e orai, e começai a dizer todo o Salmo 50 até o fim, [3]e estas coisas estão estabelecidas para que as façais a cada dia. [4]Dizei tantos salmos quantos tiverdes força para dizer em pé, [5]e, após cada salmo, fazei uma oração e prostrai-vos, [6]com lágrimas confessando vossos pecados ao Senhor, pedindo-lhe que vos perdoe. [7]Depois de três salmos, dizei o aleluia. [8]E, se houver [outras] virgens convosco, deixai-as cantar os salmos e fazer as orações uma a uma.
>
> [9]Ao amanhecer, recitai este salmo: "Ó Deus, meu Deus, estou vigilante diante de ti; minha alma tem sede de ti" (Sl 62,1). [10]E ao romper do dia: "Todas as obras do Senhor bendizem ao Senhor, cantam hinos..." (Dn 3,35), [11]"Glória a Deus nas alturas", [12]e o restante.

O autor do documento obviamente considera "o restante" (12) uma parte da oração matinal tão conhecida do leitor que ele não precisa explicitá-la. A suposição mais razoável é que ele esteja se referindo aos Salmos 148–150. Portanto, aqui há dois ofícios separados, um à meia-noite (1) — ou seja, no período entre a meia-noite e o canto do galo —, de extensão variável dependendo de quantos salmos as virgens podem administrar (4); o segundo, ao amanhecer (9). O ofício

14. AUBINEAU, M., Les écrits de s. Athanase sur la virginité, *Revue d'ascétique et de mystique*, 31 (1955) 144-151.

15. Cf. as seguintes obras de MATEOS, J.: *Lelya-Ṣapra*, passim; Les matins chaldéenes, maronites et syriennes, 54-55, 58 ss., 61 ss., 68, 72; L'invitatoire du nocturne chez les syriens et les maronites, *OS* 11 (1966) 353-366; Un office du minuit chez les chaldéens?, *OCP* 25 (1959) 101-113; Les différentes espèces de vigiles dans le rite chaldéen, *OCP* 27 (1961), 48 ss.; Quelques problèmes de l'orthros byzantin, *POC* 11 (1961) 22-31.

16. VON DER GOLTZ, E. F. (org.), *De virginitate. Eine echte Schrift des Athanasius*, Leipzig, J. C. Hinrichs, 1905, 55-56 (TU 29, Heft 2a).

noturno tem a estrutura clássica de tais vigílias: um invitatório fixo (2), seguido por salmodia variável (4), sem dúvida "em sequência", com cada salmo seguido de oração e uma prostração (5-6). O saltério é dividido em grupos de três salmos — o agrupamento básico na maioria das tradições, como Mateos mostrou[17] —, com o aleluia após cada grupo de três (7). As matinas também têm um salmo invitatório fixo (9), seguido talvez por outros salmos, pois é apenas ao amanhecer que a conclusão fixa é adicionada (10), compreendendo o *Benedicite* de Daniel 3,35-68 (10), o *Gloria in excelsis* (11), e provavelmente os Salmos 148–150, da seguinte forma:

NOTURNOS:
Salmo 118,62
Oração
Salmo 50
Salmodia variável com orações e prostrações; aleluia após cada conjunto de três salmos

MATINAS:
Salmo 62
Salmodia variável (?)
Benedicite
Gloria in excelsis
Salmos 148–150 (?)

Esses três elementos finais, *Benedicite*, *Gloria in excelsis* e laudes, tornaram-se parte padrão dos ofícios matinais de catedral e híbridos posteriores. Rufino (*c.* 345-410), em sua *Apologia in S. Hieronymum* 2, 35, diz que o *Benedicite* é cantado em igrejas em todo o mundo[18]. Um século depois, nós o vemos como o cântico das laudes dominicais nas regras do Mestre (39) e Bento (12); nos arranjos orientais, o *Benedicite* com o *Gloria in excelsis* ainda faz parte do ofício matinal ou da vigília de catedral, pelo menos aos domingos em todas as tradições existentes, exceto na síria ocidental, que não tem o *Benedicite*, e na maronita, que não tem o *Gloria*[19].

---

17. MATEOS, J., Office de minuit et office du matin chez s. Athanase, *OCP* 28 (1962) 175-176.

18. *PL* 21, 613-614.

19. Além dos capítulos pertinentes abaixo na Parte II, cf., para as tradições sírias, os esquemas em MATEOS, Les matines chaldéenes, maronites, et syriennes; para a tradição

Conclusão

No final do século IV, monges em centros urbanos fora do Egito ou próximos a eles haviam levado a evolução da Liturgia das Horas três etapas adiante: 1) eles preencheram o *horarium* diário ao criar sinaxes comuns ou horas litúrgicas formais — as "horas menores" ou "diurnas" da terça, sexta e nona — nos tradicionais horários fixos da oração privada cristã; 2) efetuaram uma síntese dos usos monástico e de catedral ao adotar elementos da oração matinal e das vésperas de catedral, enquanto retinham a salmodia monástica contínua no início e no final da ordem monástica do dia; 3) introduziram um novo ofício, as completas, como oração antes de dormir, duplicando assim as vésperas tanto no *cursus* monástico puro quanto no de catedral. Pois, como vimos no capítulo anterior, os monges egípcios comiam à nona hora, após a qual a salmodia vesperal encerrava o dia. E no sistema de catedral era — e ainda é — nas vésperas que revisamos e concluímos o dia, agradecendo a Deus pelas graças recebidas, implorando perdão pelas faltas cometidas e solicitando proteção contra o pecado e o perigo da noite vindoura.

Mas o *horarium* monástico urbano híbrido e seus ofícios não eram os mesmos em todos os lugares. As fontes parecem concordar que três salmos formavam o núcleo das "horas menores" e que as completas incluíam o Salmo 90. Nossas informações sobre as vésperas são menos explícitas, mas aquele ofício continuou a compartilhar com as completas mais novas seu propósito original como um serviço de ação de graças, exame de consciência e perdão. Quanto à estrutura do serviço noturno, Cassiano dá a entender que as vésperas monásticas urbanas em Belém não eram apenas uma réplica da salmodia monástica egípcia; por isso, provavelmente elas teriam incorporado ao menos elementos catedrais clássicos, como o *lucernarium* com hino, o Salmo 140 com incenso, e

bizantina, cf. Id., Quelques problèmes de l'orthros, 31-34. No rito armênio, o *Benedicite* ocorre naquela parte do ofício matutino dominical que era a velha vigília de catedral: ver Ibid., 31, 217, e Winkler, G., The Armenian Night Office, II, *Revue des études arméniennes* 17 (1983) 471-551, esp. 500-505. No rito copta, não há nada desse ofício de catedral no *horologion* monástico, exceto no que tange ao *Gloria in excelsis*, mas o *Benedicite* é um dos elementos da antiga vigília de catedral ainda encontrado no ofício matinal de catedral copta conhecido como Salmodia da Noite: cf. Taft, Praise in the Desert, 529, 531 ss. e cap. 15 abaixo. Para mais informações sobre a história de *Gloria in excelsis* e *Benedicite* na liturgia, ver Mearns, J., *The Canticles of the Christian Church, Eastern and Western in Early and Medieval Times*, Cambridge, The University Press, 1914, passim.

intercessões, dando a seguinte estrutura experimental e ideal que vemos repetida em ritos vesperais orientais híbridos posteriores:

Salmodia monástica contínua
Ritual de luz com hino à luz
Salmo 140 com incenso
Intercessões

A esse esquema foram adicionados num período posterior, e talvez já nessa época, outros elementos, como antífonas, responsórios, lições, cânticos.

As diferenças significativas ocorrem nos ofícios que abrem o dia monástico: noturnos e matinas ou laudes de catedral. Na Palestina e em Antioquia, laudes eram anexadas ao ofício noturno, que ia desde o canto do galo — por volta das 3h00, ao que parece — até antes do amanhecer. Mais tarde, outro serviço de matinas foi adicionado ao amanhecer, compreendendo salmos de matinas e, em Antioquia, outros elementos adotados do louvor matinal de catedral, como o *Gloria in excelsis* e as intercessões conclusivas. Mas, na Capadócia, o ofício de matinas de catedral, celebrado ao amanhecer, aparentemente manteve sua integridade, incluindo os salmos de laudes; e uma vigília monástica separada, de salmodia contínua, foi introduzida à meia-noite. Portanto, parece que os monges palestinos começaram com um sistema monástico essencialmente egípcio, abrindo o dia com a salmodia monástica tradicional ao canto do galo e adicionando elementos de catedral. Os ascetas da Capadócia tomaram como ponto de partida as matinas-laudes de catedral ao amanhecer e acrescentaram um serviço de vigília de salmodia monástica contínua à meia-noite.

Nas páginas anteriores deste capítulo, já esbocei esses serviços noturnos e matinais, e nos capítulos 6 e 10 fornecerei uma análise mais detalhada de alguns dos problemas hermenêuticos pendentes envolvidos na interpretação dos textos relativos às vigílias, matinas-laudes, e à prima.

6

O ofício monástico no Ocidente: Norte da África, Gália, Irlanda e Península Ibérica

O início do século V foi também o início do fim do Império Romano no Ocidente. No final de 406, as tribos germânicas cruzaram o Reno, saqueando Mainz, incendiando Trier e devastando o interior. Em 409, elas cruzaram os Pirineus e conquistaram a maior parte da Espanha. Enquanto isso, os godos estavam em ascensão. Roma caiu nas mãos dos visigodos sob Alarico em 410. Eles entraram na Gália em 412 e, no ano seguinte, na Espanha. Os godos fizeram guerra contra as outras tribos e, posteriormente, foram autorizados pelos romanos a se estabelecerem na Gália como "*foederati*" e gradualmente espalharam seu poder por todo o Ocidente. Em 476, eles dominavam todo o sul da França e um terço da Itália. O fim veio naquele mesmo ano, quando Odoacro depôs o usurpador Rômulo Augusto para se tornar o primeiro rei bárbaro da Itália (476-493). É no contexto dessa mudança histórica importante que o desenvolvimento do Ofício Divino no Ocidente deve ser considerado.

Ao contrário do que vimos no Oriente, onde os indícios de um ofício de catedral são muito mais abundantes e detalhados do que os de um uso monástico antes do final da Antiguidade Tardia, no Ocidente dos séculos V-VI o oposto é verdadeiro: temos vários relatos do *cursus* monástico completo em quase todos os detalhes, mas pouco se sabe diretamente sobre o uso de catedral, exceto o fato de sua existência. Portanto, devo inverter a ordem de tratamento e lidar primeiramente com o ofício monástico no Ocidente.

O *Ordo monasterii*

Talvez o *cursus* monástico ocidental mais antigo de que temos testemunho seja o *Ordo monasterii*, uma regra monástica primitiva em elegante latim atribuída a Alípio de Tagaste no Norte da África por volta de 395[1]. Não apenas o *Ordo* foi posteriormente incorporado por Santo Agostinho em sua regra[2], como também Cesário de Arles o usou para compor sua *Regra para monges*[3].

O capítulo 2 do *Ordo* apresenta o *cursus* de horas da seguinte forma[4]:

> Descreveremos como devemos rezar ou executar a salmodia. Nas matinas, sejam ditos três salmos: o 62º, o 5º e o 89º; à terça: primeiro um salmo responsorial (*psalmus ad respondendum*), depois duas antífonas (*antiphonae*), uma leitura e a conclusão (*completorium*); à sexta e à nona, da mesma forma; mas no lucernário: um salmo responsorial (*psalmus responsorius*), quatro antífonas, novamente um salmo responsorial[5], uma leitura e a conclusão.
>
> E, em momento adequado, após o lucernário, que as leituras sejam lidas para todos os sentados; mas, depois disso, digam-se os salmos usuais antes de dormir. Quanto às orações noturnas, nos meses de novembro, dezembro, janeiro e fevereiro: doze antífonas, seis salmos, três leituras; em março, abril, setembro e outubro: dez antífonas, cinco salmos, três leituras; em maio, junho, julho e agosto: oito antífonas, quatro salmos, duas leituras.

A terminologia desse texto apresenta certas dificuldades, mas Lambot está absolutamente correto ao ver em *antiphonae* o significado de salmos antifonais como nas *Regras* do Mestre e Bento, em vez de antífonas no sentido estrito, ou seja, os refrãos que acompanhavam o salmo. Caso contrário, as horas menores teriam apenas um salmo, mas as vésperas, dois; e os noturnos, seis, cinco ou quatro[6]. Além disso, *completorium* deve referir-se à conclusão da hora, como

---

1. Verheijen, L., *La Règle de s. Augustin*, II: *Recherches historiques*, Paris, 1967, 125 ss. (Études augustiniennes). Ver também Lawless, G. P., *Ordo Monasterii*. Structure, Style and Rhetoric, *Augustinianum* 22 (1982) 469-491; Id., *Ordo monasterii*. A Double or Single Hand?, *Studia Patristica*, Oxford Pergamon, 17/2 (1982) 511-518. No último artigo, Lawless analisa todas as opiniões e argumenta contra Verheijen por este atribuir o *Ordo* a Alípio, mas todos parecem concordar que ele vem da época e ambiente de Santo Agostinho.

2. Verheijen, *La Règle de s. Augustin*, II, 205 ss.

3. Lambot, C., La Règle de S. Augustin et S. Césaire, *RevB* 41 (1929) 337-341, em que o *Ordo* é chamado de *Regula secunda* de Agostinho.

4. Texto editado em de Bruyne, D., La première règle de s. Benoît, *RevB* 42 (1930) 318-319.

5. A respeito da "vírgula de de Bruyne", crucial para entender essa passagem, cf. Heiming, Zum monastischen Offizium, 111.

6. Lambot, C., Un "ordo officii" du Ve siècle, *RevB* 42 (1930) 79-80.

complere na *Regra do Mestre* (52:1-4, 55:8, 56:8 etc.)[7], ou como a descrição de Bento para a conclusão das laudes: "*canticum de evangelia, litania, et completum*"[8], que Bento mais frequentemente chama de *missae*[9]. Menos acertada é a interpretação de Lambot do *psalmus* sem qualificativo como um salmo cantado *in directum* por todos os monges juntos; do *psalmus responsorius* ou *ad respondendum* como um salmo *in directum* por um solista, e *antiphona* como salmodia alternada, por todos os monges divididos em dois coros. Um estudo dos tipos de salmodia no Ocidente nesse período inicial nos desviaria para longe. Mas considero muito mais provável que a *antiphona* signifique um salmo com antífona, pois é isso que *antiphona* significa na *Regra do Mestre*[10]; e *psalmus responsorius* ou *ad respondendum* é um salmo com responsório, como em quase todos os outros documentos. "*Psalmus*", sem qualificativo, em matinas e noturnos é ambíguo. Mas a estrutura ternária da salmodia em todas as outras horas, em três ou múltiplos de três, ou em uma proporção de dois para um, com dois salmos antifonais para um responsorial[11], me leva a concordar com Heiming e Baumstark que o "*psalmus*" dos noturnos é sinônimo do(s) salmo(s) responsorial(is) das outras horas[12].

Vários argumentos recomendam essa hipótese:

1) Dá às horas uma estrutura uniforme, exceto para as matinas, que permanecem uma exceção talvez porque essa hora, a *novella sollemnitas* que vimos em Cassiano, fosse uma inovação no uso monástico.
2) Faria o *Ordo* concordar com a *Regra do Mestre*, em que também existem apenas esses dois tipos de salmodia, antifonal e responsorial, no ofício normal[13]. A execução do *Directaneus* encontra-se na oração à mesa do refeitório (*RM* 38, 43), ou nas horas recitadas por aqueles que,

---

7. Cf. Heiming, Zum monastischen Offizium, 109-110, e o índice de *RM* in Clément, J.-M.; Neufville, J.; Demeslay, D., *La Règle du Maître III: Concordance verbale...*, Paris, Cerf, 1965, 84 (SC 107).

8. *RB* 12-13; cf. Heiming, Zum monastischen Offizium, 79.

9. *RB* 17; cf. Heiming, Zum monastischen Offizium, 109-110.

10. de Vogüé, A., *La Règle du Maître, vols. I-II: Introduction, texte, traduction et notes*, Paris, Cerf, 1964, v. I, 60 (SC 105-106).

11. Ibid., v. I, 53; Heiming, Zum monastischen Offizium, 111, cf. 93.

12. Heiming, Zum monastischen Offizium, 112; Baumstark, *Nocturna laus*, 113.

13. Cf. Heiming, Zum monastischen Offizium, 112.

devido ao trabalho, não podiam estar presentes no ofício no oratório (*RM* 55:18).

3) Põe os noturnos em conformidade com a estrutura tríplice da vigília ocasional que vimos em Cassiano e Basílio: salmos antifonais, seguidos de salmos responsoriais, seguidos de leituras. Aqui, porém, é um ofício diário fixo de uma só unidade, como fica claro pelo número definido de salmos e leituras em cada estação, ao passo que em Cassiano e Basílio era uma unidade a ser repetida ao longo da noite[14].

Em resumo, então, o ofício do *Ordo* compreendia:

Matinas:	Salmos 62; 5; 89
Terça-sexta-nona:	1 salmo responsorial 2 salmos antifônicos leitura conclusão
Lucernário:	1 salmo responsorial 4 salmos antifônicos 1 salmo responsorial leitura conclusão
Noturnos:	12/10/8 salmos antifonais 6/5/4 salmos responsoriais 3/3/2 leituras [conclusão]

Embora o texto não o diga, Heiming supõe que os noturnos, como as outras horas exceto as matinas, concluíam com o *completorium*[15]. Ele também se inclina a presumir um período de oração silenciosa após os salmos, como veremos em Cesário e Aureliano de Arles, e em Columbano, mas penso que isso pode ter sido verdadeiro apenas para os noturnos[16].

14. Cf. acima, p. 65-68, 107-108.
15. Heiming, Zum monastischen Offizium, 111.
16. Cf. Ibid., 113.

Cassiano no sul da Gália

Mas o monaquismo norte-africano tinha sua própria história independente, e é nas tradições do continente europeu que devemos buscar o pano de fundo de nossos atuais ofícios ocidentais. No último quarto do século IV, temos evidências da existência de monaquismo no norte da Itália, Roma e Campânia ao sul; na Gália; e na Península Ibérica[17]. Mas a maioria das fontes, além das referências gerais à salmodia e às vigílias, nada nos diz sobre a estrutura da oração monástica, até que Cassiano deu coerência ao movimento.

Na Gália, o *cursus* monástico mais antigo é aquele que Cassiano legislou para o Mosteiro de São Vitor em Marselha e para o Mosteiro de Lérins fundado por seu discípulo Honorato. Esses mosteiros foram o berço de vários bispos, dentre os quais o mais célebre foi São Cesário de Arles. Foram esses bispos que difundiram esse ofício por toda a França.

Acima, no capítulo 5, revisamos o testemunho de Cassiano a respeito do ofício monástico urbano de Belém em seus *Institutos*, escrito por volta de 417-425. Lá, ficamos sabendo do ofício gaulês apenas conforme é refletido no espelho da descrição de Cassiano dos usos do Egito e da Palestina. O que ele diz, basicamente, é que o ofício na Gália era como o de Belém, a não ser pelas exceções observadas:

1) No uso gaulês, cada salmo, não apenas uma unidade de salmos como no Egito e na Palestina, era concluído com o *Gloria Patri* (*Inst.* II, 8). Essa diferença ainda distingue a salmodia monástica oriental da ocidental.
2) Os noturnos, um ofício de salmodia contínua, seguido por duas leituras como no Egito, iam do canto do galo até antes do raiar do dia, como em Belém (*Inst.* II, 1). Em Belém, porém, as laudes se seguiam ao fim dos noturnos; isso não era o caso na Gália (III, 6).
3) Pois, na Gália, o ofício da manhã ao nascer do sol compreendia não os Salmos 50; 62; 89 como em Belém (III, 4:2-6), mas os Salmos 62; 118,147-148; e as laudes: os Salmos 148–150 (III, 3-6).
4) Terça-sexta-nona compreendiam três salmos cada, em ambos os usos (III, 2-3).

---

17. Sobre o início do monaquismo ocidental, cf. Lienhard, J., *Paulinus of Nola and Early Western Monasticism*, Cologne, P. Hanstein, 1977 (Theophaneia 28).

5) A décima primeira hora ou vésperas, como em Belém, tinha uma salmodia contínua de tipo egípcio com leituras, precedida, talvez, por elementos de catedral como o Salmo 140 e um *lucernarium* (III, 3:8-11)[18].
6) Uma vigília era realizada sexta-feira à noite, como em Belém (III, 8:1-2).

Os únicos problemas reais de interpretação aqui dizem respeito à estrutura do ofício matinal. Vimos no capítulo 5 que os monges palestinos haviam introduzido um "novo serviço" para fazer os monges se levantarem antes da terça. Esse ofício, celebrado ao nascer do sol, compreendia os Salmos 50; 62; 89 (*Inst.* III, 3:11; 4:2-6). Não continha laudes (Salmos 148–150), que em Belém, nos diz Cassiano, eram anexadas ao final da hora anterior dos noturnos. Na Gália, porém, as laudes eram parte do ofício matinal, não um apêndice dos noturnos. É assim, pelo menos, que eu interpretaria os *Institutos* III. Mas, como os problemas desse difícil texto são mais do que hermenêuticos, vale a pena dar uma olhada no original[19]:

> III,3[...] De matutina uero sollemnitate etiam illud nos instruit, quod in ipsa cotidie decantari solet: *Deus, Deus meus, ad te de luce uigilo*, et: *In matutinis meditabor in te*, et: *Praeueni in maturitate, et clamaui*, et rursum: *Praeuenerunt oculi mei ad diluculum: ut meditarer eloquia tua* [...]
>
> 4Sciendum tamen hanc matutinam, quae nunc obseruatur in occiduis uel maxime regionibus, canonicam functionem nostro tempore in nostroque monasterio primitus institutam. [...] Usque ad illud enim tempus matutina hac sollemnitate, quae expletis nocturnis psalmis et orationibus post modicum temporis interuallum solet in Galliae monasteriis celebrari, cum cotidianis uigiliis pariter consummata reliquas horas refectioni corporum deputatas a maioribus nostris inuenimus.

Eis o que Cassiano parece estar dizendo:

> III,3A respeito do ofício da manhã, aquele no qual é costume cantar diariamente, ele também nos ensina: "Ó Deus, Deus meu, na alvorada vigio diante de ti" (Sl 62,2), e "Eu meditarei em ti pela manhã" (Sl 62,7); e "Antecipei-me

18. Este ponto foi discutido no capítulo anterior.

19. Os textos são citados da ed. de Guy: João Cassiano, *Institutions cénobitiques*, 102, 108. A interpretação que apresento aqui também foi publicada em Taft, *Quaestiones disputatae*..., 139-142.

à aurora e gritei" (Sl 118,147); e "Meus olhos anteciparam o raiar do dia, para meditar na tua palavra" (Sl 118,148) [...]

[4]É preciso saber, contudo, que estas matinas, que agora se observam especialmente nas regiões ocidentais, foram instituídas pela primeira vez como ofício canônico em nosso tempo e em nosso mosteiro. Pois, até aquele momento, descobrimos que, quando este ofício matinal (que nos mosteiros da Gália é costumeiramente celebrado depois de um curto intervalo, após os salmos e orações dos noturnos terem terminado) era encerrado [em Belém] juntamente com as vigílias cotidianas, as horas restantes eram reservadas por nossos anciãos ao descanso físico.

Cassiano prossegue observando (III, 5) que esse segundo período de descanso era mal-usado pelos monges, que, após os noturnos, dormiam até a terça. Desse modo, o novo ofício matinal ao nascer do sol foi instituído para fazê-los acordar mais cedo. Esse novo ofício, como a terça e a sexta, tinha três salmos com orações. Quanto a quais seriam esses três, Cassiano retorna a essa questão em III, 6, uma passagem que se tornou o *crux interpretum*:

[III,6]Illud quoque nosse debemus nihil a nostris senioribus, qui hanc eandem matutinam sollemnitatem addi debere censuerunt, de antiqua psalmorum consuetudine inmutatum, sed eodem ordine missam quo prius in nocturnis conuentibus perpetuo celebratam. Etenim hymnos, quos in hac regione ad matutinam excepere sollemnitatem, in fine nocturnarum uigiliarum, quas post gallorum cantum ante auroram finire solent, similiter hodieque decantant, id est centesimum quadragensimum octauum psalmum, cuius initium est *Laudate Dominum de caelis* et reliquos qui sequuntur. Quinquagensimum uero psalmum et sexagensimum secundum et octogensimum nonum huic nouellae sollemnitati fuisse deputatos. Denique per Italiam hodieque consummatis matutinis hymnis quinquagensimus psalmus in uniuersis ecclesiis canitur, quod non aliunde quam exinde tractum esse non dubito.

[III,6]Devemos saber também que nenhuma mudança foi feita no antigo uso dos salmos por nossos anciãos [em Belém], que decidiram que este ofício matinal deveria ser acrescentado: a despedida era sempre celebrada em suas assembleias noturnas na mesma ordem de antes. Pois ainda hoje cantam da mesma maneira, ao final das vigílias noturnas (que [em Belém] costumam terminar após o canto do galo, antes da aurora), os hinos que nessa região [Provença] reservam para o ofício da manhã, isto é, o Salmo 148, cujo início "Louvai ao Senhor desde os céus", e o restante que se segue. Mas o 50º salmo e os 62º e 89º foram destinados a esse novo serviço. Finalmente, hoje em toda a Itália, quando se concluem os hinos matinais, é cantado em todas as igrejas o Salmo 50, o qual, não tenho dúvida, deriva apenas dessa fonte.

O *crux interpretum* aqui é a seguinte passagem do *Inst.* III, 6, citada cima: "Etenim hymnos, quos in hac regione ad matutinam excepere sollemnitatem, in fine nocturnarum vigiliarum, quos post gallorum cantum ante auroram finire solent, similiter hodie decantant, id est centesimum quadragensimum octauum psalmum [...] et reliquos qui sequuntur [...]". Como Froger indicou[20], isso também poderia ser traduzido da seguinte maneira: "Pois ainda hoje cantam da mesma maneira os hinos que nessa região [Provença] reservam para o ofício da manhã ao final das vigílias noturnas [...]". Mas essa versão não tornaria a prática da Gália diferente da de Belém e tornaria ininteligível o *contraste* que Cassiano está traçando entre esses dois usos *divergentes* do ofício matinal. Portanto, o que Cassiano parece estar dizendo é:

1) Em Belém, os noturnos terminam com os Salmos 148–150. Então, após um curto descanso, os monges se levantam novamente ao nascer do sol para um breve ofício matinal, recentemente instituído, compreendendo os Salmos 50; 62; 89.
2) Na Gália, no entanto, os Salmos 148–150 não eram a conclusão dos noturnos, mas parte de um ofício matinal separado que se seguia aos noturnos após um breve intervalo.
3) Um sistema igual a este último estava em vigor também na Itália, onde, além disso, os salmos das laudes eram *seguidos* (não precedidos) pelo Salmo 50/51. Guardarei este ponto para o capítulo seguinte.

Assim, as primeiras duas horas do *cursus* provençal eram as seguintes:

ao canto do galo:	*Vigília*
	salmodia variável
ao amanhecer:	*ofício da manhã*
	Salmo 62
	Salmo 118,147-148
	laudes: Salmos 148–150

No Egito, a salmodia monástica era seguida por leituras, mas Cassiano faz questão de nos dizer (*Inst.* II, 6) que os egípcios acrescentavam leituras "simplesmente como extras e de sua própria escolha, apenas para aqueles

20. FROGER, J., Note pour rectifier l'interprétation de Cassien, *Inst.* III, 4-6 proposé dans Les Origines du Prime, *ALW* 2 (1952) 97-99.

que gostavam [...]", e nunca as menciona no contexto do ofício de Belém ou do provençal.

O Ofício de Lérins/Arles[21]

Nossa próxima evidência gaulesa importante mostra a transformação posterior do sistema de Cassiano nas regras dos Santos Cesário e Aureliano de Arles. Pois a regra de Aureliano é baseada na de Cesário, que afirma, por sua vez, que seu *cursus* "segue, na maior parte, a Regra do Mosteiro de Lérins" (CV 66:2) fundada por um discípulo de Cassiano: Honorato (morto em 429-430). Esses dois ofícios mantêm a estrutura básica de salmos e lições de Cassiano nessa ordem, mas aumenta o número de salmos e tipos de salmodia, novos elementos — hinos e *capitella* — são adicionados e o *cursus* é expandido para incluir outras horas, como também vigílias mais frequentes e mais desenvolvidas.

São Cesário de Arles foi o bispo gaulês mais proeminente de sua época[22]. Nasceu em Châlon-sur-Saône por volta de 470, entrou no mosteiro de Lérins por volta de 490. Mais tarde serviu como sacerdote em Arles, foi nomeado superior do mosteiro de lá e depois metropolitano da cidade entre 503-542. Como bispo, fundou o Mosteiro de São João para as monjas, e foi para elas que compôs sua *Regra para as monjas*. Adaptada e completada ao longo dos anos, sua redação final, incluindo as *Recapitulationes* (capítulos 48-65) contendo a maior parte das informações litúrgicas que nos interessam aqui, data de 534. Sua *Regra para os monges*, composta entre 534-542, provavelmente para os monges que ele

21. Cesário, *Regra para as virgens* (= CV), ed. G. Morin, *Sancti Caesarii Arelatensis opera omnia*, Maredsous, 1942, v. II, 101-124; Id., *Regra para os monges* (= CM), Ibid., 149-155; trad. inglesa de CV in McCarthy, M. C., *The Rule for Nuns of St. Caesarius of Arles: A Translation with a Critical Introduction*, Washington D.C., The Catholic University of America Press, 1960 (The Catholic University of America Studies in Medieval History, New series, 16); Aureliano, *Regra para os monges* (= AM), *PL* 68, 387-396; Id., *Regra para as virgens* (AV), *PL* 68, 399-406; versões francesas de ambos os autores em *Règles monastiques d'Occident, IV*e*-VI*e *siècle, d'Augustin à Ferréol*, introductions et notes V. Desprez, préface A. de Vogüé, Bégrolles-en-Mauges, Abbaye de Bellefontaine, 1980, 157-255 (Vie monastique 9). Para o contexto, além das excelentes introduções breves em Ibid., 158-168, 224-227, cf. Prinz, F., *Frühes Mönchtum im Frankenreich*, Munich-Vienna, R. Oldenbourg, 1965, parte I: *Das altgallenische Mönchtum* (até 590).

22. *Règles monastiques d'Occident*, 158-161.

aborda nos *Sermões 233-238*, é dependente da *Regra para as monjas*, como de Vogüé mostrou[23].

Santo Aureliano, segundo sucessor de Cesário como bispo de Arles (546-551), também escreveu duas regras para os mosteiros que ali fundou, uma para os monges do Mosteiro dos Santos Apóstolos e Mártires, fundado em 547, a outra para a posterior fundação de monjas no Mosteiro de Santa Maria[24]. A *Regra para os monges*, de Aureliano, baseia-se nas regras e outros escritos de Cesário, bem como em fontes como Cassiano, Agostinho, Basílio, a chamada *Segunda regra dos Padres* (ou *de Macário*), os sínodos gauleses, e até mesmo numa carta papal[25].

A descrição do ofício de Aureliano é mais detalhada do que a de Cesário, mas as diferenças significativas entre os dois podem ser reduzidas ao fato de que Aureliano tem a prima diária, e doze salmos nas horas menores para os monges. Sua *Regra para as virgens* é uma abreviação da *Regra para os monges*, com o mesmo ofício, com exceção de que a salmodia é reduzida pela metade e as monjas recitavam as horas principais na Basílica de Santa Maria, aberta ao público para que os leigos pudessem comparecer, enquanto o ofício dos monges de Aureliano era inacessível ao público[26].

A substância da legislação de Cesário é encontrada em suas *Recapitulationes* e CV 68-70, embora referências dispersas também sejam encontradas em CV 10, 15, 18-19, 21-22 e em CM 20-21, 25. Aureliano detalha o ofício nos longos capítulos AM 56-57; há informações também em AM 28-29, 31, 59.

I. Elementos estruturais do ofício na Gália

Antes de atacar o problema da estrutura das horas individuais, tentemos desvendar os três tipos de salmodia e outros elementos constitutivos apresentados nessas regras gaulesas[27].

---

23. de Vogüé, A., La Règle de S. Césaire d'Arles pour les moines: un résumé de sa Règle pour les moniales, *Revue d'ascétique et de mystique* 47 (1971) 369-406.

24. *Règles monastiques d'Occident*, 224-227.

25. Ibid., 225; Schmidt, A., Zur Komposition der Mönchsregel des Hl. Aurelian von Arles, *Studia monastica* 17 (1975) 237-256; 18 (1976) 17-54.

26. *Règles monastiques d'Occident*, 277.

27. Heiming, Zum monastischen Offizium, 115 ss.

1. A salmodia monástica:

Quando Cesário e Aureliano se referem a "salmos" *tout court*, eles sempre têm em mente a salmodia monástica corrente, encontrada no ofício em variados múltiplos de três salmos (6, 12, 18) dependendo da hora, época litúrgica ou regra em questão. Em cada unidade de três salmos, o terceiro era um salmo de aleluia, ao contrário do que ocorre no Egito, onde apenas o salmo final de doze o era. Essa salmodia monástica nunca é encontrada nas horas de catedral das matinas e do lucernário, conforme descrito nessas regras. Aureliano nos diz que esses salmos monásticos eram lidos, por sua vez, por solistas, cada monge se encarregando de três salmos (AM 56:2, 10). Como Heiming observa[28], é surpreendente que nenhuma das regras mencione a oração em silêncio costumeira após cada salmo ou unidade da salmodia. Pois, no *Sermão 76*, 1, Cesário se refere claramente à oração após salmos[29], e o cânone 30 do Concílio de Agde realizado sob Cesário em 506 recomenda a oração e uma coleta após as antífonas dos ofícios de catedral[30]. No entanto, o *Sermão 76*, aparentemente, e o cânone, com certeza, referem-se ao ofício de catedral.

2. O *directaneus* (*breuis/parvulus*):

Todas as matinas e o lucernário abrem com um salmo invitatório designado *directaneus breuis* ou *parvulus* (CV 66:7, 69:12-16; AM 56:7), ou simplesmente *directaneus* (CM 21:7; AM 56:12, 51), que considero significarem a mesma coisa. Este era um salmo executado do começo ao fim sem refrão, responsório ou alternância, como em *RM* 55:7 e *RB* 12:1, 17:6.

3. Antífonas:

É óbvio pelo texto que *antiphonae* se referem a toda a unidade de salmo mais o refrão ou, às vezes, o aleluia. As antífonas dos noturnos são chamadas de "menores" (CV 66:12; AM 56:21), o que provavelmente significa que apenas uma parte do salmo era cantada. Em geral, encontra-se nas horas a proporção de um

28. Ibid., 124.
29. Os sermões estão publicados em CCL 103-104.
30. Mansi 8, 329-330.

salmo antifonal por seis "salmos" — isto é, salmos da salmodia monástica atual. Não sabemos exatamente como os salmos antifônicos foram executados.

4. Salmos responsoriais:

A salmodia responsorial também é mencionada, embora novamente sem nenhuma informação quanto ao seu modo de execução.

5. Leituras:

Não há leituras nas duas horas de catedral de matinas e lucernário, mas as horas monásticas ordinárias têm de uma a três leituras, todas bíblicas. Além disso, as vigílias têm unidades de leituras e salmodias, chamadas de *missae*. Uma missa compreendia três *orationes* — três leituras, cada uma seguida por uma oração — e, em seguida, três salmos, como será visto adiante quando chegarmos às vigílias.

6. Hinos:

Novidade na tradição monástica do Ocidente, encontramos os hinos pela primeira vez nas regras de Arles. As horas menores tinham um hino fixo para o ano inteiro. As outras horas maiores tinham dois hinos próprios para uso em dias alternados, exceto nas matinas festivas e dominicais, e durante a semana da Páscoa[31]:

Matinas:

diariamente (segunda a sexta):	1) *Splendor paternae gloriae* 2) *Aeternae lucis conditor* (AM 56:38)
festivas:	*Te Deum* e *Gloria in excelsis* (CV 69:11-12; CM 21:10-11; AM 56:17, 57:7)
semana da Páscoa:	*Hic est dies verus dei* (CV 66:7; AM 56:8)

31. Para um índice completo de hinos latinos, ver CHEVALIER, U., *Repertorium hymnologicum. Catalogue des chants, hymnes, proses, séquences, tropes an usage dans l'Église latine des origines jusqu'à nos jours*, Louvain, Lefever, 1892, 2v.

Prima: *Fulgentis auctor aetheris* (CV 69:13; AM 56:40)
Terça: *Iam surgit hora tertia* (CV 66:4; AM 56:3, 47)
Sexta: *Iam sexta sensim volvitur* (CV 66:5; AM 56:5, 49)
Nona: *Ter hora trina volvitur* (CV 66:6; AM 56:6, 49)
Lucernário:

diariamente:	1) *Deus qui certis legibus* 2) *Deus creator omnium* (CV 69:16; AM 56:51-53)
Semana da Páscoa:	*Hic est dies verus dei* (CV 66:7; AM 56:8)
Duodécima:	1) *Christe, precamur, annue* 2) *Christe qui lux es et dies* (CV 66:8-9)
Noturnos:	
1º noturno:	1) *Rex aeternae domine* (AM 56:29; CV 69:2-3) 2) *Mediae noctis tempus est* (apenas em CV 69:2-3)
2º noturno:	*Magna et mirabilia* (CV 69:3; AM 56:29)

7. *Kyrie eleison*:

Aureliano coloca um triplo *Kyrie eleison* em cada ofício (*in omni opere dei*) no início, após a salmodia monástica e após o *capitellum* conclusivo (AM 56:4). Embora não seja mencionado por Cesário em suas regras, o cânone 3 do Segundo Concílio de Vaison, realizado sob sua liderança em 529, ordenava que o *Kyrie eleison* fosse introduzido nas matinas e vésperas de catedral, bem como na missa[32]. As duas horas de catedral na regra de Arles, matinas e vésperas, já eram concluídas com o *Kyrie* doze vezes, e sem salmos monásticos; por essa razão, Aureliano adicionou três conjuntos de *Kyrie* triplo apenas às horas monásticas.

32. Mansi 8, 727.

8. *Capitellum*[33]:

Cada ofício termina com o *capitellum* — ou pelo menos assim presumi, pois, embora Cesário ocasionalmente se esqueça de mencioná-lo, parece ser ele uma peça conclusiva em seu sistema. Aureliano dá a forma plural, *capitella consuetudinaria*, uma vez, no final das completas (AM 56:55). O que era essa peça litúrgica, encontrada onde normalmente esperaríamos algum tipo de intercessão final ou litania ou oração? O cânone 30 do Concílio de Agde presidido por Cesário em 506 exorta que, "na conclusão dos serviços (*missae*) de matinas ou vésperas, depois dos hinos, sejam ditos versos (*capitella*) dos salmos"[34]. E, de fato, Aureliano indica "*Fiat domine*", o verso final (22) do Salmo 32, como *capitellum* da terça: "A tua misericórdia, Senhor, esteja sobre nós, porque em ti depositamos a nossa esperança" (AM 56:47). Assim, o *capitellum* ou *capitella* compreendiam uma ou mais petições de intercessão extraídas dos salmos, uma espécie de litania sálmica para encerrar a hora.

II. O *cursus*

O curso diário de Arles, conforme descrito por Cesário, compreendia:

Noturnos
[Vigílias]
Matinas
[*sábado, domingo, festas*: Prima]
Terça
Sexta
Nona
Lucernário
Duodécima
[vigílias]

Vigílias de leituras preenchiam os interstícios antes e depois dos noturnos, dependendo da festa ou época do ano. A esse *cursus* Aureliano adiciona uma prima diária e uma breve completa (AM 56:55), já esboçada na salmodia da hora de se deitar da *Ordo monasterii* e em Cassiano (*Inst.* IV, 19:2), e vista

33. Cf. Heiming, Zum monastischen Offizium, 121.
34. Mansi 8, 329-330.

anteriormente na Capadócia nos escritos de Basílio[35]. Como deve ser imediatamente evidente após uma olhada nesse *cursus*, matinas e lucernário são adições de catedral a um horário monástico já completo, com noturnos e duodécima sendo os paralelos exatos das duas sinaxes que abriam e encerravam o dia monástico em Cassiano.

III. A estrutura das horas

Se desconsiderarmos, por ora, a completa de Aureliano, a unidade litúrgica básica é a mesma em todas essas horas:

Salmodia monástica
Salmodia antifonal (exceto na prima e nos segundos noturnos)
(Hino na prima, sexta, nona)
Leitura(s)
Hino (exceto na prima, sexta, nona)
Capitellum

Com exceção da prima e dos segundos noturnos, que não têm antífonas, e das horas menores exceto as terças festivas, que inexplicavelmente põem o hino antes das leituras, tudo o que varia é a quantidade de cada elemento, dependendo da hora ou autor em questão.

Além disso, nas horas mais importantes de noturnos e duodécima, a salmodia abre com um salmo invitatório fixo, executado *in directum*. E, claro, Aureliano adiciona o triplo *Kyrie eleison* no início e no final de cada ofício, e depois da salmodia monástica (AM 56:4). Isso nos fornece as seguintes estruturas.

1. Horas menores (exceto terça festiva) (CV 66:5-6, 68:3, 69:13-15; AM 56:47-50; AV 41-42):

Kyrie eleison 3x
6 salmos (Aureliano: 6 para monjas, 12 para monges)
Kyrie eleison 3x
1 salmo antifonal
Hino
Leitura(s)

35. Cf. acima, p. 107-108, 114-116.

Capitellum
Kyrie eleison 3x

A prima tem duas leituras, uma do Antigo Testamento e outra do Novo, e nenhum salmo antifonal é mencionado (CV 69:13-15; AM 28, 56:40). Historicamente, esta é a primeira referência clara à prima, e Aureliano (AM 28) fornece, para sua introdução, a mesma motivação dada por Cassiano para sua *novella sollemnitas*: impedir que os monges se recolhessem novamente após as matinas. O fato de, em Cesário, a prima ser celebrada apenas aos sábados, domingos e festas, e de nenhum autor mencionar isso na Semana da Páscoa (CV 66:3; AM 56:2) — refletindo a lei de Baumstark de maior conservadorismo das altas estações litúrgicas —, aponta para sua origem bastante recente.

2. Terça festiva:

O motivo por que a hora terça deve ser escolhida para tratamento especial aos sábados (CV 68:4; AM 57:8) e na semana da Páscoa (CV 66:3-4; AM 56:2-4) não está indicado, mas presumo que deva ser por causa da comunhão dos monges. Como veremos a seguir, a terça festiva tinha a mesma função da *typika* (*izobrazitel'nye, obednitsy* em eslavo) na tradição monástica bizantina: originalmente era um rito de comunhão monástica pré-santificada nos dias em que nenhuma missa era celebrada[36]. Em Cesário (CV 68:4), a terça de sábado-domingo continha como preestabelecidos seis salmos e três leituras: dos profetas, apóstolo e evangelho. Aureliano (AM 57:8) menciona apenas as leituras. Na Páscoa, a terça tem sua estrutura usual, mas com doze salmos, seis antífonas, três leituras: Atos, apóstolo, evangelho (CV 66:3-4; AM 56:2-4). E, como os mosteiros geralmente não tinham sacerdotes, e os monges e monjas não saíam da clausura para a missa nem mesmo aos domingos e feriados — mais uma prova de que nunca devemos absolutizar nossa visão atual de como as coisas "devem" ter sido —, Aureliano nos diz que aos domingos e em festas a terça é seguida pelo pai-nosso, e então todos comunicam "*psallendo*", pois a Missa é celebrada somente quando o abade achar conveniente (AM 57:11-12)[37].

---

36. Ver Mateos, Un horologion inédit, 64-68.

37. Sobre a Eucaristia no uso monástico, ver Taft, The Frequency of the Eucharist, 17-18; Id., *Beyond East and West*, Washington D.C., Pastoral Press, 1984, 68-70.

3. Duodécima (CV 66:8-11; 68:5; AM 56:9-10, 54):

A décima segunda hora preserva a mesma estrutura dessas horas do dia, e, em Cesário, provavelmente o mesmo número de salmos, pois ele explicitamente aumenta o número apenas para as festas (CV 66:16; 68:5), que têm na *duodecima* doze salmos e três salmos antifonais, enquanto em Aureliano (AM 56:54) a duodécima diária tem dezoito salmos e uma antífona. Em ambos os autores, a duodécima da Páscoa tem dezoito salmos, três salmos antifonais e duas lições: do apóstolo e um evangelho da ressurreição. Além disso, o ofício abre com um invitatório, o *directaneus breuis* Salmo 103,19b[-24a] — ambos os autores dão o *incipit*; o final é suposição minha. Cesário nos diz no *Sermão 136*, 1, que o Salmo 103 "é dito na décima segunda hora tanto nas igrejas como nos mosteiros em todo o mundo".

4. Completas:

Completas, encontradas apenas em Aureliano (AM 56:55), compreendem o Salmo 90 *in directum* e as *capitella consuetudinaria*[38] — ou seja, no plural, possivelmente significando mais de um versículo peticionário.

5. Noturnos (CV 66:12-14; 69:1, 3; AM 56:9-11, 20-21, 26-29):

Os noturnos diários têm exatamente a mesma estrutura da *duodecima* pascal:

Kyrie eleison 3x
Invitatório (Sl 50)
18 salmos
Kyrie eleison 3x
3 salmos antifonais com aleluia
2 leituras

38. Pelo menos é assim que entendo "Quando repausaturi estis, in schola in qua manetis completa dicatur: imprimis directaneus, psalmus nonagesimus dicatur, deinde capitella consuetudinaria" (*PL* 68, 395). Mas, uma vez que "imprimis directaneus (parvulus)" é a expressão estabelecida por Aureliano para um invitatório, após o qual ele menciona o(s) salmo(s) (Ibid., 393-395), o texto poderia ser repontuado para significar um invitatório *in directum*, junto com o Salmo 90 e os *capitella*.

Hino
Capitellum
Kyrie eleison 3x

As antífonas eram "pequenas antífonas" com aleluia (CV 66:12; AM 56:21); as duas leituras na semana da Páscoa eram do apóstolo e do evangelho (AM 56:10); caso contrário, do apóstolo ou profetas (AM 56:12).

No inverno, de 1º de outubro até a Páscoa, quando as noites eram mais longas, foi adicionado um segundo noturno (CV 69:1, 3; AM 56:26-29), compreendendo:

Invitatório (Sl 56)
18 salmos
2 leituras (profetas ou Sabedoria)
Hino

O *capitellum* não é mencionado, então presumo que o segundo noturno foi simplesmente inserido entre o hino e o *capitellum* do primeiro noturno, deixando um *capitellum* para concluir todo o serviço.

6. Vigílias (CV 10; 19; 66:16; 68:1-2; 69:5-9, 11, 17-27; CM 20-21; AM 29; 31; 56:24-25, 30-34, 56:1-6):

As vigílias monásticas em Arles não eram exatamente um ofício, mas uma inserção ocasional entre os ofícios noturnos usuais de unidades de leituras chamadas *missae*. Uma *missa* compreendia três *orationes* seguidas de salmodia antifonal e responsorial; uma *oratio* era uma leitura seguida de uma oração, executada da seguinte forma:

sentado *oratio* 1: leitura, oração
oratio 2: leitura, oração
oratio 3: leitura, oração

de pé salmo 1: antifonal
salmo 2: responsorial
salmo 3: antifonal

Os salmos seguiram a ordem do saltério. Com exceção dos domingos e pelo menos de algumas festas, as leituras eram uma *lectio continua* do Antigo e do Novo Testamentos, sendo cada lição uma pequena seleção de duas a três páginas no máximo (CV 69:23-24; CM 20:2; AM 56:30-31). Aos domingos, na primeira *missa* da vigília, os relatos da ressurreição eram lidos num ciclo de quatro domingos, de acordo com a ordem dos quatro Evangelhos (CV 69:17-19; CM 21:4-6). Durante esse evangelho da ressurreição, todos permaneciam de pé, enquanto normalmente as três leituras de *orationes* eram ouvidas na posição sentada. Nas vigílias das festas dos mártires, as leituras da primeira *missa* eram extraídas da paixão dos mártires (CV 69:20; AM 56:30-31). No Natal e na Epifania, as leituras eram dos Evangelhos e Isaías (Natal) ou Daniel (Epifania) (CV 68:1-2; AM 57:1-3).

Da Páscoa a outubro, as vigílias eram realizadas apenas antes dos sábados, domingos e festas (CV 66:14, 68:1-2, 69:11, 17-21; AM 56:23-25; 57:6), mas durante o inverno havia *missae* todas as noites (CV 69:1-7, 22; CM 20; AM 56:30-34).

Nos dias em que havia vigílias, o ofício noturno se configurava do seguinte modo:

No verão (CV 66:16; AM 56:24; 57:6):
Duodécima
6 *missae*
18 salmos
3 salmos antifonais (apenas em CV 66:16)
Noturnos
3 *missae* (2 no sábado em AM 56:24) até o amanhecer, então imediatamente
Matinas

No inverno (CV 69:5-9, 2; CM 20; AM 56:24-25, 57:6):
Duodécima
1º noturno
2º noturno
3, 4 ou 5 *missae* (6 no domingo)
Matinas

Além disso, quando um monge ou monja morria, o corpo era velado com *missae* por toda a noite. Os religiosos partilhavam essa vigília em dois turnos, antes e depois da meia-noite (CV 70; AM 58:1-2; AV 38:5). Como vimos no capítulo 4, esses velórios também eram um costume no monaquismo pacomiano.

A principal diferença entre Cesário e Aureliano está no arranjo das vigílias do Natal e da Epifania, desde a terceira hora da noite até o amanhecer[39]. Cesário

39. Na Antiguidade, o dia e a noite eram divididos igualmente em doze períodos variáveis de estação para estação, dependendo da duração relativa da luz do dia e da escuridão.

põe seis *missae* antes e depois dos noturnos (CV 68:1-2); Aureliano põe as seis primeiras entre o primeiro e o segundo noturno (AM 57:1-3).

Tudo isso resulta num *pensum* noturno impressionante. Pode-se entender por que nossos autores aconselhavam os monges a se levantarem, caso se sentissem sonolentos durante as vigílias (CV 15; AM 29)! Do contrário, eles permaneciam sentados, como no Egito, fazendo seu trabalho manual enquanto meditavam sobre o texto sagrado que estava sendo lido (CV 15; AM 29) — trabalho que, ao contrário do que ocorria no Egito, era proibido em outros momentos da salmodia (CV 10; AM 31). Nem as matinas acabavam com o suplício, pois, nota Aureliano, os monges não se retiravam depois das matinas, mas diziam a prima imediatamente, e, em seguida, continuavam a *lectio divina* até a terça (AM 28).

Leituras, não salmodia contínua, formam o núcleo dessas vigílias monásticas gaulesas. Voltaremos a esse ponto mais tarde. Basta notar aqui a importância primordial das leituras das Escrituras no ofício de Arles. Mas o espírito dessa oração não era diferente daquele da oração monástica em outros lugares: oração incessante. Ao rezar os salmos e os hinos com os lábios, meditavam no coração o que dizia a sua voz e, no trabalho, quando não havia leitura, ruminavam as passagens da Sagrada Escritura que sabiam de cor (CV 18, 22). No *Sermão* 76 (citado abaixo no capítulo 8), Cesário deixa claro que a salmodia não esgota, de maneira alguma, a obrigação de orar, sendo, antes, um estímulo para a oração, a ponta da lança, mas não a lança inteira.

IV. Horas de catedral no ofício monástico de Arles

Como eu disse, o *horarium* descrito acima já representa um *cursus* monástico completo, em que noturnos e duodécima constituem os ofícios monásticos tradicionais no início e no final do dia. A esse *cursus* puramente monástico Cesário acrescenta — mas como horas separadas, não como apêndices ou partes integrantes das horas monásticas, como em alguns ofícios — matinas e vésperas de catedral. Ainda mais tarde, Aureliano adiciona um embrião de completas. O caráter de catedral dessas matinas e vésperas é evidente não só pelo conteúdo

Assim, as vésperas monásticas ou *hora duodecima* — a décima segunda hora — era a última hora do dia. A terceira hora da noite seria 21h00, quando o dia e a noite eram iguais e a duodécima era às 18h00.

e pela estrutura dos ofícios, mas também pelo fato de que, nas festas, elas são celebradas no oratório público para o povo (CV 69:12, 16).

1. Lucernário:

As vésperas catedrais, ou lucernário, têm a mesma estrutura em Cesário (CV 66:7; 69:16) e Aureliano (AM 56:7-8, 51-53), se presumirmos o *capitellum* em Cesário pelas razões já expressas:

> Salmo invitatório breve *in directum*
> 3 salmos antifonais
> *Capitellum*

Aureliano adiciona mais especificações. Durante a semana da Páscoa, havia dois invitatórios curtos para dias alternados: Salmo 67,33[-36] e Salmo 112,1[-3] (AM 56:7-8). Aureliano dá apenas os *incipits* dos invitatórios; os versículos entre colchetes representam o que, segundo eu presumo, o *directaneus parvulus* incluía (CV 66:7; 69:16; AM 56:7). Isso é óbvio no caso do Salmo 67, onde o versículo 36 termina o salmo; e com a escolha de versículos para o Salmo 112 feita por paralelismo com o Salmo 67, e porque o trecho Salmo 112,1-3 é uma unidade de sentido independente, com uma referência ao nascer do sol no versículo 3:

> [1]Laudate, pueri, dominum,
> laudate nomen domini.
> [2]Sit nomen domini benedictum
> ex hoc nunc et usque in saeculum.
> [3]A solis ortu usque ad occasum
> laudabile nomen domini.

A terceira antífona era, como de costume, um salmo de aleluia (AM 56:52), mas não temos outras informações sobre quais salmos eram usados para essas antífonas. Uma vez que permanecem não especificados, eles eram indubitavelmente variáveis e seguiam a ordem do saltério, como ocorria em casos paralelos nos ofícios de Arles.

Ambos os autores mencionam os mesmos três hinos, um para a semana da Páscoa (*Hic est dies verus dei*: CV 66:7; AM 56:8), dois outros para usar em dias alternados no restante do ano (*Deus qui certis legibus; Deus creator omnium*: CV 69:16; AM 56:53). Cesário nos diz que as vésperas festivas são celebradas no oratório público aos domingos e festas para que o povo possa comparecer (CV 69:16).

Note-se que o que encontramos nesse *horarium* provençal é exatamente o oposto do que vimos no Oriente, onde em ofícios híbridos a salmodia monástica *precede* o lucernário de catedral. Em Arles, a salmodia monástica vespertina, a duodécima, segue o remanescente de catedral.

2. Matinas festivas (sábados, domingos e festas):

As matinas, também puramente catedrais, são caracterizadas por salmos fixos executados antifonicamente: com antífonas diárias; com aleluia aos sábados, domingos e festas. Ambos os autores fornecem detalhes mais completos para as matinas festivas (CV 66:7; 69:8-12; CM 21:7-11; AM 56:12-19; 57:4-7), de sorte que começarei por aí. Elementos testemunhados apenas por Aureliano estão entre parênteses; aqueles entre colchetes pertencem à minha reconstrução hipotética:

Invitatório *directaneus breuis*: Salmo 144[,1-2]
Salmo 117 com antífona (aleluia: AM 56:14)
(Salmos 42; 62, com aleluia)
Êxodo 15 com aleluia
Salmos 145(–147) com aleluia
Daniel 3,57-88 com aleluia
Salmos 148(–150) com aleluia
(Domingos, grandes festas, semana de Páscoa: *Magnificat* com antífonas ou aleluia)
Te Deum
Domingos, grandes festas, semana de Páscoa: *Gloria in excelsis*
Semana de Páscoa: hino *Hic est dies verus dei*
Capitellum

Embora apenas Aureliano (AM 56:15) mencione explicitamente todos os salmos de matinas (145–147, 148–150), eu interpreto a referência de Cesário aos Salmos 145 e 148 simplesmente como a cabeça das duas séries, uma vez que ele fala de "todos os [salmos] de matinas com aleluia" (CV 69:10). Além disso, parece que o hino adequado para a semana da Páscoa não substituiu o *Gloria in excelsis* no domingo de Páscoa, mas foi adicionado a ele (CV 66:7; 69:12; CM 21:10-11; AM 56:8, especialmente 17-19), embora também aqui haja espaço para dúvidas.

3. Matinas diárias (segunda a sexta):

Para as matinas diárias, Cesário estipula "os salmos matinais canônicos com antífonas" (CV 69:8). Aureliano, como de costume, é mais específico, embora lhe falte clareza (AM 56:34-38; 57:7). Aqui está o texto de AM 56:34-38; os colchetes contêm meus acréscimos:

[1] ...dicite matutinos [psalmos] canonicos:
[2] id est primo canticum in antiphona,
[3] deinde directaneum
Judica me deus [Sl 42];
Deus, deus meus, ad te luce vigilo [Sl 62];
Lauda anima mea dominum [Sl 145];
Laudate dominum quoniam bonus est psalmus [Sl 146];
Lauda Hierusalem dominum [Sl 147];
[4] deinde: *Laudate dominum de coelis* [Sl 148],
Cantate domino canticum novum [Sl 149],
Laudate dominum in sanctis ejus [Sl 150],
cum antiphona.
[5] Dicite hymnum...
[6] et capitellum,
[7] et *Kyrie eleison* duodecim vicibus.
[8] Omnibus diebus quotidianis sic impleatur.

O "cântico antifonal" [2] dito *primo* devia ser o Salmo 117, novamente em comparação com a estrutura festiva. Cesário não o inclui entre os "salmos de matinas" (CV 69:10), e ele sempre segue o invitatório imediatamente. A interpretação do restante desse texto vai depender de como ele é pontuado. Alguém poderia argumentar que apenas o Salmo 42 era executado *in directum*. Mas sabemos de CM 21:2 que o Salmo 144, não o 42, era o invitatório para dias da semana, bem como festas, de modo que não há razão para restringir o modo *directaneus* ao Salmo 42. Além disso, *deinde* [4] parece ser um claro divisor entre o grupo de salmos *in directum* e as laudes, feitas antifonalmente, assim como o *deinde* anterior [3] separa o cântico antifonal [2] da subsequente série de salmos *directaneus*. Portanto, eu interpretaria a rubrica "*in directum*" como aplicável aos Salmos 42; 62; 145–147. Isso, no entanto, contraria a prática de Cesário, que afirma claramente que os salmos nas matinas diárias são feitos antifonicamente: "Então, digam os salmos matinais canônicos, em dias comuns com antífonas, e com aleluia nas festas" (CV 69:8; cf. CM 21:2).

Portanto, eu reconstruiria as matinas comuns dos dias de semana da seguinte maneira:

Invitatório *directaneus breuis*: Salmo 144,1-2
Salmo 117 com antífona
Cesário: Salmos 145–147 com antífonas
(Aureliano: Salmos 42; 62; 145–147 *in directum*)
Salmos 148–150 com antífonas
Hino
Capitellum
Kyrie eleison 12x

Em conclusão, observe-se a influência que o calendário em desenvolvimento exerce sobre o ofício. As horas de catedral, ainda fortemente enraizadas no ciclo diário, ganham coloração festiva apenas na semana da Páscoa, com um hino próprio. A vigília noturna monástica faz algumas concessões a um ciclo semanal no evangelho da ressurreição do domingo e no incipiente santoral com leituras da paixão dos mártires em seus dias de festa.

O *cursus* monástico irlandês em São Columbano

No capítulo 7 de sua *Regula monachorum*, São Columbano (*c.* 543-615) dá uma breve descrição "*De cursu*", isto é, de um *cursus* monástico irlandês de seu tempo[40]. Sua principal característica, comum também aos ofícios irlandeses posteriores, é um extenuante *pensum* de salmodia noturna, especialmente nas noites mais longas de inverno, embora o santo suspeite que "alguns católicos (*quidam catholici*)" tenham um *pensum* de apenas doze salmos em seus ofícios noturnos.

Columbano divide o ofício em seis horas, três do dia e três da noite. Cada uma das três horas do dia tem os salmos tradicionais, vistos quase em toda parte nas horas menores. Mas as horas noturnas do início da noite (*initium noctis*) e do meio da noite (*medium noctis*) tinham doze salmos cada, e as matinas (*matutinum*) suportavam a carga impressionante de 36 salmos nos dias de semana (24 no verão), aumentando para 75 aos sábados e domingos no inverno (36 no

40. Walker, G. S. M., *Sancti Columbani opera*, Dublin, The Dublin Institute for Advanced Studies, 1957, 128-132 (Scriptores latini Hiberniae vol. 11); texto também em Heiming, Zum monastischen Offizium, 125-126.

verão). Isso totaliza 99 salmos durante as noites de fim de semana no inverno, e 108 no *cursus* de inverno completo de sábado-domingo, se adicionarmos os nove salmos das horas do dia.

Os salmos das horas noturnas eram agrupados em unidades de três, chamadas *chora*, sendo sem antífona os primeiros dois salmos de cada unidade, e o terceiro com antífona, embora não seja relatado como os salmos não antifônicos eram executados, como também nada é dito sobre a salmodia das horas do dia[41].

A outra regra de Columbano, a *Regula coenobialis*, capítulo 9, é mais precisa e acrescenta que depois de cada salmo os monges se ajoelhavam e oravam, ou, na época de Páscoa, se curvavam e, privadamente, diziam três vezes: "Ó Deus, vem libertar-me. Senhor, vem depressa em meu socorro" (Sl 69,2)[42].

A *Regra de São Bento*, 18, diz:

> [...] monges que, em uma semana, cantam menos do que o saltério completo com os cânticos habituais revelam extrema indolência e falta de devoção em seu serviço. Afinal, lemos que nossos santos Padres, enérgicos como eram, faziam tudo isso em um único dia. Esperemos que nós, débeis como somos, possamos cumpri-lo no decorrer de toda uma semana[43].

O ciclo de inverno de Columbano se aproxima mais desse suposto ideal antigo do que qualquer outra fonte que conheço. *Horaria* irlandeses posteriores, como as regras monásticas do século IX do Céli Dé e do mosteiro de Tallaght, apresentam o saltério inteiro em três unidades de cinquenta salmos todos os dias, e a maioria dos saltérios irlandeses organiza os salmos dessa maneira[44].

---

41. Heiming, Zum monastischen Offizium, 128-130.

42. Walker, *Columbani opera*, 158.

43. Fry, T. (org.), *RB 1980. The Rule of St. Benedict in Latin and English with Notes*, Collegeville, The Liturgical Press, 1981, 215.

44. Informação de Jeffery, P., Eastern and Western Elements in the Irish Monastic Prayer of the Hours, estudo não publicado proferido na Conferência Internacional de Estudos Medievais, Kalamazoo, Michigan, maio de 1985. Agradeço ao Prof. Jeffery por me fornecer uma cópia de sua palestra. Para Tallaght, Jeffery faz referência a Gwynn, E. J., The Rule of Tallaght, *Hemmathena* 44, 2nd supplemental volume (1927) 51-55. Para os saltérios, ver Bannister, H. M., Irish Psalters, *JTS* 12 (1911) 280-284. A respeito de Céli Dé, ver O'Dwyer, P., *Céli Dé Spiritual Reform in Ireland, 750-900*, Dublin, Tailliura, 1981, que não esteve disponível para mim. Ver também Curran, M., *The Antiphonary of Bangor and the Early Irish Monastic Liturgy*, Dublin, Irish Academic Press, 1984, esp. Parte III.

Mas não conheço nenhum testemunho antigo que possa corroborar a afirmação de Bento de que, além da ocasional *agrypnia* ou vigília ao longo de toda a noite, era comum fazer o saltério inteiro todos os dias. Em todo caso, esse *pensum* impressionante deveria nos fazer apreciar ainda mais a moderação de legisladores monásticos ocidentais posteriores, como Bento. Como Gelineau observou certa vez, ao longo da história da Igreja a maioria dos reformadores reduziu, não aumentou, a oração ritual e litúrgica.

As horas monásticas na Espanha

I. Isidoro de Sevilha[45]

Santo Isidoro de Sevilha (*c.* 560-633), monge entre 590 e 600, escreveu sua *Regra para monges* enquanto era abade de um mosteiro em Bética (Andaluzia) naquele período[46]. É o documento mais importante do início do monaquismo espanhol. Mais tarde, como bispo de Sevilha de 600 a 636, escreveu para seu irmão, Fulgêncio, bispo de Ecija, uma obra *De origine officiorum*, que conhecemos como Livro I do *De ecclesiasticis officiis*[47].

1. O *cursus*:

O capítulo 6 da *Regra* é nossa descrição mais antiga do ofício monástico na Espanha. Depois de exortar os monges a se apressarem para o ofício ao sinal e não saírem até seu término, Isidoro descreve o desdobramento da seguinte maneira:

---

45. Para uma bibliografia completa de fontes sobre a história do ofício na Espanha, cf. PINELL, J., El oficio hispáno-visigótico, *HS* 10 (1957) 385-399; Id., *De liturgiis occidentalibus, cum speciali tractatione de liturgia hispanica*, Roma, Sant'Anselmo, 1967, pro manuscripto, 52-54. Um estudo fundamental é PORTER, W. S., Early Spanish Monasticism, *Laudate* 10 (1932) 1-15, 66-79, 156-167; 11 (1933) 199-207; 12 (1934) 31-52. A seção sobre o ofício foi publicada em espanhol: Monasticismo español primitivo. El oficio monastico, *HS* 6 (1953) 1-34.

46. PORTER, Early Spanish Monasticism, *L* 10 (1932) 66. O texto da Regra em *PL* 83, 867-894.

47. PORTER, Early Spanish Monasticism, *L* 11 (1933) 199. *De officiis eccl.* I encontra-se em *PL* 83, 737-778.

> [6:1][...] enquanto os monges estão recitando [*os salmos*], após a conclusão de cada salmo todos juntos fazem adoração prostrados no chão; então, levantando-se rapidamente, que comecem os salmos que se seguem, e façam cada ofício dessa maneira.
>
> [2]Quando os sacramentos espirituais dos salmos são celebrados, que o monge evite rir ou conversar; ao contrário, que medite em seu coração o que salmodia com a boca. À terça, sexta, ou nona, sejam ditos três salmos, um responsório (*responsorium*), duas leituras do Antigo ou Novo Testamento, a seguir laudes, um hino e uma oração (*oratio*). Mas, nas vésperas, devem ser ditos primeiramente o lucernário, depois dois salmos, um responsório e as laudes, o hino e a oração.

Depois das vésperas, os irmãos se reúnem para uma espécie de recreação para refletir e discutir sobre algum tópico religioso. Em seguida, vêm as completas, não descritas, e os monges se retiram em silêncio até as vigílias (6:3). O ofício noturno e o matinal são descritos da seguinte maneira:

> [6:4]Mas, no ofício diário das vigílias, devem ser recitados primeiramente os três salmos canônicos (*psalmi canonici*), depois três *missae* de salmos, uma quarta de cânticos, a quinta do ofício de matinas. Aos domingos, porém, ou nas festas dos mártires, acrescente-se outra *missa* em razão da festa. Nas vigílias é comum recitar (*recitandi*), enquanto nas matinas é costume salmodiar e cantar (*psallendi canendique*), para que em cada maneira a mente dos servos de Deus possa ser exercitada em variedade agradável e ser mais abundantemente incitada a louvar a Deus sem monotonia. Após as vigílias, há descanso até as matinas. Depois das matinas, há trabalho ou leitura [...]

2. A salmodia:

Jordi Pinell, especialista em liturgia ibérica, internacionalmente conhecido, mostrou que a *missa* era uma unidade litúrgica de três salmos ou cânticos, não uma unidade de leituras como nas regras de Arles. Depois de cada *missa* havia um responsório, pelo menos em fontes posteriores, e cada salmo ou cântico tinha sua própria coleta[48].

---

48. Pinell, El oficio hispáno-visigótico, 404. Sobre os múltiplos significados de *missa* na nomenclatura litúrgica latina, ver Mohrmann, C., Missa, *Vigiliae christiana* 12 (1958) 67-92; Gamber, K., *Missa romensis*, Regensburg, 1970, 170-186 (Studia patristica et liturgica 3).

Do *De ecclesiasticis officiis* I, 13:1 de Isidoro, bem como de fontes ibéricas posteriores, sabemos que as *laudes* de que ele fala não eram os Salmos 148–150, mas um responsório com aleluia compreendendo alguns versículos de salmo — dois a cinco nas fontes posteriores — com um aleluia uma ou mais vezes como resposta[49].

De ecclesiasticis officiis I, 7 e 9, descrevem a execução das antífonas e responsórios. As antífonas são cantadas por dois coros alternadamente. Para os responsórios, antes um, mas agora dois ou três solistas executam os versículos do salmo, enquanto os demais cantam o responso em coro. Embora esse documento descreva os ofícios de catedral, ele é sem dúvida aplicável às antífonas e responsórios, ambos elementos de catedral também no uso monástico.

3. As horas menores:

As horas do dia — observe-se a ausência de prima — são suficientemente claras e tradicionais:

3 salmos *currente psalterio*, com prostração para oração após cada um deles
Salmo responsorial
2 lições da Escritura
Laudes
Hino
Oração

4. Vésperas:

As vésperas são basicamente iguais, com um salmo a menos, e o todo precedido por um lucernário. O Salmo 140 fazia parte do lucernário? Ele figura como parte da duodécima nos ofícios espanhóis posteriores[50]. Mas não sabemos quase nada sobre as primeiras vésperas monásticas na Espanha, exceto o que Isidoro nos diz. O posterior *Ordo officii* de um mosteiro de monjas em Bobadilla na Galiza, preservado em manuscrito do século XI, embora o próprio ofício seja muito mais antigo, é claramente derivado de Isidoro: "No lucernário, porém,

49. Porter, Early Spanish Monasticism, *L* 11 (1933) 201; 12 (1934) 32 ss.
50. Ibid., 12 (1934) 47.

três salmos, depois o responsório e laudes e *completurium*"[51]. Aqui, "lucernário" parece ser o *nome* de todo o serviço de vésperas, enquanto na *Regra* 4:2 de Isidoro citada no início deste capítulo ele é apenas a parte inicial das vésperas: "Mas, nas vésperas, devem ser ditos primeiramente o lucernário, depois dois salmos, um responsório e as laudes, o hino e a oração". Há evidências abundantes de um ofício da luz nas vésperas de catedral ibéricas posteriores, como veremos, mas não posso dizer se o lucernário aqui referido em Isidoro é um ritual de luz ou apenas um ofício vespertino duplo, como é o caso no lucernário e na duodécima de Arles.

5. Vigílias:

As vigílias começavam com três salmos "canônicos", ou seja, salmos fixos, como na terminologia da Gália do Sul. Documentos posteriores do Ofício espanhol mostram que esses salmos eram os Salmos 3; 50; 56 com antífonas, aos domingos; em festividades, apenas o Salmo 3[52]. Então vinham as "*missae*" de salmos e cânticos. Isidoro não identifica os cânticos das vigílias, mas são inúmeros nas fontes moçárabes posteriores[53].

6. Matinas:

Quanto aos salmos da *missa* das matinas, Porter presume que sejam os Salmos 148–150[54], o que não é despropositado à luz do que sabemos do sistema ibérico posterior reconstruído por Pinell[55]:

---

51. Ibid., 11 (1933) 201; Pinell, El oficio hispáno-visigótico, 401. Porter traduz o texto da edição de de Bruyne, D., *RevB* 42 (1930) 341-342.

52. Pinell, El oficio hispáno-visigótico, 403-404; Id., Las "missas", grupos de cantos y oraciones en el oficio de la antigua liturgia hispana, *Archivos Leonenses*, León, 8 (1954) 145-185.

53. Porter, A. W. S., Cantica mozarabici officii, *EL* 49 (1935) 126-145. Ver também Szövérffy, J., *Iberian Hymnody. Survey and Problems*, 1971 (Classical Folia Editions).

54. Porter, Early Spanish Monasticism, *L* 11 (1933) 200.

55. Pinell, El oficio hispáno-visigótico, 402-404; Id., El "matutinarium" en la liturgia hispana, *HS* 9 (1956) 3-4. Ver também Jungmann, J. A., *Pastoral Liturgy*, New York, Herder, 1962, 122-151.

Invitatório: Salmo 3 com antífona e coleta
Uma ou mais *missae* de 3 "antífonas" cada. Uma antífona
compreendia:
2 salmos variáveis com antífonas e coletas
"*alleluiaticum*" ou "*laudes*" = 1 aleluia
salmo com coleta
responsório com coleta
Salmos 50 com antífona e coleta
Cântico com antífona e coleta
Benedictiones: cântico de Daniel 3, geralmente abreviado (ou um salmo em dias feriais), com antífona e coleta
Salmos 148–150 com antífonas
Sono (Hino)
Versículo
Supplicatio (petições)
Completuria (oração final)
Pai-nosso
Petitio (embolismo do pai-nosso)
Bênção

Percebe-se certa ambiguidade entre a nomenclatura aqui — *laudes*, *alleluiaticum*, *missa* — e o que vimos na Gália, mas os especialistas ibéricos concordam nesse esboço, com mais ou menos elementos, dependendo do estágio de evolução desse ofício que, em última análise, é altamente complexo. Para além dessa variedade de nomenclatura, é logo evidente a semelhança desses ofícios ibéricos com os da Gália. Seu extenso desenvolvimento posterior pode ser seguido na literatura já citada.

II. Frutuoso de Braga

São Frutuoso de Braga (morto por volta de 665), filho de um rico proprietário de terras, general do exército dos visigodos e fundador de vários mosteiros na Galiza, é a figura mais importante do monaquismo ibérico da era visigótica[56].

56. Sobre a vida de Frutuoso e suas regras, ver VALÉRIO, *Vita S. Fructuosi*, *PL* 87, 459-470; PORTER, Early Spanish Monasticism, *L* 10 (1932) 156-167; *Iberian Fathers*, vol. 2: *Braulio of Saragossa, Fructuosus of Braga*, trad. inglesa C. W. Barlow, Washington DC, The

Não é fácil reconstruir o ofício monástico nas duas regras de Frutuoso, que foram seguidas nos mosteiros da Galiza e do norte de Portugal até a segunda metade do século XI[57]. Em *Regra monástica comum* 10 (*c.* 660), ele lista, com a referência escriturística indicada, as horas de prima (Mt 20,1), terça (At 2,15), sexta e nona (Mt 27,45-50), vésperas (Sl 140,2), meia-noite (Mt 25,6) e o canto do galo quando Jesus ressuscitou dos mortos. Essas são as "horas canônicas" observadas em todos os lugares no Oriente e no Ocidente, e são obrigatórias. Mas, se necessário, outras "horas especiais" — *horae peculiares* — podem ser adicionadas: a segunda, quarta, quinta, sétima, oitava, décima e décima primeira horas, algo semelhante às *mesoria* monásticas bizantinas posteriores.

A anterior *Regra para os monges* foi escrita para o Mosteiro de Compludo, a oeste de Astorga, por volta de 630-635. Os capítulos 2 e 6 mencionam prima, segunda, terça, sexta, nona, duodécima e vésperas. A "primeira hora da noite" tem seis orações, dez salmos, louvor (*laus*) e bendições. Em seguida, vêm as completas, também mencionadas nos capítulos 3 e 17, nas quais os monges se despedem com confissão e absolvição mútuas. Esse serviço tem três salmos "de acordo com o costume", *laus*, uma bênção e o credo. No capítulo 3, a descrição continua. Levantando-se antes da meia-noite, os monges fazem doze salmos "*per choros*", como é costume. Depois de uma pausa, eles fazem o ofício da meia-noite, com quatro responsórios para cada unidade de três salmos — portanto, doze salmos ao todo, o equivalente às três *missae* de Isidoro. No inverno, eles têm uma leitura e uma homilia sobre ela feita pelo abade ou prior, mas no verão, quando as noites são mais curtas, isso é feito entre as vésperas e as completas. Depois dos doze salmos, eles voltam para a cama. Ao canto do galo, eles celebram o "sacrifício matutino" (*matutinum sacrificium*) correspondente à quarta *missa* de Isidoro: três salmos, *laus* e *benedictio*. Em seguida, vão para o local de

---

Catholic University of America Press, 1969 (The Fathers of the Church) — embora essa tradução de Frutuoso nem sempre seja liturgicamente confiável.

57. Os dois documentos são: *Regra para os monges*, *PL* 87, 1099-1110; *Regra monástica comum*, *PL* 87, 1111-1150. Sobre os ofícios de Frutuoso, além dos trabalhos citados acima na nota 45, ver Pinell, J., San Fructuoso de Braga, y su influjo en la formación del oficio monacal hispánico, *Bracara Augusta* 22, fasc. 51-54 (63-66) Braga, 1968; Porter, Early Spanish Monasticism, *L* 11 (1963) 202-204. Para a história posterior do ofício de Braga, ver Rocha, P. R., *L'office divin dans l'Église de Braga: originalité et dépendences d'une liturgie particulière au Moyen Âge*, Paris, Fundação Calouste Gulbenkian/Centro Cultural Português, 1980 (Cultura medieval e moderna 15).

meditação, fazem mais três salmos (a quinta *missa*) e, concluindo assim a oração, meditam até o nascer do sol.

Isidoro, em seu *De officiis ecclesiasticis* I, 22, relativo às vigílias, parece implicar esse mesmo ofício triplo noturno em sua leitura de Lucas 12,38 sobre os servos fiéis que vigiam a chegada de seu senhor: "E, se for na segunda vigília que ele chegar, ou na terceira, e der com esse acolhimento, bem-aventurados são esses servos!". Isidoro parafraseia esses momentos: "Se ele vier na hora vesperal ou à meia-noite ou ao canto do galo e os encontrar em vigília, bem-aventurados aqueles servos". Já vimos essa estrutura tripla de vigília na Irlanda, bem como na Palestina e na Capadócia[58].

Em todos os ofícios, cada salmo termina com o *Gloria Patri*, durante o qual os monges se prostram para oração, e se levantam novamente para rezar com as mãos estendidas. Aos sábados e domingos aumenta o número de *missae*; e, especialmente nos ofícios noturnos na véspera de grandes festas, acrescenta-se uma sexta *missa*, como em Isidoro.

Por comparação com o que sabemos de outros ofícios ibéricos, podemos concluir que nas completas e matinas o "louvor" (*laus*) é um responsório de aleluia[59], e a "bendição" é obviamente a bênção final que vemos na maioria das fontes hispânicas[60]. A salmodia habitual "por coros" pode referir-se à salmodia antifonal, com dois coros alternando os refrãos (antífonas), um costume referido antes por Isidoro em seu *De ecclesiasticis officiis* I, 7. Para os responsórios, um solista (em período anterior) ou, no tempo de Isidoro, dois ou três solistas juntos cantavam os versos dos salmos, enquanto o restante respondia em coro[61].

---

58. Ver acima, p. 65-68, 107-108, 144-145.

59. Isidoro, *De eccl. officiis* I, 13:1: "Laudes, hoc est, *alleluia* canere, canticum est Hebraeorum, cujus expositio duorum verborum interpretatione consistit, hoc est, *laus Dei*..." (*PL* 83, 750).

60. Ver Ibid., I, 17, *PL* 83, 754.

61. Ibid., I, *PL* 83, 744.

7

As horas monásticas na Itália

Obviamente, é impossível estudar em detalhes cada uma das inúmeras "regras" monásticas em circulação no Ocidente antes do período carolíngio, época em que a *Regra de São Bento* havia se imposto a quase todo o monaquismo ocidental. Cassiano, em sua época, já havia descoberto "que muitos em diferentes países, seguindo seu próprio gosto, fizeram para si mesmos várias normas e regras" (*Inst.* II, 2), e, no século VIII, regras monásticas proliferavam no Ocidente. Bento de Aniane (750-812) lista-as no *Codex regularum*[1] de seu *Concordia regularum*[2], talvez a primeira tentativa de colocar alguma ordem na multiplicidade de usos monásticos ocidentais. Muitas dessas regras são apenas uma pequena coleção de preceitos, como as de Pacômio, ou uma série de conselhos, como as duas regras de Basílio. Mas outras são regras no sentido moderno, uma verdadeira regra de vida abarcando toda a vida espiritual e material de uma comunidade monástica[3].

---

1. *PL* 103, 423-700.

2. *PL* 103, 717-1376.

3. Sobre as regras monásticas ocidentais até o século VIII, cf. de Vogüé, A., The Cenobitic Rules of the West, *Cistercian Studies* 12 (1977) 175-183. Versões dos textos são encontradas nas obras citadas na nota 21 do capítulo 6, bem como em *Early Monastic Rules. The Rules of the Fathers and the Regula Orientalis*, Collegeville, The Liturgical Press, 1982; de Vogüé, A., *Les Règles des saints péres, 1-2*, Paris, Cerf, 1982 (SC 297-298). Para *RB* e *RM*, cf. as edições citadas abaixo nas notas 4 e 31.

A Regra do Mestre[4]

A mais longa e certamente a mais importante das regras latinas pré-beneditinas é a *Regra do Mestre*, provavelmente da Campânia, a sudeste de Roma, no primeiro quarto do século VI. Três vezes mais longa que a *Regra de São Bento*, é importante não apenas por seu detalhamento, mas especialmente porque foi uma das principais fontes utilizadas por Bento na composição de sua própria *Regra* por volta de 530-560.

Como seu editor, o grande beneditino contemporâneo especialista em regras monásticas ocidentais, Adalberto de Vogüé, apontou, as prescrições do Ofício Divino em *RM* 33-49 são tudo o que aquelas em fontes anteriores não são: "Este *ordo* límpido e a massa confusa de rubricas incompletas nos *ordines* dos dois bispos de Arles não têm nada em comum"[5]. Os capítulos 33-38 tratam do número de salmos nas horas; o *cursus* e seus princípios subjacentes são apresentados nos capítulos 38-49[6]. Os tempos das horas são rigorosamente seguidos (*RM* 34), sem nenhum dos atrasos ou antecipações de Bento, exceto pela possibilidade de antecipar as vésperas no verão (*RM* 34:12-13).

I. A estrutura das horas

A estrutura das horas é aquela que já conhecemos de nossos outros ofícios ocidentais: salmodia com prostrações e oração, seguida de leituras e concluída com intercessões. Exceto para noturnos, as horas diferem estruturalmente apenas na quantidade de salmodia e na posição do versículo (antes ou depois das leituras). Os noturnos simplesmente duplicam a unidade básica maior de antífonas mais responsório e antepõem ao todo um invitatório. A prima (*RM* 40) foi completamente assimilada às outras horas menores: nada a distingue nem revela sua origem recente, como em Arles. O dia inteiro é aberto antes dos noturnos e encerrado no final das completas com versos que formam a estrutura de todo o ciclo diário.

4. Edição crítica e excelente comentário em DE VOGÜÉ, *La Règle du Maître*, do qual são extraídas todas as citações; versão inglesa em EBERLE, L., *The Rule of the Master*, Kalamazoo, Cistercian Publications, 1977 (CS 6). Baseio-me em de Vogüé para todas as questões de datação e história.

5. DE VOGÜÉ, *La Règle du Maître*, I, 60.

6. Ibid., I, 47.

A estrutura das horas individuais é a seguinte:

1. Noturnos (*RM* 33; 44-45):

Versículo de abertura 3x
Responsório invitatório: Salmo 94
9 [6] antífonas sem aleluia
Responsório sem aleluia
4 [3] antífonas com aleluia
Responsório com aleluia
Apóstolo
Evangelho
Versículo
Rogus Dei

2. Matinas (*RM* 35:1; 38) **e vésperas** (36; 41):

4 antífonas sem aleluia
2 antífonas com aleluia
Responsório
Versículo
Apóstolo
Evangelho e seu responsório
Rogus Dei

3. As horas menores (35; 40):

2 antífonas sem aleluia
1 antífona com aleluia
Responsório
Apóstolo
Evangelho
Versículo
Rogus Dei

4. Completas (37; 42):

2 antífonas sem aleluia
1 antífona com aleluia
Responsório

Apóstolo
Evangelho
Rogus Dei
Versículo conclusivo

II. Unidades litúrgicas

1. Salmodia:

A unidade litúrgica básica da salmodia, independentemente do seu modo de execução (antifonal, responsorial), era o *inpositio*, que compreendia (*RM* 33:32, 43-45):

Salmo
Gloria Patri
Prostração
Oração

Não está muito claro se essa prostração para oração após o *Gloria Patri* era uma oração silenciosa seguida de oração em voz alta, mas é assim que eu preferiria interpretar *RM* 33:32, 43-45, especialmente à luz de 55:15-18; 56:1-8. Além disso, *RM* 55:16 e 73:15 parecem implicar que a oração em voz alta era espontânea, em vez de uma coleta fixa. O Mestre (33:42-45) insiste que os salmos nunca sejam executados juntos, mas que cada um seja executado separadamente, com seu próprio *Gloria Patri* conclusivo, para que as orações (*orationes*) não se percam e "os glórias" não diminuam. Segundo Heiming, o *Gloria Patri* seguia a oração após o salmo, e de Vogüé tende a favorecer a mesma opinião, mas isso é improvável[7]. O Mestre afirma claramente que o *Gloria Patri* é o sinal para a oração e o final de cada salmo (*RM* 33:42-45).

Aos domingos e festas, e durante a época de Páscoa e da Natividade-Epifania, não havia prostrações e todas as antífonas tinham um aleluia como refrão (*RM* 39:6-7; 41:4; 45). Domingos (*RM* 45:12-15) e dias de santos têm algumas outras particularidades (*RM* 45:16-18).

A distribuição dos salmos é regulada por dois princípios básicos, que de Vogüé chama de "a regra das 24 imposições" e "a regra dos dois terços"[8]. De

7. Ibid., I, 49-50 nota 1; HEIMING, Zum monastischen Offizium, 94.
8. DE VOGÜÉ, *La Règle du Maître*, I, 49 ss.

acordo com a primeira regra, os 24 salmos, divididos entre as duas horas da tradição egípcia de acordo com Cassiano, eram distribuídos ao longo de todo o *cursus* do Mestre de tal modo que as horas do dia e da noite tinham, cada uma, 24 imposições (*RM* 33-38) exceto no verão, quando as noites mais curtas forçavam uma abreviação dos noturnos (33:35-41). Por algum motivo, as completas — talvez por serem um acréscimo posterior — permaneceram fora do sistema[9]. A execução dos salmos antifonalmente ou responsorialmente não tinha efeito nessa contagem:

Horas do dia:
Prima, terça, sexta, nona: 3 antífonas e 1 responsório cada = 16 imposições
Vésperas: 6 antífonas, 1 responsório, 1 responsório do Evangelho = 8 imposições

Horas da noite:
Noturnos: 13 antífonas (verão: 9), 3 responsórios = 16 (12) imposições
Matinas: 6 antífonas, 1 responsório, 1 responsório do Evangelho = 8 imposições

Observe-se a harmonia desse sistema. Vésperas e matinas se correspondem, enquanto a soma das horas menores é igual à salmodia dos noturnos.

A "regra dos dois terços" refere-se ao arranjo de todo o *corpus* da salmodia antifonal em unidades de três ou múltiplos de três, com cada unidade subdividida em salmos sem ou com aleluia, numa proporção de dois para três. Já vimos tríades semelhantes em outros ofícios ocidentais. Assim, as horas menores e as completas têm duas antífonas sem aleluia para uma com; matinas e vésperas, quatro com para duas sem; e os noturnos de verão, seis com para três sem. A regra é rompida apenas com as treze antífonas dos noturnos de inverno, desigualmente divididas em nove antífonas sem e quatro com aleluia, de acordo com a reconstrução feita por de Vogüé[10].

O Mestre nos diz que, exceto nas completas e matinas, os salmos antifonais eram *currente semper psalterio* (*RM* 33:29, 36; 35:2, 36:1; 40:2; 41:2; 44:2, 7; 46:1). Mas, uma vez que não existe um termo de *pensum* fixo — por exemplo, o saltério inteiro numa semana, como em Bento —, qualquer salmo acabaria por

9. Ibid., I, 50-55.
10. Ibid., I, 52.

aparecer em qualquer hora no curso da execução numérica normal do saltério. Portanto, ao contrário de Cassiano (*Inst.* II, 11:3), está claro que o Mestre usa o aleluia com outros salmos que não sejam os salmos aleluiáticos bíblicos. É verdade que ele também usa os salmos aleluiáticos bíblicos sem o refrão de aleluia, pelo menos no caso do Salmo 148 das laudes, como veremos em breve. Mas os responsórios para cada hora parecem ter sido salmos fixos; as antífonas das matinas tinham salmos ou cânticos fixos de catedral (Sl 50; 148–150; Dn 3,52-90)[11], como veremos, e é altamente provável que as completas, como em todas as regras monásticas latinas, compreendessem salmos fixos, como o Salmo 90 (91).

Observem-se a predominância avassaladora do modo de execução antifonal e a total ausência da salmodia *directaneus* característica de outros ofícios monásticos, exceto quando as horas são recitadas fora do coro por algum motivo (*RM* 55:8)[12].

2. O versículo e *Rogus Dei*:

O versículo aparentemente era um versículo de salmo. O *Rogus Dei* tem sido interpretado de várias maneiras — como uma ladainha, ou uma oração silenciosa, ou mesmo (improvavelmente) como o pai-nosso[13]. Eu concordaria com Heiming e de Bhaldraithe que ele é uma litania, visto que uma oração silenciosa imediatamente após a oração silenciosa do *inpositio* do evangelho é improvável[14].

3. Os *euangelia*:

Não está totalmente claro se os *euangelia* nas matinas e vésperas eram uma leitura, ou um cântico evangélico como o *Benedictus* ou *Magnificat*, o que de Vogüé pensa ser provável, ao qual Heiming acrescentaria o *Nunc dimittis*[15]. Em

11. Ibid., I, 59.

12. Ibid., I, 62.

13. Para várias interpretações, ver Ibid., II, 183, nota 30; HEIMING, Zum monastischen Offizium, 102.

14. HEIMING, Zum monastischen Offizium, 102; DE BHALDRAITHE, E., The Morning Office in the Rule of the Master, *Regulae Benedicti Studia, Annuarium Internationale* 5 (1976) 220.

15. DE VOGÜÉ, *La Règle du Maître*, II, 192; HEIMING, Zum monastischen Offizium, 100.

apoio a essa última visão há o fato de que os *euangelia* são contados, junto com as antífonas e o responsório, como o oitavo e último *inpositio* (*RM* 36:1-2). Isso dificilmente seria adequado para uma leitura, e, de fato, os *euangelia* são claramente distinguidos das *lectiones* em *RM* 36:

> [36:1]Psalmi lucernariae in hieme dici debent
> sex, currente semper psalterio,
> responsum unum,
> uersum,
> lectionem apostoli et euangelia, quae semper abbas dicat,
> post hoc et rogus Dei,
> [2]ut tam istae cum responsorio et euangelia [octo] inpositiones psallentium sine uersum et lectiones [...] [7]Similiter et tempore aestatis octo debent fieri in lucernaria cum responsoria et euangelia inpositiones extra uersum et lectiones. [...]

Além disso, *RM* 41 (cf. 38:2), ao falar das antífonas com aleluia, também agrupa os *euangelia* com os salmos:

> [41:1]Psalmi lucernariae cum antifanis psalli debent, [2]in quibus duo ultimi cum alleluia, currente semper psalterio, [3]singula responsoria, uersum, lectionem apostoli et *euangelia*, quae semper abbas dicat sine alleluia, in dominica uero cum alleluia. [4]Nam omnes antifanae ipso die a benedictionibus dictis cum alleluia psallantur. [...]

Em ambos os textos para matinas e vésperas, observe-se que o latim não diz "a leitura do apóstolo, leitura dos Evangelhos", como faz para as horas menores (*RM* 40:3, "lectionem apostoli, lectionem euangeliorum"), mas "leitura do apóstolo, e os Evangelhos" (*euangelia* = caso nominativo). O que dizer, então, do plural *lectiones* em *RM* 36:2, 4, 7, citado acima (ver também *RM* 33:30; 33:36)? Se há apenas uma lição de apóstolo, seria de esperar *lectio*, no singular[16]. De Bhaldraithe tenta reconciliar essas contradições[17]. Com base na liturgia comparativa, ele argumenta extensiva e convincentemente que os *euangelia* incluíam de fato uma leitura do evangelho, mas essa leitura era seguida nas matinas e vésperas por um responsório, e o aleluia com esse responsório aos domingos e alguns outros dias é simplesmente o responsório do aleluia da leitura do evangelho,

16. de Vogüé, *La Règle du Maître*, II, 192-193, nota 2; de Bhaldraithe, The Morning Office, 204.

17. de Bhaldraithe, The Morning Office, 202-205.

para a qual de Bhaldraithe vê paralelos no Ofício Romano em *Ordines romani* XIV, e especialmente XVIII, bem como em outras fontes posteriores.

4. As leituras:

A primeira leitura ou "apóstolo" era de São Paulo. O evangelho sempre era lido pelo próprio abade (*RM* 41:3; 46:3-4). Esse evangelho é uma reminiscência do antigo evangelho de ressurreição da vigília de catedral ou apenas um evangelho de matinas? De Bhaldraithe argumenta em favor da segunda hipótese, mais uma vez de maneira convincente, mostrando que em várias tradições, orientais e ocidentais, é preciso distinguir dois evangelhos matinais: o da vigília dominical de ressurreição e o evangelho dominical de matinas comum[18].

III. Matinas

As matinas apresentam problemas especiais. *RM* 39:4 afirma que as matinas contêm o Salmo 50, laudes (Sl 148–150), dois cânticos, e aos domingos as *Benedictiones* de Daniel 3. Agora vimos que as matinas têm seis antífonas e um responsório, sete antífonas ou *inpositiones* ao todo:

4 antífonas sem aleluia (exceto domingos e festas)
2 antífonas com aleluia
Responsório
Versículo
Apóstolo
Evangelho e seu responsório
Rogus Dei

O problema é como encaixar nessa estrutura as unidades fixas especificadas — Salmos 50; 148–150, dois cânticos e Daniel 3. P. Jasmer sugeriu a ideia de que o Salmo 50, os cânticos e as laudes podem ser adicionais às seis antífonas das matinas[19], mas considero isso impossível, pois destruiria a contagem de imposições em *RM* 35:1; 36:1-6, uma simetria que faz parte da estrutura essencial do *cursus* do Mestre.

18. Ibid., 211-215.

19. Jasmer, P., A Comparison of the Monastic and Cathedral Vespers up to the Time of St. Benedict, *The American Benedictine Review* 34 (1983) 347, nota 48.

Embora *RM* não indique alguma ordem para as seis antífonas, as matinas romanas e beneditinas tinham o Salmo 50 no início e laudes no final[20], e penso ser quase certo que a mesma coisa se aplicava ao conexo ofício italiano em *RM*. Contra isso, é claro, há o testemunho explícito de Cassiano, *Institutos* III, 6: “Finalmente, hoje em toda a Itália, quando os hinos matutinos terminam (*consummatis matutinis hymnis*), o Salmo 50 é cantado em todas as igrejas”. Já que ele prossegue dizendo que esse costume deve ter vindo de Belém, onde sabemos que o Salmo 50, primeiro salmo da nova solenidade da manhã, vinha *depois* dos Salmos 148–150, que concluíam os noturnos ali[21], é perfeitamente óbvio que Cassiano está afirmando a presença do Salmo 50 *depois*, não *antes* das laudes no ofício matutino em toda a Itália. Bradshaw vê isso, corretamente, como um argumento em apoio à sua teoria de que o fim dos noturnos, e não das matinas, é o *Sitz im Gottesdienst* original dos Salmos 148–150[22]. Mas, em face da quase total unanimidade de todos os outros testemunhos, Oriente e Ocidente, e especialmente de todas as nossas fontes italianas, que colocam o Salmo 50 no início das matinas e não depois dos salmos das laudes[23], não sei como interpretar Cassiano, exceto para presumir, com base na liturgia comparativa, que ele deve estar errado — mas, é claro, um historiador nunca pode se sentir realmente confortável em descartar evidências dessa maneira.

Visto que os Salmos 148–150 são todos salmos de aleluia bíblicos, é provável que os Salmos 149–150 fornecessem as duas antífonas de aleluia dos dias de semana, deixando o Salmo 148 como a quarta antífona sem aleluia. As três primeiras antífonas sem aleluia eram o Salmo 50 e os dois cânticos. O que eram esses cânticos? É provável que fossem fixos. De Bhaldraithe propõe o *Magnificat* e o *Benedictus* como em *RB*, dando assim às matinas em *RM* uma estrutura notavelmente parecida com a do *orthros* sabaítico palestino primitivo[24].

---

20. Ver a discussão das várias possibilidades em DE VOGÜÉ, A., *La Règle de S. Benoît* V: *Commentaire historique et critique*, Paris, Cerf 1971, 483 ss. (SC 185).

21. Ver acima, p. 127-129.

22. BRADSHAW, *Daily Prayer*, 108-110.

23. Cf. DE VOGÜÉ, *La Règle de S. Benoît* V, 483-487; as fontes capadócias citadas acima p. 74-75, 137-138; e o lugar do Salmo 50 nas matinas armênias, bizantinas, maronitas e etíopes, nos respectivos capítulos abaixo.

24. DE BHALDRAITHE, The Morning Office, 215-217, 220.

Isso põe de parte as *Benedictiones*[25]. Minha tentação inicial foi presumir que elas eram simplesmente o cântico dominical apropriado, como no *orthros* sabaítico bizantino, seguidas como nele pela combinação *Magnificat-Benedictus* como segundo cântico[26]. Mas uma leitura atenta de *RM* 39:5, 7; 45:12, 14, 16-17 confirma, eu acho, a hipótese levantada por de Bhaldraithe de que, nas matinas festivas, Daniel 3 substituía o Salmo 50 como a primeira antífona[27]. Pois o Mestre repete cinco vezes que a proibição de ajoelhar-se aos domingos e festas começa com as *Benedictiones*, o que só pode significar: com o início das matinas. Além disso, a proibição do Mestre de combinar salmos é igualmente aplicável a todas as imposições, incluindo os dois cânticos, e simplesmente adicionar Daniel 3 aos outros dois cânticos destruiria o número estritamente fixo e equilibrado de imposições do Mestre.

Mas não entendo por que de Vogüé e de Bhaldraithe têm as *Benedictiones* sem aleluia[28]. *RM* 39:6-7, 41:4; 45:12-13 dizem que as antífonas e responsórios "*a benedictionibus dictis cum alleluia psallantur et genua non flectantur*". Se entendermos que isso significa que o aleluia é adicionado apenas *após* as *Benedictiones*, então deveremos logicamente interpretar a proibição da prostração da mesma maneira, ou seja, que Daniel 3 era sem aleluia e era seguido por uma prostração mesmo nas matinas festivas. Mas isso não faria sentido algum. Portanto, o que *RM* obviamente quer dizer é que tanto o refrão do aleluia quanto a proibição de se ajoelhar começam com as matinas — e as matinas começam com as *Benedictiones.*

Agora podemos reconstruir as matinas em *RM* da seguinte maneira[29]:

---

25. de Vogüé, *La Règle du Maître*, I, 59 nota 3, diz que as *Benedictiones* eram Daniel 3,52-56.57-90, como em Arles.

26. Cf. Ibid., 215-216 e abaixo, cap. 17.

27. de Bhaldraithe, The Morning Office, 215-221. Para a visão de de Vogüe, que oscilou, cf. de Vogüe, *La Règle du Maître*, II, 197, nota a *RM* 39:4-5; Id., *La Règle de S. Benoît* V, 500, nota 6.

28. de Vogüé, *La Règle de S. Benoît* V, 500, nota 4; de Bhaldraithe, The Morning Office, 220-221.

29. Exceto por algumas diferenças, minha reconstrução concorda basicamente com de Bhaldraithe, The Morning Office, 220-221.

Feriais:	*Festivas:*
Salmo 50 com antífona, prostração, oração	Daniel 3 com aleluia, oração
Magnificat com antífona, prostração, oração	*Magnificat* com aleluia, oração
Benedictus, com antífona, prostração, oração	*Benedictus* com aleluia, oração
Salmo 148 com antífona, prostração, oração	Salmo 148 com aleluia, oração
Salmo 149 com aleluia, prostração, oração	Salmo 149 com aleluia, oração
Salmo 150 com aleluia, prostração, oração	Salmo 150 com aleluia, oração
Responsório, prostração, oração	Responsório com aleluia, oração
Versículo	Versículo: domingo, Salmo 149,5 (*RM* 46:14; cf. 57:26)
Leitura do apóstolo	Leitura do apóstolo
Leitura do evangelho	Leitura do evangelho
Responsório do evangelho, prostração, oração	Responsório do evangelho com aleluia, oração
Litania (*Rogus Dei*)	Litania

IV. Conclusão

Na *RM*, como nas regras de Arles, notamos uma característica dos ofícios monásticos ocidentais: enquanto as matinas são quase totalmente de origem catedral, as vésperas quase não apresentam características de catedral. Mas já observei que o responsório das horas, que *RM* parece excluir do *psalmodia currens*, pode ter sido um salmo fixo, e poderia muito bem ser o Salmo 140,2 nas vésperas, como Jasmer sugeriu[30].

30. Jasmer, A Comparison, 347, nota 48, 351 ss., passim.

Em suas características básicas, esse ofício, como as antigas horas romanas, é mais um ancestral do *cursus* de Bento do que algo vinculado aos ofícios latinos não italianos que vimos na Gália, na Península Ibérica e na Irlanda.

As velhas horas romanas e a Regra de São Bento[31]

As duas maiores influências sobre o ofício na *Regra de São Bento* foram a *Regra do Mestre* e o Ofício Romano da época de Bento. Já estudamos o *cursus* do Mestre; temos muito menos informações sobre aquele da "Cidade", como seus residentes ainda chamam Roma hoje.

I. O ofício monástico da cidade de Roma

Dos séculos IV e V, temos apenas alguns fragmentos de informação a respeito do ofício monástico em Roma. Em primeiro lugar, algumas das referências (Cassiano, Arnóbio) aduzidas nos capítulos 6 e 8 podem ser aplicadas aqui também. O mesmo pode ser dito para o que se segue abaixo a respeito do ofício de catedral em Roma, pois não sabemos até que ponto existia ali a distinção catedral-monástico.

Mas algumas fontes se referem claramente a grupos monásticos n'A Cidade. Jerônimo fala em várias cartas de oração ou salmodia ao amanhecer, à terceira, sexta e nona horas, ao anoitecer e durante a noite[32]. Na *Carta 22*, 37, escrita em 384, ele diz: "deve-se levantar duas ou três vezes à noite para repassar trechos da Escritura que sabemos de cor", ao passo que nas cartas escritas em 404 ele fala apenas em levantar-se à noite para orações e salmos (*Carta 107*, 9),

---

31. Edição crítica e excelente comentário em NEUFVILLE, J.; DE VOGÜÉ, A., *La Règle de S. Benoît*, Paris, Cerf, 1972-1977, 7 v. (SC 181-186; v. 7 hors série) = v. 1-2: edição crítica de Neufville, introd., trad. e notas de de Vogüé; v. 3: NEUFVILLE, J., *Instruments pour l'étude de la tradition manuscrite*; v. 4-6: DE VOGÜÉ, A., *Commentaire historique et critique*; v. 7 (hors série): DE VOGÜÉ, A., *Commentaire doctrinal et spirituel* — o último também em inglês: *The Rule of St. Benedict. A Doctrinal and Spiritual Commentary*, Kalamazoo, Cistercian Publications, 1983 (CS 54). Edição com tradução inglesa e comentário em FRY, *RB 1980*, em que o Apêndice 3, The Liturgical Code in the Rule of Benedict, por N. Mitchell, é especialmente bom para nossos propósitos.

32. *Cartas 108*, 19; *23*, 35, 37; *15*, 11. Cartas de Jerônimo estão publicadas em CSEL, 54-56. Sobre Jerônimo e o monaquismo romano, cf. GUTIERREZ, L., El monaquismo romano y San Jerónimo, *Communio* 4 (1971) 49-78.

ou "à meia-noite" (*Carta 130*, 15). Algumas dessas cartas (*22*, *107*, *130*) foram escritas para romanas aristocráticas — viúvas e virgens — que viviam em casa, e nem sempre é possível saber se Jerônimo estava escrevendo sobre a oração numa comunidade monástica embrionária, sobre a participação em serviços de "catedral", ou sobre as devoções domésticas de suas devotas. Pelo menos um texto, a *Carta 107* a Leta (tratada no próximo capítulo), pode ser interpretado como se referindo à oração de "catedral" — embora, novamente, não seja claro que houvesse em Roma muita diferença entre ofícios de catedral e monásticos. A razão para isso pode ser encontrada na história peculiar do monaquismo urbano em Roma.

Embora a fundação monástica mais antiga em Roma tenha sido o Mosteiro de São Sebastião *in catacumbas*, de Sisto III (432-440), a vida monástica de um tipo mais ou menos organizado existia em Roma antes disso[33]. Pouco depois de 383, em seu *De moribus ecclesiae catholicae*[34], Santo Agostinho atestou a vida monástica para homens em Roma e Milão, e Jerônimo na *Carta 127*, 8, fala de "muitos mosteiros de virgens e uma multidão inumerável de monges (*crebra virginum monasteria, monachorum innumerabilis multitudo*)". Muitas outras referências podem ser aduzidas para provar a existência de vida monástica na Roma do século IV[35], mas "não é possível determinar até que ponto esses ascetas viviam em comunidade, nem está claro como essas comunidades eram organizadas, ou onde estavam localizadas"[36]. Com efeito, sabe-se que muitas virgens e ascetas romanos no período inicial continuavam a viver em casa[37].

Mas, a partir de Latrão e São Pedro no século V, as basílicas de Roma começaram a ser servidas por pequenas comunidades monásticas, e seu ofício passou a ser o das igrejas que serviam ao povo — uma situação nunca vista em outros centros urbanos neste início na Antiguidade Tardia[38]. Quando Bento afirma que segue o caminho romano da salmodia (*RB* 13:3, 10), é desse ofício

---

33. Ferrari, G., *Early Roman Monasteries. Notes for the History of the Monasteries and Convents at Rome from the V through the X Century*, Vatican, Pontificio Istituto di Archeologia Cristiana, 1957, xiii, xvi, 163-165 (Studi di antichità cristiana 23).

34. *PL* 32, 339-1340.

35. Cf. Ferrari, *Early Roman Monasteries*, xiv-xvi, e Gordini, G. D., Origine e sviluppo del monachesimo a Roma, *Gregorianum* 37 (1956) 220-260.

36. Ferrari, *Early Roman Monasteries*, xv.

37. Ibid.

38. Ibid., xix, 365-375.

monástico urbano romano que ele está falando. Portanto, o que quer que houvesse de um Ofício Romano de catedral puro antes desse período deve ser peneirado desse ambiente monástico.

Quanto ao ofício monástico urbano dessas comunidades basílicas romanas, predecessoras dos posteriores "cônegos regulares" ocidentais[39], nós nos afastaríamos muito na tentativa de esboçar mais do que uma breve síntese do que se sabe sobre esse uso. O problema é remontar o ofício beneditino na *Regra* ao estrato romano anterior, pois, embora Bento afirme sua dependência do uso romano anterior (*RB* 13:3, 10), os primeiros documentos explícitos dele, como os *Ordines romani XVIII* e *XIX*, do século VIII — este último considerado obra de João, o famoso arquicantor da Basílica de São Pedro em Roma —, referem-se, por sua vez, à *Regra de São Bento* como o núcleo, mas não a única fonte, de sua legislação monástica[40]. Além disso, os estudiosos duvidam da confiabilidade desses *Ordines* como testemunhas diretas do uso romano, uma vez que provavelmente foram compostos na França com base no que poderia ser conhecido dos usos romanos daquela época[41]. "A pesquisa acerca da Liturgia das Horas romana pré-beneditina confronta-se com uma escuridão total que só pode ser penetrada com grande dificuldade": é com tais palavras que Joseph Pascher abre seu estudo sobre o assunto[42].

1. Matinas

As matinas romanas primitivas reconstruídas por Pascher eram notavelmente semelhantes ao que vimos no Mestre[43]:

Salmo 50 (92?)
Salmo 62

39. Ibid., 382 ss., e Hertling, L., Kanoniker, Augustinerregel und Augustinerorden, *Zeitschrift für katholische Theologie* 54 (1930) 335-359.

40. Cf. Andrieu, M., *Les "Ordines romani" du haut moyen âge*, Louvain, Université catholique, 1961 (Spicilegium sacrum lovaniense, Études et documents, fasc. 24), III: *Les textes* (suite) (*Ordines XIV-XXXIV*), 20-21, 65-66; Ferrari, *Early Roman Monasteries*, 392 ss. As referências a *RB* estão em *Ordo XVIII*, 4, Andrieu II, 205; *Ordo XIX*, 29, Ibid., 222.

41. Ferrari, *Early Roman Monasteries*, 396-397.

42. Pascher, J., Der Psalter für Laudes und Vesper im alten römischen Stundengebet, *Münchener theologische Zeitschrift* 8 (1957) 255-267.

43. Ibid., 256; cf. de Vogüé, *La Règle de S. Benoît* V, 485.

Salmo 66
Salmos 148–150

Desenvolvimentos posteriores podem ser vistos na seguinte tabela[44]:

Romano primitivo:	*RM*:	*Romano clássico*:	*RB*:
Salmo 50	50	50	66, 50
62	Cântico	Salmo variável	2 salmos variáveis
66	Cântico	62, 66	Cântico
Laudes	Laudes	Laudes	Laudes

O ofício era concluído da seguinte maneira[45]:

RM:	*Romano*:	*RB*:
		Leitura de epístola (Ap. aos domingos)
Responsório		Responsório
		Hino
Versículo	Versículo	Versículo
Epístola		
Evangelho	Cântico do evangelho	Cântico do evangelho
Responsório do evangelho		
Rogus Dei	*Preces*	Litania
	Pai-nosso ou coleta	Pai-nosso

Na salmodia, fica claro que Bento depende mais de Roma do que de *RM*, ao passo que na parte conclusiva dos ofícios ele introduziu elementos não romanos de *RM*.

2. Vésperas:

Tudo o que sabemos sobre as vésperas romanas primitivas é que elas já tinham seis salmos como em *RM*, mais tarde reduzidos a cinco na segunda metade do século V[46] e, finalmente, a quatro na reforma beneditina do século seguinte.

44. de Vogüé, *La Règle de S. Benoît* V, 487.
45. Ibid., V, 492.
46. Ibid., V, 495-498; Pascher, Der Psalter, 256-262.

3. As horas menores:

Essas fontes conheciam a prima cotidiana como uma parte totalmente aceita do *horarium*, e não como uma inovação a ser justificada e na qual se devia insistir (*RM* 34:2, 4; 35:2; 40:1; *RB* 15:3; 16:2, 5; 17:2; 18:2, 4-5; 48:3). Portanto, de Vogüé supõe que as origens da prima na Itália central podem ser anteriores à nossa primeira prova explícita de sua existência em Arles[47].

As outras horas menores têm a estrutura tradicional de três salmos em todas as fontes. A principal diferença é que, enquanto o saltério variável romano era dividido entre vigílias e vésperas, com salmos fixos diariamente nas matinas, nas horas menores, e nas completas, Bento — 1) ao espalhar o *pensum* semanal variável de 150 salmos nas outras horas, exceto nas completas, que retêm seus três Salmos fixos 4; 90; 133; e 2) ao remover do variável saltério das vigílias-vésperas todos os salmos fixos recitados diariamente nas matinas, nas horas menores e completas — reduziu o fardo da salmodia a proporções mais administráveis, conforme pode ser verificado na tabela das páginas 170-171[48].

II. *A síntese final na* Regra de São Bento

1. Estrutura das horas:

Os seguintes esboços mostram o ofício monástico romano em sua forma final, beneditina[49]. Mais uma vez, observamos aqui o que caracteriza todos os ofícios monásticos ocidentais: o conteúdo fortemente catedral das matinas e a ausência aparentemente completa de elementos de catedral nas vésperas. P. Jasmer propôs que o responso e o versículo, juntos em *RM*, mas separados em *RB* pelo acréscimo do hino, podem ser um resquício das vésperas de catedral: o Salmo 140 com seu versículo responsorial Salmo 140,2[50]. Voltaremos a esse ponto no próximo capítulo, ao discutirmos a questão das vésperas de catedral no Ocidente.

---

47. DE VOGÜÉ, *La Règle de S. Benoît* V, 516.

48. De RIGHETTI, M., *Storia liturgica*, Milan, Ancora, 1955, v. 2, 501.

49. Contornos mais detalhados com todas as partes variáveis indicadas em FRY, *RB 1980*, 390-397.

50. JASMER, A Comparison, 357-360.

A. Vigílias (*RB* 9-11):

Versículo de abertura 3x
Salmo 3
Salmo 94
Hino

1º noturno:

6 salmos + refrão
Versículo
Bênção do abade
3 lições + responsórios no inverno, 1 no verão, 4 aos domingos

2º noturno:

6 salmos + aleluia
Epístola
Versículo
Litania

[*Domingos: 3º noturno*:

3 cânticos + aleluia
Versículo
Bênção do abade
4 leituras do NT + 4 responsórios
Te Deum laudamus
Evangelho
Te decet laus
Bênção]

B. Matinas (Laudes) (*RB* 12-13):

Salmo 66
Salmo 50 + refrão (domingos: aleluia)
2 salmos variáveis
Cântico (domingos: Dn 3,52-56, 57-90)
Laudes: Salmos 148–150
Epístola (domingos: Ap)
Responsório
Hino
Versículo
Cântico do evangelho
Litania
Pai-nosso

SALTÉRIO ROMANO (Sécs. V-VI)

Dom.		Seg.	Ter.	Qua.	Qui.	Sex.	Sáb.
Vigílias							
1ª not. 1	2ª not. 15	27	39	53	68	80	96
2	16	28	40	54	69	81	97
3	17	29	41	55	70	82	98
6	18	30	43	56	71	83	100
7	19	31	44	57	72	84	101
8	20	32	45	58	73	85	102
9	3ª not. 21	33	46	59	74	86	103
10	22	34	47	60	75	87	104
11	23	35	48	61	76	88	105
12	24	36	49	63	77	93	106
13	25	37	51	65	78	94	107
14	26	38	52	67	79	95	108
Laudes							
92		50	id.	id.	id.	id.	id.
99		5	42	64	89	142	91
62 + 66		id.	id.	id.	id.	id.	id.
Cântico		Cânt.	Cânt.	Cânt.	Cânt.	Cânt.	Cânt.
148–150		id.	id.	id.	id.	id.	id.
Prima							
117		53	id.	id.	id.	id.	id.
118,1-4		id.	id.	id.	id.	id.	id.
Terça							
118,5-10		id.	id.	id.	id.	id.	id.
Sexta							
118,1-16		id.	id.	id.	id.	id.	id.
Nona							
118,17-22		id.	id.	id.	id.	id.	id.
Vésperas							
109		114	121	126	131	137	143
110		115	122	127	132	138	144
111		116	123	128	134	139	145
112		119	124	129	135	140	146
113		120	125	130	136	141	147
Completas							
4		id.	id.	id.	id.	id.	id.
90		id.	id.	id.	id.	id.	id.
133		id.	id.	id.	id.	id.	id.

SALTÉRIO NO *RB* 9-18

Dom.	Seg.	Ter.	Qua.	Qui.	Sex.	Sáb.
Vigílias						
3	id.	id.	id.	id.	id.	id.
94	id.	id.	id.	id.	id.	id.
1ª not. 20	32	45	59	73	85	101
21	33	46	60	74	86	102
22	34	47	61	76	88,1	103,1
23	36,1	48	65	77,1	2	2
24	2	49	67,1	2	92	104,1
25	37	51	2	78	93	2
2ª not. 26	38	52	68,1	79	95	105,1
27	39	53	2	80	96	2
28	40	54	69	81	97	106,1
29	41	55	70	82	98	2
30	43	57	71	83	99	107
31	44	58	72	84	100	108
Laudes						
66	id.	id.	id.	id.	id.	id.
50	id.	id.	id.	id.	id.	id.
117	5	42	63	87	75	142
62	35	56	64	89	91	Cânt.,1
Cântico	Cânt.	Cânt.	Cânt.	Cânt.	Cânt.	2
148–150	id.	id.	id.	id.	id.	id.
Prima						
118,1-4	1	7	9,2	12	15	17,2
	2	8	10	13	16	18
	6	9,1	11	14	17,1	19
Terça						
118,5-7	118,14-16	119	id.	id.	id.	id.
		120	id.	id.	id.	id.
		121	id.	id.	id.	id.
Sexta						
118,8-10	118,17-19	122	id.	id.	id.	id.
		123	id.	id.	id.	id.
		124	id.	id.	id.	id.
Nona						
118,11-13	118,20-22	125	id.	id.	id.	id.
		126	id.	id.	id.	id.
		127	id.	id.	id.	id.

SALTÉRIO NO *RB* 9-18

Dom.	Seg.	Ter.	Qua.	Qui.	Sex.	Sáb.
Vésperas						
109	113	129	134	138,1	141	144,2
110	114	130	135	2	143,1	145
111	115 + 116	131	136	139	2	146
112	128	132	137	140	144,1	147
Completas						
4	id.	id.	id.	id.	id.	id.
90	id.	id.	id.	id.	id.	id.
133	id.	id.	id.	id.	id.	id.

C. Horas menores (*RB* 17-18):

Versículo de abertura
Hino
3 salmos variáveis, com ou sem refrão
Leitura
Versículo
Litania
Despedida

D. Vésperas (*RB* 13:12; 17:7-8; 18:12-18):

Versículo de abertura (?)[51]
4 salmos variáveis
Leitura
Responsório
Hino
Versículo
Cântico do evangelho
Litania
Pai-nosso
Despedida

51. *RB* não menciona o versículo para as vésperas ou completas, mas eu o presumi.

E. **Completas** (*RB* 17:9-10; 18:19):

Versículo de abertura (?)[52]
Salmos 4; 90; 133, sem refrão
Hino
Leitura
Versículo
Litania
Bênção
Despedida

2. Como o ofício era celebrado:

Exatamente como Bento pretendia que os salmos, hinos e cânticos fossem executados foi algo discutido pelos intérpretes posteriores da *Regra*. Aqui, como em outras fontes, não se pode argumentar a partir da variedade de verbos que Bento usa para descrever a execução: "cantar" (*cantare*, *canere*, *modulare*: *RB* 9:5-6, 9; 11:2-3; 17; 18:12), "salmodiar" (*psallere*: 17:6) ou simplesmente "dizer" (*dicere*: 11:6; 18:15). Isso fica claro em *RB* 11:3, onde Bento diz que "o *Gloria* é dito por quem canta (*dicatur a cantante gloria*)"[53]. O mesmo se aplica ao grego ou siríaco litúrgico, em que verbos como *legein* ou *emar*, os equivalentes de *dicere*, "dizer", apenas indicam vocalização indiferentemente, sem nenhuma implicação de "dizer" como distinto de "entoar" ou "cantar". Além disso, a tradicional oposição do monaquismo primitivo à música não significa que os monges não cantassem. O que eles repudiavam eram música mundana, instrumentos musicais e — inicialmente pelo menos — refrãos e cantos não escriturísticos. Portanto, podemos ter certeza de que Bento e seus antepassados não pretendiam que as horas fossem "ditas", embora nada saibamos sobre a natureza de seu canto nesse período inicial.

Nem está totalmente claro o que Bento quer dizer com salmodia antifonal[54]. No uso monástico primitivo, os salmos eram executados diretamente (*in directum*, *directaneus*: *RB* 17:6, 9), ou seja, em sua totalidade, por um solista ou por toda a comunidade em conjunto; ou *alternadamente*, com a congregação

52. Ver a nota precedente.

53. Mitchell, The Liturgical Code, 403.

54. Cf. Ibid., 401 ss., e Mateos, J., La psalmodie dans le rite byzantin, *POC* 51 (1965) 107-126, reimpresso in Id., *La célébration de la parole dans la liturgie byzantine*, Roma, PIO, 1971, 7-26 (OCA 191).

dividida em dois coros alternando os versos. Se o texto bíblico do salmo incluía um responso "de aleluia", o salmo poderia ser cantado responsorialmente, com toda a congregação respondendo "aleluia" a cada versículo proclamado por um solista. O uso monástico posterior seguiu as igrejas catedrais quando estenderam o método responsorial para além do repertório dos salmos bíblicos de aleluia a todo o saltério, ao simplesmente selecionar um versículo de qualquer salmo para servir como seu responso. Formas *antifonais* de salmodia aparecem a partir do século IV como elaborações posteriores do modo responsorial. O *Gloria Patri*, nunca encontrado na salmodia responsorial, é adicionado para concluir a unidade; refrãos não bíblicos às vezes substituem as antífonas das escrituras, especialmente no Oriente; e a congregação, dividida em dois coros, responde aos versos alternadamente, às vezes com o mesmo refrão, às vezes cada coro com seu próprio refrão, aos versos cantados pelo solista ou, às vezes, por dois solistas alternando os versículos, um à cabeça de cada coro.

Observe-se que o refrão ou antífona era repetido após cada versículo e não apenas no início e no final do salmo, e que dois solistas, não dois coros de monges, alternavam os versículos, ao contrário do que se vê no uso latino mais recente. A evidência nem sempre é clara, mas penso que o uso antifonal ocidental moderno, com a supressão do papel do solista e da repetição da antífona após cada versículo, representa apenas os restos da estrutura originária dessa unidade litúrgica, como pretendido por Bento na *Regra*.

Como esse sistema antifonal funcionava apenas quando havia monges suficientes para se dividirem em solistas e dois coros, *RB* 17:6 elimina as antífonas se a comunidade é muito pequena: "Si maior congregatio fuerit, cum antiphonis, si vero minor, in directum psallantur".

A *Regra* não especifica as perícopes para as leituras das Escrituras, o que me leva a presumir que fossem uma *lectio continua* de livros escolhidos de acordo com a estação do ano litúrgico.

III. Conclusão

As vantagens das revisões de Bento são imediatamente aparentes[55]. Sua redistribuição da salmodia monástica corrente e variável do saltério semanal para cobrir as laudes e também as horas do dia não apenas elimina as repetições,

55. Para uma análise mais detalhada, ver DE VOGÜÉ, *La Règle de S. Benoît* V, esp. cap. 9, e MITCHELL, The Liturgical Code, 397 ss.

mas também introduz variedade nessas horas, enquanto ameniza o *pensum* das vigílias para doze salmos por dia e o das vésperas de cinco para quatro. Mas Bento fez mais do que tornar a salmodia romana menos pesada e menos repetitiva. Ele também introduziu a hinodia, que não era um costume romano nas horas, embora encontremos hinos nos ofícios de Milão, da Gália e da Península Ibérica. Além disso, ele aliviou a monotonia da salmodia noturna, ao colocar as leituras após os primeiros seis salmos de vigílias, em vez de no final dos doze tradicionais. Ao fazer isso, ele abandonou a tradição, transmitida do Egito via Cassiano, o Mestre e o uso romano, de colocar as leituras depois de todos os doze salmos.

Essa moderação e bom senso pastorais, tão característicos de Bento e de sua *Regra*, também levaram à supressão das vigílias de noite inteira do *cursus* beneditino (ver capítulo 9).

Embora o ofício de Bento não fosse mais do que uma revisão do *cursus* romano, especialmente o saltério, com a adição de elementos do ofício de *RM*, ele não conseguiu suplantar usos romanos mais antigos na própria Cidade. E foi desses usos, e não do ofício de Bento, que derivou o posterior breviário romano. Mas, nos mosteiros de todo o Ocidente latino, a adoção da sábia *Regra de São Bento* trouxe consigo sua revisão do *cursus* romano; e, no segundo milênio, o ofício de *RB* havia se tornado *o* ofício monástico da Igreja Ocidental.

8

As horas de catedral no Ocidente

Nosso primeiro testemunho de horas de catedral no Ocidente é posterior àquele do Oriente, como também mais vago. Além do estudo clássico de Winkler sobre as vésperas de catedral[1], esse material nunca foi submetido a uma análise exaustiva, e isso está obviamente além do escopo deste livro. Portanto, devo me limitar ao que pode ser obtido das fontes do século IV ao século VI.

Milão[2]

Ambrósio (339-397) atesta a existência de serviços de catedral em Milão, onde foi bispo de 374 até sua morte em 397. As escassas referências disponíveis indicam que a Igreja de Ambrósio conhecia a salmodia usual no início e no final do dia, como também à noite: "O salmo é a bênção do povo, o louvor a Deus, [...] a voz da Igreja [...] uma arma à noite, um mestre de dia [...] O romper do dia ecoa com um salmo, seu término ressoa com outro", ele nos diz em *Explan. ps. 1,9*[3].

1. WINKLER, Über die Kathedralvesper.

2. Estou seguindo MONACHINO, V., S. *Ambrogio e la cura pastorale a Milano nel secolo*, Milan, Centro Ambrosiano di documentazione e studi religiosi, 1973, 139-151.

3. CSEL 64, 7.

1. Matinas:

Em *Expositio ps. 118*, 19:22, 30, 32[4], Ambrósio fornece o simbolismo usual para a oração ao nascer do sol e afirma que essa é uma sinaxe comum diária à qual os cristãos deveriam comparecer:

> [30][...] antecipemos o nascer do sol, apressemos o seu início de antemão, digamos: eis que estou aqui. O Sol da Justiça deseja e espera ser antecipado. [...] Antecipa este sol que tu vês, "Desperta, ó tu que dormes, levanta-te dentre os mortos e o Cristo te dará luz" [Ef 5,14]. Se antecipares este sol antes de ele nascer, receberás Cristo, o doador de luz. É ele que brilha no segredo do teu coração, ele que te diz: "À noite, meu espírito vigiou diante de ti" [Is 26,9]; a luz da manhã brilhará em tempos de escuridão, se meditares as palavras de Deus. Pois, quando [as] meditas, há luz, e, ao ver não uma luz temporal, mas a luz da graça, dizes: "Pois teus comandos são uma luz" [Is 26,9]. Quando, portanto, o dia te encontra meditando a palavra divina, e uma obra de oração e salmodia tão digna deleitou tua mente, tu deves dizer novamente ao Senhor Jesus: "Tu fazes alegres as saídas da manhã e da tarde" [Sl 64,9].
>
> [32][...] pela manhã, corre para a igreja, leva os primeiros frutos de tua devoção piedosa; e depois, se os assuntos do mundo te convocarem, não hesites em dizer: "Meus olhos anteciparam a manhã, para meditar tua palavra" [Sl 118,148] [...] Como é agradável começar o dia com hinos e cânticos, com as bem-aventuranças que lês no evangelho.

Nessas passagens, Ambrósio cita alguns dos componentes tradicionais da clássica oração matinal de catedral — Salmos 118, 148, Isaías 26,9, cânticos — bem como as Beatitudes. Em outro lugar, ele repete o simbolismo do Sol da Justiça e se refere a salmos e hinos[5]. E é bem sabido que o próprio Ambrósio compunha hinos para uso nas horas.

2. Vésperas:

Em *Hexaemeron* (*Exameron*) V, 12:36, Ambrósio fala de terminar o dia com uma celebração dos salmos[6], e em *Expos. ps. 118*, 8:48, descrevendo o dia do cristão, ele se refere à Eucaristia ao meio-dia em alguns dias, e ao "sacrifício

4. CSEL 62, 433, 437-439.
5. Ambrósio, *De Helia et ieiunio* 15:5, CSEL 32/2, 445.
6. CSEL 32/1, 170.

da tarde" (Sl 140,2), o que leva a pensar no uso daquele salmo vesperal clássico nas vésperas de catedral milanesas[7]. Em *De virginibus* III, 4:18, Ambrósio cita Salmo 118,164, "Sete vezes por dia te tenho louvado", e Mateus 26,41, "Vigiai e orai, a fim de não cairdes em poder da tentação"; e fala de oração particular quando nos levantamos, quando saímos, antes e depois das refeições, e "na hora do incenso, quando finalmente vamos descansar"[8]. A referência pode ser à hora da oferta vespertina de incenso no templo, de Êxodo 30,8. Também pode ser a mais antiga prova ocidental do uso de incenso nas vésperas, junto com o testemunho do poeta espanhol Prudêncio (348-após 405) em *Hymnus ad incensum lucernae*[9]. Por fim, Agostinho em suas *Confissões* IX, 12 (31) nos lembra que Ambrósio compôs o hino vesperal *Deus creator omnium*, provavelmente cantado em todas as orações vespertinas em Milão.

3. Vigílias:

Ambrósio também faz referência à oração à noite, aparentemente uma oração particular em casa[10]. E havia vigílias públicas durante toda a noite em certas ocasiões, como veremos no capítulo seguinte.

Roma

As referências a um ofício de catedral em Roma e arredores são ainda menos precisas. Com efeito, como eu disse no capítulo anterior, não podemos nem mesmo ter certeza de que a distinção catedral-monástico seja aplicável aí. Naquele capítulo, examinei a referência de Cassiano às laudes seguidas pelo Salmo 50 no ofício matinal "em toda a Itália [...] em todas as igrejas" (*Inst.* III, 6). E Arnóbio, o Jovem, um africano que vivia como monge em Roma em meados do século V, diz no seu *Comentário ao Salmo 148* que o Salmo 148 é cantado diariamente, de madrugada: "Nós diariamente, em todo o mundo, assim que o raiar do dia começa a dar os seus primeiros sinais, ao som deste salmo convocamos tudo no céu e na terra a louvar e bendizer a Deus"[11].

7. CSEL 62, 180.
8. *PL* 16, 225.
9. CSEL 61, 25-32.
10. *Expos. ps. 118*, 7:31, 8:45-52, CSEL 62, 145, 178-183; *Explan. ps. 36*, 65, CSEL 64, 124.
11. *PL* 53, 566.

Jerônimo esteve em Roma de 382 a 385. Sua *Carta 107, 9*, a Leta, embora em grande parte trate da formação espiritual da filha de Leta, contém elementos que podem se referir à oração de catedral. Os "hinos" são especificados pela manhã; e o "sacrifício da tarde", na hora do acender das lâmpadas. A virgem deve

> [...] levantar-se à noite para orações e salmos; cantar hinos pela manhã; à terça, sexta e nona horas, permanecer nas linhas [de batalha] como um guerreiro de Cristo; e, com a lâmpada acesa, oferecer o sacrifício da tarde. Que o dia transcorra assim, que a noite a encontre no trabalho. Que a leitura siga a oração, e a oração, a leitura[12].

Bem ao sul de Roma, a carta de Urânio sobre a morte de Paulino (morto em 431), bispo de Nola, em Campânia, faz referência às matinas, à preparação de "uma luz (*lucernam*) para meu Cristo", à "hora da devoção vespertina (*lucernariae*)", bem como ao ato de vigiar ao lado do santo moribundo[13].

Em outra parte da Itália, Rufino de Aquileia (morto em 410), muito viajado na Itália e no Oriente, afirma em sua *Apologia in S. Hieronymum* II, 35 que "todas as Igrejas do mundo (*omnis ecclesia per orbem terrarum*)" cantam o cântico de Daniel 3[14] — sem dúvida nas matinas, pois é aí que o vemos quase em toda parte como cântico normal do Antigo Testamento para domingos e festas.

Norte da África

Agostinho em suas *Confissões* V, 9 diz que sua santa e amada mãe, Mônica (falecida em 387), "ia duas vezes por dia — de manhã e à tarde — à tua igreja, sem faltar jamais [...] para te ouvir em tuas palavras e para que a ouvisses em suas orações". E em seu *Enarr. in ps. 49*, 23 ele supõe a existência de matinas e vésperas de catedral ao descrever a atitude daqueles que veem a prática religiosa como uma espécie de comércio com Deus, dizendo a si mesmos: "Vou me levantar todos os dias, vou à igreja, participo no canto de um hino matinal, de um segundo nas vésperas, um terceiro ou quarto em casa; diariamente ofereço o sacrifício de louvor e faço uma oferenda ao meu Deus"[15]. Ele também fala de

12. CSEL 55, 300.
13. 4, *PL* 53, 861-862.
14. *PL* 21, 613-614.
15. *PL* 36, 580; cf. *Enarr. 2 in ps. 33*, 14, *PL* 36, 316.

alguém que, como uma "formiga de Deus, se levanta todos os dias, corre para a igreja, reza, ouve a leitura, canta o hino, pensa sobre o que ouviu [...]"[16]. Além disso, Agostinho era grande amante dos cantos de igreja, de salmodia e hinos, e talvez possamos presumir que seus elogios à música sinalizam sua importância no ofício de catedral de sua Igreja[17].

A *Vita Fulgentii* 29 (59), atribuída ao diácono cartaginês Ferrando, aluno de Fulgêncio, conta como o grande teólogo Fulgêncio (467-533), bispo de Ruspe, uma pequena cidade na província norte-africana de Bizacena, instruiu o clero a cantar e pronunciar bem a salmodia, e "determinou que todas as semanas todos os clérigos e viúvas, e qualquer leigo que fosse capaz, deviam jejuar às quartas-feiras e sextas-feiras, ordenando que todos estivessem presentes nas vigílias diárias, nos jejuns e nas orações matutinas e vespertinas"[18].

Gália nos séculos IV e V

Para o ofício de catedral na Gália, há evidências bem mais completas. Já no século IV, o muito viajado bispo Hilário de Poitiers (morto em 367), comentando, como Eusébio antes dele, sobre o Salmo 64,9, diz que "O progresso da Igreja nas delícias dos hinos da manhã e da tarde é um grande sinal da misericórdia de Deus na Igreja. O dia começa com as orações de Deus, o dia termina com os hinos de Deus"[19].

Um século depois, o cânone 14 do Concílio de Vannes, Bretanha, em 465, obriga os sacerdotes a estar presentes nos "hinos matutinos (*matutini hymni*)", e o cânone 15 exorta a um uso e a uma regra uniforme para o ofício e a salmodia[20]. No mesmo período, temos nossos primeiros lecionários para uso, aparentemente, no Ofício Divino, como aquele preparado por Musaeus (morto por volta de 460), um presbítero de Marselha, para seu bispo, São Venério[21].

---

16. *Enarr. in ps. 66*, 3, *PL* 36, 805.

17. Cf. van der Meer, F., *Augustine the Bishop*, London, Sheed and Ward, 1978, 325-337.

18. *PL* 65, 147.

19. *Tract. in ps. 64*, 21, CSEL 22, 244.

20. Mansi 7, 955.

21. Genádio, *Liber de viris inlustribus* 80, ed. E. C. Richardson, Leipzig, J. C. Hinrich, 1896, 88-89 (TU 14/1); cf. Dix, G., *The Shape of the Liturgy*, Westminster, Dacre Press, 1945, 558-559.

No vale do Ródano, vemos matinas e vésperas além das horas menores na Quaresma, pelo menos em Orange sob o bispo Eutrópio (*c.* 463-depois de 475)[22]. A *Vida de São Severo*, sacerdote de Vienne (morto após 450), também se refere a um *cursus* completo, distribuído entre as igrejas da cidade: matinas e noturnos na catedral, terça e sexta na Basílica de Santo Estêvão, nona na de São Lourenço, vésperas e duodécima na Santo Albano fora dos muros[23].

Ofícios gauleses no século VI: a Igreja sob os francos

Por volta do século VI, nossos testemunhos do ofício de catedral na Gália tornam-se mais frequentes, mais completos, mais coesos, especialmente no vale do Ródano. Mas primeiro vamos examinar as evidências para os reinos francos de Clóvis (morto em 511) e seus herdeiros.

Tours, à margem esquerda do Loire, ficou sob o domínio dos francos quando Clóvis estendeu suas conquistas ao sul, cruzando o Loire na Gália visigótica em 507. Uma de nossas principais fontes de informação sobre a história e os usos da Igreja sob os francos é São Gregório, bispo de Tours (538-594), então centro religioso da Gália. Em sua *História dos Francos* X, 31, ele informa que Injurius, bispo de Tours (529-546), introduziu a terça e a sexta no *cursus* de catedral de sua Igreja, e em *De virtutibus S. Iuliani*, 20, fala das vésperas como "*gratia vespertina*", nome que lembra o *epilychnios eucharistia* dos capadócios[24].

Mais interessante é o *Vitae patrum* VI, 7, de Gregório, a respeito da morte, em 551, de seu tio São Galo, bispo de Clermont. A passagem descreve um ofício dominical matutino realizado na igreja ao amanhecer (*albascente jam coelo*). À pergunta do bispo moribundo sobre o que estava sendo cantado na igreja (*quid in ecclesia psalleret*), aqueles que estavam com ele responderam:

---

22. *Vita S. Eutropii, Bulletin du Comité des monuments écrits de l'histoire de France, Histoire* I, 1849, 57, apud Beck, H. G., *The Pastoral Care of Souls in South-East France during the Sixth Century*, Roma, Pontifical Gregorian University, 1950, 117, nota 94 (Analecta Gregoriana 51). Devo várias referências nesta seção a Beck.

23. *Vita S. Severii Viennensis* 8, *Analecta Bollandiana* 5, 1886, 421-422; Beck, *The Pastoral Care of Souls*, 117. No entanto, a própria *Vita* não parece ser anterior ao século VII (Ibid., xlv-xlvi).

24. MGH, SRM III, 519 e SRM I, 573.

> [...] "Eles estão cantando a bendição (*benedictio*)". E, quando o Salmo 50 e a bendição haviam sido cantados, e o *alleluiaticum* com o *capitellum* havia terminado, ele completou as matinas. Concluído o ofício, ele disse: "Dizemos adeus a vós, irmãos". E, dizendo isso, abriu os braços e enviou o seu espírito, ansioso pelo paraíso, ao Senhor[25].

A recorrência dos ofícios de catedral — louvor matinal e vésperas — em cenas de leito de morte dos santos no Oriente e no Ocidente (Santa Macrina, São Gregório de Nazianzo, São Galo) é apenas mais um sinal da grande importância atribuída a essa oração litúrgica na Antiguidade.

Há um consenso geral de que a *benedictio* desse texto acima citado é o *Benedicite* ou as *Benedictiones* de Daniel 3, um cântico dominical padrão das matinas no Oriente e no Ocidente. O *aleluiaticum* é muito provavelmente os Salmos de laudes 148–150. Já estamos familiarizados com o *capitellum* ou versículo(s) sálmico(s) de intercessão. Isso resulta numa estrutura das matinas similar à que vemos em outras fontes gaulesas do período:

Salmo 50
Cântico do AT: Daniel 3
Laudes: Salmos 148–150
Capitellum

Gália do Sul sob os visigodos

É no século VI, na região do vale do Ródano, sob a influência do grande bispo São Cesário de Arles (503-542), que nossa evidência se torna rica e coerente o suficiente para fornecer uma visão pelo menos geral, sintética das horas de catedral no sul da Gália.

I. Os sínodos gauleses

Uma das grandes mudanças na história mundial ocorreu no final do século V, quando o Império Romano do Ocidente chegou ao fim em 476 sob a pressão da recém-formada federação de reinos bárbaros. Durante esse período, muitas das nossas informações para o ofício no reino visigótico sob Alarico (morto em 507) no sul da Gália e na Península Ibérica vêm dos cânones de

25. MGH, *Serm.* I, 685 = *PL* 71, 1034.

vários sínodos locais realizados na Gália enquanto a Igreja tentava se ajustar à nova situação[26].

1. Agde (506):

Um dos mais importantes desses concílios locais, convocado em Agde em setembro de 506 sob a liderança de Cesário, reuniu bispos de todas as províncias do Reino de Alarico — na época a Gália, exceto o norte e a Borgonha controlada pelos francos e borgonheses, e a maior parte da Espanha.

O cânone 30 desse sínodo decreta:

> E, uma vez que é apropriado que a ordem da igreja seja observada por todos de maneira igual, esforçai-vos para que, após a antífona, as coletas (*collectiones*) sejam ditas em ordem pelos bispos ou presbíteros, como é feito em todos os lugares, e que os hinos matutinos (*hymni matutini*) e vespertinos sejam cantados todos os dias, e ao final dos serviços da manhã e da tarde (*missae*)[27], após os hinos, sejam ditos os *capitella* dos salmos; e nas vésperas, depois de uma coleta (*collecta*) pelo bispo, que o povo seja dispensado com uma bênção[28].

Portanto, o bispo e seus presbíteros celebravam matinas e vésperas diariamente para o povo. Os serviços incluíam antífonas (sem dúvida salmodia), cada uma seguida de uma coleta. Essa é a primeira referência a "coletas de salmos", das quais sobreviveram coleções da África (a mais antiga), Itália e Espanha, dos séculos V, VI e VII[29]. Cada hora era encerrada com um hino e intercessões: já

---

26. Para as circunstâncias desses concílios, ver Hefele, J.; Leclerq, H., *Histoire des conciles* II.2-III.2, Paris, Letouzey et Ané, 1908-1910.

27. Sobre os vários significados de *missae*, ver Gamber, K., *Missa Romensis*, Regensburg, Pustet, 1970, 170-186 (Studia patristica et liturgica 33). Aqui *missae* significa cantos e orações, embora a explicação de Gamber de missa na *Regra* de Cesário seja insatisfatória.

28. Mansi 8, 329-330.

29. Cf. Brou, L., Où en est la question des "Psalter Collects"? *Studia Patristica*, Berlin, Akademie-Verlag, v. 2 (1957) 17-20 (TU 64); Id.; Wilmart, A., *The Psalter Collects from V-VIth Century Sources*, London, Harrison and Sons, 1949 (HBS 83); de Sainte Marie, H., The Psalter Collects, *EL* 65 (1951) 105-110; Mohrmann, C., À propos des collectes du psautier, *Vigiliae Christianae* 6 (1952) 1-19; Pinell, J., *Liber orationum psalmographicus*, Barcelona, 1972 (Monumenta Hispaniae sacra, serie liturgica 9); Salmon, P., *The Breviary through the Centuries*, Collegeville, The Liturgical Press, 1962, 55-59; Vandenbroucke, F., Sur la lecture chrétienne du psautier au V siècle, *Sacris enudiri* 5 (1953) 5-26.

vimos no capítulo 6 que os *capitella* eram versículos de intercessão extraídos dos salmos.

Os salmos de laudes faziam parte desses "*matutini hymni*"? Muito provavelmente. No capítulo 3, vimos em Eusébio e Egéria uma expressão semelhante para descrever o ofício de catedral de louvor matinal no Oriente; era comum que os salmos bíblicos fossem chamados de "hinos" ou "antífonas", e Cassiano (*Inst.* III, 6) chama os Salmos 148–150 "os hinos matinais" em uso na Gália e na Itália[30].

2. Epaon (517):

O cânone 27 do Sínodo de Epaon (Eponum, Epao) no vale do Ródano ao sul de Vienne, convocado em 517 pelo recém-convertido rei Sigismundo da Borgonha, determina que os ofícios sejam celebrados em igrejas provinciais de acordo com a ordem usada pelos metropolitanos da província[31].

3. Vaison II (529):

Em 529, o cânone 3 do segundo sínodo de Vaison (em Vico Vaseni, Vasio), também em Borgonha, mas parte da província eclesiástica de Arles e, portanto, presidida por Cesáreo, ordena que o *Kyrie eleison* seja adicionado às matinas, vésperas e Missa, como era costume "na Sede apostólica e em todas as províncias do Oriente e da Itália"[32]. Mas não se indica como o *Kyrie* era usado — como um responso litânico, ou simplesmente repetido três vezes como nos ofícios monásticos de Aureliano. Além disso, o cânone 1 fornecia uma espécie de seminário rudimentar. Determina que os presbíteros de cada paróquia recebam em seus lares jovens leitores para serem treinados na salmodia e leitura, a fim de garantir a sucessão do clero[33].

30. Sobre Cassiano, ver caps. 6, 10.

31. Mansi 8, 562.

32. Ibid., 727.

33. Ibid., 726.

4. Tours II (567):

Com o consentimento do rei franco Cariberto, o Segundo Concílio de Tours em 18 de novembro de 567 decreta no cânone 18 a mesma ordem de salmodia na Basílica de São Martinho e em todas as outras igrejas, e determina o número de salmos:

> Nos dias de verão[34], que se façam seis antífonas de dois salmos [cada]. Em agosto, haja vigílias (*manicationes*[35]), porque nesse mês acontecem as festas e *missae* dos santos; em setembro, sete antífonas de dois salmos; em outubro, oito de três salmos; em novembro, nove de três salmos; em dezembro, dez de três salmos; em janeiro e fevereiro, a mesma coisa, até a Páscoa. Também é possível que um faça mais, outro menos, de acordo com a habilidade. Ainda assim, doze salmos são definidos para matinas, uma vez que os estatutos dos Padres assim ordenaram, e à sexta que sejam ditos seis salmos com aleluia, e doze à duodécima, igualmente com aleluia, que eles também ensinaram, como mostrado pelo anjo. Se doze salmos são feitos à duodécima, por que não doze também nas matinas? Quem disser menos de doze nas matinas, que jejue até as vésperas. [...]

O que vemos aqui é um ofício de catedral já altamente monasticizado, não muito diferente do uso monástico catedralizado das regras de Arles. De fato, pode-se dizer que no Ocidente a distinção entre os dois tipos de serviços já começou a se confundir.

O cânone 23 do mesmo sínodo declara que, além dos hinos ambrosianos "no cânone (*in canone*)", outros hinos adequados também podem ser cantados, desde que o nome de seus autores seja indicado na margem[36], sem dúvida para evitar a introdução involuntária de autores suspeitos na oração da Igreja. Portanto, quando alguns sínodos ibéricos excluem do ofício todos os cantos não bíblicos, isso foi aparentemente um movimento posterior contra o priscilianismo e não deve ser interpretado como prova de que nenhum ofício do século VI na Gália e na Espanha continha hinos não escriturísticos[37]. Como observado

34. O texto em Mansi 9, 796, diz "in diebus festis", mas outros oferecem uma leitura que parece mais coerente: "in diebus aestivis". Cf. Bäumer, S., *Histoire du Bréviaire* I, Paris, Letouzey et Ané, 1905, 225, nota 4.

35. O verbo *manicare*, de *mani* (manhã), significa "vir pela manhã". Portanto, *manicatio* significa levantar-se cedo, e, por extensão, o cântico do serviço matinal.

36. Mansi 9, 803.

37. Cf. Bäumer, *Histoire du Bréviaire* I, 224.

no capítulo 6, havia hinos no ofício de Arles, conforme descrito nas regras de Cesário e Aureliano, e o poeta espanhol Prudêncio (348-após 405), em *Hino no incenso vespertino*, parece indicar o mesmo para o ofício de catedral na Espanha muito tempo antes do surgimento de tais proibições[38]. Além disso, o *Te Deum* atestado nas regras de Arles para as matinas, um serviço com inconfundíveis traços de catedral, também é testemunhado numa carta de Cipriano, bispo de Toulon, a Máximo, bispo de Genebra, escrita entre 524 e 533: "Mas, no hino que toda a Igreja no universo inteiro recebeu e canta, nós oramos diariamente: *Tu rex gloriae, Christus; tu Patri sempiternus es filius*. [...]"[39]. Como Bradshaw acertadamente adverte, a referência a "universo inteiro" deve ser tomada com cautela[40]. Mas o texto pelo menos prova que o canto era conhecido na Provença e na Borgonha, áreas às quais os filhos de Clóvis estenderam o controle dos francos após sua morte em 511. O reino dos borgonheses foi anexado em 534, a Provença foi cedida pelos ostrogodos em 537. E, mesmo quando caíram sob controle de diferentes reinos bárbaros, as várias províncias eclesiásticas dessa região franco-gótica permaneceram em estreito contato eclesiástico.

5. Narbonne (589)

Finalmente, em 1º de novembro de 589, o cânone 2 de um sínodo provincial em Narbonne, não muito longe de Agde, na parte do sul da Gália ocupada pelos godos, ordenou que o *Gloria Patri* fosse adicionado ao final de cada salmo ou seção dos salmos mais longos[41].

II. Fontes não canônicas: São Cesário de Arles

Nossas outras fontes do vale do Ródano no mesmo período apenas confirmam essa impressão de uma vida eclesial de grande intensidade e importância na vida das pessoas, com um ciclo cada vez mais completo e sofisticado de ofícios de catedral.

---

38. Ver nota 9 acima.
39. MGH, *Epistolae* III = *Epist. merowingici et karolini aeui* I, 436.
40. BRADSHAW, *Daily Prayer*, 119.
41. Mansi 9, 1015.

Em Vienne, por exemplo, temos uma referência à salmodia em dois coros de Santo Ávito (morto em 518), bispo da cidade, em seu *De virginitate*: "*Nam quoties sanctum compleveris ordine cursum, alternos recinens dulci modulamine psalmos* [...]"[42] [Pois, sempre que tiveres completado o sagrado percurso em ordem, recitando os salmos alternados com doce modulação.]. Na vizinha Lyon, o ofício também era feito em dois coros, como lembra o epitáfio de São Nicécio, bispo de Lyon (morto em 573)[43]. Nicécio é representado por Gregório de Tours, em *Liber vitae patrum* VIII, 4, nas matinas em sua catedral: são mencionadas duas antífonas seguidas de um salmo responsorial entoado por um diácono, bem como "os cânticos dominicais"[44]. Mas, de longe, a fonte mais importante após os cânones sinodais são as homilias de São Cesário de Arles. Cesário serviu como metropolita de Arles por quase quarenta anos (503-542) e exerceu enorme influência na Igreja em toda a Gália em sua época, quando estava nascendo o mundo que se tornaria o cristianismo latino medieval. Ele também foi o maior pregador latino desde Agostinho, e um verdadeiro crisóstomo ocidental pelos inúmeros bocados de informação litúrgica que fornece em seus sermões[45].

Está fora de questão que a Igreja de Arles conhecia um ofício de catedral sob o comando de Cesário. No *Sermão 80,3*, ele diz a seu rebanho que "aquele que é fiel à oração e salmodia na igreja é como aquele que procura oferecer a Deus um doce perfume do turíbulo sagrado do coração". Quanto aos camponeses iletrados, tanto homens como mulheres, que se queixavam de não se lembrar das orações e dos cânticos dos serviços, Cesário diz, sem rodeios, no *Sermão 6,3*, que eles acham fácil lembrar e cantar canções de amor diabólicas e lascivas. "Eles fariam muito melhor em aprender o credo, o pai-nosso e outras antífonas, e em aprender e lembrar os Salmos 50 e 90, e recitá-los com mais frequência. [...]" Sua própria devoção às horas é atestada em sua *Vita* I, 11, onde ficamos sabendo que, enquanto ainda era diácono sob o bispo Eônio, ele era o primeiro na igreja para as matinas e o último a sair[46]. Posteriormente, *Vita* I, 19 nos informa como ele, na condição de bispo, cuidava para que o povo participasse ativamente nos ofícios:

42. Chevalier, U., *Oeuvres complètes de S. Avit*, Lyon, Librairie générale catholique et classique E. Vitte, 1890, 92.

43. MGH, SRM III, 519.

44. Ibid., I, 694.

45. Eles se encontram em CCL 103-104. No texto, vou me referir a eles por números.

46. A *Vita* de Cesário está em MGH, SRM III, 457-501. Ver também *Serm. 86*, 5 e *196*, 2.

Acrescentou também e providenciou que os leigos memorizassem salmos e hinos, e cantassem, alguns em grego, outros em latim, sequências (*prosas*) e antífonas com voz aguda e melodiosa, como o clero, de modo que não tivessem tempo para desperdiçar em fofocas enquanto estavam na igreja.

1. Vigílias:

Há certa confusão nos escritos de Cesário a respeito da primeira sinaxe do dia, porque parece que ela era um ofício composto de vigílias seguidas imediatamente por louvor matinal ou matinas no sentido estrito do termo. Ele nos diz que as matinas, que ele geralmente chama de vigílias (*Sermão 76*,3; *86*,5; *188*,6; *195*,4; *196*,2; *211*,5; *212*,6), começavam no início da manhã (*196*,2; *212*,6) antes da aurora (*72*,1). O ofício durava cerca de meia hora (*76*,3) e incluía o Salmo 50 (*76*,3), o canto de salmos (*72*,1), orações (*72*,1-3; *76*,1), leituras escriturísticas (*72*,1; *76*,3; *118*,1; *196*,2, 4), e às vezes uma homilia (*76*,3; *195*,4; *211*,5; *212*,6).

Mas, se organizamos essa confusão de elementos com a ajuda das informações fornecidas por Cesário, parece que as matinas em sentido estrito eram o curto ofício de cerca de meia hora referido no *Sermão 76*,3. Portanto, em minha interpretação, Cesário está dizendo que o *cursus* da catedral de Arles era aberto com uma vigília noturna, seguida imediatamente por matinas, pelos seguintes motivos:

1) Não é possível que todos os elementos enumerados por Cesário que constituem as vigílias-matinas pudessem ser cumpridos em meia hora.
2) Quando devia haver pregação, Cesário nos diz que o Salmo 50 era dito "mais cedo (*maturius*)", para que o ofício não se arrastasse além do tempo usual de despedida, a fim de evitar que as pessoas se atrasassem para o trabalho (*75*,3; *118*,1). Isso só pode significar que o Salmo 50 era o fim das vigílias ou, mais provavelmente, o início das matinas, e que Cesário costumava atrasar seu sermão até esse momento, quando até os retardatários teriam chegado para a oração matinal obrigatória. Caso contrário, não faria sentido o que ele diz nos *Sermões 76*,3 e *118*,1 sobre iniciar o Salmo 50 mais cedo nos dias em que havia pregação. Pois, se a homilia precedesse a abertura das matinas com o Salmo 50, o salmo poderia ser deixado em seu tempo habitual, sem causar nenhuma demora na despedida, que era o cerne de toda essa questão.
3) Presumivelmente, em Arles e em outros lugares, os leigos deveriam estar presentes na oração matinal da catedral. Mas, uma vez que Cesário

constantemente exorta seus fiéis a virem para a sinaxe matinal "mais cedo (*maturius*)", algo deve ter precedido o serviço das matinas de meia hora (*76*,3; *86*,5; *188*,6; *195*,4; *196*,2; *211*,5; *212*,6). Consequentemente, as leituras a que ele se refere no contexto das vigílias-matinas deviam ter ocorrido antes do Salmo 50. Normalmente, seria de esperar que a pregação acompanhasse essas leituras, mas Cesário a retardava até as matinas para alcançar um público maior.

4) Isso é confirmado pelo que vimos acima, no capítulo 6, nas horas de catedral de Arles descritas nas regras de Cesário e Aureliano. Não havia leituras escriturísticas nas matinas. Em vez disso, elas faziam parte da *missae* de leituras, salmodia e oração que *precediam* o ofício matinal.

Portanto, eu concordaria com Bradshaw que as leituras na sinaxe matinal eram uma parte das vigílias que precediam as matinas[47], e não parte do ofício matinal ou matinas em sentido estrito. O Salmo 50 era antecipado por causa da homilia, que prolongava as matinas, para que a despedida não se atrasasse para além do tempo habitual.

Aparentemente, então, era costume que os fiéis se arrastassem para as vigílias quando se levantavam, algo como a visita esporádica à "exposição de quarenta horas" nas igrejas latinas das gerações posteriores, embora sem dúvida fosse falta de boas maneiras não estar lá, pelo menos no momento da abertura das matinas com o Salmo 50. Assim sendo, Cesário exorta constantemente o povo a mostrar maior fervor, indo o mais cedo possível à vigília.

A maior parte das informações litúrgicas das homilias de Cesário diz respeito a essas vigílias, às quais ele atribuiu grande importância, sem dúvida pelo primado da proclamação e da pregação da Palavra de Deus no programa pastoral-litúrgico de Cesário (*72*,1; *76*,3; *118*,1; *192*,2,4). Mas essa ênfase na Palavra, tão característica de Cesário, não se limitava aos serviços públicos. No *Sermão* 6,2-3, ele diz a seus ouvintes que eles poderiam muito bem ocupar seus fins de tarde lendo ou, se analfabetos, ouvindo a leitura das Escrituras, em vez de perder tempo em banquetes intermináveis e beber durante metade da noite.

As lições de vigília eram entremeadas com salmodia (*72*,1), e as orações que se seguiam aos salmos eram ditas de joelhos, como os fiéis tinham de ser lembrados no *Sermão 76*,1 (cf. *76*,3):

47. Bradshaw, *Daily Prayer*, 121-122.

> Rogo-vos, amados, e vos admoesto com cuidado paternal que, sempre que uma oração é dita, quem talvez não possa ajoelhar-se por causa de alguma enfermidade, pelo menos não deixe de dobrar as costas ou abaixar a cabeça. De que adianta cantar os salmos fielmente se, quando cessais de cantar, não quereis rogar a Deus? Que cada um, cessando de cantar, ore e rogue ao Senhor com toda a humildade, para que o que proferir com os lábios mereça, com a ajuda de Deus, o cumprimento na ação. Assim como cantar os salmos, irmãos, é como semear um campo, rezar é como o semeador que o cultiva escavando e cobrindo o solo. [...] Portanto, sempre que uma pessoa para de cantar, que não cesse de rezar se quiser que uma colheita da misericórdia divina cresça no campo de seu coração.

Visto que já sabemos pelo sínodo de Agde que havia coletas, o que temos aqui é, sem dúvida, a estrutura tradicional de oração dos serviços latinos posteriores: o comando para se ajoelhar, a oração silenciosa de joelhos, o comando para se levantar e a coleta.

Flectamus genua!
    todos se ajoelham e oram em silêncio
Levate!
    todos se levantam
Coleta pelo bispo ou presbítero presidente

Esse texto também expressa a teologia da Liturgia das Horas de Cesário. No uso antigo, como observou de Vogüé, a salmodia, assim como as leituras, era a Palavra de Deus para nós, não a nossa para ele[48]. A oração pessoal é o que se seguia a cada salmo, estimulada pela recitação meditativa da Palavra Sagrada.

2. Matinas:

Como acabamos de ver, as matinas aparentemente abriam com o Salmo 50, duravam cerca de meia hora e ocasionalmente incluíam uma homilia, que Cesário nos diz (com notável franqueza, visto que ele era o homiliasta) que as pessoas achavam maçantes (*76*,3). Se houvesse pregação, o Salmo 50 de abertura começava mais cedo do que de costume, para que a despedida ocorresse no horário normal (*76*,3; *118*,1) e as pessoas não se atrasassem para o trabalho.

48. de Vogüé, *La Règle de S. Benoît* VII, 206-221.

O cântico de Daniel 3 também era cantado nos serviços, sem dúvida nas matinas. No *Sermão* 69,1, Cesário dá a entender que ele era apropriado ao ofício festivo: "Ouvistes nas *Benedictiones* e ouvistes em todas as festas, quando são lidas, como tudo no céu e na terra louva a Deus [...]". Isso está de acordo com o que vimos no capítulo 6 sobre as matinas nas *Regras* de Cesário e Aureliano.

Finalmente, o *Sermão* 76,2 nos informa que uma oração de bênção era precedida pela ordem de curvar-se ("*inclinate capita vestra*"), como ainda é costume hoje — embora mesmo isso parecesse pôr à prova a força da indiferente congregação de Cesário: "Aconselho e exorto, irmãos, que sempre que vos for dito para vos curvardes para uma bênção, não torneis um fardo tão pesado inclinar a cabeça, pois não estais vos curvando diante dos homens, mas diante de Deus".

Podemos reunir esses elementos das matinas de catedral, quase todos os quais pareciam causar tédio, se não aborrecimento total ao rebanho heterogêneo do pobre Cesário? O esboço básico parece ter sido mais ou menos o seguinte:

Salmo
(Matinas festivas: cântico de Dn 3)
Antífonas: salmos com antífonas ou aleluia, cada um seguido por uma oração silenciosa de joelhos e uma coleta
(Homilia em algumas ocasiões)
(Festivo: *Te Deum*)
Hino
Intercessões sálmicas (*capitella*)
Oração de Inclinação

Embora as fontes da catedral não especifiquem a natureza das antífonas, não é irracional supor que elas fossem como aquilo que vimos nas matinas nitidamente catedralizadas nas regras monásticas de Cesário e Aureliano, ou seja, que as antífonas incluíssem elementos clássicos de catedral como cânticos bíblicos (festivos) e os tradicionais Salmos 148–150 das laudes. O *Gloria in excelsis* aos domingos e grandes festas também seria provável. Ele é um elemento padrão nas matinas festivas em quase todos os lugares do Oriente e do Ocidente, incluindo as regras monásticas gaulesas, e não há razão para supor sua ausência aqui. Mas as duas tradições diferiam claramente em alguns aspectos, pois as matinas de catedral — mas não as monásticas — seguem o uso italiano do Salmo 50 como um invitatório das matinas.

3. As horas menores:

Em *Vita* I, 15, podemos ler que Cesário introduziu as horas monásticas no *cursus* de catedral ao se tornar bispo em 503: "[...] imediatamente providenciou para que o clero cantasse os ofícios de terça, sexta e nona diariamente na Basílica de Santo Estêvão, de modo que, se algum secular ou penitente quisesse fazer um bom trabalho, ele pudesse ir ao ofício diariamente sem nenhuma desculpa"[49].

4. Vésperas:

Temos muito menos informações sobre as vésperas de catedral — uma situação característica das fontes ocidentais, como Winkler mostrou em seu estudo definitivo sobre o assunto[50].

Vita, de Cesário, nos informa que as vésperas são chamadas *lucernarium* (I,43,59), poderiam incluir uma homilia (I,59) e terminavam com a bênção do bispo (I,43; II,16). Nenhuma palavra, entretanto, sobre o Salmo 140[51].

Na seguinte citação do *Sermão 136*,1-4, Cesário está falando de *duodecima*, a salmodia monástica vespertina que no sul da Gália seguia o serviço das vésperas ou *lucernarium* de catedral. Ele não apenas aplica o familiar tema da luz à oração vespertina, mas também afirma que o Salmo 103 (104) "em todo o mundo é dito em igrejas e mosteiros na décima segunda hora (*duodecima*)". Já vimos que esse era o salmo invitatório da duodécima monástica nas regras de Arles, e ele ainda serve ao mesmo propósito na sinaxe monástica das vésperas sabaíticas bizantinas (ver abaixo, capítulo 17). Observe-se que Cesário considera esse ofício monástico parte do *cursus* de catedral:

> [136, 1]Amados irmãos, aquele salmo que é recitado tanto nas igrejas quanto nos mosteiros em todo o mundo na décima segunda hora é tão conhecido por quase todos que a maioria da humanidade o conhece de cor. [...] [2]Como sabeis, esse salmo contém: "O sol conhece seu ocaso. Tu fazes as trevas, e eis a noite" (Sl 103,19-20). [...] [3]Ora, o que o salmista disse, "O sol conhece seu ocaso", não deve ser considerado em relação àquele sol, mas em relação àquele de quem o profeta disse: "Para vós que temeis o meu nome nascerá o

49. Ver nota 46 acima.

50. Winkler, Über die Kathedralvesper.

51. Ver nota 46 acima.

sol da justiça com cura debaixo das suas asas" (Ml 4,2). A respeito dele, lemos em Salomão que os ímpios dirão: "O sol não se levantou para nós" (Sb 5,6). Portanto, o verdadeiro sol da justiça é Cristo. Ele conhecia seu ocaso quando se entregou em sua paixão para nossa salvação; pois, quando ele foi crucificado, a noite e as trevas apoderaram-se da alma dos seus discípulos. [...] [4]Na crucificação de Cristo, quando as trevas da incredulidade se apossaram das almas dos apóstolos, aquelas bestas espirituais começaram a perambular em busca de almas para devorar. No entanto, enquanto perambulavam: "O sol nasce, e eles se juntam" (Sl 103,22). Qual é o sentido disso, "O sol nasce, e eles se juntam", senão que Cristo ressuscitou e todas as bestas espirituais se reuniram? "Deitam-se em suas tocas" (Sl 103,22). Pois, quando ao nascer do sol o esplendor da fé novamente começou a brilhar nos apóstolos, aquelas bestas espirituais deitaram-se em suas tocas. [...]

Espanha

Nossa referência mais antiga, apesar de indireta, às horas de catedral na Península Ibérica vem da intrépida monja peregrina Egéria. Embora agora haja consenso de que nossa famosa peregrina se chamava de fato Egéria e vagava pela Terra Santa em 381-384, ainda se discute seu país de origem. Existem duas teses: a Gália (Aquitânia ou Narbonense) e a Galiza no noroeste da Espanha, com as provas falando em favor desta última[52].

Falando das vésperas de Jerusalém no capítulo 24:4 de seu diário, ela diz "às quatro horas eles têm o *lychnikon*, como o chamam aqui, embora digamos *lucernare* (*quod appellant licnicon, nam nos dicimus lucernare*)". Ao que parece, ela não encontrara nada de notavelmente diferente no serviço religioso em casa e em Jerusalém, exceto o nome.

Já citei *Hymnus ad incensum lucernae* do poeta espanhol do século IV Prudêncio (348-após 405) como um possível indício do uso de incenso nas vésperas ibéricas dessa época[53].

52. Para Egéria, cf. o capítulo 3 sobre os ofícios de catedral no Oriente. A última edição é Maraval, P. (org.): Egéria, *Journal de voyage (Itinéraire)*, Paris, Cerf, 1982 (SC 296). Sobre a questão de seu país de origem, cf. Ibid., 21, 38, e Devos, P., Une nouvelle Egérie, *Analecta Bollandiana* 101 (1983) 57-58. Também parece que ela era, de fato, uma religiosa, apesar das dúvidas em contrário (Devos, Une nouvelle Egérie, 54-57, contra Maraval, Egéria, *Journal de voyage*, 23-27).

53. Nota 9 acima.

I. Isidoro de Sevilha

Só dois séculos depois é que outro autor eclesiástico nos fornece algumas informações sobre os serviços de catedral ibéricos. Como vimos no capítulo 6, Santo Isidoro de Sevilha, último dos Padres latinos, escreveu seu *De ecclesiasticis officiis* enquanto era bispo daquela cidade de 600 a 636. No livro I, 7 e 9, ele se refere a tais elementos dos ofícios de catedral como a salmodia antifonal e a responsorial, bem como as *laudes* — não os Salmos 148–150, mas um curto responsório de aleluia com alguns versículos (I,13).

Em I,17, ele compara a bênção do sacerdote, que, como observado em outro lugar, encerrava os ofícios, com a bênção em Números 6,24. Quanto ao restante, entre os textos escriturísticos que ele cita para justificar os ofícios estão alguns dos salmos e cânticos clássicos: Isaías 26,9; Salmo 118,62, para vigílias (I,22); Salmo 118,148 e 62,7-8 para a oração matinal (I,23); Salmo 140,2 para as vésperas (I,20); e Salmo 131,3-5 para as completas (I,21). Mas não oferece detalhes sobre o conteúdo ou estrutura das horas[54].

II. Os concílios ibéricos

A Península Ibérica também fornece um grande *corpus* de legislação canônica sobre a celebração de catedral das horas de oração[55].

1. Toledo I (400):

O cânone 9 do Primeiro Concílio de Toledo, realizado durante setembro do ano 400 na Espanha ainda romana, proíbe a celebração do lucernário, exceto na igreja, a menos que um bispo, presbítero ou diácono esteja presente.

2. Terragona (516):

Um século depois, as províncias espanholas ocupadas pelos visigodos conheceram um período de prosperidade em 511-526 durante a regência de Teodorico, rei dos ostrogodos, e três sínodos foram realizados, dois dos quais nos interessam aqui. Em 6 de novembro de 516, o cânone 7 do sínodo de Terragona

54. *PL* 83, 743-760.

55. As fontes estão listadas em Pinell, El oficio hispáno-visigótico, 386-389.

ordena a celebração diária das matinas e das vésperas por um presbítero hebdomadário e um diácono designado para esse ministério[56]. Mas todos devem estar presentes nas vésperas de sábado, e o cânone condena qualquer falta de clero que impeça a celebração da *luminaria* (ou seja, lucernário) nas basílicas[57].

3. Girona (517):

Um ano depois, em Girona, no dia 8 de junho, o cânone 1 ordena que em toda a província de Terragona se siga o *ordo psallendi* da igreja metropolitana, e o cânone 10 pede que o sacerdote reze o pai-nosso no final das matinas e vésperas diárias[58].

4. Barcelona (*c.* 540):

Na mesma província metropolitana, Serius, arcebispo de Terragona, realizou um conselho provincial em Barcelona por volta de 540, que trata dos detalhes do ofício[59]:

1) O Salmo 50 deve ser dito "antes do cântico" — indubitavelmente das matinas (cânone 1).
2) No final das matinas e vésperas, uma bênção deve ser transmitida ao povo (cânone 2).
3) Quando um bispo está presente, os presbíteros dizem as orações (cânone 5) — provavelmente as coletas dos salmos, como pensa Pinell —, a coleta e a bendição finais sendo reservadas ao bispo[60].

5. Braga (563):

O Concílio de Braga na Galiza (agora em Portugal), realizado em 563 quando a região estava sob o domínio dos suevos com o seu recém-convertido

56. Mansi 3, 1000.
57. Mansi 8, 542.
58. Ibid., 549-550.
59. Mansi 9, 109-110.
60. Pinell, El oficio hispáno-visigótico, 386, nota 5.

rei Ariamir, mais uma vez insiste na unidade litúrgica[61]. O cânone 1 decreta que haja uma ordem de salmodia nas matinas e vésperas, acrescentando: "e que costumes particulares ou monásticos diferentes não sejam misturados com a regra eclesiástica" (cânone 1). Infelizmente, como a história posterior da Liturgia das Horas no Ocidente nos mostra, essa resistência pastoralmente sábia à monasticização das horas de catedral não foi vitoriosa. A própria noção de que um dia houve algo como um ofício de catedral acabou perdendo-se nas brumas da história, como iremos ver quando chegarmos à reforma litúrgica do Vaticano II, em que alguns dos envolvidos na reforma do Breviário Romano não tinham a menor ideia de que o ofício havia sido ou poderia ser algo além de um livro de orações para padres e uma obrigação de coro para religiosos.

O cânone 2 ordena uniformidade para as vigílias ou *missae* antes das festas: todos devem fazer as mesmas leituras nelas. O cânone 3 busca impor unidade mesmo em fórmulas breves — saudações como *Dominus vobiscum* e as introduções às leituras — e o cânone 12 proíbe o canto de composições não escriturísticas na igreja. Esse antigo princípio, aqui reintroduzido por causa da luta contra o priscilianismo, pode ser a razão da enorme quantidade de cânticos escriturísticos nos ofícios ibéricos[62].

6. Toledo IV (633):

O quarto Concílio de Toledo, convocado pelo rei Sisenand em 6 de dezembro de 633, reuniu 62 bispos da Espanha e da vizinha província de Narbona, no sul da Gália, sob a presidência de Santo Isidoro de Sevilha[63]. Ele também procura impor uniformidade litúrgica, dessa vez numa escala consideravelmente mais ampla: o cânone 2 decreta uma única ordem de salmodia e um único uso para as vésperas e matinas em todas as províncias da Espanha e do sul da Gália. Outros cânones fornecem mais detalhes:

1) A doxologia em sua forma ibérica, *Gloria et honor Patri*, deve ser cantada ao final de cada salmo (cânones 15-16).
2) O *Gloria in excelsis* e outros hinos não bíblicos, como os de Ambrósio ou Hilário, podem ser admitidos nos ofícios (cânone 13).

---

61. Mansi 9, 777-778.
62. Ver nota 37 acima, e PORTER, Cantica mozarabici officii.
63. Cânones em Mansi 10, 616-624.

3) O cânone 14 diz que as *Benedictiones* de Daniel 3, cantadas pela Igreja Católica em todo o mundo (sem dúvida nas matinas, embora isso não seja declarado), são negligenciadas por alguns padres aos domingos e em festas de mártires. Esse abuso é proibido.
4) Outros componentes permitidos do ofício listados são *missae*, preces (*preces*), orações (*orationes*), encomendações (*commendationes*) e a imposição das mãos (cânone 13). Já vimos o que eram *missae* na Espanha[64]. As orações eram, indubitavelmente, as coletas que se seguiam aos salmos e cânticos, e concluíam os ofícios. A imposição das mãos refere-se à bênção final. *Commendationes*, no latim da época, significam as orações pelos defuntos, embora eu não consiga identificá-las melhor no contexto das horas ibéricas. *Preces* provavelmente se referem aos versículos peticionários vistos em fontes ibéricas posteriores sob os nomes de *miserationes* e *clamores*[65].

7. Mérida (666):

As vésperas de catedral posteriores na Espanha visigótica (450-711) podem ser vistas no cânone 2 do sínodo provincial da província da Lusitânia realizado em Mérida em 6 de novembro de 666: "Convém, pois, observar também nas nossas igrejas o que se faz em outras igrejas na época das vésperas: após a oblação da luz, seja dito o salmo vesperal (*vespertinum*), pouco antes do hino (*sonus*) nos dias de festa"[66].

8. Toledo XI (675):

Por fim, o décimo primeiro Concílio de Toledo, em 7 de novembro de 675, reitera no cânone 3 a exigência de uniformidade na ordem da salmodia, vésperas e matinas em cada província, seguindo o uso da sé metropolitana. Isso também se aplicava aos mosteiros, que tinham seu próprio *horarium* monástico,

---

64. Ver cap. 6, nota 48.

65. PORTER, Early Spanish Monasticism, *L* 12 (1934) 32-52 passim; textos em MEYER, W., *Die Preces der mozarabischen Liturgie*, Berlin, Weidmannsche Buchhandlung, 1914 (Abhandlungen der königlichen Gesellschaft der Wissenschaften zu Göttingen. Philologisch-historische Klasse, n. F. Bd. 15. Nr. 3.).

66. Mansi 11, 77.

mas "não é permitido celebrar os outros ofícios públicos, ou seja, vésperas, matinas ou Missa, exceto como na igreja principal", isto é, na igreja catedral da província[67].

III. Conclusão

Com base nas evidências disponíveis, por mais escassas que sejam, e com lacunas notáveis, é possível tirar algumas conclusões sobre a estrutura das vésperas e matinas de catedral nas fontes hispânicas.

1. Vésperas ibéricas:

Está claro que a Espanha conhecia um ritual de luzes, o *oblatio luminis*, no início das vésperas. Isso era seguido por um salmo vespertino, o *vespertinum*, originalmente talvez um salmo fixo, sem dúvida o Salmo 140, embora mais tarde ofícios ocidentais tenham optado por variedade nesse âmbito, como nas laudes. Havia também um hino, o *sonus*, e as habituais intercessões e orações conclusivas. Com base na evidência que vimos, e preenchendo algumas lacunas com a ajuda de algumas fontes posteriores, aduzidas por J. Pinell[68], podemos, a título experimental, reconstruir as vésperas de catedral ibéricas da seguinte maneira:

Oblação da luz
Salmo vesperal com antífona, doxologia e coleta
Hino
Súplica[69]
Completuria (oração final)
Pai-nosso
Petição (embolismo do pai-nosso)
Bênção
[Psallendum]

67. Ibid., 138.

68. Pinell, El oficio hispáno-visigótico, 401. Para uma análise mais detalhada das fases de crescimento das vésperas na Espanha, ver Winkler, Über die Kathedralvesper, 83-91; como também Bernal, J., Primeros vestigios del lucernario en Espana, *Liturgica*, Montserrat, 3 (1966) 21-49.

69. A respeito dessas intercessões, ver Pinell, J., Una exhortación diaconal en el rito hispánico: La supplicatio, *Analecta sacra Terraconensia* 36 (1963) 3-23.

O ritual das luzes, ou "oblação da luz", consistia, de acordo com fontes ibéricas posteriores, na elevação de uma vela iluminada perante o altar, com a proclamação "Em nome de nosso Senhor Jesus Cristo, Luz e Paz!", a que as pessoas respondiam "*Deo Gratias*!". Isso é o que vemos, por exemplo, em nosso mais antigo formulário litúrgico ibérico existente, o *Orationale* de Verona composto por volta de 725, e na carta de Eutério, bispo de Osma, e beato de Liébana, contra Elipando, bispo de Toledo, escrita em torno de 783-800[70].

O *vespertinum* foi mais tarde reduzido apenas à antífona com alguns versículos, mas Pinell presume que em outros tempos ele foi o salmo vesperal[71]. Entre os salmos vesperais nas fontes posteriores do rito, além do Salmo 140, encontramos os seguintes, todos refletindo o tema da luz do lucernário de catedral[72]:

> Salmo 35(,10), "Pois em ti está a fonte da vida, em tua luz vemos a luz".
> Salmo 26(,1), "O Senhor é minha luz e minha salvação, a quem temerei?".
> Salmo 111(,4), "Na escuridão se levanta uma luz para os homens justos".
> Salmo 117(,105), "Tua palavra é lâmpada para os meus pés, luz para o meu caminho".
> Salmo 96(,11): "Uma luz nasce para o justo, e é uma alegria para os corações retos".
> Salmo 131(,17b), "Prepararei uma lâmpada para meu Cristo".
> Salmo 17(,29), "Porque és minha lâmpada, ó Senhor, meu Deus, ilumina minhas trevas".
> Salmo 4(,7), "A luz da tua face tem sido um sinal sobre nós, ó Senhor".

Os Salmos 140 e 4 são usados com especial frequência[73].

O *psallendum* no final dos ofícios compreende uma antífona com um par de versículos sálmicos. Winkler identifica-o como um canto processional, paralelo à procissão pós-vesperal à cruz em Egéria (24:7) que deixou vestígios em

70. Winkler, Über die Kathedralvesper, 85; *Heterii et S. Beati ad Elipandum epist.* I, 66, *PL* 96, 935; cf. Pinell, *loc. cit.*; também Id., Vestigis del lucernari a occident, *Liturgica*, Montserrat, 1 (1956) 110-117.

71. Pinell, El oficio hispáno-visigótico, 401.

72. Id., Vestigis del lucernari, 110-115.

73. Ibid., 117-118.

alguns ofícios orientais, e aos *psallenda* cantados durante a procissão ao batistério no rito ambrosiano[74].

2. Matinas ibéricas:

As matinas são concluídas da mesma forma que as vésperas. Quanto ao resto, vimos que elas compreendiam o Salmo 50 antes do cântico, e as *Benedictiones* de Daniel 3, pelo menos nas matinas festivas. Com base na liturgia comparativa e no que vemos nas matinas ibéricas híbridas posteriores (uma fusão de elementos monásticos e de catedral), presumo que os Salmos 148-150 também eram parte integrante e fixa do serviço.

E, é claro, com os salmos e cânticos havia as antífonas usuais, concluindo doxologia e coletas. A estrutura seria mais ou menos assim:

Salmo 50 com antífona e coleta
Cântico com antífona e coleta
Salmo (domingos e festas: Dn 3) com antífona e coleta
Salmos 148-150 com antífonas e coleta
Hino
Súplica
Completuria (oração final)
Pai-nosso
Petição (embolismo do pai-nosso)
Bênção
[Psallendum]

As semelhanças entre esses ofícios e o uso de catedral da Gália meridional, na medida em que podemos reconstruí-lo, parecem bastante claras, confirmando mais uma vez o que vimos sobre os contatos estreitos das igrejas locais entre os visigodos, e os frequentes decretos sinodais que insistem numa unificação de usos litúrgicos.

A título de conclusão geral, é nítido que os ofícios de catedral ocidentais nas áreas francas e góticas eram mais flexíveis do que suas contrapartes orientais ao permitir uma seleção mais ampla de salmos vesperais e laudes além do

74. Winkler, Über die Kathedralvesper, 85, nota 19; cf. Pinell, El oficio hispáno-visigótico, 402-403. Para a Egéria e os outros ofícios, ver "estação na cruz" no índice geral.

salmo originário e fixo, o 140, como salmo de vésperas, e dos Salmos 148–150 no louvor matinal. Também está claro que no Ocidente a distinção catedral-monástico turvou-se muito antes do que no Oriente, dado que a dissolução da sociedade romana deu lugar a uma multiplicidade de reinos bárbaros, e o crescimento da sociedade agrícola feudal, centrada tanto no campo quanto na cidade, dava importância primordial às grandes abadias ocidentais, que dominariam grande parte da vida eclesial no Ocidente até o final da Idade Média.

9

Vigílias de catedral

Toda a questão das vigílias permanece repleta de armadilhas para o incauto historiador da liturgia. Embora Baumstark, Marcora e Jungmann já tenham coberto essa área[1], não há dúvida de que o tópico precisa ser retrabalhado. Qualquer tratamento profundo exigiria um livro à parte. Além disso, além da oração monástica noturna já abordada nos capítulos anteriores, as vigílias no uso de catedral não eram tanto parte do *cursus* diário de horas, mas sim serviços *ocasionais* pertinentes mais, talvez, a um estudo do ano litúrgico. Ainda assim, algumas observações podem ser feitas aqui, a fim de organizar para o leitor algumas das evidências já vistas, embora de passagem.

Deve estar claro agora que "vigília(s)" é um termo análogo, usado para mais de um tipo de ofício noturno, realizado com maior ou menor frequência dependendo do tipo de vigília que era. Portanto, a primeira advertência é perceber que as vigílias não são uma, mas várias coisas. No período coberto pela Parte I deste estudo — aproximadamente os primeiros seis séculos cristãos — vimos pelo menos cinco tipos de vigílias litúrgicas comuns: duas monásticas, duas catedrais e uma mantida em ambas as tradições. Elas se distinguem por sua frequência ou tempo de celebração, se não sempre por sua estrutura.

---

1. Baumstark, A., *Nocturna laus. Typen frühchristlicher Vigilienfeier und ihr Fortleben, vor allem im römischen und monastischen Ritus*, Münster, Aschendorff, 1956 (LQF 32); Marcora, C., *La vigilia nella liturgia. Ricerche sulle origini e sui primi sviluppi (sec. I-VI)*, Milan, Pontificia Universitas Gregoriana, 1954; Jungmann, *Pastoral Liturgy*, 105 ss.

Vigílias na Igreja pré-constantiniana

Antes do século IV, as evidências de vigílias públicas realizadas em comum são esparsas, exceto, é claro, no caso da Vigília Pascal, que alguns veem já esboçada em Mateus 25, 1 Pedro e no Apocalipse. E há mais de uma vigília no Novo Testamento, como vemos em Atos 16,25 e 2 Coríntios 6,5.

Tertuliano (morto depois de 220) em *Para sua esposa* II, 4, fala de "assembleias noturnas", e Pôncio, *De vita et passione Cypriani* 15[2], refere-se ao povo em vigília enquanto Cipriano estava na prisão antes de seu martírio em 258. A partir do século IV, os testemunhos dessas vigílias de mártires se multiplicam. O cânone 35 do sínodo de Elvira na Espanha em 300 exclui as mulheres das vigílias junto aos túmulos[3], proibição que será estendida a outras vigílias e repetida com frequência ao longo da Antiguidade Tardia. Isso não carece de ironia, pois tais vigílias junto aos túmulos e, mais tarde, para as festas dos mártires que se tornaram frequentes após o século IV, especialmente na Gália, inspiram-se na primitiva vigília matinal das mulheres no túmulo de Cristo. É isso que é nossa "vigília fúnebre", embora já o tenhamos esquecido há muito: um ato de fé na ressurreição dos mortos. Vimos a mesma coisa por ocasião da morte de um monge ou monja no Egito e em Arles. Até onde sei, os *Atos apócrifos do martírio de São Saturnino de Toulouse* (morto por volta de 250), um texto de cerca de 300, é o documento mais antigo a falar de vigílias litúrgicas reais em honra aos mártires[4].

Portanto, desde o início, estamos lidando com um fenômeno multifacetado: oração privada à noite diariamente, testemunhada pela maioria dos escritores antigos; a vigília pascal anual; vigílias ocasionais junto às tumbas dos mártires.

Vigílias na Igreja do Império Romano

No final do século IV, a oração dos cristãos à noite evoluiu para dois tipos de vigília monástica diária, o tipo egípcio começando em torno do canto do galo e levando, no uso monástico urbano, às laudes; a variedade capadócia à meia-noite, seguida pelas matinas apenas após uma pausa para um descanso

2. *PL* 3, 1554.

3. Mansi 2, 11.

4. Ruinart, T., *Acta primorum martyrum sincera et selecta*, Amsterdam, Wetsten, [2]1713, 130; cf. Marcora, *La vigilia nella liturgia*, 61.

adicional. Ambas as vigílias têm suas origens na oração privada cristã; o cerne de ambas era a salmodia monástica "em sequência", com leituras.

No uso de catedral, vemos primeiro uma curta vigília da ressurreição semanal antes da missa dominical em Jerusalém e Antioquia. Consistia numa incensação em honra das miróforas, três antífonas em homenagem aos três dias no túmulo e culminava na proclamação do evangelho pascal.

Já tratei de tudo isso nos capítulos 3-5, visto que essas vigílias foram integradas aos ofícios existentes para fazer parte da Liturgia das Horas nas várias tradições. Porém temos evidências abundantes de outras vigílias ocasionais que não se encaixam facilmente nessas categorias, mas que são um importante testemunho da oração pública cristã no final da Antiguidade. Pareciam-se mais com a vigília monástica ocasional de noite inteira em Belém, descrita em Cassiano, *Institutos* III, 8-9 (cf. 4:2)[5]. Realizada na sexta-feira à noite em honra da paixão, ela se estendia desde as vésperas até o quarto canto do galo cerca de duas horas antes do amanhecer, e consistia numa unidade de três antífonas, três responsórios e três leituras, repetidos ao longo da noite. Esse é pelo menos um parente próximo, se não o ancestral, das *missae* noturnas que vimos nas regras de Arles no capítulo 6, e tem paralelos em várias outras fontes.

I. Alexandria

Atanásio de Alexandria (295-373), em sua *História dos arianos* 81 e *Apologia de sua fuga* 24, fala das vigílias de quinta-feira à noite em preparação para a Eucaristia de sexta-feira, uma peculiaridade alexandrina. O serviço noturno incluía lições, salmodia responsorial à qual o povo respondia — ficamos sabendo que o Salmo 136,1 era uma das respostas — e orações. O texto especifica que as pessoas permaneciam na igreja da meia-noite até a aurora, e que havia Eucaristia no dia seguinte, de modo que o serviço era um verdadeiro *pannychis* ou vigília de noite inteira.

Os dois historiadores bizantinos do século V, Sócrates, *História eclesiástica* V, 22, e Sozomeno, *História eclesiástica* VII, 19, aludem à mesma prática no Egito, embora num relato um tanto truncado, ao que parece: eles dizem que os egípcios em Alexandria e na Tebaida celebravam um ágape vespertino e Eucaristia no sábado. Uma vigília pré-eucarística semelhante era mantida antes da

5. Ver acima, cap. 5.

Eucaristia dominical tanto por monges quanto por leigos em grande parte do mundo antigo.

II. Capadócia

Na Capadócia, Gregório de Nissa (morto em 394), em sua *Homilia sobre os quarenta mártires*, descreve uma vigília que vivenciou quando ainda era leigo. Foi realizada ao ar livre, num jardim, e as relíquias dos mártires foram homenageadas com salmos[6]. E, em sua *Vida de Santa Macrina* 22, Gregório conta sobre o velório de sua irmã no ano 379:

> Enquanto estávamos ocupados com estas [preparações do corpo de Macrina], e a salmodia das virgens misturada com lamentações enchia o lugar, a notícia de alguma forma espalhara-se rapidamente por toda a área circundante e todos os vizinhos começaram a afluir para ali em tal número que o vestíbulo não podia contê-los.
>
> Ao amanhecer (*orthros*), após a vigília de toda a noite (*pannychis*) junto a seu [esquife], com hinos como nos panegíricos dos mártires, a multidão que se juntara, vinda de toda a vizinhança, tanto homens como mulheres, interrompeu a salmodia com seus lamentos.

Nesse ponto Gregório assume o controle, pondo as mulheres com o coro de virgens, os homens com os monges, "para que a salmodia única de cada [coro] seja rítmica e harmoniosa como no canto coral, cantada homogeneamente na melodia comum a todos". O velório terminou com a procissão até a igreja para os ritos fúnebres.

São Basílio, o Grande, também irmão de Macrina que morreu no mesmo ano, fala em sua *Homilia 14 sobre ébrios* 1 de vigílias na Quaresma, nas quais ele "testemunhava o Evangelho da graça de Deus", isto é, pregava, embora se queixasse, assim como farão Crisóstomo, Cesário de Arles e outros, que seu rebanho era mais viciado em outros prazeres noturnos do que no *pannychis*[7]. A *Homilia sobre o Salmo 144*,1, de Basílio, mostra-o pregando sobre o Salmo 144 numa vigília em honra aos mártires, um salmo que, segundo ele, o povo entoava no serviço que ia da meia-noite ao meio-dia[8].

6. *PG* 46, 784-785.
7. *PG* 31, 444-445.
8. *PG* 29, 484.

Em sua *Carta 207,3*, escrita para o clero de Neocesareia em resposta às críticas às suas inovações litúrgicas, Basílio dá alguns detalhes sobre o conteúdo dessas vigílias, como vimos no capítulo 3. Elas compreendiam a usual tríade de leituras, orações ditas de joelhos, e vários tipos de salmodia. A vigília, um *pannychis* completo, terminava com as matinas de catedral ao alvorecer. Obviamente os leigos não passavam a noite inteira em oração todas as noites, motivo pelo qual a vigília devia ser ocasional, embora não nos seja dito com que frequência era ela realizada.

III. Palestina

Nos mosteiros palestinos do século IV, como vimos em Cassiano, nos *Institutos* II, 8-9, havia uma vigília na sexta-feira à noite desde as vésperas até o quarto canto do galo. Consistia na repetição de uma unidade litúrgica composta de três antífonas, três salmos responsoriais e três leituras. Seguia-se um período de descanso, depois as matinas ao raiar do dia precediam a Missa.

Quanto ao uso jerosolimitano de catedral, Egéria, em Jerusalém por volta de 381-384, descreve não apenas a vigília da ressurreição dominical discutida no capítulo 3. Ela também teve experiências de vigílias ocasionais. Às vezes, eram extensões das vésperas, como a Vigília Pascal (capítulo 38); às vezes eram independentes das vésperas, como as vigílias para as estações da terça-feira santa (33) e quinta-feira santa na Semana Santa (35-36). Aqui está a descrição da vigília realizada todas as sextas-feiras à noite durante a Quaresma (27.7-8; cf. 29.1):

> [...] na sexta-feira há uma vigília celebrada na Anastase a partir dessa hora [...] até a manhã, ou seja, da hora do lucernário até a chegada da manhã do dia seguinte, ou seja, sábado. E a oferta [eucarística] é feita na Anastase mais cedo [do que de costume] para que a despedida ocorra antes do nascer do sol. Ao longo da noite, eles dizem alternadamente salmos responsórios, antífonas e várias leituras, todos os quais duram até de manhã. [...] É assim que eles celebram cada semana da Quaresma.

O lecionário armênio de Jerusalém do século V preenche alguns detalhes dessas vigílias[9]. A Epifania, a Sexta-Feira Santa e a Páscoa são precedidas por

9. Cf. Renoux, A., *Le codex arménien Jérusalem 121*, II: Edition, PO 36, 180-181, 211-215, 269-273, 295-309.

uma longa vigília. A vigília da Sexta-Feira Santa consiste em acrescentar às vésperas cinco "gobała" de três salmos cada, com responsos: Salmos 1–3 (Responso, Sl 2,26); 40–42 (Responso, 40,9 + 37,22); 58–60 (Responso, 58,2); 78–80 (Responso, 87,66 + 88,13); 108–110 (Responso, 108,2b-3a). Depois de cada unidade de três salmos, havia a costumeira oração de joelhos, mais uma coleta. O serviço terminava com a leitura evangélica de João 13,16–18,1. Na Epifania e na Páscoa, contudo, a vigília abre com um salmo responsorial seguido por uma longa série de leituras do Antigo Testamento, concluídas pela epístola e evangelho da Missa. Cada leitura é seguida por uma prostração e uma oração, indicada pelo menos na Páscoa.

IV. Antioquia

A *História eclesiástica* II, 24, de Teodoreto de Ciro, conta como dois leigos de Antioquia, Flaviano e Diodoro, em 347-348 durante o episcopado do bispo arianizante de Antioquia, Leôncio, o Eunuco (344-358), inventaram a salmodia antifonal para as vigílias noturnas que eles, inicialmente, realizavam em particular com outros cristãos fervorosos:

> Eles [Flaviano e Diodoro] foram os primeiros a dividir os coros de cantores em dois e ensiná-los a cantar os salmos de Davi alternadamente. Iniciada em Antioquia, a prática se espalhou por toda parte e penetrou até os confins da terra. Eles agora reuniam os amantes da palavra divina e trabalhavam nos relicários [túmulos] dos mártires, e passavam a noite inteira cantando louvores a Deus. Quando Leôncio viu isso, não achou seguro tentar evitá-lo, pois viu que o povo era extremamente bem-disposto para com esses homens excelentes. Então [...] pediu que eles executassem esse serviço nas igrejas. Embora bem cientes de suas más intenções, eles resolveram obedecer à sua ordem e prontamente convocaram seus adeptos à igreja, exortando-os a cantar louvores ao bom Senhor.

Teodoreto nem sempre é confiável, mas o que ele diz se relaciona com o que vimos em Basílio e Cassiano a respeito do uso da salmodia antifonal em vigílias. Esse tipo de vigília nos relicários dos mártires é característico do que veremos em fontes ocidentais posteriores: era celebrada principalmente na véspera das festas dos santos, embora a prática não pareça ter se popularizado no Oriente.

Crisóstomo também, enquanto ainda estava em Antioquia antes de se tornar bispo de Constantinopla em 397, fala da oração noturna em casa ou em vigílias coletivas que podem incluir procissões, leituras, salmos e pregação[10]. Ele também conhecia vigílias pré-eucarísticas em honra dos mártires, como vemos na seguinte passagem de sua *Homilia sobre os mártires*:

> Vós transformastes a noite em dia com as santas vigílias (*pannychidês*). Não transformeis o dia em noite com intemperança, gula [...] e canções lascivas. Honrastes os mártires com vossa presença, ouvindo [as lições] [...] honrai-os também indo para casa. [...] Pensai como é ridículo depois de tais reuniões, depois de vigílias solenes, depois da leitura da Sagrada Escritura, depois de participar dos santos mistérios [...] que homens e mulheres sejam vistos passando o dia todo nas tabernas[11].

Para alguns dos compatriotas antioquenos de Crisóstomo, está claro que as vigílias eram apenas o início de um ciclo de festividades que terminava em atividades menos nobres. Esse problema não era exclusivo de Antioquia; Cesário e outros expressam a mesma queixa.

V. Constantinopla

No último quarto do século IV em Constantinopla, o arianismo triunfou e a pequena minoria nicena, em dispersão, apelou a Gregório de Nazianzo por ajuda. Ele aceitou a sé em 379 apenas para encontrar todas as igrejas nas mãos dos arianos. Contudo, transformou uma casa doada por um de seus parentes em igreja e logo conquistou um grande público com sua pregação eloquente. Em 380, o novo imperador Teodósio restaurou as igrejas para os ortodoxos, mas objeções à nomeação de Gregório para a sede da capital foram levantadas no Segundo Concílio Ecumênico, Constantinopla I em 381, e Gregório, que de qualquer maneira nunca quis nada além de uma vida de solidão, renunciou desgostoso após um breve reinado de 379-381. Seu famoso *Sermão de despedida* refere-se a "estações de toda a noite (*staseis pannychoi*)"[12].

João Crisóstomo, o segundo sucessor de Gregório, que não permaneceu muito mais em sua sé (397-404) antes de ser exilado, torna-se eloquente sobre os consolos da oração à noite em sua *Homilia 26 sobre Atos*, 3-4. Pelo que ele

10. *Homily after the earthquake* 1, *PG* 50, 713-714; *In illud: vidi Dominum hom. 1*, 1 e *hom. 4*, 1, *PG* 56, 98, 120; *Expos. in ps. 133*, 1, *PG* 55, 386.

11. *PG* 60, 663-664.

12. *Or.* 42, 26, *PG* 36, 489.

diz, é claro que as vigílias públicas, coletivas eram apenas assembleias ocasionais. Mas nas outras noites as pessoas deveriam se levantar para rezar em casa. E, mesmo nas noites de vigílias públicas, as mulheres vigiavam em casa, pois eram proibidas de sair para frequentá-las. Depois de relatar exemplos de orações noturnas em Atos, Crisóstomo romantiza a Igreja apostólica como os próprios Atos o fizeram:

> [...] Nada jamais foi mais esplêndido do que aquela Igreja. Vamos imitar, emulá-los. A noite não foi feita para que durmamos o tempo todo dela e sejamos ociosos. Disto os artesãos, os carregadores e os mercadores dão testemunho: a Igreja de Deus erguendo-se no meio da noite. Levantai-vos também, e vede o coro das estrelas, o vasto silêncio, o profundo sossego. [...] Aqui, de fato, meu discurso é tanto para homens como mulheres. Dobrai os joelhos, emiti gemidos, implorai a vosso mestre que seja misericordioso. Ele é movido mais pelas orações da noite. [...] Que a casa seja uma Igreja composta de homens e mulheres. Pois não penses que, porque tu és o único homem, ou porque ela é a única mulher ali, isso é um obstáculo. [...] Onde Cristo está no meio, ali há uma grande multidão. Onde Cristo está, deve haver anjos, arcanjos também e outros poderes. [...] Nada é mais fraco do que uma multidão de homens injustos, nada mais forte do que um homem que vive de acordo com a lei de Deus. Se tendes filhos, acordai-os também e deixai vossa família inteira tornar-se uma Igreja durante a noite. Mas, se eles são pequenos e não podem suportar a vigília, que fiquem para a primeira ou segunda oração, e então sejam enviados para a cama: apenas vós permanecei despertos. [...] Mas direis: "Trabalhei arduamente durante o dia e não posso". Isso é mero pretexto e subterfúgio. [...][13]

Ele então extrai exemplos do ferreiro que trabalha a melhor parte da noite em meio a fagulhas e fumaça, das mulheres que ficam acordadas e vigiam quando seus homens devem sair da cidade ou ir para uma vigília a que as mulheres não podiam comparecer, ou dos vigias noturnos que devem fazer suas rondas na chuva e no frio. Ele pede muito menos: que vigiemos e oremos à noite, para que as lágrimas de arrependimento esfriem nossas paixões diurnas, assim como o orvalho noturno refresca as plantas queimadas pelo calor do dia.

Mas Crisóstomo também sabia de vigílias públicas em honra aos mártires, bem como em outras ocasiões[14]. O historiador bizantino Sócrates (morto

---

13. *PG* 60, 201-204: trad. adaptada de NPNF ser. 1, v. 11, 172-173.

14. *Hom nova* 2. *PG* 63, 467-472; *In Act. hom. 26*, 3-4, *PG* 60, 202-204, 218.

depois de 439) nos dá mais detalhes. Em sua *História eclesiástica* VI,8, ele conta como João Crisóstomo estabeleceu estações noturnas para neutralizar as dos arianos:

> Os arianos [...] realizavam suas assembleias fora da cidade. Portanto, toda semana, sempre que havia uma festa — quero dizer sábado e domingo — na qual era costume ter uma sinaxe nas igrejas, eles se reuniam em praças públicas dentro dos portões da cidade e cantavam odes antifonicamente, compostas de acordo com a crença ariana. E eles faziam isso durante a maior parte da noite. Pela manhã, cantando as mesmas antífonas, eles percorriam o centro da cidade em procissão e saíam dos portões da cidade em direção ao seu local de reunião [...] João, preocupado que alguns dos fiéis mais simples fossem atraídos para longe da Igreja por tais odes, põe alguns de seu próprio povo em oposição a eles, para que também eles, devotando-se à hinodia noturna, pudessem obscurecer o esforço dos arianos e confirmar seus próprios fiéis na profissão de sua fé.

O povo aceitou com prazer a iniciativa de seu bispo, levando em procissão cruzes de prata iluminadas com velas estreitas, projetadas por Crisóstomo e pagas pela imperatriz Eudóxia. A *História eclesiástica* VIII,8, de Sozomeno, escrita entre 439 e 450, oferece uma versão um pouco mais polida, embora posterior, dos mesmos eventos, acrescentando que o costume continuou mesmo depois que o imperador pôs fim às estações arianas.

O *Diálogo sobre a vida de João Crisóstomo*, 5, de Paládio, também se refere a essas procissões noturnas (*nychterinai litaneiai*), acrescentando que os mais negligentes do clero, mais acostumados a dormir à noite do que a vigiar e rezar, não se apaixonaram pela iniciativa de Crisóstomo[15].

Ele também observa que as vigílias eram apenas para os homens: Crisóstomo diz às esposas que fiquem em casa e orem. Essa disciplina parece ter relaxado, pois, trinta anos depois, o infeliz patriarca Nestório (428-431) precisou novamente proibir as mulheres de participar dos serviços noturnos e de cantar hinos e cânticos[16].

Essas estações noturnas devem ser interpretadas como vigílias? Em Constantinopla, pelo menos de acordo com fontes posteriores, como o *Typicon da Grande Igreja*, do século X, o documento mais antigo a dar uma imagem

---

15. *PG* 47, 20.

16. Goeller, E. (org.), Ein nestorianisches Bruckstücke zur Kirchengeschichte des 4. und 5. Jahrhunderts, *OC* 1 (1901) 95.

completa dos serviços de Constantinopla ao longo do ano, "vigílias", como em outros lugares, podem significar vários tipos diferentes de serviços, desde os noturnos pré-matutinos cotidianos do *orthros* até o *pannychis* abrangendo vésperas, leituras (proanagnose) e completas; bem como a *paramonê* ou vésperas solenes com leituras (*anagnôsma*), o tipo de vigília habitual na Páscoa na maioria das tradições[17]. Essa *paramonê* é a verdadeira vigília constantinopolitana das leituras escriturísticas, principalmente do Antigo Testamento, celebrada na véspera do Natal, na Teofania (Epifania), na Páscoa e, em forma reduzida com apenas três leituras, no Pentecostes e cerca de quinze ou mais outras festividades dependendo do manuscrito do *Typicon*. Essas vigílias às vezes eram concluídas com uma Eucaristia. Mas não eram celebradas em conjunto com uma procissão estacional (*litê*), que no século X ainda acontecia à noite em algumas ocasiões[18].

Mateos também distinguiu vários tipos de vigílias na tradição sírio-oriental, mas elas são primordialmente de tipo monástico com salmodia ou, aos domingos, incluíam uma vigília de catedral do tipo antioqueno e jerosolimitano, visto nas *Constituições Apostólicas* e em Egéria[19]. Somente na Páscoa vemos uma vigília vesperal, com quatro leituras — com efeito, nessa tradição a vigília pascal é o único momento em que há leituras da Escritura na Liturgia das Horas[20].

A tradição de vigílias de catedral continuou em igrejas de tradição bizantina. Durante a crise iconoclasta, encontramos algumas informações sobre as leituras feitas nas vigílias em Estevão, o Diácono, de Constantinopla, em sua *Vida de Santo Estêvão, o Jovem*, escrita em 808. Estevão, martirizado em 766 durante a perseguição iconoclasta sob Constantino V Capronimo (740-775), costumava participar de vigílias noturnas com sua mãe (a velha proibição contra mulheres em vigílias evidentemente havia caído em desuso):

> Tampouco interrompeu as idas noturnas com sua santa mãe às costumeiras vigílias (*agrypnias*) realizadas em memória dos santos. E aquele honrado jovem recebeu tal graça que, quando era a hora de se sentar para as leituras,

17. Mateos, J., *Le typicon de la Grande Eglise. Ms. Sainte-Croix no 40, Xe siécle*, 2 v., Roma, PIO, 1962-1963, II, 282, 305, 309, 311, 315 (OCA 165-166).

18. Cf. Ibid., II, 304: *litê* II.a.

19. Mateos, J., Les différentes espèces de vigiles dans le rite chaldéen, *OCP* 27 (1961) 46-63. Para *Apost. Const.* e Egéria, ver cap. 3 acima.

20. Pudichery, S., *Ramsa. An Analysis and Interpretation of the Chaldean Vespers*, Bangalore, Dhamaram College, 1972, 115 (Dhamaram College Studies 9).

> ele ficava junto ao cancelo, atento ao leitor, aprendendo o que estava sendo lido apenas por ouvi-lo, e repetindo para si mesmo, seja um martírio, ou uma vida, ou o sermão (*didaskalia*) de algum Padre, especialmente do doce padre Crisóstomo[21].

Portanto, pelo menos naquela época, as leituras de vigília na tradição bizantina incluíam lições patrísticas e hagiográficas, bem como os Atos dos Mártires e, certamente, a Sagrada Escritura.

VI. Milão

Ambrósio, bispo de Milão de 374 a 397, e outros testemunharam ocasionais vigílias públicas solenes na Milão do século IV. Ouvimos falar delas na Páscoa em *Vida de Ambrósio* 48, de Paulino, escrita em 420[22]; para a festa dos santos Pedro e Paulo no *De virginitate* 19 (124-125), de Ambrósio, escrito em 377-378 — mesmo que Ambrósio reclame da esparsa assistência; e para a descoberta e translação das relíquias dos Santos Gervásio e Protásio na *Carta 22*, 2, de Ambrósio.

Mais famosas de todas são as vigílias impostas por ocasião dos conflitos com a imperatriz Justina durante a Semana Santa de 385. Mais uma vez, o problema eram os arianos. A imperatriz queria uma basílica colocada à disposição deles; Ambrósio recusou, e então as tropas imperiais cercaram a igreja e mantiveram Ambrósio e a congregação católica sitiados por três dias[23]. Em sua *Vida de Ambrósio* 13, Paulino nos informa que foi "nessa época que as antífonas, hinos e vigílias começaram a ser celebrados na igreja de Milão", um costume "que permanece até este dia, não apenas naquela igreja, mas, de fato, em quase todas as províncias do Ocidente"[24]. Arianos, antífonas e vigílias parecem ser um trio inseparável em toda essa história, no Oriente e no Ocidente.

Agostinho ensinou retórica em Milão de 384-387 e, embora ainda não batizado, testemunhou os eventos de 385 e os relata em suas *Confissões* IX, 7 (15):

> Não havia muito tempo que a igreja de Milão começara a adotar essa prática consoladora e edificante do canto, com grande fervor dos fiéis, que uniam

21. *PG* 100, 1081.
22. *PL* 14, 43.
23. Ambrósio, *Ep. 20*, 24-25, *PL* 16, 1001-1002.
24. *PL* 14, 31.

> em um só coro as vozes e o coração. Havia um ano, ou pouco mais, que Justina, mãe do ainda jovem imperador Valentiniano, seduzida pelos arianos, perseguia, por causa de sua heresia, teu servo Ambrósio. O povo fiel vigiava na igreja, disposto a morrer com seu bispo, teu servo. Nesse meio estava minha mãe, tua serva, uma das mais zelosas entre essas inquietações e vigílias, não vivendo senão de orações. Nós, apesar de ainda frios, sem o calor de teu Espírito, nos sentíamos comovidos pela perturbação e consternação da cidade. Foi então que se fixou o costume de cantar hinos e salmos, como se faz no Oriente, para que os fiéis não se consumissem no tédio e na tristeza. Desde esse dia esse costume se manteve, e, no resto do mundo, quase todas as tuas comunidades de fiéis passaram a adotá-lo[25].

Havia também leituras escriturísticas nas vigílias milanesas. O próprio relato de Ambrósio sobre a vigília-cerco, na *Carta 20*, 13-25 da Páscoa do ano 385, menciona *lectiones* explicitamente, junto com a salmodia responsorial. Seu relato deixa claro que as leituras incluíam o livro de Jó em uma noite (*Carta 20*, 14-17), a profecia de Jonas na próxima (*Carta 20*, 25). Homilias seguiam as leituras (*Carta* 20, 14 ss., 25); e faz-se menção ao Salmo 78,1 como um dos responsos nas matinas (*Carta 20*, 20).

Essa é toda a informação que temos sobre o que constituía tais vigílias: hinos, salmos, antífonas, leituras, pregação, embora possamos presumir a oração também. Observe-se que tanto Agostinho como Paulino — mas não Ambrósio — mencionam que Ambrósio introduziu não apenas as próprias vigílias, mas também hinos e "antifonias" ou salmos executados "da maneira oriental (*secundum morem orientalium partium*)". Como Crisóstomo em Constantinopla, Ambrósio empregava hinos populares como arma contra os arianos, como ele admite em seu sermão contra o bispo ariano Auxêncio: "Eles (os arianos) dizem que as pessoas são seduzidas por meus hinos. Não o nego. É um grande hino, mais potente do que qualquer outro. Pois o que é mais potente do que a confissão da Trindade que é celebrada em voz alta todos os dias pelo povo [...]?"[26].

Mas seria verdade que Ambrósio, como Flaviano e Diodoro em Antioquia, e Crisóstomo em Constantinopla, foi o primeiro a introduzir a "salmodia antifonal" em Milão — e, portanto, no Ocidente — como um movimento contra os arianos? Essa interpretação, embora comum, foi seriamente contestada por

25. Agostinho, *The Confessions of St. Augustine*, trad. J. K. Ryan, New York, Doubleday, 1960, 215 (adaptado).

26. Ambrósio, *Sermo contra Auxentium* 34, *PL* 16, 1017.

Helmut Leeb, que argumenta, coerentemente, que "antifonal" aqui significa o que conhecemos como salmodia responsorial: a repetição pelo povo de um responso fixo, geralmente um versículo do salmo, após cada versículo do salmo proclamado pelo salmista[27]. E, de fato, isso parece ser tudo o que o próprio Ambrósio afirma na *Carta 20*, 20, 24.

Mas em *Expl. ps. 1*,9 Ambrósio nos conta o motivo pastoral da participação popular na salmodia por meio de responsos ou refrãos: evita que as pessoas conversem, o que é quase impossível, diz ele, quando um único leitor está fazendo a leitura[28].

VII. Roma e África do Norte

As vigílias também eram conhecidas em Roma antes de certas festas: a Páscoa, o sábado seguinte ao Pentecostes que encerrava o tempo pascal, os sábados em que caíam os jejuns do sétimo e décimo meses, e o aniversário de alguns mártires[29]. Jerônimo, em Roma de 382 a 385, nos diz em seu *Contra vigilantium* que as vigílias da Páscoa, de Pentecostes, dos santos Pedro e Paulo, e os sábados de jejum atraíam grandes multidões e davam origem a distúrbios[30].

Agostinho, na África (387-430), também testemunha a existência de vigílias ocasionais antes da Páscoa, do Pentecostes e da festa de São Cipriano — em suma, a variedade usual antes das grandes festas e dos aniversários dos principais mártires honrados pela Igreja local[31]. O serviço consistia em leituras das Escrituras, salmodia (aparentemente salmodia responsorial entre as leituras)[32],

---

27. Leeb, Helmut, *Die Psalmodie bei Ambrosius*, Vienna, Herder, 1967, cap. 3 (Wiener Beiträge zur Theologie 18).

28. CSEL 64, 8 = *PL* 14, 925 (*In ps. 1 enarratio* 9).

29. Jerônimo, *Contra vigilantium* I, 9 ss., *PL* 23, 347 ss.; *Ep. 107*, *PL* 22, 875; *Ep. 109*, 3, *PL* 22, 909; Leão I (440-461), *Serm. 12*, 4; *13*; *15*, 2; *16*, 6; *17*, 4; *18*, 3; *19*, 3; *78*, 4; *81*, 4; *88*, 5; *89*, 6; 90, 4 (todos em *PL* 54). Cf. Monachino, V., *La cura pastorale a Milano, Cartagine e Roma nel secolo IV*, Roma, Pontifical Gregorian University, 1947, 362-364.

30. Jerônimo, *Contra vigilantium* I, 9 ss., *PL* 23, 347 ss.

31. *Serm.* 219-223, 266, *PL* 38, 1087-1093, 1225; Denis 2, Denis 11, Morin, G. (org.), *Sancti Augustini sermones post Maurinos reperti*, Roma, Tipografia Poliglotta Vaticana, 1930, 11-17, 43-50 (Miscellanea Agostiniana, Testi e studi I); Guelferb 4-6, org. Morin 455-462; Wilmart 4 ss., org. Morin 684-719; *Enarr. 2 in ps. 23, serm. 1*, 5, *PL* 37, 279; *in ps. 85. serm. 1*, 24, *PL* 37, 1081, 1099.

32. *Serm.* Denis 11, org. Morin, 43-50.

oração e pregação, bem como a sucessão infinita de ajoelhar-se para rezar e levantar-se novamente que caracterizava os cultos de vigília em toda parte[33]. Encontramos a mesma coisa no capítulo 5 da *Vida de Santa Melânia, a Jovem* (morta em 439), de Gerôncio[34].

VIII. Conclusão

A partir do final do século IV, vemos a multiplicação de vigílias de catedral ocasionais para necessidades particulares: preparar-se para uma festa com sua Eucaristia, honrar os mártires em seu aniversário, contrapor-se aos arianos, ganhar força em tempos de perseguição. O cerne dessas vigílias era uma série de salmos e leituras. Portanto, seu "modelo" não era a vigília monástica diária de salmodia contínua, nem a vigília pascal composta quase exclusivamente de leituras das Escrituras, mas antes a vigília ocasional de salmodia popular, leituras, prostrações e orações descritas pela primeira vez por Basílio (*Ep. 207*,3), Egéria (27:7-8; 29:1) e Cassiano (*Inst.* III, 8-9).

A correspondência entre essas três fontes é impressionante:

Basílio	*Egéria*	*Cassiano*
Isaías 26,9 ss.		
Salmo 118		
orações de salmos antifonais	salmos responsoriais	DE PÉ: 3 salmos antifonais
orações de salmos responsoriais	salmos antifonais	SENTADO: 3 salmos responsoriais
	leituras	3 leituras

Basílio é o único a mencionar o material invitatório e nada diz sobre as leituras; Egéria e Cassiano não se referem a prostrações e uma coleta após cada salmo ou grupo de salmos. Mas, de todas as nossas evidências posteriores para esse tipo de serviço, parece que essas vigílias consistiam na repetição de uma unidade litúrgica fixa com salmodia, leituras, prostrações, coleta, embora a ordem dos elementos dentro da unidade difira de um lugar para outro. Em Cesário,

33. *De cura pro mortuis gerenda* 5 (7), *PL* 40, 597.

34. GORCE, D. (org.), *Vie de s. Melanie*, Paris, Cerf, 1962, 134 (SC 90).

por exemplo, as prostrações e coleta seguem cada leitura; em outras fontes, elas vêm depois de cada salmo ou grupo de salmos.

Mas, na época da morte de Agostinho em 430, os vândalos estavam às portas de Hipona, e o mundo ocidental do Império Romano rapidamente se tornando cristão logo seria uma lembrança. É no novo mundo do cristianismo latino sob os reinos bárbaros que a vigília ocasional de catedral com lições bíblicas, salmodia, pregação, prostrações e orações adquirirá uma consistência e importância que parece não ter alcançado, ou pelo menos mantido, na maior parte do Oriente.

Vigílias de catedral no Ocidente no fim da Antiguidade Tardia

Evidências posteriores, todas do Ocidente latino, mostram que ocasionais vigílias durante toda a noite continuaram a ser celebradas em igrejas seculares na véspera de certas festas. Mais importante, essa evidência fornece informações preciosas sobre o conteúdo e o espírito desses serviços. Elas parecem ter seguido o mesmo padrão já visto em Egéria, Atanásio, Cassiano, Basílio, Ambrósio, Agostinho e as regras de Arles: salmodia, leituras, prostrações, oração, pregação.

I. Nicetas de Remesiana

Nicetas (morto em 414), bispo de Remesiana, atual Bela Palanka na Iugoslávia, descreve os elementos de uma vigília em seu *Sobre a utilidade dos hinos*, 12-14, um sermão proferido durante uma vigília, como ele afirma explicitamente no início (1). Vale a pena citar *in extenso* este texto pouco conhecido, cheio de princípios caros aos diretores de coros, seculares ou monásticos, em todas as épocas[35]:

> 12 Pode haver alegria maior do que deleitar-nos com salmos e nutrir-nos com oração e alimentar-nos com as lições que são lidas no meio? Como convidados à mesa, saboreando uma variedade de pratos, nossas almas regalam-se com o rico banquete de lições e hinos.
>
> 13 Apenas, irmãos, agrademos a Deus cantando com atenção e um espírito bem desperto, sem distração por conversas vãs. [...] Ou seja, devemos cantar

35. Texto em Burn, A. E., *Niceta of Remesiana, His Life and Works*, Cambridge, University Press, 1005; trad. adaptada de *Niceta of Remesiana, Writings*, trad. G. G. Walsh, N. Y., The Fathers of the Church, Inc., 1949, 74-76 (The Fathers of the Church).

com nossa sabedoria; não só com o espírito (no sentido do som da nossa voz), mas também com nossa mente. Devemos pensar sobre o que estamos cantando, para que não percamos o fruto de nosso esforço, com conversas que distraem e pensamentos alheios. O som e a melodia de nosso canto devem ser apropriadamente religiosos. Não deve ser melodramático, mas uma revelação do verdadeiro Cristianismo interior. Não deve conter nada de teatral nisso; mas tem de nos levar à compunção por nossos pecados.

Claro, deveis, todos vós, cantar em harmonia, sem notas discordantes. Nenhum de vós deveria se alongar excessivamente nas notas, enquanto seu vizinho está indo rápido demais; nem deve um de vós cantar muito baixo enquanto outro está levantando a voz. Cada um deve ser convidado a contribuir humildemente para o volume do coro como um todo. Ninguém deve cantar indevidamente mais alto ou mais devagar do que os outros, por vã ostentação ou por respeito humano. Todo o serviço deve ser realizado na presença de Deus, não com o objetivo de agradar aos homens. No que diz respeito à harmonia de vozes, temos um modelo e exemplo nos três meninos abençoados de quem o Profeta Daniel nos diz: "Então todos os três, a uma só voz, se puseram a celebrar, a glorificar e a bendizer a Deus na fornalha" (Dn 3,51-52). Vedes que foi para nossa instrução que nos foi dito que os três meninos louvaram a Deus humilde e santamente com uma só voz. Portanto, cantemos todos juntos, como a uma só voz, e modulemos todos nossas vozes da mesma maneira. Se alguém não consegue cantar em sintonia com os outros, é melhor cantar em voz baixa do que se sobrepor aos outros. Desta forma, ele participará do serviço sem interferir no canto da comunidade. É claro, nem todo mundo tem uma voz flexível e musical. Diz-se que São Cipriano convidou seu amigo Donato, que ele sabia ser um bom cantor, para se juntar a ele no ofício: "Passemos o dia em alegria, para que nem uma hora da festa fique sem alguma graça celestial. Que a festa seja sonora com canções, já que tens uma memória plena e uma voz musical. Cumpre esse dever regularmente. Alimentarás teus amados amigos se nos deres algo espiritual para ouvir. Há algo sedutor na doçura religiosa, e aqueles que cantam bem têm uma graça especial para atrair à religião aqueles que os ouvem"[36]. E se nossa voz for sem aspereza, e em harmonia com as notas de "címbalos bem tocados" (Sl 150,5), será uma alegria para nós mesmos e uma fonte de edificação para aqueles que nos ouvem. E "Deus, que torna os homens iguais para habitarem em sua casa" (Sl 67,7), achará nosso louvor agradável a ele.

Quando cantamos, todos devem cantar; quando oramos, todos devem orar. Quando se faz a leitura, todos devem permanecer em silêncio para que todos possam ouvir igualmente. Ninguém deve orar em voz tão alta que perturbe quem está lendo. E, se acontecer de entrares enquanto a lição está sendo lida,

36. *Ep. ad Donatum* 16.

apenas adora o Senhor e, feito o sinal da cruz, dá ouvidos atentos ao que está sendo lido.

14Obviamente, a hora de orar é quando todos estamos orando. É claro que podes orar em particular quando e com a frequência que desejares. Mas, sob o pretexto da oração, não percas a leitura. Podes orar quando quiseres, mas nem sempre podes ter uma leitura à mão. Não imagines que será pouco o ganho por ouvires a leitura sagrada. O fato é que a oração melhora se nossa mente se alimentou recentemente de leituras e é capaz de vagar entre os pensamentos das coisas divinas que ouviu anteriormente. A palavra do Senhor nos assegura que Maria, irmã de Marta, escolheu a melhor parte quando se sentou aos pés de Jesus, ouvindo atentamente a palavra de Deus sem pensar na irmã. Não precisamos nos admirar, então, se o diácono, com voz clara como um arauto, avisa a todos que devem agir juntos, quer orando ou ajoelhando-se, quer cantando hinos ou ouvindo as leituras. Deus ama "os homens de uma mesma maneira" e, como foi dito antes, "os faz habitar em sua casa" (Sl 67,7). E os que moram nesta casa são proclamados pelo salmo como bem-aventurados, porque louvarão a Deus para todo o sempre. Amém.

Só podemos esperar que Nicetas tenha tido mais sorte do que seus sucessores ao longo dos tempos em fazer sua congregação marchar no mesmo ritmo. De suas admoestações, podemos obter um quadro bastante completo de como eram as vigílias em Remesiana. Havia os componentes habituais:

1) canto congregacional, sem dúvida salmodia à qual o povo respondia com um responso ou antífona, e, como esperamos, com afinação e em uníssono, dando atenção, sem distração, ao significado das palavras cantadas (12-13);
2) prostrações e orações (14), aparentemente seguindo as leituras (12);
3) leituras das Escrituras, aparentemente intercaladas entre as unidades de salmodia, que o povo deveria ouvir atentamente, sem murmurar suas orações particulares em voz alta para distração dos outros (13-14);
4) admoestações diaconais (14) para prestar atenção, ajoelhar-se, levantar-se, ficar em silêncio forneciam as dicas necessárias e ajudavam a manter uma aparência de ordem e disciplina.

Observe-se a advertência para não distrair os outros orando em voz alta. Isso será repetido por Cesário, e era obviamente uma espécie de problema litúrgico na Antiguidade Tardia, pois naquela época as pessoas não eram afligidas pelo abafamento e reserva nórdicos que passam por comportamento correto em grande parte do mundo moderno, e na igreja elas rezavam em voz alta sem afetação, com suspiros e lágrimas. Agostinho, em *De civitate Dei* XXII, 8:9 e 13, conta como um grupo de adolescentes, com sua costumeira sensibilidade, ouviu ocultamente as orações do velho Florêncio de Hipona na igreja e depois zombou dele na rua.

II. Cesário de Arles

É especialmente na Gália que temos um verdadeiro banquete de indícios para vigílias ocasionais no uso de catedral, centradas na proclamação e pregação da Palavra de Deus.

Cesário, como vimos no capítulo 6, insiste fortemente na importância que a palavra revelada de Deus tem na vida de sua comunidade; e as leituras das Escrituras, bem como a pregação, tinham um papel importante nos serviços de catedral de Arles (*Serm. 72*,1; *76*,3; *118*,1; *192*,2,4). Para Cesário, a palavra de Deus era um remédio para os males desta vida. No *Sermão* 6,2, ele diz aos leigos que eles podiam muito bem passar três horas lendo as Escrituras em noites mais longas, em vez de realizar jantares intermináveis ou beber durante metade da noite. Muitos, porém, são analfabetos, diz ele, e necessitam que alguém leia para eles para que recebam esse alimento espiritual: daí as vigílias.

Mas as vigílias incluíam mais do que leituras das Escrituras. As leituras eram seguidas de oração em silêncio, o que ajudava a interiorizar a palavra ouvida com atenção. O movimento era bíblico: Deus primeiro nos chama em sua palavra revelada, depois respondemos com as palavras que seu chamado suscita em nosso coração. Cesário tem de lembrar à sua barulhenta multidão essa dinâmica no *Sermão 72*. Quando eles vêm à igreja, ele adverte,

> [1][...] esforçai-vos para ocupar-vos com a oração ou canto dos salmos, em vez de fofoca ociosa ou mundana. Se uma pessoa que vem à igreja deseja se envolver em conversa inútil, seria melhor que não viesse, pois, enquanto está ocupada com uma conversa inútil, ela mesma não ora nem permite que outros orem ou ouçam as leituras divinas. Mesmo que um homem desse tipo venha à igreja apenas com pecados leves, ele volta para casa com um pecado ainda maior. No mesmo lugar onde ele poderia ter garantido um remédio para si mesmo e para outros por meio da salmodia e da oração, ele se esforçou para ferir-se por meio de conversas vãs.
>
> [2]Acima de tudo, meus queridos, sempre que nos aplicamos à oração, devemos orar em silêncio e calma. Se um homem deseja orar em voz alta, ele parece tirar o fruto da oração daqueles que estão perto. Apenas gemidos, suspiros e prantos devem ser ouvidos. Pois nossa oração deve ser como a da santa Ana, mãe do bendito Samuel, sobre quem está escrito que "Ela orou,

> derramando muitas lágrimas [...] falava baixinho, consigo mesma. Somente seus lábios se moviam. Não se podia ouvir a sua voz" (1Sm 1,10.13).
>
> 3Quando oramos, queridos amados, com a ajuda do Senhor, esforcemo-nos tanto quanto possível para não deixar nenhum pensamento estranho entrar em nossa mente, evitando assim que haja uma coisa em nosso coração e profiramos outra com os lábios. Não oremos a Deus com nossa língua, enquanto nossos pensamentos estão ocupados com interesses distintos e alheios ao sentido da oração, pois então cometeríamos uma falha no próprio lugar onde poderíamos receber um remédio [...]. Portanto, antes de prostrar-se em oração, cada um de vós deve, com a ajuda de Deus, remover da atenção da mente todos os pensamentos inúteis. Se nossa alma está em chamas de amor pelo Espírito Santo, ela consumirá todos os vícios com o fogo da compunção e da oração e dissipará todas as suas fantasias errantes e fugazes, de modo que somente virtudes e exercícios sagrados poderão encontrar espaço em nosso coração[37].

Cesário faz eco a Nicetas em sua exortação sobre o significado e o comportamento adequado dos fiéis nas vigílias; e estava perfeitamente ciente de que esses serviços eram uma espécie de exercício físico. Ele encurta suas homilias sobre a Epifania (*195*,4) e Pentecostes (*211*,5) porque seu povo está cansado "do trabalho das vigílias".

Pelas regras de Cesário e Aureliano estudadas no capítulo 6, vimos que a paixão dos mártires era lida nas vigílias de suas festas, leituras que às vezes eram de considerável extensão. Outras leituras não escriturísticas também não eram desconhecidas nas vigílias ocidentais. Em janeiro de 602, Gregório Magno avisa ao bispo de Ravena que não permita que sua *Moralia in Job* seja lida publicamente nas vigílias, porque não se destina aos simples fiéis. Para eles, seria mais adequado ler um comentário sobre os salmos[38].

III. Gregório de Tours

Gregório de Tours (morto em 594), de quem temos tantas informações preciosas sobre a história e os usos da Igreja gaulesa nesse período, conhecia vigílias noturnas públicas e privadas. Seu *De cursu stellarum ratio* 36-47 alinha os

37. As homilias de Cesário encontram-se publicadas em CCL 103-104; a trad. aqui é adaptada de Cesário de Arles, *Sermons*, trad. de Sr Mary Magdeleine Mueller, OSF, New York, The Fathers of the Church, Inc., 1965, v. 1, 338-340 (The Fathers of the Church).

38. *Reg. ep. XII*, 6, MGH, *Ep.* II/1, 352.

meses e as durações dos dias e noites de cada mês com a quantidade de salmodia feita — em particular, ao que parece — à noite. Para aqueles que desejam vigiar a noite toda, todo o saltério poderia ser recitado (47)[39].

Ele também se refere, em vários escritos, às vigílias públicas antes do Natal, Páscoa e alguns dias de santos[40], e em sua *História dos Francos* X, 30, fornece o calendário completo de jejuns e vigílias instituídos por Santo Perpétuo (morto em 490), bispo de Tours[41]. São mencionadas dezesseis vigílias anuais, dez das quais em homenagem aos santos. As vigílias da Epifania de Natal, Páscoa e Pentecostes são celebradas "na igreja", ou seja, na catedral. As de São João Evangelista, a festa da Ressurreição em 27 de março, a Ascensão, São Sinfório, São Brice, São Hilário e duas festas de São Martinho são todas celebradas na basílica dedicada a este último. A cátedra de São Pedro é celebrada na igreja de São Pedro; os Santos Pedro e Paulo, na basílica dos Príncipes dos Apóstolos; a *Passio* (decapitação) de João Batista, no batistério da catedral; São Litório, em sua basílica. Esse é obviamente um sistema estacional embrionário como o de Constantinopla: as principais festas dominicais são celebradas na catedral, enquanto as vigílias do santoral são distribuídas entre os martyria[42].

Em seu relato de um encontro de bispos com Gundobad (morto em 516), Rei da Borgonha, sobre a crise ariana, Gregório dá mais detalhes de uma vigília de noite inteira junto à tumba de São Justo na véspera de sua festa. Ele menciona, nesta ordem, uma leitura de Moisés (com uma citação de Ex 6), depois salmos, profetas (Is 6), outro salmo, um evangelho (Mt 11) e um apóstolo (Rm 2)[43].

IV. Sidônio Apolinário

De outro relato de uma vigília do mesmo São Justo na mesma basílica, temos uma noção do apelo popular desses serviços. Como o Natal em nossa cultura secular moderna, eles não eram apenas celebrações religiosas, mas também

39. MGH, SRM I, 870-872.

40. Gregório de Tours, *Hist. Francorum* II, 34; IV, 31; V, 23; VII, 22; X, 31:19, MGH, SRM I, 97-98, 167 219, 303-304, 448; Id., *De virtutibus S. Iuliani* 24, 35-37, Ibid., 575, 578-580; Id., *De virtutibus S. Martini* III, 16, 23, Ibid., 636, 638; Id., *De gloria confessorum* 47, 93, Ibid., 776, 807.

41. MGH, SRM I, 444-445.

42. Baldovin, J., La liturgie stationnale à Constantinople, *LMD* 147 (1981) 89.

43. *PL* 71, 1155.

ocasiões de lazer e confraternização, de feiras e passeios com amigos. A partir disso, também podemos apreciar o senso comum pastoral de nossos antepassados que se opuseram às festas pagãs populares no Império Romano moribundo com um contrapeso cristão.

A história vem da pena de São Sidônio Apolinário (morto *c.* 480-490), um patrício galo-romano e mais tarde conde (*comes*), nascido em Lyon por volta de 432. Tanto seu avô, um convertido ao cristianismo, como seu pai tinham sido prefeitos pretorianos da Gália romana. Por volta de 450, Sidônio se casou com Papianilla, filha de Ávito, prefeito da Gália, que mais tarde foi proclamado imperador do império ocidental pelos godos em Toulouse em 7 de novembro de 455. Os galo-romanos de Arles ratificaram a escolha, mas o verdadeiro poder da época, o general germano-visigodo Flávio Ricimero, "criador de reis" do Império Romano Ocidental de 456-472, derrotou-o e forçou sua abdicação naquele ano. Como prêmio de consolação, Ávito foi nomeado bispo de Placentia (Piacenza), na Itália.

Conto essa história para ilustrar as relações complexas e estreitamente entrelaçadas entre o império moribundo e os reinos bárbaros nascentes, e entre essas duas estruturas de poder e a da Igreja gaulesa. Pois o próprio Sidônio, um galo-romano até a alma, havia ocupado um alto cargo no império e se tornado bispo de Averni (Auvergne) em Clermont em 469-470, precisamente no período em que os godos ocidentais estavam estendendo seu controle sobre a área. Quando Roma cedeu Auvergne aos godos em 475, Sidônio foi banido de sua sede por um tempo, como ainda acontece hoje quando as guerras mudam fronteiras, revoluções mudam governos, e a Igreja se encontra com uma hierarquia já não aceitável para o novo regime. Sidônio era um homem da velha ordem romana, o último grande representante do cristianismo romano em uma Gália em mudança, um patrício da cultura clássica e de grande charme, apesar de sua falta de educação teológica.

Suas descrições da vigília estacional na *Carta V*, 17:3-11, para seu amigo Erífio de Lyon, foram escritas enquanto Sidônio ainda era leigo:

> Tínhamos nos reunido junto ao túmulo de São Justo — tu foste impedido de estar presente em razão de uma doença —, [onde] foi realizada a celebração do aniversário da procissão antes do amanhecer. Havia um número enorme de pessoas de ambos os sexos, uma multidão grande demais para a espaçosa basílica conter, mesmo com a extensão de pórticos cobertos que a cercavam. Após o término da vigília, que os monges e o clero haviam celebrado juntos com cantos alternados de doce salmodia (*alternante mulcedine psalmicines*),

todos se retiraram em várias direções, mas não muito longe, pois queríamos estar presentes à terça hora, quando a missa seria celebrada pelos padres.

Por causa do espaço apertado, a pressão da multidão e o [calor das] inúmeras luzes trazidas [pela procissão], estávamos absolutamente sem ar. Além disso, aprisionados como estávamos sob o teto, éramos assados pelo calor do que ainda era quase uma noite de verão, embora começássemos a ser tocados pelo frescor de uma alvorada de outono.

Então, quando grupos de várias classes estavam se dispersando em direções diferentes, os cidadãos guias resolveram ir todos juntos ao túmulo de Siagrio, que não era mais longe do que um tiro de flecha. Aqui alguns de nós nos sentamos sob a sombra de uma videira frondosa, cuja folhagem envolvente formava uma abóboda sombreada, constituída por altos ramos que caíam num padrão entrelaçado; outros de nós nos sentamos na grama verde, que também cheirava a flores.

Seguiu-se uma conversa agradável, jocosa, com gracejos, e uma característica especialmente feliz era que não havia nela menção a oficiais ou tributos, nenhuma conversa que convidasse à traição, nenhum informante para traí-la; certamente todos poderiam ter contado livremente qualquer história digna de relato e valiosa em seus sentimentos. O público ouvia em espírito de ansiosa emulação; e a narração de histórias, embora tingida de hilaridade, não era, por isso, amorfa.

Aos poucos, tendo por algum tempo nos sentindo indolentes por falta de esforço, resolvemos fazer algo enérgico. Em seguida, levantamos um clamor duplo, exigindo de acordo com nossas idades ou bola ou tabuleiro de jogo, e estes logo vieram. Eu fui o campeão líder da bola; pois, como sabes, a bola, não menos do que o livro, é minha companheira constante. Por outro lado, o nosso mais cativante e adorável irmão Domnicius havia se apossado dos dados e estava sacudindo-os como uma espécie de toque de trombeta convocando os jogadores para a batalha da caixa. De nossa parte, jogamos com um bando de estudantes; na verdade, jogamos muito até que nossos membros amortecidos pelo trabalho sedentário inativo pudessem ser revigorados pelo exercício saudável. [...]

Bem, quando nos sentamos, o suor que escorria o levou a pedir água para lavar o rosto. [...] Enquanto secava o rosto sem pressa, ele comentou: "Gostaria que mandasses escrever um quarteto de versos em homenagem a esta toalha que me prestou tanto serviço". [...] Sem mais delongas, chamei ao meu lado seu secretário, que tinha sua prancheta à mão, e sem mais demora compus o seguinte epigrama: "Ao amanhecer, ou quando o banho fumegante o convida, ou quando sua testa está quente e úmida por causa da caça, com esta toalha o belo Philomatius conforte seu rosto gotejante, de modo que toda a umidade flua para o velo absorvente".

Mal nosso bom amigo Epifânio, o secretário, escrevera as linhas acima, foi anunciado que o bispo, ao sinal da hora marcada, estava saindo de seu alojamento, e assim nos levantamos. Deves tratar com indulgência esta prosa burlesca que fizeste questão em ter. [...][44]

Essa abordagem langorosa das vigílias, que lembra mais um Swinburne do que as homilias de Nicetas ou Cesário, faz parte da mesma história e merece ser citada como contrapeso, para que não sejamos arrebatados pelo nostálgico romantismo da "Igreja primitiva" que pode nos vencer quando nos recordamos daqueles dias presumivelmente tranquilos. Por outro lado, não há nenhuma lei contra a liturgia ser agradável. Crisóstomo em Constantinopla certamente não pode ser acusado de frouxidão indolente — ele foi expulso da cidade por suas censuras morais contra os abusos da época —, mas não deixou de descrever as alegrias revigorantes da oração da catedral no campo em termos perfeitamente inteligíveis para os estressados executivos de Nova York com um retiro de fim de semana em Long Island ou New England. Crisóstomo exorta o proprietário rural a construir e manter uma igreja em sua propriedade para o bem de sua própria alma e de seus dependentes. A extensa passagem do *In Act. apost. hom. 18*, 4-5, se assemelha um pouco às *Geórgicas*, de Virgílio, com sua aura de delícias bucólicas. Crisóstomo descreve o proprietário de terras sendo carregado em sua liteira até a igreja de sua propriedade para as orações da manhã e da tarde, e o prazer de ter uma conversa educada à mesa com o presbítero, longe do alarido e distrações da vida na cidade:

> Como é agradável avançar e entrar na casa de Deus e ter ciência de tê-la construído ele próprio; acomodar-se no encosto da liteira e, após o benefício corporal do agradável passeio, estar presente tanto aos hinos da tarde quanto da manhã; ter o sacerdote como convidado à sua mesa; associando-se a ele, desfrutar de sua bênção; ver outros também chegando ali [...] Se mesmo sem isso o campo é agradável porque é tão tranquilo, tão livre das distrações dos negócios, o que não será quando isso lhe for adicionado? O campo com uma igreja é como o paraíso de Deus. Lá, nenhum clamor, nenhuma turbulência, sem inimigos em desacordo, nenhuma heresia: lá verás todos os amigos nutrindo as mesmas doutrinas em comum. O próprio silêncio conduzir-te-á a visões mais elevadas e, recebendo-te assim preparado pela filosofia, o

44. Texto em MGH, *Auctores antiquissimi* VIII, 89-91; trad. adaptada de Sidônio, *Poems and Letters, with an English trans. by W. B. Anderson*, Cambridge, Mass., Harvard/London, W. Heinemann, 1965, v. 2, 227-237. A respeito de Sidônio, ver Stevens, C. E., *Sidonus Apollinaris and his Age*, Oxford, Clarendon Press, 1933/Westport, Conn., Greenwood Press, 1979.

presbítero dar-te-á uma excelente cura. Pois aqui [na cidade], seja o que for que possamos falar, a algazarra do mercado expulsa tudo; mas lá, o que ouvires, tu manterás fixo em tua mente. [...][45]

Vigílias diárias nas igrejas seculares[46]

Embora a frequência dessas vigílias estacionais de noite inteira possa ter variado consideravelmente de um lugar para outro, o bom senso nos diz que elas não poderiam ter sido realizadas diariamente. O que dizer, então, das fontes do século VI que, de fato, ordenam vigílias diárias nas igrejas seculares?

Em 528, o *Código* I, iii, 42:24 (10), de Justiniano, ordena que todo o clero em cada igreja entoe noturnos (*nykterina*), bem como matinas e vésperas diariamente[47]. E um texto já citado, o *Vita Fulgentii* 29 (59), de Ferrando, nos diz que Fulgêncio (467-533), bispo de Ruspe no Norte da África, "determinou que todas as semanas todos os clérigos e viúvas, e qualquer leigo que fosse capaz, deviam jejuar às quartas-feiras e sextas-feiras, ordenando que todos estivessem presentes nas vigílias diárias, nos jejuns e nas orações matutinas e vespertinas"[48].

Em Roma, o *Cautio episcopi* do *Liber diurnus* 74, um texto não posterior a março de 559, quando o papa Pelágio I (556-561) se refere a ele na *Carta 44*,1-2, também atesta vigílias diárias. Em *Cautio*, uma espécie de "juramento de ofício", ou contrato, um novo bispo tinha de se comprometer minuciosamente a cumprir as obrigações de seu cargo, entre as quais estavam as seguintes:

> Juro e prometo solenemente sempre, todos os dias desde o primeiro canto do galo até a manhã, celebrar vigílias na igreja com toda a ordem do meu clero, para que nas noites mais curtas, ou seja, da Páscoa até o equinócio de 24 de setembro, sejam ditas três leituras, três antífonas e três responsórios; mas, desse equinócio até o outro, equinócio invernal, e até a Páscoa, serão cantadas quatro leituras com seus responsórios e antífonas. Aos domingos ao longo do ano, porém, prometo a Deus realizar nove leituras com suas antífonas e responsórios[49].

45. Trad. adaptada de NPNF ser. 1, v. 11, 119, texto em *PG* 60, 147 ss.

46. Muito nesta seção se deve a DE VOGÜÉ, *La Règle de S. Benoît* V, 453-481.

47. KRÜGER, P., *Corpus Iuris Civilis*, Berlin, Weidmann, 1900, v. 2, 28.

48. *PL* 65, 147.

49. *PL* 105, 71.

Observe-se que o termo "vigília" é entendido em dois sentidos: noturnos diários, e a "Grande Vigília" como de Vogüé a chama, um verdadeiro *pannychis* ou serviço durante toda a noite celebrado nas noites de sábado (ou sexta-feira) e na véspera de certas festas ou dias de penitência em várias fontes antigas: Cassiano, *Institutos* III, 8-9; o diário de Egéria 27:7-8; 29:1-2; Cesário, CV 66, 68-69; Aureliano, AM 56-57; *A Regra do Mestre* 49; *A Regra de Macário* 15[50]; e a *Regula cuiusdam patris* 30[51], de origem incerta.

Sem dúvida, essas referências posteriores a vigílias *diárias* nas igrejas seculares só podem significar um ofício semelhante aos noturnos monásticos diários. Em Roma, por exemplo, na véspera dos domingos e festas, esses noturnos se prolongavam em vigília, simplesmente acrescentando mais dois "noturnos" de três salmos e três leituras, com seus três responsórios (dois para o terceiro noturno). Portanto, não devemos ser confundidos pelo uso análogo do termo latino "*uigiliae*". Algumas fontes, como as *Regras* de Cesário e Aureliano, reservam o termo "vigílias" para a vigília ocasional mais longa, mas a maioria das fontes latinas usa "*uigiliae*" indiscriminadamente tanto para os noturnos diários de tipo monástico quanto para a "Grande Vigília" ocasional. Já vemos essa confusão em Egéria (24:1, 8; 44:1), Cassiano (*Inst.* II, 13:3; 17; III, 4:1; 6; 8:1-4; 9:1-2), Bento (*RB* 8-11), na *Regra de Tarnant* (entre 551 e 573) 6[52]; e sem dúvida um simples noturno deve ser o serviço imposto "diariamente" ao clero secular por Fulgêncio, Justiniano e pelo *Liber diurnus*.

De fato, é óbvio que o fardo de longas vigílias monásticas estava sendo excessivo até mesmo para os monges. A *Regra de São Ferreolo* 13, gaulesa, do final do século VI, fala de noturnos cotidianos (13:7), distinguindo-os claramente das vigílias noturnas que são acontecimentos ocasionais (13:1): "Sempre que uma vigília noturna para orar a Deus for exigida por motivo de devoção ou por causa de um festim, que nenhum monge presente [no monastério] ouse se ausentar, exceto em caso de doença ou necessidade reais"[53].

Se as regras gaulesas conheciam vigílias antes do sábado, bem como do domingo, as regras italianas, como a *Regra do Mestre* (45, 49) e a *Regra de Paulo e Estevão* (10:1-3)[54], do século VI, limitam a Grande Vigília aos domingos e

---

50. de Vogüé, *Les règles des saints pères* I, 378; *Early Monastic Rules*, 44.
51. *PL* 66, 994.
52. *PL* 66, 980.
53. *PL* 66, 964.
54. *Règles monastiques d'Occident*, 351.

algumas festas. O Mestre estava ciente de uma crise na prática das Grandes Vigílias[55]; e, no uso romano do século VI, a vigília dominical fora reduzida a um prolongado noturno de nove antífonas, leituras e responsórios, como vimos no *Liber diurnus* — três vezes mais longo do que os noturnos cotidianos, mas ainda consideravelmente menos extenso do que uma verdadeira Grande Vigília de noite inteira. Uma atenuação semelhante foi incorporada por Bento à sua *Regra* (*RB* 9-11), que preferiu deixar seus monges dormirem à noite e dedicar as horas do dia de domingo à *lectio* (*RB* 48:22-23), em vez de fazê-los rezar metade da noite e dormir no domingo, como ocorre no Mestre (*RM* 75:5-7).

O abandono da vigília de noite inteira na véspera do domingo por Bento (*RB* 11) é uma das grandes transformações que ele operou na tradição recebida de seus antepassados monásticos, como o Mestre (*RM* 49)[56]. Algumas dessas mitigações também podem ser vistas na Espanha e na Gália. As *Regras monásticas* de Isidoro de Sevilha (6:4) e Frutuoso de Braga (3) contentam-se em aumentar o número de *missae* diárias — uma unidade de três salmos — de cinco para seis, a fim de ter uma vigília um pouco mais longa aos sábados (Frutuoso), domingos e festas. Frutuoso acrescenta, porém, que "o tempo da noite deve ser gasto, na maior parte, em orações especiais e vigílias sagradas por causa dos espíritos malignos que fogem da luz e enganam os servos de Deus"[57].

Conclusão

Portanto, "vigília(s)" pode(m) significar muitas coisas:

1) a oração noturna privada dos cristãos durante os primeiros três séculos;
2) vigílias semiprivadas junto aos túmulos dos mártires durante o mesmo período;
3) vigílias fúnebres;
4) vigílias privadas de virgens e ascetas, como os devotos romanos de Jerônimo;

55. DE VOGÜÉ, *La Règle de S. Benoît* V, 461-462.

56. Ver Ibid., 474 ss., e MATEOS, La vigile cathédrale chez Egerie, 305 ss., sobre a relação entre o terceiro noturno de Bento e a antiga vigília da ressurreição de catedral.

57. *PL* 83, 876; 87, 1100-1101, 1107.

5) uma vigília de ressurreição dominical de três salmos ou cânticos, uma incensação e a proclamação do evangelho pascal, como em Egéria e nas *Constituições Apostólicas*;
6) noturnos monásticos, um ofício diário de salmodia contínua e leituras em duas formas distintas:
   (a) o ofício de pré-matinas ao canto do galo, como em Cassiano e grande parte da tradição ocidental posterior, e
   (b) o *mesonyktikon* ou ofício da meia-noite como nas fontes capadócias;
7) a posterior adoção de alguma forma desses segundos noturnos monásticos como um serviço diário no uso de catedral;
8) a vigília batismal, originalmente apenas a vigília pascal, mas depois celebrada também na véspera do Natal, da Epifania e do Pentecostes, quando também eles se tornavam dias batismais ou quando sua solenização litúrgica era pascalizada, dependendo das várias tradições. Essa vigília, geralmente uma extensão das vésperas, compreendia um lucernário pascal ou ritual de luz especialmente solene, seguido de numerosas lições bíblicas lidas na basílica para ocupar o povo enquanto o bispo batizava no batistério;
9) vigílias vesperais que consistem em vésperas prolongadas por antífonas e responsórios, intercaladas com leituras, prostrações e orações, muitas vezes terminando na Eucaristia no dia seguinte. Esse é o tipo de vigília que vemos em Basílio, Cassiano, Egéria e em várias outras fontes primitivas e posteriores. Era uma vigília de "toda a noite" ocasional — ou seja, não cotidianamente — tanto no uso monástico quanto no uso de catedral. Seu uso nas noites de sábado era generalizado; alguns também a celebravam nas noites de sexta-feira, antes das grandes festas, para estações — ou seja, junto aos relicários dos santos, especialmente mártires, no dia de sua festa — e em momentos de necessidade especial. Eu me referi a tais vigílias como "pré-eucarísticas", pois elas parecem ter sido, em sua origem, uma preparação especialmente solene para a celebração da Eucaristia num período em que isso era feito com frequência limitada, no máximo um ou dois dias por semana e em festas. Essa vigília era caracterizada por salmodia de catedral, oração e leituras, principalmente, mas não exclusivamente, das Escrituras. A salmodia era responsorial ou antifonal, com participação popular, e não deve ser confundida com a salmodia meditativa e contínua das vigílias monásticas ou noturnos. Dava-se grande importância às leituras

escriturísticas. As prostrações para a oração privada, rematadas por uma coleta, preenchiam a unidade litúrgica. A pregação também era costumeira. É esse tipo de vigília que acaba se consolidando no uso de catedral, especialmente no Ocidente.

Mais tarde, vemos várias combinações do que tentei organizar em vários tipos básicos, que, prescindindo de detalhes não essenciais e de vigílias domésticas como os velórios, podem ser reduzidos a quatro:

1) a vigília batismal das *leituras escriturísticas*;
2) a vigília de ressurreição dominical de catedral, culminando na *proclamação do evangelho pascal*;
3) uma vigília de tipo monástico, realmente um noturno prolongado, em que a *salmodia contínua* é o elemento básico, embora houvesse também leituras, prostrações e orações;
4) uma vigília ocasional de antífonas, responsórios, leituras das Escrituras, prostrações, orações e pregação, geralmente encontrada como uma *extensão das vésperas* e *culminando na Eucaristia* no dia seguinte. Era de especial importância a *proclamação da Palavra* nas leituras e na homilia.

Nas tradições posteriores, vemos várias combinações desse material no *cursus* litúrgico. Elementos da vigília da ressurreição dominical ainda podem ser identificados em vários ofícios orientais, e Mateos levantou a hipótese de que o mesmo se aplica ao Ocidente[58]. As vigílias do tipo pascal ainda podem ser vistas antes de certas festas em algumas tradições, e os noturnos monásticos festivos no Ocidente continuam sendo os herdeiros fiéis da vigília de noturnos prolongados da tradição monástica. O único tipo de vigília que parece ter morrido é aquele que era o mais popular nas igrejas latinas na Antiguidade Tardia: a vigília ocasional de salmodia, leituras, pregação e orações. Mas o "Ofício das Leituras" na nova *Liturgia das Horas* romana, quando celebrado como uma vigília, pode ser considerado uma tentativa de restaurar algo desse antigo e popular serviço noturno latino. E, se não fôssemos tão destituídos de conhecimento histórico, muito poderia ser feito, pelo menos nos Estados Unidos, para explorar as possibilidades pastorais da única vigília ocasional ainda comumente observada ali, a vigília fúnebre (*wake*).

58. Mateos, La vigile cathédrale chez Egérie.

10

Quaestiones disputatae: as origens de noturnos, matinas e prima

Os historiadores da liturgia concordariam, creio eu, com a maior parte do que disse nos capítulos anteriores. Mas ainda há outras questões específicas para as quais uma solução geralmente aceita e satisfatória ainda não foi encontrada. Entre elas está a questão das origens e da inter-relação das três horas canônicas que precedem a terça: noturnos (vigílias), louvor matinal (laudes) e prima. Esse continua sendo *o* problema principal na história da formação do Ofício Divino. Vários estudiosos lidaram com ele direta ou indiretamente nos últimos anos: Baumstark, Bradshaw, Callewaert, Chadwick, Froger, Hanssens, Jungmann, Marcora, Mateos, van der Mensbrugghe, Winkler, para mencionar os mais importantes[1].

O estado da questão

O problema crucial é o dos noturnos e da matina, ou, na nomenclatura ocidental mais recente, matinas e laudes. Hoje, em quase todos os ritos tradicionais, as matinas são um ofício composto que compreende uma longa sequência de salmodia noturna (*currente psalterio*), seguida de laudes. Algumas fontes antigas, entretanto, falam de apenas uma hora antes da prima ou da terça; outras falam de duas. E, uma vez que as primeiras testemunhas monásticas de apenas uma dessas horas geralmente dizem que ela ocorria antes do amanhecer, alguns

1. Suas obras estão listadas em meu artigo *Quaestiones disputatae*, do qual grande parte do material deste capítulo é extraído. Agradeço aos editores de *Worship* e à The Liturgical Press a permissão de usá-lo aqui novamente.

autores presumem que tais referências dizem respeito aos noturnos, e que as laudes são simplesmente o fim dessa salmodia noturna. Outros sustentam visão exatamente contrária, dizendo que as laudes são a oração matinal de catedral original, à qual se antepunha a vigília monástica correspondente e outrora totalmente separada, quando os usos monástico e de catedral foram sintetizados no ofício híbrido do monaquismo urbano. Até a publicação em 1981 de *Daily Prayer in the Early Church*, de Paul F. Bradshaw, a opinião recente corria a favor dessa última visão.

Existem quatro questões diferentes, mas correlatas em tudo isso:

1) Qual era a composição do ofício matinal original ou da primeira sinaxe do dia no uso de catedral puro?
2) Qual é a origem dos salmos de laudes (Sl 148–150), que aparecem posteriormente, em alguns dos ofícios em questão?
3) Qual é a relação entre a vigília noturna e o louvor matinal, ou o que o Ocidente agora chama de laudes, ambos os quais, na maioria das tradições existentes, agora compreendem um ofício matinal composto geralmente chamado de matinas?
4) Quais são as origens da prima?

O ofício matutino original de catedral

Como vimos, os primeiros testemunhos do louvor matinal, o ofício de catedral puro ao alvorecer, referem-se explicitamente apenas ao Salmo 62/63 como *o* salmo matinal. O serviço terminava com as habituais intercessões e despedidas. O *Gloria in excelsis* provavelmente também fazia parte desse ofício. Pode-se concluir dessa evidência que as primeiríssimas matinas de catedral não tinham outros salmos fixos apropriados? É difícil não ver aqui um paralelo com o que nos dizem os mesmos documentos sobre as vésperas de catedral: um salmo vesperal (Sl 140); um salmo matinal (Sl 62). Ambrósio, *Expl. ps.* 1, 9, parece apoiar essa visão: "O romper do dia ecoa com um salmo, seu término ressoa com outro (*Diei ortus psalmum resultat, psalmum resonat occasus*)"[2]. Bradshaw está certo, então, ao concluir que os salmos de laudes não faziam parte das primeiras matinas de catedral[3]? Voltarei em breve a essa questão. Por enquanto,

2. *PL* 14, 925.
3. Ver nota 6.

basta dizer que os testemunhos não nos permitem concluir com certeza que as primeiras matinas de catedral tinham apenas um salmo. Em primeiro lugar, o paralelo com as vésperas é enfraquecido pela evidência da liturgia comparativa: as vésperas jerosolimitanas tinham vários salmos vesperais, sem prejuízo do fato de que o Salmo 140 era considerado *o* salmo vesperal. Em segundo lugar, a partir da segunda metade do século IV, fontes com notável consistência chamam matinas de "*matutini hymni*" ou algum outro nome no plural[4]. É claro que isso não prova que havia vários salmos de matinas — mas esse é o ponto: o testemunho não prova nem uma coisa nem outra. Finalmente, testemunhos contemporâneos de matinas nos ofícios híbridos do monaquismo urbano indicam outros salmos (50, 89) e cânticos que provavelmente são de proveniência de catedral, e poderiam remontar à primitiva oração matinal de catedral. Esses testemunhos serão discutidos a seguir.

As origens das laudes

Ao desafiar a suposição há muito defendida de que os Salmos 148–150 faziam parte do estrato primitivo do louvor matinal de catedral, Bradshaw reabilita uma tese formulada em essência por J. Froger há trinta anos[5]. Froger vê os Salmos 148–150, pelo menos nos ofícios orientais, não como o núcleo primitivo do louvor de catedral matinal, um núcleo mais tarde adotado pelos monges urbanos em seu ofício misto, mas sim como um acréscimo posterior que o ofício matinal de catedral tomou emprestado da vigília monástica. Bradshaw adota basicamente a mesma visão:

> O relato de Cassiano também lança luz sobre o local original dos Salmos 148–150 no ofício diário. Era um fato inquestionável que esses salmos sempre constituíram o cerne do ofício matinal na tradição de catedral e derivavam do uso da sinagoga. No entanto, como muitos outros desses "fatos", isso não se baseia em nada mais sólido do que a constante repetição por sucessivos estudiosos. Como indicamos anteriormente, os indícios do emprego desses salmos na liturgia da sinagoga do século I são, de fato, muito

4. Por exemplo, Eusébio, *In ps. 64*, 10, *PG* 23, 640 (cf. Mateos, Quelques anciens documents, 348); Epifânio, *Adv. haer.* 3,23, *PG* 29, 829; Egéria, *Journal* 24:2; Ambrósio, *In ps. 118, sermo 19*, 32, *PL* 15, 1479; e os textos de Crisóstomo, Basílio, e o *De virginitate*, discutido no cap. 5.

5. Froger, J., Note pour rectifier l'interprétation de Cassien, 96-102.

> frágeis, e as reivindicações para sua inclusão no ofício secular matutino no Oriente no século IV baseiam-se apenas em suposições. Por outro lado, tanto Cassiano quanto Crisóstomo são testemunhas do fato de que eles formavam a conclusão da vigília noturna monástica na Síria e na Palestina, e não devemos esquecer que a vigília egípcia sempre terminava com um dos salmos que tinham "Aleluia" marcado em seu título na Bíblia, que incluiria esses salmos. Portanto, a evidência que existe aponta que o lugar original dos três salmos era a conclusão fixa da vigília noturna, fato talvez decorrente da prática dos primeiros ascetas de recitar todo o Saltério no decorrer de 24 horas, de modo que teriam chegado a esses salmos no final de sua vigília.
>
> Como então eles passaram a ocupar uma posição central no ofício matinal nos séculos posteriores? Não é difícil explicá-lo. Já vimos como em alguns lugares, por exemplo em Jerusalém, a vigília monástica conduzia diretamente ao ofício da manhã. Essa justaposição dos dois poderia muito facilmente ter levado a considerar os Salmos 148–150 o início do ofício da manhã, em vez de conclusão da vigília, e a forte influência exercida pelo monaquismo na Igreja explicaria sua adoção como o início do ofício matinal, mesmo na tradição de catedral. Essa era a posição que eles aparentemente tinham em toda a Itália na época de Cassiano, já que ele nos diz na citação acima que, "quando os hinos matinais terminam, o 50º [51º] salmo é cantado em todas as igrejas", um arranjo que ele, de novo, erroneamente atribui à influência do ofício matinal de Belém. Pode haver pouca dúvida a partir do contexto que, por "hinos matinais", ele queira dizer os Salmos 148–150, e que estes agora formem o início do ofício, com o Salmo 51, originalmente em posição inicial, vindo em segundo lugar. Um arranjo semelhante é encontrado no ofício matinal do rito caldeu, que, acredita-se, teria permanecido em muitos aspectos mais próximo do padrão antigo do que outros ritos orientais: aqui os Salmos 148–150 precedem o Salmo 51 nos dias de semana. Contudo, em todos os outros ritos conhecidos por nós, esses salmos formam o clímax do ofício matinal, e esse parece ter sido um estágio posterior de desenvolvimento: já vimos como em *De virginitate* o Salmo 51 foi puxado de volta para ficar na cabeça de todo o rito. Teria sido perfeitamente natural que um movimento semelhante tivesse ocorrido na direção oposta para que os Salmos 148–150 formassem a conclusão não apenas da salmodia da vigília, mas do conjunto todo de hinos e salmos dos ofícios combinados da noite e da manhã, e mais uma vez a influência do monaquismo na Igreja como um todo teria assegurado que essa prática fosse seguida de maneira geral[6].

Examinemos os primeiros testemunhos para os Salmos 148–150. "Primeiros", neste caso, significam o final do século IV, quando vemos referências

6. BRADSHAW, *Daily Prayer*, 109-110; cf. 82, 103.

explícitas aos salmos de laudes no ofício em apenas duas fontes: a obra de João Crisóstomo *Homilia 14 sobre 1 Timóteo*, 3-4, de seu período antioqueno; e a famosa passagem problemática dos *Institutos* III, 3-6, de João Cassiano, que descreve os ofícios monásticos como ele os conhecera em Belém. Por causa dos problemas extremamente complexos envolvidos na interpretação desse material, resumirei primeiramente o que já disse nos capítulos 4-6 a respeito da vigília monástica em Antioquia e nos difíceis textos de Cassiano.

I. Crisóstomo:

A descrição do ofício monástico de Antioquia por Crisóstomo afirma explicitamente que o Salmo 148,1 era dito no final da vigília monástica, e argumentei que a vigília provavelmente tinha a seguinte estrutura:

Invitatório:	Salmo 133
	Isaías 26,9 ss.
Salmodia monástica variável *currente psalterio*	
Laudes:	Salmos 148–150

Então, após um rápido descanso, os monges se levantavam para um breve ofício matinal de elementos de catedral, compreendendo:

Salmo 62
Gloria in excelsis
Intercessões
Oração(ões) conclusiva(s)

II. Cassiano

Na Palestina, Cassiano aproximadamente na mesma época (*c.* 382-386) também descreve o lugar dos salmos de laudes no ofício monástico de Belém, e o contrasta com o uso da Gália. Em Belém havia originalmente apenas um ofício antes da terça, a vigília ou o noturno, que se concluía com os Salmos 148–150. Após essa vigília, os monges poderiam retirar-se novamente. Infelizmente, esse segundo período de descanso era mal-usado pelos monges, que dormiam desde esse momento após os noturnos até a terça (*Inst.* III, 5). Assim, um novo ofício matinal ao nascer do sol foi instituído para fazê-los acordar mais cedo. Esse novo ofício, como a terça e a sexta, tinha três salmos (50, 62, 89) com orações. Na Gália e na Itália, no entanto, os Salmos 148–150 não eram uma conclusão fixa dos noturnos, mas parte de um ofício matinal separado que se seguia aos noturnos após um breve intervalo.

Isso produz os seguintes padrões:

	BELÉM	ANTIOQUIA	PROVENÇA
ao canto do galo:	*vigília*:	*vigília*:	*vigília*:
		Salmos 133	
		Isaías 26,9	
	salmodia variável	salmodia variável	salmodia variável
	Salmos 148–150	Salmos 148–150	
ao raiar do dia:	*novella sollemnitas*:	*ofício matinal*:	*ofício matinal*:
	Salmos 62; 50; 89	Salmos 50; 62 (?)	Salmos 62
			Salmos 118,117-148
			Salmos 148–150
		Gloria in excelsis	
		Intercessões	
		Oração(ões) conclusiva(s)	

Essa *novella sollemnitas* era uma inovação palestina, como afirma Cassiano? O ofício monástico antioqueno do século IV tem um serviço análogo, e a descrição de Crisóstomo acima bem poderia remontar ao seu período monástico de 370-376, ao passo que Cassiano só entrou em seu mosteiro de Belém em 382-383. Mas essas datas são próximas, e Cassiano é um testemunho geralmente confiável[7], de modo que não vejo razão para duvidar de sua insistência nesse ponto. Talvez seu "*nostro tempore*" dos *Institutos* II, 4:1 deva ser entendido sem grande exatidão.

O que era, de fato, essa *novella sollemnitas*? Alguns desejaram ver nela as origens da prima. Mas, no capítulo 6, vimos um ofício surpreendentemente semelhante no contemporâneo *Ordo monasterii* 2, do norte da África, por volta de 395: "Descreveremos como devemos rezar ou executar a salmodia: nas matinas, digam-se três salmos: 62, 5 e 89; à terça [...] [etc.]". Observe-se a semelhança

7. Ver Guy, Jean Cassien, historien du monachisme égyptien?, 363-372.

entre esse ofício matinal de três salmos e a *novella sollemnitas* de Cassiano. Note-se também que ela é chamada *matinas*, não prima, e que é seguida pela terça. Visto que o texto se refere posteriormente a noturnos, isso deve nos alertar para não nos precipitarmos em chamar a *novella sollemnitas* de prima. Por outro lado, o *Ordo monasterii* não pode ser usado como um argumento a favor da teoria de que os Salmos 148–150 não eram uma parte original das matinas de *catedral*. Pois essa é uma regra *monástica*, e é minha opinião que os salmos de laudes nas matinas monásticas são uma influência posterior do louvor matinal de *catedral*.

Uma passagem problemática dos *Institutos* III, 4, já citada acima no capítulo 6, está intimamente relacionada a tudo isso, e agora estamos em posição de entender o que Cassiano quer dizer. Ele expressa claramente:

1) que na maior parte do Ocidente existe um ofício matinal separado dos noturnos por um breve intervalo de repouso;
2) que esse ofício foi uma inovação recente do mosteiro de Belém de Cassiano;
3) que, antes dessa inovação, aquele *mesmo* ofício da manhã, que na Gália é *separado dos* noturnos por um intervalo, terminava em Belém *ao mesmo tempo que* a vigília noturna.

Se juntarmos isso ao que vimos no capítulo 6 sobre a interpretação dos *Institutos* III, 6, torna-se evidente que Cassiano considerava os salmos das laudes em Belém e na Provença uma "matina" ou ofício matinal. O caso do uso provençal é claro, porque as laudes eram um ofício separado dos noturnos, tanto na prática quanto na teoria. Em Belém, os salmos das laudes encontravam-se no final da vigília noturna, mas Cassiano se refere a essa parte final da vigília como "este ofício matinal" — isto é, o *mesmo* que aquele celebrado pouco tempo após o fim do noturno na Provença:

> Pois, até aquele momento, descobrimos que quando *este ofício matinal* (que nos mosteiros da Gália é costumeiramente celebrado depois de um curto intervalo, após os salmos e orações dos noturnos terem terminado) era encerrado [em Belém] junto com as vigílias diárias [...] (Vsque ad illud enim tempus matutina *hac sollemnitate*, quae expletis nocturnis psalmis et orationibus post modicum temporis interuallum solet in Galliae monasteriis celebrari, *cum cotidianis uigiliis pariter consummata* [...] [grifo meu]).

Essa visão dos salmos de laudes como realmente um ofício distinto, mesmo que anexado aos noturnos, parece confirmada mais adiante em III, 4, quando

Cassiano cita Salmo 118,164 no contexto do novo ofício matinal em Belém: "Sete vezes por dia te tenho louvado pelos juízos de tua justiça. Tendo acrescentado este ofício e realizando essas assembleias espirituais sete vezes por dia, demonstramos sem dúvida que proferimos louvores ao Senhor sete vezes por dia". Mas apenas seis ofícios foram mencionados até aqui nos *Institutos*: vigílias, o novo ofício da manhã, terça, sexta, nona e vésperas. Será que a sétima hora poderia ser "este ofício matutino" — laudes anexadas à vigília? O. Chadwick pensa que sim[8], apesar de mais tarde, nos *Institutos* IV, 19:2, Cassiano falar de salmodia antes de ir para a cama. Alguns pretendem ver nisso uma referência às completas, e isso, claro, preencheria o complemento de sete horas sem a necessidade de contar as laudes como um ofício separado. Contra isso, Chadwick argumenta que Cassiano não via essa salmodia da hora de dormir como uma das sete horas de oração porque ele não a menciona em seu longo e detalhado tratamento do *cursus* de Belém. Ainda mais revelador é o fato de que, quando realmente lista os ofícios daquele *cursus* em *Institutos* III, 3:11, ele se refere às vésperas "ao final", implicando claramente que não havia completas: "[...] quod tempus designat matutinam nostram sollemnitatem, dein tertia, inde sexta, post haec nona, *ad extremum undecima, in qua lucernaris hora signatur*" (grifo meu) [tempo que designa nossa solenidade matutina; então, na terceira [hora]; daí, na sexta; depois, na nona; por fim, na décima primeira hora, em que se assinala o lucernário]. De qualquer forma, Cassiano destaca os Salmos 148–150 para menção especial no contexto da vigília de Belém, e, embora isso possa se dever ao fato de que esses salmos também são encontrados nas matinas provençais, também poderia ser porque eles são mais do que apenas os três últimos salmos da salmodia monástica contínua da vigília.

Vamos examinar esse último ponto com mais profundidade. O argumento de Bradshaw baseia-se, em parte, na suposição de que os monges de Belém liam o saltério inteiro todas as noites durante a vigília noturna. Isso é altamente improvável. Sabemos muito pouco sobre o *pensum* dos salmos nesse período inicial. Como vimos no capítulo 5, o *De virginitate* ordena tantos salmos quantos forem fisicamente possíveis, e Calínico, em *Vida de Santo Hipácio* 26, nos diz que Hipácio (morto em 446) dizia cem salmos e orações a cada vinte horas[9]. Cassiano,

8. CHADWICK, O., The Origins of Prime, *JTS* 49 (1948) 179-181.

9. CALÍNICO, *Vie d'Hypatios*, org. G. J. M. Bartelink, Paris, Cerf, 1971, 180-182 (SC 177). Sobre toda a questão da recitação do saltério inteiro em um determinado período de tempo, ver BAUMSTARK, *Nocturna laus*, 156-166, e DE VOGÜÉ, *La Règle de S. Benoît* V, 545 ss.

no entanto, tão detalhado em suas descrições do uso de Belém, não diz nada sobre recitar o saltério inteiro todas as noites na vigília, embora um *pensum* tão severo certamente atraísse sua atenção admiradora. Nem mesmo seus heróis egípcios foram a tal excesso em sua salmodia, e Cassiano se refere explicitamente ao uso de Belém como uma *mitigação* do *cursus* egípcio (*Inst.* III, 1).

Havia, no entanto, uma vigília de noite inteira em Belém na sexta-feira à noite, desde as vésperas até o quarto canto do galo cerca de duas horas antes do amanhecer, em honra à paixão (*Inst.* III, 8-9), como vimos também em Jerusalém no diário de Egéria, 27:7. Sabemos de fontes posteriores que os monges palestinos observavam uma *agrypnia* no sábado à noite, e temos uma descrição detalhada dessa vigília no relato de uma visita feita pelos abades João e Sofrônio ao abade anacoreta Nilo do Sinai, uma fonte grega do final do século VI ou início do VII[10]. De acordo com essa fonte, todo o saltério, dividido como os saltérios irlandeses[11] em três "estações" (*staseis*) de cinquenta salmos cada, era lido, com interrupções, como em Cassiano (*Inst.* III, 8:4), por leituras do Novo Testamento. Mas a narrativa também nos informa que essa salmodia contínua era integrada às matinas de tal maneira que os salmos fixos habituais desse ofício, *incluindo os* Ainoi *ou salmos de laudes*, conservam seu lugar tradicional, independentemente do cânone monástico de 150 salmos dito *currente psalterio*. Isso pode ser visto no esboço a seguir. Aqueles familiarizados com o ofício bizantino, derivado do ofício sabaítico palestino, reconhecerão imediatamente as semelhanças entre este esboço e o *orthros* bizantino atual. O texto se refere ao *hexapsalmos* sem especificar quais salmos ele compreendia. Presumo que se trate do *hexapsalmos* do *orthros*, não aquele nas completas, e abaixo emprego parênteses para indicar o uso de hoje.

10. Edição crítica em Longo, A., Il testo integrale della *Narrazione degli abati Giovanni e Sofronio* attraverso le *Hermêneiai* di Nicone, *Rivista di studi bizantini e neoellenici* 12-13 (1965-1966) 223-267 (o texto concernente à *agrypnia* está nas páginas 251-252). Ver também a Introdução, p. 230 ss., e Mateos, J., La psalmodie variable dans l'office byzantin, Societas academica Dacoromana, *Acta philosophica et theologica*, Roma, 2 (1964) 336 ss.

11. Ver acima, p. 145-146.

Hexapsalmos:		(Sl 3, 37, 62, 87, 102, 142)
Pai-nosso		
Salmodia:	*Stasis* I:	Salmos 1–50
		Pai-nosso
		Kyrie eleison 50 vezes
		Leitura de Tiago
	Stasis II:	Salmos 51–100
		Pai-nosso
		Kyrie eleison 50 vezes
		Leitura de 1 ou 2 Pedro
	Stasis III:	Salmos 101–150
		Pai-nosso
		Kyrie eleison 50 vezes
		Leitura de 1, 2 ou 3 João

Nove cânticos bíblicos, com pai-nosso e *Kyrie eleison* após o 3º e 6º

Os *Ainoi*:	Salmos 148–150
Gloria in excelsis	
Credo	
Pai-nosso	
Kyrie eleison 300 vezes	
Oração conclusiva	

Embora essa vigília claramente represente um estágio do ofício palestino posterior àquele descrito por Cassiano, e o material litúrgico da narrativa não seja necessariamente, pelo menos em sua totalidade, tão antigo quanto o restante do relato, isso dificilmente dá suporte à visão de Bradshaw de que os salmos de laudes são simplesmente o fim da salmodia monástica contínua. Além disso, não conheço nenhuma prova de que os palestinos recitavam todo o saltério à noite em dias de semana. Portanto, considero gratuita a hipótese de que o costume de cantar os Salmos 148–150 no louvor matinal teria surgido de uma antiga prática monástica de recitar o saltério inteiro todas as noites.

Mas, mesmo que aceitemos a suposição de Bradshaw de que todo o saltério era dito todas as noites na vigília, como alguém explica por que Cassiano e Crisóstomo escolhem os salmos de laudes para um comentário especial, se eles eram apenas os salmos finais do saltério contínuo? E como se explica a rapidez com que esses três últimos salmos da salmodia monástica noturna contínua foram separados da vigília e unidos ao ofício da manhã em todas as tradições, de catedral e monástica, oriental e ocidental?

Na verdade, as evidências antioquenas e palestinas fornecem apenas parte do quadro. Como vimos em Cassiano, havia também outro padrão ocidental, *igualmente antigo*, encontrado nos mosteiros da Provença e, aparentemente, nas igrejas seculares da Itália. Nessa tradição, os salmos de laudes não são anexados à vigília monástica, mas constituem um ofício matinal separado, um sistema que vemos no século VI nas matinas de catedral e monásticas em todo o Ocidente. Isso abre a possibilidade de outra explicação das origens dos salmos de laudes nas matinas? Bradshaw diria que o núcleo original das matinas de catedral era o Salmo 62, e que os Salmos 148-150 vieram depois[12]. Isso pode ser verdade, mas surgiu como resultado da influência de uma vigília monástica que sempre terminava com esses salmos? Outros concluiriam que os Salmos 148-150 são simplesmente laudes de louvor matinal de catedral que foram acrescentados ao fim dos noturnos monásticos em mosteiros urbanos que estavam em contato com as igrejas catedrais.

Dois fortes argumentos apoiam o primeiro ponto de vista:

1) Em nossos dois primeiros testemunhos de Salmos 148-150 num ofício matinal, Cassiano em Belém e Crisóstomo em Antioquia, eles são encontrados anexados ao final da vigília monástica.
2) Os mais antigos testemunhos dos dois ofícios de catedral do mesmo período falam do Salmo 140 como o núcleo das vésperas de catedral e do Salmo 62 como o das matinas de catedral, sem menção alguma aos Salmos 148-150 como parte da oração matinal.

Há também argumentos a favor da outra visão, que vê os Salmos 148-150 como originalmente contidos na oração matinal da catedral e considera sua presença nas vigílias monásticas um resultado da influência da catedral no ofício monástico.

1) No Ocidente, o testemunho de Cassiano para a Gália e a Itália, no início do século V.
2) O peso avassalador, a partir do século VI, de todas as fontes ocidentais conhecidas por mim, com uma exceção, o *Ordo monasterii*. Todas essas fontes têm os Salmos 148-150 no final da oração da manhã, não na vigília.

12. Bradshaw, *Daily Prayer*, 82-83.

3) Fontes orientais anteriores, como Basílio, Egéria, o capadócio *De virginitate*, atribuído a Atanásio, embora não mencionem os salmos de laudes explicitamente, referem-se a "hinos matinais" ou usam alguma expressão análoga que não se pode dizer que exclui a presença dos Salmos 148–150, especialmente
4) à luz da presença desses salmos hoje no final das matinas em todos os ritos orientais, exceto o *Horologion* monástico egípcio puro. Essa imagem oriental só se torna clara um pouco mais tarde, mas, quando se torna, encontramos em toda tradição esse padrão em que os salmos de laudes são parte de um ofício matinal separado.

Portanto, não é totalmente gratuito teorizar 1) que os salmos de laudes são um elemento antigo da oração matinal de catedral, e 2) que a presença dos Salmos 148–150 no final da vigília em alguns usos monásticos urbanos *mistos* que vimos, mas não no *Horologion* egípcio puramente monástico[13], poderia indicar uma influência de catedral nos noturnos monásticos, e não vice-versa.

Mas, se isso não é implausível, como explicar a relação originária, se houver, entre laudes e noturnos?

A relação entre noturnos e laudes

É intrigante que a "teoria recebida" a respeito do núcleo original das vésperas de catedral e da oração da manhã seja baseada, nas primeiras evidências, em um dissenso. O Oriente, mas não o Ocidente, fornece ampla e clara evidência inicial do Salmo 140 como o salmo central das vésperas de catedral. No melhor estudo sobre as vésperas, G. Winkler examinou meticulosamente todos os testemunhos mais antigos. No Ocidente, como observei acima, eles se limitam a uma alusão ocasional; no Oriente, estes são quase esmagadores[14]. Por outro lado, começando com o testemunho de Cassiano no início do século V, e fornecendo inúmeras fontes desde o início do século VI, o Ocidente — mas não o

13. O ofício copta da meia-noite contém os Salmos (LXX) 3, 6, 12, 69, 85, 90, 116–133, 136–137, 140–141, 145–147. As matinas, os Salmos 1–6, 8, 11–12, 14–15, 18, aos quais foram adicionados no uso moderno os Salmos 24, 26, 62, 66, 69, 112, 142. A terça segue as matinas. Ver BURMESTER, O. H. E., *The Egyptian or Coptic Church*, Cairo, Printing Office of the French Institute of Oriental Archaeology, 1967, 100, 105-106 (Publications de la Societë d'archéologie copte: textes et documents).

14. WINKLER, Über die Kathedralvesper, 53-102.

Oriente — é praticamente unânime em colocar os salmos de laudes no cerne da oração matinal de catedral. Portanto, no caso da oração matinal, é a evidência oriental anterior que é ambígua. É por isso que a relação entre noturnos e laudes continua a ser um problema na história da formação da Liturgia das Horas. Embora eu não seja tão otimista a ponto de pretender desatar aqui essa meada emaranhada, direi o que penso que seria uma possível solução se fôssemos capazes de remeter cada fio de evidência, passando por seus múltiplos entrelaçamentos, de volta até seu ponto de origem.

Como vimos no capítulo 4, originariamente a regra de oração *monástica pura* era simplesmente o "orar sempre" evangélico, que veio a ser interpretado no Egito como orar a cada hora, doze de dia e doze à noite. Essa "regra do anjo" é provavelmente a base primitiva para dividir a salmodia contínua das duas sinaxes diárias posteriores em grupos de doze. É nessa fase que retomamos Cassiano no Baixo Egito: duas sinaxes diárias, ao levantar-se de madrugada e no final da tarde antes de dormir, com doze salmos e duas leituras em cada uma.

O uso *de catedral puro* nas fontes do final do século IV contemporâneas a Cassiano também tinha duas sinaxes comuns: louvor matinal ou matinas ao romper do dia, e vésperas ou canto vesperal ao anoitecer. Mas, como já vimos, o fato de essas duas sinaxes de catedral serem um pouco posteriores aos seus paralelos monásticos não significa que estamos lidando com diferentes "horas" de ofício. Simplesmente reflete o fato de que os monges se levantavam mais cedo. Ambas as tradições são herdeiras exatamente do mesmo antigo costume de começar e terminar o dia com oração. Portanto, o que temos em *ambos* os casos é a formalização, no século IV, da antiga oração particular no início e no fim do dia. Os monges se levantavam mais cedo e oravam por mais tempo, então o que eram *matinas* e vésperas no uso de catedral eram *vigílias* e vésperas para os monges. Em outras palavras, temos conjuntos paralelos de dois ofícios e *não* uma estrutura de três ofícios de noturnos, matinas, vésperas.

Por fim, no mesmo período no *monaquismo urbano* — ou seja, mosteiros em ou perto de cidades em contato mais próximo com os usos de catedral — de Belém, Antioquia, Capadócia, Gália, encontramos evidências de tradições mistas contendo elementos monásticos e de catedral nos ofícios. Esses ofícios híbridos se enquadram não em um, mas em vários padrões, dependendo de como a síntese ocorreu em cada área. Em outras palavras, quando monges urbanos em diferentes regiões começaram a desenvolver ofícios compostos, com incorporação de elementos das tradições monásticas e de catedral, *eles o fizeram de maneiras diferentes*:

1) Alguns *começaram com o uso monástico* como base e *adicionaram elementos de catedral*:

   a) Em Belém e Antioquia, os monges acrescentaram os Salmos 148–150 de louvor matinal de catedral ao final de sua vigília monástica, celebrando os dois serviços sem interrupção. Mais tarde, para despertar ao nascer do sol os monges que haviam se retirado novamente após esse ofício, os monges de Belém criaram *outro* ofício matinal, aparentemente composto de outros elementos do louvor matinal de catedral: os Salmos 50; 62; 89. Assim, eles absorveram elementos das matinas de catedral em duas fases. O primeiro passo poderia ter sido anexar os salmos de laudes das matinas de catedral ao final do ofício monástico correspondente que abria o dia. Mais tarde, quando houve necessidade de outro culto matinal para despertar os monges de seu repouso pós-vigília, uma vez que os monges já tinham a tradição de dizer os Salmos 148–150 no final de seu ofício matinal original, eles os deixaram ali e formaram o novo ofício com outros elementos das matinas de catedral. Acho que isso se coaduna bem com a linguagem de Cassiano nos *Institutos* III, 3 e 6, onde, como vimos, ele se refere *tanto* ao novo ofício *quanto* aos salmos de laudes no final das vigílias como *matinas*.
   b) Na Gália, os monges terminavam sua vigília monástica e, após um breve intervalo, celebravam um segundo ofício matinal composto dos salmos de laudes tomados de empréstimo, assim creio, do uso de catedral.
   c) Vimos um padrão semelhante nas regras monásticas ocidentais do Mestre, de Bento, de Columbano, de Cesário e de Aureliano. O *Ordo monasterii* do final do século IV, quando comparado a ofícios monásticos ocidentais posteriores, mostra-nos exatamente esse processo em andamento. Ele tem apenas três salmos fixos no ofício da manhã, enquanto as regras um pouco posteriores da Itália, como a *Regra do Mestre* (34-35, 39) e a *Regra de São Bento* (12-13), concluem as matinas com cânticos e os salmos de laudes.

2) Outros começaram com o uso de catedral e o monasticizaram:

   a) Ao romper do dia, hora do louvor matinal de catedral, os ascetas da Capadócia tinham matinas, compreendendo o Salmo 50 ou 62 mais "hinos e odes". A isso eles acrescentaram um *mesonyktikon* monástico ou ofício da meia-noite. Eu interpretaria isso como um sistema misto enraizado principalmente no uso de catedral com sua oração matinal completa e separada ao amanhecer, à qual os ascetas mais tarde acrescentaram uma vigília monástica. Portanto, o que temos aqui é um ofício de catedral monasticizado, em vez de um ofício monástico catedralizado como no primeiro caso. Isso, creio eu, é o que vimos nos escritos de São Basílio e no *De virginitate*.

Qual sistema é mais antigo? Cassiano chegou a Belém por volta de 385 e se estabeleceu na Gália por volta de 415. Assim, o uso provençal-romano é atestado apenas trinta anos depois de termos ouvido falar pela primeira vez do ofício de Belém. E, embora Cassiano tenha descrito a *novella sollemnitas* de Belém como nova, ele não põe o uso galicano na mesma categoria, como sem dúvida faria, uma vez que a história do ofício monástico é seu principal interesse. Portanto, não é ilegítimo concluir que o uso galicano dos Salmos 148–150 num ofício matinal *separado* e *distinto* da vigília é quase tão antigo quanto o uso monástico palestino. E, porque encontramos este último uso dos Salmos 148–150 no final do ofício matinal absolutamente em todos os ofícios de catedral e em alguns ofícios híbridos de catedral-monásticos, mas *não* nas sinaxes noturnas ou matutinas egípcias puramente monásticas, o peso da liturgia comparativa parece favorecer a teoria de que esses salmos e laudes são originários do uso de catedral, a partir do qual entraram no ofício monástico de várias maneiras, dependendo da tradição. Talvez o monge norte-africano Arnóbio, o Jovem (*c.* 470) esteja se referindo a esse uso de catedral quando diz, em seu *Comentário sobre o Salmo 148*, que o Salmo 148 é cantado em todo o mundo ao amanhecer[15].

É claro que esses dois padrões aventados não esgotam as possibilidades. Poderia ter havido outros e, de fato, o *Ordo monasterii* pode muito bem refletir uma influência anterior das matinas de catedral no uso monástico antes que esse ofício tivesse incorporado os Salmos 148–150 como um final fixo.

Um ofício ou dois?

Pelo que eu disse, está claro que prefiro a visão de Mateos de que a salmodia atual de nosso atual ofício de matinas compósito é uma vigília monástica noturna originalmente separada e distinta do louvor matinal ou laudes,

15. *PL* 53, 566, citado acima, cap. 8, nota 11.

aos quais agora ela é anteposta na maioria dos ofícios existentes[16]. Se esses dois ofícios eram, originariamente, sempre *celebrados* em separado, não é algo que pode ser respondido *per modum unius*. Não se pode argumentar com base na anterior *agrypnia* dos anacoretas do Sinai, mencionada acima. Essa vigília por sua própria natureza durava a noite toda até que se juntava ao louvor matinal e com ele terminava. Certamente na *Regra de São Bento* (8) eles eram separados. Na anterior *Regra do Mestre* (33), os dois ofícios são celebrados juntos na primavera e no verão, quando as noites são curtas, mas é claro que o legislador os considera dois ofícios distintos. Na verdade, ele volta à questão três vezes para justificar a prática de executá-los um após o outro sem interrupção:

> [33]Na primavera e no verão [...] os irmãos devem começar os noturnos ao canto do galo, por causa da brevidade das noites, e, assim que terminarem o número fixo de salmos, devem acrescentar as matinas com seu número completo de salmos. Recomendamos que os noturnos nessas noites curtas comecem após o canto do galo e sejam unidos às matinas, para que os irmãos não voltem para a cama após os noturnos, fiquem sonolentos e, dominados pelo doce sono matinal, não apenas percam as matinas, mas passem situação vergonhosa por dizer tarde até mesmo a prima. Além disso, dissemos para juntar os noturnos às matinas após o canto do galo para que os irmãos, agora revigorados por um longo sono, possam atravessar ambos os ofícios com atenção; então, depois de pagar o débito divino das matinas, os irmãos que assim desejarem não devem ter escrúpulos a respeito de voltar para a cama até a prima [...] Portanto, a brevidade do tempo da noite em relação ao dia requer, por causa da fraqueza da natureza humana, que a salmodia do Ofício Divino seja reduzida e o Ofício diurno unido ao da noite. [...] Esses noturnos no verão, como já dissemos, devem começar logo após o canto do galo, e, assim que terminarem, serão seguidos pelas matinas, por causa da brevidade das noites[17].

Outros documentos enumeram vigílias e matinas como dois ofícios, mas não nos contam como eram celebradas[18].

---

16. Mateos, *Lelya-Ṣapra*, passim; Id., Les matines chaldéennes, maronites et syriennes, 54-55, 58 ss., 61 ss., 68; Id., L'invitatoire, 353-356; Id., Un office de minuit chez les chaldéens?, 101-113; Id., Les différentes espèces de vigiles, 48 ss.; Id., Quelques problèmes de l'orthros byzantin, 22-31.

17. Eberle, *The Rule of the Master*, 194-197.

18. Por exemplo, Cesário, CM 20-21, CV 66; 69; Aureliano, AM 56:11-22; AV 41-42.

Quanto ao Oriente, onde há consideravelmente menos testemunhos do período da Antiguidade Tardia, acho que o mesmo padrão pode ser discernido em algumas fontes já citadas (Basílio, *De virginitate*, Crisóstomo), bem como em Calínico, um pouco posterior (366-446), em sua *Vita S. Hypatii* 26[19]. Mesmo mais tarde, um texto de São Teodoro Estudita descrevendo o ofício monástico de Constantinopla no final do século VIII poderia ser interpretado da mesma maneira[20]. Mas eu concordaria com J. Leroy que na época do *Hypotyposis* estudita do século IX, que data dos anos imediatamente após a morte de São Teodoro em 826, o *orthros* no uso estudita de Constantinopla é um ofício composto de noturnos e matinas, mais ou menos como ainda é hoje[21]. Isso é confirmado por Pseudo-Crisóstomo, *In ps. 118*, 4, que também data do período da iconoclastia, se não de um período posterior[22]. Mas a inserção da vigília da ressurreição entre noturnos e matinas aos domingos e festas na "Vigília de toda a noite" nos mosteiros bizantinos e no uso de catedral moscovita ainda revela a separação original desses dois ofícios.

Que dizer do atual ofício noturno bizantino, chamado *mesonyktikon*, que agora vem entre as completas e o *orthros* no *cursus* bizantino? Isso não mostra que a salmodia no início do *orthros* não é o ofício noturno original, mas apenas um prelúdio para as laudes? Contra isso temos o fato de que, quando a "Vigília de toda a noite" é celebrada, o *mesonyktikon* é simplesmente omitido e as vésperas são imediatamente seguidas pela salmodia do *orthros*. Isso seria impensável se o *mesonyktikon* fosse a salmodia original da noite no *cursus* bizantino. Penso, então, que o *mesonyktikon* seja um ofício posterior adicionado para preencher a lacuna no *cursus* causada pela fusão do noturno originário com o *orthros*.

As origens da prima

As primeiras referências inequívocas à prima estão em fontes latinas do século VI, começando com Cesário de Arles, CV 69 (*c.* 534); depois em Aureliano de Arles, AM 28; as regras do Mestre (*RM* 34-35, 41) e de Bento (*RB* 16). Leroy demonstrou sua existência no ofício monástico bizantino antes do final

19. Ver nota 9.

20. *Magnae catecheseos sermo* 6, Mai, A., *Nova patrum bibliotheca* IX. 2, 17. Cf., entretanto, Leroy, J., Le cursus monastique chez S. Théodore Studite, *EL* 68 (1954) 10.

21. Leroy, Le cursus monastique, 16 ss.

22. *PG* 55, 705.

do século VIII, e há razão para acreditar que não foi uma inovação daquele período, mas um uso que havia surgido antes[23]. É possível identificar suas origens com mais precisão? Froger certamente está certo ao considerar a *novella sollemnitas* de Cassiano matinas, não prima[24], já que foi assim que o próprio Cassiano as chamou, e ele as considerava o equivalente ao louvor matinal nos mosteiros da Gália. É também chamada de matinas no contemporâneo *Ordo monasterii* citado acima no capítulo 6. Mas palavras são palavras e coisas são coisas, e o fato de Cassiano não considerar esse novo ofício "prima" nem chamá-lo por esse nome não prova, evidentemente, que as origens remotas da prima não podem ser vistas nessa *novella sollemnitas*. Contra isso, entretanto, há o fato de que teremos alguma evidência de prima no Oriente apenas séculos depois. Além disso, a prima sabaítica no atual ofício bizantino, que representa o que chegou até nós do uso monástico palestino, tem os Salmos 5; 89; 100, não os Salmos 62; 50 e 89 do novo ofício de Cassiano. E, de fato, os últimos salmos das novas matinas palestinas de Cassiano, como os paralelos Salmos 62; 5; 89 das matinas no *Ordo monasterii* 2, são encontrados com muito mais frequência em ofícios posteriores de laudes, como Froger apontou[25]. Assim, ainda estão de pé os argumentos de Froger contra a tese outrora comum de que temos na *novella sollemnitas* de Cassiano as origens da prima.

Conclusão

A questão das origens e da história das primeiras três horas de ofício nos apresentou um problema clássico de liturgia comparada:

1) Um conjunto de semelhanças que demonstram ou uma origem comum na tradição primitiva, ou um posterior empréstimo e influência mútua entre as tradições;
2) e ao mesmo tempo um conjunto de variações que devem ser explicadas de uma forma que não contradiga o que afirmamos a respeito do nº 1.

---

23. Leroy, Le cursus monastique, 6 ss.

24. Froger, J., *Les origines du prime*, Roma, Edizioni liturgiche, 1946 (Bibliotheca EL 19), e Id., Note pour rectifier l'interprétation de Cassien.

25. Id., Note pour rectifier l'interprétation de Cassien, 101; *Les origines du prime*, 43-44.

I. Os dados:

Os fatos são bastante claros:

1) Tanto no uso de catedral quanto no monástico, havia originariamente um ofício para abrir o dia: matinas ou noturnos, respectivamente.
2) No uso de catedral, em que a salmodia selecionada era a base dos ofícios, *o* salmo matinal era o Salmo 62.
3) A base do ofício monástico era a salmodia *currente psalterio.*
4) Os Salmos 148–150 são encontrados no final do noturno monástico em Belém e Antioquia, de acordo com Cassiano e Crisóstomo.
5) Mas na Gália e na Itália, de acordo com Cassiano, e em todos os outros lugares do século VI em diante, os Salmos 148–150 são a parte fixa do ofício matinal em todos ofícios de catedral e híbridos, embora não no *Horologion* egípcio puramente monástico.
6) Em quase todos os ritos existentes, esse ofício matinal tem uma longa salmodia monástica anteposta a ele.
7) Do século VI em diante, o ofício matinal é seguido no *cursus* pela prima.

II. Interpretação

Não há controvérsia a respeito desses fatos. Mas como interpretá-los? Bradshaw argumenta, com base em (2) e (4), que o *Sitz im Gottesdienst* original dos salmos de laudes é a vigília monástica, não as matinas de catedral. Os Salmos 148–150 são apenas o fim normal da salmodia noturna, quando todos os salmos eram recitados em sequência. Daí, eles foram para as matinas de catedral e os ofícios híbridos (5).

É aqui que discordo de Bradshaw. As mais antigas matinas de catedral talvez não incluíssem os salmos de laudes, mas acredito que o ofício das matinas de catedral é o habitat nativo de tais salmos no Ofício Divino. Em outras palavras, acredito que o atual lugar de Salmos 148–150 como um elemento fixo do ordinário das matinas seja o originário, e que a vigília monástica de Cassiano e Crisóstomo os tomou emprestados de lá, pelas seguintes razões:

1) Não há nenhuma evidência de que todo o saltério era lido todas as noites na vigília monástica. E, mesmo que fosse, isso não provaria que os Salmos 148–150 não eram também, e talvez antes, uma parte das matinas de catedral, como na vigília de sábado descrita no relato do encontro com Nilo do Sinai.

2) Cassiano não considera os Salmos 148-150 apenas os últimos dos 150 salmos. Ele os destaca como uma unidade distinta e os chama de um ofício matinal distinto, *até mesmo em Belém, onde foram anexados aos noturnos.*
3) Os Salmos 148-150 estão no final das matinas, não dos noturnos, em todos os ritos existentes.
4) Exceto Cassiano em Belém e Crisóstomo em Antioquia, todas as primeiras descrições de ofício monástico urbano ou dos posteriores ofícios de catedral e híbridos (Basílio, *De virginitate*, Cassiano para a Gália e Itália, o Mestre, Bento, Cesário e Aureliano de Arles, Galo de Clermont...) mostram que havia mais coisas nas matinas do que o Salmo 62, e este "mais coisas" — especialmente à luz da posterior evidência unânime da liturgia comparativa — poderia muito bem incluir os Salmos 148-150.

É claro que (3) e (4) também são explicados pela hipótese de Bradshaw, embora menos adequadamente, acredito, por causa do elemento tempo. É provável que dentro de um século os Salmos 148-150 tenham passado da vigília monástica às matinas de catedral e híbridas em todos os lugares da cristandade? Claro que isso é possível, mas acho improvável que a evolução tivesse sido tão universalmente uniforme a ponto de não ter deixado em lugar algum — nem mesmo no ofício egípcio puro — nenhum vestígio do suposto lugar originário de Salmos 148-150 na vigília monástica diária (1). E a teoria de Bradshaw não dá uma explicação adequada de (2).

Portanto, prefiro pensar que Cassiano e Crisóstomo estão descrevendo um ofício originariamente monástico que absorveu elementos de catedral, como os Salmos 148-150. Esse sistema começa com os noturnos como seu primeiro serviço do dia e acrescenta laudes a ele. Outros, como Basílio, parecem ter começado com as matinas de catedral, que incluíam os Salmos 148-150, e depois acrescentaram ao *cursus* um ofício monástico noturno separado. É esse padrão — dois ofícios separados, um monástico (noturnos) e um de catedral (matinas ou laudes) — que está na base de todos os ofícios existentes além da tradição egípcia.

Quanto à prima, ela é uma adição posterior. A *novella sollemnitas* de Cassiano não é nem a prima nem, propriamente falando, as matinas, mas uma espécie de "segundas matinas" formadas a partir de elementos de catedral em circunstâncias peculiares à comunidade de Belém de Cassiano no final do século IV. *Portanto, o mero fato de Cassiano ser o primeiro testemunho sobrevivente do material que estivemos estudando não significa que o ofício que ele descreve seja o protótipo de todos os desenvolvimentos posteriores.* Mas, na ausência de testemunhos contemporâneos conflitantes, todas as reconstruções históricas desse material, incluindo esta, devem permanecer experimentais, quando não totalmente temerárias.

11

Conclusão: estruturas monásticas e catedrais

Pelo que vimos, podemos extrair algumas conclusões gerais a respeito da natureza e das formas ideais das horas monásticas e de catedral.

Ofícios monásticos

Os ofícios monásticos não tinham nenhuma relação especial com a hora do dia em que eram celebrados; eram simplesmente um estímulo para a oração ininterrupta do monge. Eles consistiam em salmodia contínua, de acordo com a numeração do saltério. Cada salmo ou unidade de salmodia era seguido por uma prostração para oração particular e concluído com uma coleta. Leituras das Escrituras concluíam a sinaxe. Em algumas tradições, as vigílias monásticas eram simplesmente uma versão prolongada da mesma estrutura básica.

Ofícios de catedral

As horas de catedral de louvor matinal e de vésperas desenvolveram o simbolismo do sol nascente e da lâmpada vespertina como imagens de Cristo, a luz do mundo. Ao contrário dos ofícios monásticos, elas estavam claramente relacionadas ao momento da celebração. Salmos, cânticos, símbolos foram escolhidos para se adequar à hora. Assim, as vésperas se iniciavam com um lucernário ou ritualização da lâmpada vespertina ao cair da escuridão, símbolo de Cristo iluminando o mundo escurecido pelo pecado. O acender da lâmpada costumava ser acompanhado por um Hino da Luz, como o antigo *Phôs hilaron*. Em seguida, vinha o Salmo 140/141 vespertino, com uma oferta de incenso, símbolo da subida de nosso louvor ao trono de Deus, como no Salmo 140,2. Esse início era mais ou menos padrão, assim como as intercessões finais e a despedida, e toda a estrutura era salpicada de coletas nos pontos cardeais. Entre esses dois pontos fixos encontram-se frequentemente outros elementos, como outros salmos, um cântico ou responsório e talvez uma leitura. Portanto, a estrutura básica das vésperas era mais ou menos a seguinte:

Rito do acender da lâmpada
Hino da Luz com coleta de abertura
Salmos 140/141 com incensação e coleta
[outros salmos
Responsório
Leitura
Cântico]
Intercessões e coleta
Oração conclusiva "de inclinação" (bênção)
Despedida

O louvor da manhã começava com um salmo penitencial (Sl 50/51) ou matutino (Sl 62/63) e terminava com um cântico do Antigo Testamento, os salmos das laudes (Sl 148–150), o *Gloria in excelsis* aos domingos e festas, e as habituais intercessões e orações conclusivas. Outros elementos, como salmos variáveis, um hino em louvor à luz da manhã, uma leitura, podem ser encontrados dependendo da tradição. Portanto, o esquema básico era mais ou menos assim:

Salmo de abertura (50/51 ou 62/63) com coleta
[Salmo(s) variável(is)
Leitura]
Cântico do Antigo Testamento
Salmos 148–150 com coleta
Hino da Luz
Gloria in excelsis
Intercessões e coleta
Oração conclusiva "de inclinação" (bênção)
Despedida

As vigílias de catedral tinham três formas básicas:

1) a vigília de ressurreição semanal de três antífonas, incensação e proclamação do evangelho pascal;

2) vigílias ocasionais, que consistiam na repetição de uma unidade litúrgica compreendendo — embora não necessariamente nesta ordem — salmodia de catedral (responsórios e antífonas), leituras, prostrações para oração seguidas de coleta e, amiúde, pregação;
3) a vigília das leituras como na Páscoa e algumas outras festas.

Esse segundo tipo de vigília era como um acordeão: poderia ser mais longo ou mais curto para se adequar à ocasião. Geralmente é encontrado como uma extensão das vésperas, mas também pode atravessar toda a noite, das vésperas às matinas, ou ser celebrado independentemente de outros ofícios.

Vamos ver agora como essas estruturas básicas foram combinadas para formar os ofícios de nossas tradições ainda existentes.

Parte II

O Ofício Divino no Oriente cristão

Introdução

Vejamos agora o que aconteceu com essa criação da Antiguidade Tardia no Oriente cristão. Por causa da vastidão do tema — um *cursus* completo de horas canônicas em sete tradições distintas —, limitarei minhas observações às horas principais no início (noturnos-matinas-laudes) e no final (vésperas) do dia nas várias tradições.

Numa extremidade do espectro, temos os ofícios armênios e sírio-orientais ou assírio-caldeus, que são os que melhor mantiveram seu caráter de catedral originário puro. No outro extremo está a tradição copta, fortemente monástica em sua história e, portanto, em sua liturgia, que manteve seus ofícios monásticos e de catedral justapostos, mas não sintetizados. Outras tradições, especialmente a bizantina, são mais híbridas, produto da fusão dos usos monásticos e de catedral efetuada durante o período de evolução anterior à sua codificação na forma mais ou menos fixa que conhecemos hoje.

Tratarei os vários ritos na ordem dada acima, exceto para as tradições sírias, que trato juntas por causa de sua estreita afinidade, e a tradição etíope, que discuto depois da copta pelo mesmo motivo.

12

O ofício armênio

História

O rito armênio, em alguns aspectos relacionado ao bizantino, não é de forma alguma apenas uma variante ou ramo daquela tradição vizinha, como alguns já pensaram. O berço histórico da Armênia cristã fica ao redor do lago Van, a leste da Capadócia grega e ao norte de Osrhoene e Adiabene sírios, e a influência cristã mais antiga nos séculos III a V veio de ambas as correntes. A evangelização da Armênia é tradicionalmente atribuída a São Gregório, o Iluminador (*c.* 231-325), que foi consagrado bispo por Leôncio de Cesareia na Capadócia por volta de 302. A influência greco-capadócia era predominante nesse período, mas havia ocorrido até mesmo a influência siríaco-cristã mais cedo. E do século V ao VII, quando uma tradição cristã armênia autóctone estava na Idade de Ouro de sua formação, houve forte influência litúrgica de Jerusalém. Seguiu-se um período de bizantinização do século IX ao XIII, quando a influência política e eclesiástica constantinopolitana foi especialmente forte. E, finalmente, durante as Cruzadas, do século XII ao XIV, a presença latina na Ásia Menor também deixou seus traços nos usos litúrgicos da Armênia.

Nosso primeiro testemunho do ofício armênio é o catholicos Yovhannes Ōjneç'i (*c.* 650-728), que escreveu um comentário sobre os ofícios e deixou outras evidências em seu *Oratio synodalis* 10 e 13-15, e outros fragmentos[1]. Há também

1. De officiis ecclesiae, texto armênio e tradução latina in: Aucher, J. B. (org.), *Domini Johannis Ozniensis philosophi Armeniorum Catholici opera*, Venice, Mechitarist Press, 1834, 180-223; cf. também Fragmenta, Ibid., 236-249; Oratio synodalis, Ibid., 41 ss. Existe

um comentário de seu contemporâneo Step'annos Siwneç'i (*c.* 680-735)[2], e um posterior, no século X, de Xosrov Anjewaç'i[3]. F. C. Conybeare, em seu antigo mas ainda inestimável *Rituale Armenorum*, também fornece informações sobre alguns manuscritos das horas armênias[4], e pelo menos duas traduções do ofício estão disponíveis, em latim e inglês[5].

Os ofícios

O atual ofício armênio tem sete horas — mas não exatamente as mesmas sete a que estamos acostumados:

A hora da noite (noturnos)	gišerayin žam
A hora da manhã (matinas)	aṙawōtean žam
A hora do nascer do sol (prima)	arewagali žam
A hora do meio-dia (typica)	čašu žam
A hora do entardecer (vésperas)	erekoyean žam
A hora da paz	xałałakan žam
A hora do descanso (completas)	hangstean žam

I. Noturnos

O ofício noturno está estruturado da seguinte maneira:

Orações de abertura: Doxologia
Pai-nosso

---

uma versão latina também em John of Odsun on the Breviary, in: Conybeare, F. C., *Rituale Armenorum, being the administration of the sacraments and the breviary rites of the Armenian Church...*, Oxford, Clarendon Press, 1905, 488-502. Raes, A., Note sur les anciennes matines byzantines et arméniennes, *OCP* 19 (1953) 207 ss., comenta sobre matinas em Yovhannes Ōjneç'i.

2. Amatowni, S. (org.), The Commentary on the Divine Office by Step'annos the Philosopher of Siwnik (em armênio), in: *Ararat* (1915) 225-239, 361-364, 485-496, 634-639; (1916) 129-141, 406-412, 694-703.

3. Texto armênio: *The Book which is called the Commentary on the Prayers*, Constantinopla, 1730; sumário em Conybeare, *Rituale Armenorum*, 502-507.

4. Conybeare, *Rituale Armenorum*, 443-488.

5. *The Book of Hours or the Order of Common Prayers of the Armenian Apostolic Orthodox Church*, Evanston, Ouzoomian House, 1964, uma tradução incompleta; *Breviarium Armenium sive dispositio communium Armeniacae Ecclesiae precum a sanctis Isaaco patriarcha, Mesrobio doctore, Kindio atque a Joanne Mantagunensi habita*, Venice, Mechitarist Press, 1908.

Invitatório:	Doxologia (Sl 50,17) Salmos 3; 87; 102; 142 Canto Petições Canto Coleta
Salmodia:	Doxologia Salmos variáveis [Ofício dos mortos — adição posterior] Cântico do AT Antífona do cântico
Conclusão:	Intercessões Coleta Cantos e orações conclusivos

Esse é o único serviço armênio que possui salmodia monástica contínua. De acordo com a reconstrução desses ofícios por G. Winkler[6], todo o saltério, excluindo os salmos de laudes, era dividido em oito cânones, cada um com seu correspondente cântico do Antigo Testamento. A salmodia diária desse ofício compreendia um cânone com seu cântico. Anteriormente, cada cânone tinha sete subseções do saltério, das quais apenas a sétima sobreviveu. E os cânticos foram substituídos por hinos.

Observe-se que os salmos invitatórios (3, 87, 102, 142) incluem quatro dos seis salmos do atual *hexapsalmos* bizantino no início do *orthros* sabaítico. O invitatório original é, sem dúvida, o Salmo 3, encontrado também como um invitatório à salmodia noturna nos ritos caldeu, tikritano, sabaítico bizantino e constantinopolitano antigo, bem como no ofício monástico latino[7].

---

6. Winkler, G., The Armenian Night Office, I, *Journal of the Society for Armenian Studies* 1 (1984) 93-113; II, *Revue des études arméniennes* 17 (1983) 471-551. Sou muito grato à professora Winkler por me permitir ver o texto datilografado de seu artigo, fonte de minhas informações sobre noturnos e matinas armênias, antes de ir para a impressão.

7. Mateos, Office de minuit et office du matin chez s. Athanase, 176-178; cf. Winkler, The Armenian Night Office, I, 105-108.

II. Matinas

Hoje o ofício da manhã tem a seguinte estrutura:

Pai-nosso
Introito: Salmo 89,14-17
Doxologia
(*início original da Vigília de Catedral de Domingo de acordo com Winkler:*)
Cânticos do AT: Daniel 3,26-45 + troparion
Daniel 3,52-88 + troparion
Petições
Cântico do NT: *Magnificat* + troparion-*Benedictus-Nunc dimittis*
Litania e coleta

(*Vigília de catedral aos domingos:*)
Salmo 112,1-3
Salmo 43,26.24
Salmo 145,10.1
Evangelho das miróforas
Refrão do evangelho
Petições

Salmo 50 + troparion
Petições
Salmos 148–150 + troparion
Gloria in excelsis
Kataxioson (*Dignare Domine* [...])
Refrão da ressurreição de Cristo
Intercessões: Litania e coleta
Petições do anjo da paz e coleta
Oração de Bênção
Trisagion

A essa conclusão original do ofício foram anexados:

Petição
Responsório
Evangelho de cura
Antífona do evangelho
Petição
Bênção

III. Vésperas

As vésperas armênias são um serviço religioso puramente de catedral, sem salmodia monástica:

Pai-nosso	
Invitatório:	Salmo 54,17-18
	Salmo 85
Salmos vesperais fixos:	Salmos 139; 140; 141
Lucernário:	Oração de bênção da luz
	Hino da luz (*Phôs hilaron* aos domingos)
	Oração de ação de graças pela luz
	Petições
	Responsório 1
	Responsório 2: *Dirigatur* (Sl 140,2)
Intercessões:	Litania
	Petições de anjo da paz
	Coleta
	Oração de bênção

E, como nas matinas, outro material foi anexado a essa conclusão:

Trisagion
Petições
Salmo 121 + troparion
Petições
Coleta
Salmos de despedida (2 ou 3)
Petições
Coleta de despedida
Pai-nosso
Despedida

Gabriele Winkler[8] interpretou as vésperas armênias como uma justaposição de duas tradições, as antigas vésperas armênias compreendendo:

Salmo 54
Lucernário: Oração, hino, agradecimento
Responsório do *Dirigatur*
Intercessões

8. Winkler, Über die Kathedralvesper, 78-80.

Ela levanta a hipótese de que a essa estrutura foram antepostos elementos do ofício constantinopolitano antigo:

Salmo 85
Salmo 140, posteriormente expandido pela adição dos
Salmos 139 e 141

Isso encontra apoio no comentário do catholicos Yovhannes Ōjneçʻi (*c.* 700), que diz que o Salmo 85 foi introduzido pelo catholicos Nerses[9], ou Nerses II (*c.* 548) ou o Nerses que era catholicos em 641-661[10]. Mas essa solução é enfraquecida pelo fato de que as vésperas sabaíticas também tinham os salmos vesperais normais e, além disso, assim parece, o *Kateuthynthêtô* — isto é, o *Dirigatur*: o Salmo 140 recitado responsorialmente como na atual Liturgia Bizantina dos Pré-Santificados —, de acordo com o relato daquele serviço na narrativa da visita dos abades João e Sofrônio ao anacoreta Nilo do Sinai, um documento do século VI ou VII já mencionado no capítulo anterior a propósito da *agrypnia* na Palestina[11].

Uso Atual

Hoje, no culto paroquial armênio, as vésperas, outrora celebradas todos os dias, geralmente são feitas apenas na tarde de sábado, embora muitas paróquias ainda celebrem diariamente os ofícios noturnos e matinais juntos pela manhã. Além disso, durante a Quaresma, as paróquias da mesma cidade se revezam para celebrar os Serviços da Paz e do Repouso (completas)[12] e o Serviço do Nascer do Sol (prima), com uma paróquia os realizando cada dia da semana. Esse é, pelo menos, o uso no Patriarcado de Constantinopla[13].

9. Ibid., 79; texto em Conybeare, *Rituale Armenorum*, 497.

10. Winkler, Über die Kathedralvesper, 79.

11. Longo, Il testo integrale della *Narrazione degli abati Giovanni e Sofronio*, 253.

12. *Breviarium Armenium*, 239-290.

13. Informações do meu aluno, Rev. Khajag Barsamian, a quem também sou grato pelas úteis informações bibliográficas sobre as fontes armênias.

13

O ofício assírio-caldeu

A Liturgia das Horas sírio-oriental ou assírio-caldeia, como a armênia, manteve-se em grande parte com caráter de catedral. Embora o ofício de hoje tenha alguns traços de influência monástica nas horas menores, as três horas de catedral das matinas, das vésperas e da vigília festiva de catedral mantiveram sua pureza de catedral imaculada. De fato, no breviário assírio-caldeu atual, essas são as únicas horas que restam fora da Quaresma, excetuando a subba'a ou completas ou certos dias e festas de santos, além do domingo.

História

O Rito assírio-caldeu, usado hoje pelos membros da "Igreja do Oriente" que se autodenominam "assírios", assim como pelos católicos caldeus e malabarenses, é o antigo uso da Igreja mesopotâmica no Império Persa, com seu centro eclesiástico no Catolicosado de Selêucia-Ctesifonte no rio Tigre, cerca de cinquenta quilômetros rio abaixo ao sul de Bagdá, no atual Iraque.

O Sínodo de Selêucia-Ctesifonte em 410, o mais antigo exemplo conhecido de uma Igreja inteira tentando unificar e fixar seus costumes litúrgicos, decretou no cânone 13 que o uso litúrgico da Igreja de Selêucia fosse observado por todos, mas o cânone não menciona o Ofício Divino especificamente[1]. Além disso, o cânone 15 do Sínodo realizado sob o catholicos George I em Darin em 676 ordenou que os leigos fossem à igreja para a oração da manhã e da tarde.

1. Chabot, J.-B., *Synodicon orientale ou recueil des synodes nestoriens*, Paris, Imprimerie nationale, 1902, 266-267.

Não bastava fazer as orações em casa, nem mesmo numa capela particular. E, enquanto estivessem nos ofícios, eles deviam participar, não apenas estar presentes, e permanecer até o final do serviço. E, nas festas, não deviam abandonar as sinaxes comuns a fim de celebrar a festa em algum mosteiro[2]. Alguns aspectos dessa legislação soam surpreendentemente contemporâneos, mostrando mais uma vez que os problemas pastorais têm uma maneira de surgir repetidamente mais ou menos no mesmo formato. É particularmente interessante a insistência no aspecto comunitário da oração das horas: elas são obrigatórias para todos, e não basta fazê-las em privado, e tampouco é suficiente fazê-las em comum fora da reunião eclesial local. Esse também era o sentido originário da obrigação canônica católica de ouvir missa aos domingos — a obrigação só poderia ser cumprida assistindo à missa em pelo menos um oratório semipúblico, pois a obrigação era assistir ao culto *público* de Deus, não apenas "ouvir a Missa".

Muito pouco se sabe sobre a forma inicial do Ofício Divino assírio-caldeu, embora ele ainda contenha composições atribuídas aos Padres sírios tão antigos como Efrém (morto em 373) e seu contemporâneo Jacob, bispo de Nísibis, o catholicos Simeon bar Sabba'ê (morto por volta de 341-344), Marutha de Maipharkat (morto por volta de 420), Narsai (morto em 502) e Babai, o Grande (morto em 628)[3]. De acordo com Bar Hebraeus (1225-1286), *Chronicon* II, 11, foi o mesmo patriarca Simeon bar Sabba'ê que organizou o ofício diário em dois "coros" ou "semanas"[4]. Isso se refere ao mais antigo estrato da organização dos próprios dos dias da semana para os ofícios de catedral, um arranjo ainda em uso hoje. Os ofícios feriais assírio-caldeus têm doze próprios divididos em duas "semanas", conforme sigam um domingo par ou ímpar na numeração do calendário[5]. Cada semana tem seis séries de próprios, uma para cada dia, de segunda a sábado, para os ofícios de *lelya*, ṣapra e ramša (noturnos, matinas, vésperas). Dois coros alternam o privilégio de entoar os serviços, o Primeiro Coro na segunda-feira, quarta-feira e sexta-feira de semanas ímpares, o Segundo Coro na terça-feira, quinta-feira e sábado, com a ordem invertida para semanas pares.

Esses próprios foram incorporados ao breviário de hoje do *Livro do antes e depois*, do qual uma edição foi publicada pelos assírios em Mossul em 1923. Esse

2. Ibid., 488.

3. Pudichery, *Ramsa*, 2 ss.

4. Gregorius Bar Hebraeus, *Chronicon ecclesiasticum*, org. J. B. Abbeloos e T. J. Lamy, Louvain, Peeters/Paris, Maisonneuve, 1877, v. 3, 33-34.

5. Ver Mateos, *Lelya-Ṣapra* 32-36, 465-467.

livro litúrgico extrai seu nome do variável "šurraya (salmo de aleluia) antes" e do "onita (antífona) antes" e as peças paralelas "depois" — isto é, antes e depois da salmodia das vésperas de catedral (Sl 140 etc.)[6].

Mas o evento histórico mais significativo na formação desse Ofício Divino foi, sem dúvida, a reforma instigada pelo catholicos Išo 'yahb III em 650-651 no Mosteiro Superior ou Convento de Mar Gabriel à margem direita do Tigre em Mossul[7]. Hoje, a Igreja chamada Tāhira (A Pura) dos caldeus, que pude visitar em dezembro de 1956 durante meus anos como missionário no Iraque, é tudo o que resta desse grande mosteiro que desempenhou papel tão importante na história do Rito assírio-caldeu. Nessa reforma, o patriarca estabeleceu normas para o ofício de catedral que o fixou mais ou menos na forma em que chegou até nós. Mas o patriarca deixou os monges livres para organizarem suas vigílias noturnas de acordo com seus próprios costumes. Os monges celebravam as horas de catedral também, mas, ao fazer isso, respeitavam sua integridade de acordo com a reforma de Išo 'yahb, e assim elas permaneceram. Portanto, é o uso desse Mosteiro Superior que se conservou até hoje na Liturgia das Horas assírio-caldeia.

Os monges sírio-orientais também tinham as três horas do dia e as completas, e estas, também, posteriormente entraram no *cursus* assírio-caldeu. Mas desapareceram em grande parte, exceto a terça e a sexta nos dias feriais da Quaresma, e alguns remanescentes durante o restante do ano: completas em algumas festas, o resíduo da terça na marmita[8] ou salmodia na abertura da Missa, e da nona na salmodia inicial das vésperas[9]. Essas horas já haviam desaparecido

6. Esses próprios feriais foram traduzidos para o inglês por MACLEAN, A. J., *East-Syrian Daily Offices*, London, Rivington, Percival & Co., 1894; trad. alemã em MOLITOR, J., *Chaldäisches Brevier. Ordinarium des ostsyrischen Stundengebets*, Düsseldorf, Patmos, 1961. Uma versão em inglês dos próprios pascais pode ser encontrada em PATHIKULANGARA, V., *Resurrection, Life and Renewal. A Theological Study of the Liturgical Celebrations of the Great Saturday and the Sunday of Resurrection in the Chaldeo-Indian Church*, Bangalore, Kot tayam, Dhamaram, 1982, 315-411.

7. MATEOS, *Lelya-Ṣapra* 27; Id., L'office divin chez les chaldéens, in: CASSIEN (Msgr.); BOTTE, B. (org.), *La prière des heures*, Paris, Cerf, 1963, 255 ss. (Lex orandi 35). Sobre o Mosteiro Superior e sua função litúrgica, cf. RÜCKER, A., Das "Obere Kloster" bei Mossul und seine Bedeutung für die Geschichte der ostsyrischen Liturgie, *Oriens Christianus 20* = ser. 3 v. 7 (1932) 180-187.

8. Como o autor dá a entender logo em seguida, esta palavra indica uma espécie de "mini ofício" que se faz antes da Missa na liturgia assírio-caldeia. (N. do E.)

9. MATEOS, L'office divin chez les chaldéens, 258-260.

na época do anônimo *Comentário sobre os ofícios eclesiais* do século IX atribuído a Jorge de Arbela[10].

Desenvolvimentos posteriores não afetam a estrutura básica dos ofícios, mas consistem, antes, no acréscimo de serviços ocasionais, nos efeitos da evolução do calendário de festas e comemorações no próprio, e na adição de novas composições eclesiásticas. Entre as últimas, devem-se mencionar especialmente as do patriarca Elias III (morto em 1190), também chamado Abu Halim, que compôs um grande número de orações no *Abu Ḥalim*, um livro litúrgico que ainda leva seu apelido[11]. Outras orações, as mais antigas das quais são atribuídas a Paulo de Anbar (morto em 740-741) e seu contemporâneo Šalliṭā de Reš-'ayna, estão na mesma antologia. Outro livro litúrgico, o *Warda* (Rosa), também leva o nome de um autor. Jorge Warda (morto antes de 1300) foi um escritor prolífico de 'onyata ou antífonas que mais tarde foram reunidas no *Warda* junto com aquelas de seu contemporâneo Šlemon, metropolita de Basra, bem como as do catholicos Yahballaha II (1190-1222) e outros.

Mudanças menores e a introdução de algumas festas latinas foram ordenadas sob os patriarcas católicos caldeus Mar José II (1696-1713) e Mar José VI Audo (1848-1878), e no Sínodo de Bagdá sob Mar José VII Ghanima em maio de 1957, um evento testemunhado pelo presente autor, que na época estava ensinando no Bagdad College, onde o sínodo foi realizado. Um sínodo anterior, de 7 a 21 de junho de 1853, no Mosteiro de Rabban Hormizd em Alqoš, ao norte de Mossul, decretou algumas abreviações nos ofícios e uma purificação do que era considerado "nestorianismo". Essas mudanças foram efetivadas no breviário de três volumes do vicentino (lazarista) caldeu Paul Bedjan (1838-1925), de Khosrova na Pérsia: *Breviarium iuxta ritum Syrorum Orientalium id est Chaldaeorum*, publicado em Paris em 1886-1887. Reimpresso em Roma em 1938 com algumas correções de J.-M. Vosté e E. Rassam, uma atualização do calendário e um novo prefácio do cardeal Eugène Tisserant, esse é o ofício ainda em uso comum entre os caldeus e alguns assírios, embora o uso de manuscritos não

10. Connolly, R. H. (org.), *Anonymi auctoris Expositio officiorum ecclesiae Georgio Arbelensi vulgo adscripta accedit Abrahae bar Lipheh Interpretatio officiorum*, Roma/Paris/Leipzig, 1911-1915 (CSCO, scr. syri, series 2, tomes 91-92). Esses dois comentários serão citados a seguir como *Expositio* ou *Interpretatio*, com referência à tradução latina em CSCO v. 91-92. A atual referência é a *Expositio* 91:107.

11. Sobre essas últimas adições, cf. Mateos, *Lelya-Ṣapra* 12-14; Pudichery, *Ramsa*, 4-5.

tenha desaparecido de maneira alguma nas aldeias e mosteiros do Norte. A publicação do breviário de Bedjan provocou uma onda de protestos do patriarca católico caldeu Elias XIV Abbo-Alyonan (1879-1894) e dos caldeus em Mossul por causa das mudanças que consideraram arbitrárias[12]. Mas, sejam quais forem seus defeitos em relação a textos específicos, ele permanece fiel à estrutura dos ofícios conforme encontrados na antiga tradição manuscrita[13]; e a reunião em três convenientes volumes de materiais previamente espalhados em vários livros — e aqueles disponíveis apenas em manuscrito — foi um ótimo avanço ainda hoje apreciado.

A disposição litúrgica da Igreja

Para compreender o antigo cerimonial dos ofícios assírio-caldeus, é preciso lembrar que, até o século XIV, as igrejas sírio-orientais eram equipadas com um bema ou grande plataforma cercada, no meio da nave[14]. Esse recinto continha o trono do bispo em sua extremidade oeste, voltado para o leste em direção ao santuário. Também havia bancos para os padres celebrantes — ou pelo menos assim parece — e, na extremidade leste, dois púlpitos para as leituras das Escrituras. No centro da plataforma havia um pequeno altar destinado a conter o evangelho e a cruz, e era chamado "Gólgota", que intencionava simbolizar. Toda essa estrutura estava conectada ao santuário por uma passagem estreita, a šqaqona.

Os comentadores litúrgicos sírio-orientais, especialmente Gabriel Qatraya bar Lipah (*c.* 615), Abraham bar Lipah (séc. VII) e Pseudo-Jorge de Arbela (séc. IX), nos forneceram uma descrição da liturgia e do ofício suficientemente detalhada para dar um quadro bastante completo do uso do bema no Rito assírio-caldeu[15]. É evidente a partir do layout da igreja — nave dividida por uma barreira norte-sul em duas seções para homens e mulheres, e obstruída no meio

12. Sobre a história do breviário de Bedjan, cf. Vosté, J.-M., Paul Bedjan, lazariste persan, *OCP* 11 (1945) 45-102, esp. 57-67; Mateos, *Lelya-Ṣapra* 3-37, descreve seu conteúdo.

13. Mateos, *Lelya-Ṣapra* 3.

14. Sobre o bema e seu uso litúrgico, cf. Taft, R., Some Notes on the Bema in the East and West Syrian Traditions, *OCP* 34 (1968) 326-359; Id., On the Use of the Bema in the East-Syrian Liturgy, *Eastern Churches Review* 3 (1970) 30-39. Parte do material a seguir é retomado deste último artigo, com a permissão dos editores.

15. O comentário de Qatraya permanece inédito, exceto por uma tradução latina dos caps. 1-2 sobre a Eucaristia em Hermiz Jammo, S. Y., *La structure de la messe chaldéenne*

por um grande bema — que um introito processional através de uma porta na parede oeste e descendo para o centro da nave até o santuário está fora de questão. Com efeito, geralmente não havia nenhuma entrada na parede oeste. Tampouco parece que o clero normalmente fizesse alguma entrada processional na igreja. A descrição da liturgia eucarística começa com o clero já no santuário, e a procissão do introito não vai da nave para o santuário, mas no sentido inverso, do santuário para o bema na nave[16].

Por causa da forma peculiar dessa procissão de introito assírio-caldeia que não entrava no santuário, mas dele saía em direção ao bema na nave, o desaparecimento do bema após o século XIV levou inevitavelmente à supressão do introito. Mas a antiga estrutura litúrgica mostrava um requintado senso de clareza cerimonial eminentemente adequada aos ofícios de catedral. Liturgicamente, a mesa eucarística não tem nada a ver com a Liturgia da Palavra ou outros ofícios como as horas, e o uso do santuário e do altar apenas para a anáfora mostra uma compreensão da natureza da liturgia que infelizmente está faltando no presente estado confuso da maioria dos ritos.

Com base neste princípio de que o altar é o lugar apropriado para a anáfora, podemos esperar encontrar um amplo uso do bema nos ofícios de catedral assírio-caldeia. Todos os três serviços de catedral nessa tradição são ricos em cerimonial, como convém ao seu caráter popular, e esse cerimonial é centrado no bema e nas idas e vindas para ele e dele. Sem o bema, quase todo o cerimonial popular desses ofícios é destruído.

Os ofícios

I. Noturnos (*lelya*)

Existem vários tipos de vigílias monásticas no ofício assírio-caldeu, dependendo do dia ou festa[17]. Nos dias feriais, os monges se levantam para um ofício noturno à meia-noite, seguido por outro período de descanso antes das matinas. Este ofício noturno tem a estrutura clássica de uma vigília monástica:

---

du début jusqu'à l'anaphore. Étude historique, Roma, PIO, 1979, 29-48 (OCA 207). Para os comentários de Ps.-Jorge e bar Lipah, cf. nota 10 acima.

16. *Expositio* 92:7 ss.

17. Ver Mateos, Les différentes espèces de vigiles dans le rite chaldéen, 46-63; Id., *L'office divin chez les chaldéens*, 261-263.

Invitatório:	Salmo 3,6-9 e Salmo 113 ou Salmo 118,62-64 ou Salmo 118,57-58 e Salmo 91
Salmodia monástica contínua:	7 hullale (seções do saltério)

'Onyata d-mawtba (estrofes poéticas)
Salmo seleto com refrão
Hino
Litania

O saltério litúrgico assírio-caldeu é dividido em sessenta marmyata, cada marmita possuindo idealmente três salmos. Essas marmyata são, por sua vez, reunidas em 21 hullale de três marmyata cada, de modo que sete hullale constituem um terço do saltério. O nome "mawtba" para a poesia que se segue aos salmos tem o mesmo significado e função do *kathismata* bizantino, literalmente "sessões": fornecem um tempo para sentar-se e descansar após a longa salmodia, que nessas tradições, ao contrário da egípcia, era dita em pé.

Nos dias em que há completas, esses noturnos ou *lelya* seguem as completas imediatamente e não há descanso prévio. E aos domingos, em vez de voltar para a cama após os noturnos ou *lelya*, os monges acrescentam mais duas seções do saltério e, depois, seguem diretamente para a vigília da catedral (*qale d-šahra*), matinas (ṣapra) e Eucaristia dominical. Finalmente, na véspera das três festas, Natal, Epifania e Sexta-Feira Santa, há uma vigília que dura a noite inteira.

II. A vigília de catedral

A vigília da catedral ou *qale d-šahra*, celebrada no nártex da igreja desde o desaparecimento do bema, anteriormente compreendia[18]:

Abertura das portas e do véu do santuário
Procissão do bispo ao bema
3 marmyata (originalmente compostas por cânticos do AT) seguidas por orações, todas no bema
Procissão do bema ao santuário e canto de 'onita
Šubbaha (salmo com refrão)
Tešbohta (= *gloria*, uma composição poética)
Litania e oração

18. *Expositio* 91:230-231; 92:122-123.

Existem semelhanças notáveis entre esta vigília e a vigília da ressurreição dominical de Jerusalém, descrita no *Diário* de Egéria, 24:9-11, discutida no capítulo 3:

Egéria:	*Vigília assírio-caldeia*:
Entrada do bispo	Entrada do bispo para o bema
Três "salmos" e orações	Três cânticos e orações
Comemoratio omnium	
Evangelho	
Procissão à cruz com hino	Procissão ao santuário com ʿonita
Salmo	Salmo com refrão
	Tešboḥta
Oração	Litania e oração

A procissão para o santuário no *qale d-šahra* é uma adaptação da procissão do Santo Sepulcro ao Calvário em Egéria (24:11)[19]. Deve-se notar, contudo, que seu significado original como uma procissão até a cruz (Gólgota) foi perdido, e é até mesmo contradito pelo tradicional simbolismo assírio-caldeu da igreja, em que o altar do bema representa o Gólgota, e o rito do bema representa a vida terrena do Senhor cumprida em Jerusalém. Os ministros caminham em procissão até o santuário para indicar que a ascensão foi realizada, pois o santuário representa o céu[20].

III. Matinas (ṣapra)[21]

Matinas ou tešmešta d-ṣapra ao amanhecer tem uma forma de catedral pura. Apresento aqui apenas um esboço geral que não inclui todas as variantes possíveis:

> *Salmos da manhã fixos com refrãos*: Salmos 99; 90; 103,1-16a; 112; 92
> *Salmos de laudes*: Salmos 148; (149 em dias feriais apenas); 150; 116
> Coleta

19. Mateos, *Lelya-Ṣapra* 431; Id., La vigile cathédrale chez Egérie, 307.

20. *Expositio* 91:224, 231.

21. Ibid., 91:213, 224-225; *Interpretatio* 92:168; Mateos, Les matines chaldéennes, maronites et syriennes, 52-54; Id., *Lelya-Ṣapra* 392-393.

‘Onita d-ṣapra (antífona de incenso de matinas) ou Hino Laku Mara (em dias feriais)
Nuhra (hinos festivos de luz)
Benedicite (festivo) ou *Miserere* (ferial)
Gloria in excelsis (festivo) ou tešboḥta (hino)
Trisagion e pai-nosso
Oração do Trisagion
Oração de bênção

No início do ofício, o bispo e o clero ficavam no santuário para entoar os primeiros salmos com seus refrãos, geralmente referindo-se ao tema da luz[22]. O Salmo 99 é um salmo de entrada, adequado para abrir o serviço: "Aclamai o Senhor, terra inteira; entrai diante dele com júbilo [...] Entrai pelas suas portas rendendo graças". Os outros são todos salmos de louvor, alguns dos quais foram escolhidos por causa de sua referência à luz ou ao nascer do sol:

Salmo 103,2, "Revestido de luz como um manto".
Salmo 112,3, "Do sol nascente ao sol poente, louvado seja o nome do Senhor!".

Durante o canto do Salmo 112, todas as lâmpadas eram acesas e o bispo e o clero se aproximavam das portas do santuário, onde o próprio bispo entoava solenemente o Salmo 92, e, enquanto ele estava sendo cantado, o bispo e seu séquito de clero saíam em procissão solene em direção ao bema, onde permaneciam de pé enquanto os salmos de laudes eram cantados, concluídos pelo curto Salmo 116, frequentemente usado como uma doxologia conclusiva na salmodia oriental de catedral. Esses salmos de laudes costumavam ter refrãos que agora são preservados apenas nos dias feriais da Quaresma. A omissão do Salmo 149 aos domingos e festas é uma peculiaridade assírio-caldeia. De acordo com o anônimo *Comentário sobre os ofícios eclesiásticos*, ele passou a ser omitido nos dias em que as autoridades compareciam aos serviços por causa do versículo 8: "agrilhoar os seus reis e pôr a ferros seus nobres"[23].

O refrão do Salmo 116, "Ó Cristo luz, a ti damos glória!", é também o tema da coleta que conclui a salmodia: "A ti, ó Cristo, verdadeira luz, esplendor da glória do Pai, que te revelaste e brilhaste no mundo para renovar e salvar a nossa

22. Mateos, J., L'office paroissial du matin et du soir dans le rite chaldéen, *LMD* 64 (1960) 70 ss.

23. Ibid., 71, nota 13, e *Expositio* 91:173.

natureza pelos primeiros frutos [assumidos] de nós, elevamos louvor, honra, graças e adoração, em todos os momentos, Senhor de tudo. [...]"[24].

Durante a ʿonita d-ṣapra ou antífona da manhã, há uma incensação solene, e então os hinos de luz retomam o tema de Cristo, luz do mundo, sublinhando especialmente sua relação com a aurora escatológica que virá na parusia. A bênção final tradicional ou Oração de Inclinação foi preservada apenas na Quaresma; as outras orações finais foram adicionadas em data posterior[25].

Pode parecer estranho que o Salmo 62, o "clássico" salmo das matinas de catedral, esteja ausente nesse serviço. Mas, como Mateos mostra[26], a versão Pšiṭta desse salmo não faz referência ao *orthrizo* do Salmo 62,1, da LXX, e traduz a LXX "nas manhãs" (*en tois orthrois*) do versículo 6 da LXX como "nas noites". Quanto ao Salmo 90, o salmo tradicional das completas e da sexta em outras tradições: sua presença aqui nas matinas é uma peculiaridade assírio-caldeia.

IV. Vésperas (ramša)[27]

Nas ramša ou vésperas, também, vemos um serviço de catedral puro, se excetuamos os remanescentes da nona que permaneceram unidos ao início das vésperas:

Marmita (salmodia: resquício da nona)
ʿOnita de incenso
Hino Laku Mara e sua coleta
Šurraya da-qdam (salmo de aleluia antes da salmodia vesperal)
ʿOnita da-qdam (antífona antes da salmodia vesperal)
Salmos vesperais de catedral fixos: Salmos 140; 141; 118,105-112; 116
Šurraya d-batar (salmo de aleluia após a salmodia vesperal)
ʿOnita d-batar (antífona após a salmodia vesperal)
Intercessões: karozuta (litania)
petições do anjo da paz
Trisagion e sua coleta
Oração de bênção

24. Mateos, L'office paroissial du matin et du soir dans le rite chaldéen, 71.

25. Id., *Lelya-Ṣapra* 78-81.

26. Id., L'office divin chez les chaldéens, 265-266.

27. Id., L'office paroissial du matin et du soir dans le rite chaldéen, 76 ss. Pudichery, *Ramsa*, caps. 2-3.

Procissão estacional:
(Nas festas do Senhor e memoriais: *suyyake* = Salmos 93–98)
ʿOnita d-basiliqe (antífona da procissão)
Šurraya (salmo de aleluia)
Pai-nosso
Orações finais

Esse é o esboço de uma ramša festiva. As vésperas feriais omitem o ʿonyata da-qdam e d-batar, e concluem da seguinte forma:

Trisagion e coleta
ʿOnita d-ramša (antífona da tarde)
Šurraya (salmo de aleluia)
Procissão, com ʿonita d-sahde (antífona dos mártires)
Subbaʿa (completas)
Orações finais

Anteriormente, o início da ramša era semelhante à primeira parte da Liturgia da Palavra[28]. O ofício agora abre com uma ou duas marmyata, subseções do saltério com idealmente três salmos cada, que são o que resta da nona. Assim, o ramša propriamente dito realmente começava, como a Missa e as matinas, com o levantamento do véu externo do santuário. Em seguida, a ʿonita do incenso era entoada:

> Como a fragrância de especiarias preciosas
> e como o perfume de incenso de cheiro adocicado,
> Aceita, ó Senhor, a súplica e a oração
> de teus adoradores.

O tema é obviamente retomado do Salmo 140,2, "Que minha prece seja o incenso diante de ti, e minhas mãos erguidas, a oferenda da tarde". Essa antífona era repetida, intercalada entre os versículos do Salmo 83, até que a procissão chegasse ao bema e o bispo se sentasse em seu trono ali. O Salmo 83, um salmo de amor e anseio pelo templo de Deus, era perfeitamente adequado para tal procissão de introito:

> Como são amadas as tuas moradas,
> Senhor de todo poder!

28. Ver *Interpretatio* 92:163 ss.; *Expositio* 91:157-212 passim, esp. 157 ss., 164 ss., 199 ss.; Jammo, S. Y. H., L'office du soir chaldéen au temps de Gabriel Qatraya, *OS* 12 (1967) 187-210.

Sinto minh'alma desfalecer
ansiando pelos átrios do Senhor...
Felizes os habitantes da tua casa:
eles te louvam sem cessar...
Já que um dia nos teus átrios
vale mais do que mil em outra parte...

No tempo de Gabriel Qatraya bar Lipah (*c.* 615), isso era seguido pelo lucernário, quando a lâmpada vespertina no qestroma ou plataforma diante da porta do santuário era acesa, como em Egéria (24:4), com a chama trazida da lâmpada sempre acesa dentro do santuário, e uma oração era dita a Cristo, luz do mundo[29]. Então vinham a oração de incenso e a incensação, o Hino Laku Mara, os salmos vesperais e a poesia eclesiástica que os acompanha.

O Hino Laku Mara, assim chamado por seu início, "A ti, Senhor", e sua coleta, como a 'onita de incenso que acabamos de citar, revela um dos mais belos traços do Rito assírio-caldeu: hinos e orações de puro louvor, em que não pedimos mais do que o privilégio de glorificar a Deus.

Hino:
Senhor de tudo, nós te confessamos!
Jesus Cristo, nós te glorificamos!
Pois ressuscitas nossos corpos,
Salvas nossas almas!

Coleta:
Tu, ó meu Senhor, és, na verdade, quem ressuscita nossos corpos, tu, o bom salvador de nossas almas. A ti, ó meu Senhor, devemos confessar, adorar e glorificar em todos os momentos, Senhor de tudo, Pai, Filho e Espírito Santo, para sempre!

O Salmo 140 é, sem dúvida, o salmo vesperal clássico. O Salmo 141, que começa da mesma maneira, também segue o Salmo 140 nas vésperas sabaíticas bizantinas. Como vimos no capítulo 3, vários salmos vesperais eram uma característica das vésperas jerosolimitas: Egéria (24:4) refere-se a mais de um salmo, ao passo que apenas um salmo de catedral é encontrado nas antigas vésperas de Antioquia. O Salmo 118,105-112 foi escolhido por causa do versículo

29. O simbolismo desse rito havia sido obscurecido na época da *Expositio*, do século IX, quando já havia evoluído para uma procissão solene ao bema com velas, incenso etc., como o introito da liturgia eucarística. Ver JAMMO, L'office du soir chaldéen, 188 ss., 206.

105: "Tua lei é lâmpada para meus pés e luz para meu caminho", bem como pelo espírito penitencial dos versículos subsequentes — em outras palavras, por causa de sua adequação para expressar os dois temas tradicionais das vésperas de catedral: luz e penitência ou perdão por falhas.

O serviço terminava com as habituais intercessões e a bênção final ou Oração de Inclinação, tudo no bema. Então o véu do santuário era fechado, indicando o verdadeiro final do ramša. O serviço estacional que se segue, semelhante ao que vem após a Oração da Inclinação, a bênção final originária das vésperas festivas bizantinas, acontecia apenas aos domingos e não é parte integrante das vésperas[30].

Os paralelos marcantes entre a ordem de ramša e o início da Liturgia da Palavra na Missa, como são ambos descritos no comentário de Gabriel Qatraya bar Lipah (*c.* 615), foram apontados por Jammo[31]:

Ramša:	*Liturgia da palavra*:
Marmita	Marmita
Pax nobiscum	*Pax nobiscum*
Abertura do véu	Abertura do véu
Procissão com vela e incenso	Procissão com duas velas, incenso e cruz
Oração *Lux quae apparuisti in terra* (texto perdido)	
Oração *Et cum redolet nobis*	Oração *Et cum redolet nobis* (festivo)
[...] *Et propter*	*Et propter* (ferial)
Hino Laku Mara	Hino Laku Mara
Coleta *Domine, tu es vere*	Coleta *Domine, tu es vere*

Mateos[32] resumiu as qualidades de "catedral" desses ofícios celebrados no bema no seio da comunidade: brevidade, variedade, participação popular e um equilíbrio altamente bem-sucedido de seus elementos constitutivos: louvor (salmos, cânticos, cantos), cerimoniais (incenso, luz, procissões), oração (coleta,

30. Para as outras cerimônias que foram anexadas a este ofício, cf. Ibid., 193 ss., 200, 208 ss., e Mateos, L'office paroissial du matin et du soir dans le rite chaldéen, 87-88.

31. Jammo, L'office du soir chaldéen, 203 ss.

32. Mateos, L'office paroissial du matin et du soir dans le rite chaldéen, 75-76.

litanias). A orientação é mais cristológica do que trinitária, e o louvor e a ação de graças predominam sobre o tema penitencial mais monástico.

Uso atual

Pelo menos até onde sei, a antiga Igreja do Oriente continua a ser a única na cristandade que manteve no culto paroquial a celebração diária do *cursus* integral da catedral. Os católicos caldeus ainda celebram em suas paróquias o ciclo completo de ofícios como se encontra no breviário de Bedjan. No sul da Índia, entre os cristãos de São Tomé do rito malabarense, o ofício paroquial morreu, mas está sendo restaurado na diocese de Kanjirapilly, onde a ṣapra (matinas) é agora celebrada com o povo antes da Missa[33].

33. Devo esta informação ao meu aluno Rev. John Moolan, sacerdote católico malabarense da diocese de Trichur. Sobre o ofício no rito malabarense, ver PATHIKULANGARA, V., Divine Office in Malabar Liturgy, *EL* 88 (1974) 131-141.

14

As tradições sírio-ocidental e maronita

O rito sírio-ocidental ou sírio-antioqueno é a tradição dos ortodoxos sírios no Patriarcado de Antioquia e na Índia, bem como dos católicos sírios e malancarenses. W. F. Macomber explicou a relação complexa entre as três famílias litúrgicas siríacas[1]. Três centros litúrgicos principais tiveram grande influência nas origens desses ritos: Antioquia, Jerusalém e Edessa. Desses, apenas Edessa era um centro de língua e cultura siríaca; as outras duas eram cidades gregas, embora não sem minorias de língua siríaca.

O rito da Mesopotâmia que se desenvolveu na tradição caldeia é de origem siríaca e, portanto, suas raízes podem provavelmente ser rastreadas até Edessa.

O rito sírio-ocidental é uma síntese de elementos siríacos nativos, especialmente hinos e outras peças corais, com material traduzido de textos litúrgicos gregos de origem antioquena e jerosolimita. Essa síntese foi obra de comunidades monásticas siríacas não calcedonenses de língua siríaca nos interiores da Síria, Palestina e partes da Mesopotâmia, além das cidades gregas do litoral mediterrâneo. Esses cristãos de língua siríaca foram organizados em uma Igreja independente sob Jacob Baradai (morto em 578), razão pela qual às vezes são chamados de jacobitas.

Macomber demonstrou que o rito maronita, antes considerado apenas uma variante latinizada da tradição sírio-antioquena, é uma síntese independente, que provavelmente remonta às comunidades calcedônias de língua siríaca que

1. Macomber, W. F., A Theory on the Origins of the Syrian Maronite and Chaldean Rites, *OCP* 39 (1973) 235-242.

conseguiram se estabelecer na Síria, embora não na Palestina, de maneira independente do litoral de língua grega e preservar seus antigos usos siríacos. Mais tarde, a maioria desses calcedônios de língua siríaca foi bizantinizada, mas os antigos ritos e tradições sírios foram preservados e desenvolvidos por monges que se refugiaram nas montanhas do Líbano no início século VIII, lançando assim as bases da Igreja maronita independente. Essa Igreja entrou em contato com os cruzados na Idade Média e sofreu uma progressiva influência latina. Mais tarde, essa latinização foi acentuada sob o patriarca José Rizzi no final do século XVI. Mas o Ofício não perdeu seu brilho por isso, e a Missa foi recentemente restaurada.

Os ofícios

As tradições maronita e síria têm um conjunto pleno das habituais sete horas canônicas: noturnos, matinas, terça, sexta, nona, vésperas e completas. As matinas ou ṣafro absorveram os remanescentes da vigília de catedral. Nos noturnos ou *lilyo*, a substituição da salmodia noturna contínua pela poesia eclesiástica e a duplicação das matinas criadas pela justaposição no mesmo serviço dos usos monástico e de catedral criaram problemas especiais que não precisam ser considerados aqui[2]. Devo me limitar a um resumo dos ofícios das matinas e vésperas de catedral.

I. Matinas (ṣafro)[3]

O esquema a seguir revela a afinidade do ofício matutino nas duas tradições relacionadas. As várias peças siríacas — nuhro, sogito, boʿuto, qolo — são todas cantos estróficos, poesia eclesiástica de uma forma ou de outra, apesar do significado literal de seus nomes, que às vezes revela a unidade litúrgica originária que eles substituíram. O boʿuto, que significa "súplica", no final dos ofícios é um exemplo paradigmático.

2. Ver Mateos, Les matines chaldéennes, maronites et syriennes, 55-65.

3. Ver Id., "Sedre" et prières connexes dans quelques anciennes Collecions, *OCP* 28 (1962) 239-287; Id., Trois recueils anciens de proomia syriens, *OCP* 33 (1967) 457-482; Cody, A., L'office divin chez les Syriens jacobites, *POC* 19 (1969) 293-319; Tabet, J., *L'office commun maronite*, cap. 2.

Maronita:	*Sírio-ocidental* (*domingos*):
Remanescentes da vigília de catedral	
Magnificat	Salmo 50
Salmo 62	Salmo 62
Salmo 90 (festivo)	Salmo 18
	Cântico de Isaías 42,10-13; 45,8
Matinas de catedral	
Salmo 50 (festivo)	
Nuhro (Hino de Santo Efrém)	
Benedicite	*Magnificat*
Salmos fixos de laudes: 148; 149; 150; 116	
Sogito	Beatitudes
Ḥussoyo (prooemion e sedro)	
Mazmuro (leituras: festivo)	
Bo'uto	Qolo, bo'uto
	Hullolo (salmo de aleluia)
	Evangelho

II. Ramšo maronita (vésperas)[4]

As vésperas maronitas de hoje incluem:

Orações de abertura

[*Sinaxe monástica*:]

Oração (antes da salmodia)

(anteriormente: salmodia monástica variável)

Aleluia (após a salmodia)

[Vésperas de catedral:]

Invitatório: Oração

Salmo 50 com refrãos

Salmodia de catedral fixa: Salmos 140; 141; 118,105-112; 116

Sogito (poesia métrica)

4. Tabet, *L'office commun maronite*, cap. 3; Gemayel, P., La structure des vêpres maronites, *OS* 9 (1964) 105-134; Mateos, J., Le ramšo maronite, in: Id., *De officio matutino et vespertino in ritibus orientalibus* (pro manuscripto), Roma, S. Anselmo, 1968-1969, 60-69.

Rito de incenso: Imposição de incenso
Proêmio da oração de incenso
Sedro ou oração de incenso
Incensação
Qolo ou canto de incenso
'Etro ou oração pela aceitação da oferta de incenso

Mazmuro: Responsório
Leituras
Hullolo (aleluia após as leituras)

Conclusão: Bo'uto ("súplica": agora estrofes métricas)
Huttomo (bênção)

A primeira parte do ofício contém resíduos da antiga sinaxe monástica noturna de salmodia contínua. As vésperas de catedral abrem com o Salmo 50 como um invitatório. O rito maronita é o único que usa o Salmo 50 para esse propósito tanto nas vésperas como nas matinas, mas o caráter penitencial da oração vespertina de catedral nos Padres da Igreja torna isso inteiramente apropriado. Em seguida, vêm os salmos vesperais com seus temas de oração, incenso e luz. O sogito ou poesia após os salmos vesperais retoma o tema da luz do Salmo 118,105, "Tua lei é lâmpada para meus pés e luz para meu caminho":

> Acendei vossas lâmpadas, irmãos, porque ele chegou, o noivo que havia de vir. [...] No dia do juízo ele abrirá para eles [os justos] o paraíso da luz [...] (domingo). Ilumina nossos corações, Senhor, e faz nossos passos caminharem no caminho de tua lei. Ao entardecer, quando a luz passa, sê para nós um sol, e seremos iluminados por ti [...] (segunda-feira)[5].

Como é habitual nos serviços das tradições síria e maronita, a oferta de incenso é altamente desenvolvida, e interpretada como um símbolo de nossas orações — como no Salmo 140,2 —, bem como uma expiação pelo pecado — como em Números 16,46: "e Moisés disse a Aarão: 'Toma o incensório, põe nele fogo do altar e em cima, o incenso, e vai depressa para a comunidade; faze sobre ela o rito da expiação, porque o Senhor desencadeou sua cólera [...]'". Essa ênfase oblativo-expiatória do rito do incenso é característica dos ritos sírio-antioquenos e maronitas. Por fim, o nome bo'uto (súplica) revela também aqui a estrutura tradicional do final dos ofícios, que, como em outros ritos, concluía com intercessões pelas necessidades da Igreja, do povo e de todo o mundo.

5. GEMAYEL, La structure des vêpres maronites, 116.

III. Ramšo sírio-ocidental (vésperas)

As vésperas solenes no uso sírio-antioqueno aparecem da seguinte forma[6]:

Orações de abertura
Oração do dia
Salmo invitatório variável com estrofes
Salmodia de catedral fixa: Salmos 140; 141; 118,105-112; 116, com 'enyone (estrofes intercaladas)
Ḥussoyo ("expiação"): Proêmio e sedro com incensação solene
Qolo 1
'Etro
Qolo 2
Bo'uto
Hullolo (versículo de aleluia)
Evangelho
Korozuto (litania) no uso católico sírio
Ma'nito (responsório) ou tešmešto (canto do *gloria*) no uso ortodoxo sírio
Orações finais
Huttomo (bênção final)

Uso atual

I. Os ortodoxos sírios em Jerusalém

Hoje, entre os ortodoxos sírios em Jerusalém, os ofícios são agrupados em duas sinaxes: nona, vésperas e completas às 16h00 no inverno e uma hora antes no verão; noturnos (*lilyo*) e matinas (ṣafro) são cantados com terça e sexta às 6h30. Em ambas as sinaxes, o huttomo ou oração final de bênção e despedida é dita apenas no final da série inteira de ofícios[7].

---

6. Cody, L'office divin chez les Syriens jacobites, 11-13. Para um esboço de vésperas feriais, cf. Ibid., 9-11.

7. Ibid., 14.

II. Em Kerala

Na Igreja Católica sírio-malancarense do sul da Índia, o ofício ainda é celebrado nas paróquias. Na Igreja Ortodoxa Síria da Índia[8], se o padre residir numa casa paroquial perto da igreja, os ofícios são realizados diariamente às 6h00 e às 18h00. Caso contrário, a celebração paroquial coletiva é limitada à nona, às vésperas e completas às 18h00 no sábado, seguidas às 5h00 no domingo pelo *lilyo*; então, por volta das 8h00 por ṣafro, terça, sexta e Eucaristia. Aqueles que não podem ir à igreja leem esses ofícios juntos em casa. Nas comunidades monásticas, as horas são distribuídas ao longo do dia, em vez de agrupadas dessa maneira.

III. Ashram Kurisumala[9]

Uma dessas comunidades monásticas na Igreja Católica sírio-malancarense em Kerala efetuou nos últimos anos uma renovação da Liturgia das Horas sírio-ocidental adaptada ao contexto indiano. Muito se escreve no Ocidente hoje sobre a renovação monástica no Monte Athos ou na Igreja ortodoxa copta do Egito, mas há trinta anos existe outro movimento, menos conhecido talvez, mas sem dúvida um dos mais radicais e sagazes experimentos monásticos de nosso tempo. Em 1950, o padre missionário francês abade Jules Monchanin (morto em 1957), conhecido como Swami Paramarubyananda, e o beneditino padre Henri Le Saux, ou Swami Abhishiktananda, estabeleceram-se em cabanas às margens do rio Kavery perto de Tiruchirapalli. Assim começou o Ashram Saccidananda ou Shantivanam, como é popularmente conhecido, uma tentativa pioneira na Índia moderna de viver uma vida cristã de contemplação monástica de acordo com o modelo de um Ashram hindu. Em 1953, o padre trapista Francis Mahieu, monge de Nossa Senhora de Scourmont na Bélgica, juntou-se a eles. Em 1958, a convite dos católicos malancarenses de Kerala, padre Francis, agora conhecido como Francis Acharya — nome dado a um guia espiritual, como o título russo

8. Devo esta informação ao meu aluno, Rev. Mathai Mattathil, da Igreja Ortodoxa Síria da Índia.

9. Sobre Kurisumala, ver Francis Acharya, *Kurisumala Ashram. Chronique de douze années*, Bloise, Editions N.-D. de la Trinité, 1972; Id. (org.), *Kurisumala. A Symposium on Ashram Life*, Vagamon, Kurisumala Ashram, 1974; Griffiths, Bede, *Christian Ashram. Essays towards a Hindu-Christian Dialogue*, London, Darton, Longmann & Todd, 1966.

de "starets" — fundou o Ashram Kurisumala numa bela montanha na região montanhosa dos Ghats ocidentais na estrada Trivandrum-Cape Camorin em Kerala, na diocese de Tiruvalla. Ele foi acompanhado nesse empreendimento por Dom Bede Griffiths, monge de Prinknash na Inglaterra.

O mosteiro deveria ser de rito sírio-malancarense, mas o ideal dos dois fundadores era criar um novo tipo de vida monástica, enraizado não apenas na tradição cristã oriental do sul da Índia, mas também incorporando os valores monásticos e contemplativos da Índia não cristã. O dinamismo e o crescimento dessa fundação foram surpreendentes. Mas o que é de especial interesse para nós aqui são os esforços de Acharya em adaptar a profundamente contemplativa Liturgia das Horas sírio-antioquense[10].

Basicamente, as mudanças respeitam a estrutura dos ofícios, enquanto suprimem a frequente duplicação de unidades litúrgicas, como qolo ou proêmio e sedro. Além disso, os textos do qolo do ciclo semanal foram enriquecidos com novo material, alguns ajustes foram feitos no calendário, um lucernário adicionado às vésperas, e textos indianos de fontes não cristãs foram introduzidos experimentalmente nas horas[11]. Eles são chamados de "Sementes da Palavra". Nas vésperas da semana, esses textos, escolhidos porque a experiência religiosa que expressam é semelhante à que se encontra na Bíblia, são entrelaçados no primeiro qolo. No ṣafro ferial, as "sementes" substituem as estrofes da salmodia matinal, sendo escolhidas não por semelhanças com a tradição judeu-cristã, mas para expressar carismas próprios da cultura religiosa indiana.

Portanto, os ofícios revisados se apresentam da seguinte maneira. No ramšo, um ritual de luz com *Phôs hilaron* foi anteposto ao serviço, "Sementes da Palavra" foram adicionadas ao primeiro qolo, e os qolo 1-2 foram unidos e um tanto abreviados. Isso comprime e simplifica a estrutura. Além disso, as

---

10. Até o momento, foram publicados três volumes em inglês por Kurisumala Ashram: *The Book of Common Prayer of the Syrian Church*, trad. Bede Griffiths (s.d.); Francis Acharya, *Prayer with the Harp of the Spirit*, v. 1: *A Weekly Celebration of the Economy of Salvation*, 1980; 2ª ed. revista 1983; v. 2: *The Crown of the Year*, parte I, 1982; v. 3, parte II, 1985. O trabalho de Bede Griffiths é uma tradução direta do comum diário e dos próprios. O primeiro volume de Acharya fornece sua revisão desse mesmo ciclo, enquanto o volume 2 contém os próprios para o Advento até Epifania. O volume 3, para a Quaresma e a Páscoa. Sou profundamente grato a Acharya por me enviar cópias de seus preciosos volumes. Eles podem ser obtidos em Kurisumala Ashram, Vagamon 685 503, Kerala, Índia.

11. Essas adições são encontradas apenas no ciclo semanal, no volume 1 de Acharya, *Prayer with the Harp of the Spirit*.

'enyone (estrofes) do Salmo 50 e dos salmos vesperais foram expurgadas de expressões antijudaicas, e o hullolo (versículo de aleluia) e o korozuto (litania) foram expandidos.

No *lilyo*, as repetições da comemoração dos santos, e do proêmio com sedro (oração de incenso), são reduzidas, e o *Gloria in excelsis*, originalmente o canto da oração festiva da manhã, como vimos, é usado apenas aos domingos e em festas. No *lilyo* festivo, um tempo de meditação é adicionado ao final das duas primeiras "vigílias", substituindo a repetição do qolo, do madrosho poético (poesia didática) e do bo'uto (súplica).

No ṣafro ferial, além das "Sementes da Palavra" substituindo as estrofes da salmodia, fez-se uma seleção de textos do qolo para reduzir as repetições. Mais surpreendente é a supressão do *Magnificat* e dos Salmos 148–150 se as laudes são celebradas no *lilyo*. É verdade, como vimos acima neste capítulo, que os ofícios sírios têm matinas duplas, mas teria sido melhor deixar os salmos de laudes no ṣafro, suprimindo-os no *lilyo* — ou, nos dias em que *lilyo* e ṣafro são feitos como uma coisa só, simplesmente suprimir o segundo ṣafro por completo.

Mas não quero fazer picuinhas. Com exceção desse último ponto, as mudanças não violam a estrutura, a natureza ou o gênio desses ofícios, nem o espírito litúrgico oriental. Os livros litúrgicos orientais, especialmente do Ofício Divino, não são *editiones typicae* rígidas, mas antologias de material a serem usadas com certa liberdade, embora sempre dentro dos limites da tradição vivida. Isso é especialmente verdadeiro no uso monástico. Os mosteiros orientais sempre foram ciosos de seus usos litúrgicos particulares, conforme estabelecidos em seus costumes ou preservados na tradição oral viva, e só se pode aplaudir a flexibilidade prudente do Acharya de Kurisumala em adaptar os antigos ofícios sírios às necessidades concretas de uma vibrante vida monástica nas montanhas da exuberante costa sudoeste da Índia.

IV. Os maronitas

Entre os maronitas[12], o ofício foi por muito tempo reduzido ao *Shimto* ou ordinário, sem uso das leituras prescritas ou da antologia de próprios festivos no *Phenqito*. Depois do Concílio Vaticano II, foi preparada uma tradução para o árabe do ofício monástico revisado, começando em 1973, na Université

---

12. Sou grato a meu aluno, o monge maronita Rev. Joseph Hage, por esta informação.

Saint-Esprit de Kaslik, no Líbano, sob a direção dos monges da Ordem Maronita Libanesa. Esse ofício tem um *cursus* reduzido de noturnos, laudes, sexta, vésperas e completas, com próprios estacionais e leituras diárias no ṣafro e no ramšo. Embora ainda não desfrute da aprovação oficial da hierarquia maronita, o uso desse ofício é permitido experimentalmente e teve amplo sucesso em mosteiros, seminários e outras comunidades religiosas.

Quanto às paróquias, é impossível generalizar. Em algumas paróquias servidas por monges, os leigos rezam junto com os monges as vésperas reformadas em árabe. Várias paróquias ainda executam os ofícios da Semana Santa em siríaco. Em algumas paróquias sob o cuidado do clero diocesano, também houve tentativas de rezar com o povo o ofício árabe renovado. O *cursus* completo do ofício tradicional, em siríaco, ainda é rezado nas horas próprias (4h00, 9h00, 12h00, 15h00, 18h00, 21h00, 24h00) nos eremitérios maronitas do Líbano, onde vozes solitárias novamente elevam a Deus a oração incessante do anacoreta, como em tempos antigos, para a glória sem fim de seu Santo Nome.

A comunidade maronita nos Estados Unidos demonstrou nos últimos anos um dinamismo extraordinário sob a liderança de seu ordinário, o arcebispo Francis M. Zayek. Uma vigorosa comunidade e uma vida eucarística já estão operando nas paróquias, e agora se pode esperar uma restauração da Liturgia das Horas: desde 1982, três volumes das horas com próprios estacionais, e adaptados para uso nos Estados Unidos, apareceram em inglês, como *The Prayer of the Faithful according to the Maronite Liturgical Year*[13]. Tanto o título como o *Prefácio* do arcebispo deixam bem claro que o ofício maronita não se destina a ser apenas um livro de orações privado para clérigos e religiosos.

13. *The Prayer of the Faithful according to the Maronite Liturgical Year*, traduzido e adaptado para uso na Diocese de St. Maron, Estados Unidos, de *Prière du croyant selon l'année liturgique maronite*, ed. Boutros Gemayel, v. 1: *Sundays of the Church, Season of Announcement & Birth of our Lord, Season of Epiphany*; v. 2: *Season of Great Lent, Passion Week, Season of Resurrection*; v. 3: *Season of Resurrection, Season after Pentecost, Season of the Holy Cross*, Brooklyn, Diocese of St. Maron, 1982, 1984, 1985.

15

O ofício copta[1]

Como seria de esperar, o ofício oriental que preservou a forma monástica mais pura é o da Igreja copta do Egito.

História

O significado litúrgico do monaquismo copta nativo remonta aos primeiros séculos da Igreja ortodoxa copta. Os centros monásticos do Baixo Egito, embora em grande parte coptas, sofriam forte influência grega — é preciso lembrar apenas Evágrio Pôntico (345-399), um dos grandes luminares de Kellia. Mas o verdadeiro berço da cultura eclesiástica copta nativa estava no Alto Egito, no Mosteiro Branco perto de Achmin, não muito longe da atual cidade de Sohag. Sob seu segundo abade, Shenoute (*c.* 383-451), ele se tornou um centro da literatura sahídica, a língua "clássica" da escrita copta[2].

---

1. Muito deste material é retomado de meu artigo "Praise in the Desert", já citado no capítulo 4. Mais uma vez, agradeço aos editores de *Worship* e a The Liturgical Press, Collegeville, Minn., pela permissão de usar este material novamente aqui.

2. Sobre o desenvolvimento inicial do cristianismo no Egito, ver Roberts, C. H., *Manuscript, Society and Belief in Early Christian Egypt*, London, Oxford University Press, 1979. O estudo clássico sobre as origens do cristianismo copta continua sendo Leipoldt, J., *Schenute von Atripe und die Entstehung des national ägyptischen Christentums*, Leipzig, J. C. Hinrichs, 1903 (TU 25). Ver também Worrell, W. H., *A Short Account of the Copts*, Ann Arbor, University of Michigan Press, 1945. Sobre as obras de Shenoute, cf. CSCO 41-42, 73, 96, 108, 129. Sua *vita* foi traduzida recentemente: Besa, *The Life of Shenoute*, trad., introd., notas de D. N. Bell, Kalamazoo, Cistercian Publications, 1983 (CS 73).

A atual língua litúrgica, boáirico, é o dialeto do Baixo Egito, e sua ascensão a uma posição de proeminência está ligada a uma mudança na sorte do ainda ativo Mosteiro de São Macário em Scetis no mesmo ano da morte de Shenoute. Pois é ao Concílio de Calcedônia (451), o evento divisor de águas na história do cristianismo egípcio, que se pode remontar o papel preponderante do Mosteiro de São Macário no desenvolvimento da Igreja copta e sua liturgia[3]. Após o concílio, os não calcedonenses sofreram perseguição feroz e foram expulsos de suas igrejas. O patriarcado, forçado a deixar Alexandria, refugiou-se no Mosteiro de São Macário, que se tornou o centro da Igreja copta, fornecendo a partir de então 29 de seus patriarcas, mais do que qualquer outro mosteiro.

O fato mais importante, talvez, é que esse banimento de Alexandria emancipou o cristianismo egípcio autóctone da tutela de seus senhores helênicos do litoral mediterrâneo e do delta do Nilo. Sempre houve dois Egitos, o do egípcio nativo junto à nascente do Nilo e o do estrangeiro no delta e ao longo da costa[4]. Da conquista do Egito e da fundação de Alexandria por Alexandre, o Grande, em 332-331 a.C., até a época bizantina na época da Calcedônia, a situação permanecera a mesma: uma classe dominante de helenófonos nas cidades, especialmente em Alexandria e outras cidades costeiras e no Delta; uma massa autóctone de egípcios ou coptas nativos ("copta" é o "gipto" de "Egipto") concentrada principalmente ao longo do Nilo, no Alto Egito.

O cristianismo egípcio começou em Alexandria e era grego. No século III, entretanto, havia numerosos convertidos entre os coptas, e as Escrituras e a liturgia já eram na língua nativa. Mas foi só com o surgimento do monaquismo que a Igreja copta se solidificou como um contrapeso nativo à Igreja de Alexandria, cosmopolita, teologicamente sofisticada e helênica, cujo intelectualismo especulativo e espiritualizado contrastava fortemente com a devoção popular e tradicionalista do Sul, uma cultura amplamente oral transmitida por meio de ditos, provérbios, rituais, em vez de tratados teológicos. Essa cultura monástica — concreta, popular, ascética — criou a liturgia e os ofícios da Igreja copta. É um rito altamente penitencial, contemplativo, longo, solene, até monótono, com

3. Para esta história, cf. EVELYN-WHITE, *The Monasteries*, parte 2; MEINARDUS, O. F. A., *Monks and Monasteries of the Egyptian Desert*, Cairo, American University of Cairo Press, 1961.

4. AYROUT, H. H., Regards sur le christianisme en Égypte hier et aujourd'hui, *POC* 15 (1965) 3-42, esp. 11 ss.

muito menos poesia especulativa, esplendor simbólico e cerimonial suntuoso do que, por exemplo, na tradição bizantina.

O Rito copta de hoje é basicamente o uso de Scetis ligeiramente modificado por reformas posteriores. O patriarca Gabriel II Ibn Turayk (1131-1145) reduziu o número de anáforas para as três atuais, e Gabriel V (1409-1427) compôs uma *Ordem Litúrgica* para unificar os usos divergentes do Egito. Esses regulamentos ainda regem o Rito copta hoje[5].

A estrutura básica do ofício de Scetis descrita por Cassiano ainda é claramente visível nas horas do atual *Horologion* copta, embora nos mosteiros as horas dos dias da semana sejam agora feitas em comum, e o *cursus* tenha sido preenchido com as outras horas canônicas, que, por fim, se tornaram uma parte fixa do ciclo de oração oficial diário na maioria das tradições.

Não sabemos ao certo quando as sinaxes dos dias da semana passaram a ser celebradas em comum. O escrito copta *Vida de Abba John Khamé*, que viveu em algum período entre 700 e 850, parece testemunhar a prática da época: "E ele estabeleceu para eles cânones e leis sagradas, e fixou para eles um local de reunião onde deveriam se reunir no meio da noite e cantar a salmodia e cânticos espirituais até o amanhecer. Além disso, ordenou a todos que cada um rezasse separadamente"[6].

Mas é extremamente difícil concluir qualquer coisa certa e de aplicação geral com base em tais referências ocasionais, que também podem ser encontradas num período anterior[7], uma vez que os documentos raramente especificam com exatidão que tipo de assembleia — ocasional ou regular, dominical ou diária — está sendo descrita.

Quanto às horas adicionais de prima, terça, sexta, nona e completas, no capítulo 5 nós as vimos no uso monástico do século IV fora do Egito, mas Cassiano (*Inst.* III, 2) diz que os egípcios se opuseram a essas horas, e aparentemente elas só adquiriram direito de cidadania no monaquismo egípcio muito mais tarde. Evelyn-White cita um texto da *Vida de Abba João Khamé* ordenando — de acordo com a interpretação de Evelyn-White — a oração a cada hora canônica[8].

5. Ver Malak, Hanna, Le rôle de la divine liturgie eucharistique dans la vie de l'Église copte hier et aujourd'hui, *POC* 23 (1973) 266-283.

6. Davis, M. H. (org.), *The Life of Abba John Khamé*, PO 14, 352-353.

7. Por exemplo, a sinaxe descrita nas adições de Rufino a *The History of the Monks in Egypt* XXIII (ver Russell, *The Lives of the Desert Fathers*, 153-154).

8. Evelyn-White, *The Monasteries*, parte 2, 281-282.

Isso é apresentado como prova de que as Horas Menores foram introduzidas em Scetis por Agathon, o estilita, que esteve lá por dez anos, não depois de 672-682, antes de subir em sua coluna. Mas não é esse o teor do texto copta. Ele diz, antes, que Abba Teroti ensinou a João "o cânone da sagrada *Synaxis* das horas, que ele deve rezar a cada hora, de acordo com o mandamento de nosso pai Abba Agathon, o estilita"[9]. Isso não é uma referência às Horas Menores, mas sim um retrocesso à tradição muito mais antiga de orar a cada hora das 24, doze durante o dia e doze à noite. Como vimos no capítulo 4, essa era apenas outra maneira de declarar o mandamento evangélico de "orar sempre". Essa era a tradição egípcia original, e parece ter sido também o sentido primitivo da "regra do anjo". A *História lausíaca*, de Paládio, 32:6 (cf. 7:5), refere-se à oração à nona hora além das duas sinaxes tradicionais[10], e os *Preceitos Monásticos* de Shenoute falam de "aqueles que são os primeiros na igreja pela manhã, à tarde, ao meio-dia e na hora requerida"[11]. Mas tais textos não podem ser simplesmente tomados como evidências para as horas do dia sem mais reflexão. A história desse desenvolvimento permanece por ser escrita, e toda a questão exigiria um estudo separado, além do escopo deste breve resumo. No momento, posso apenas dizer que não conheço nenhum testemunho seguro para as horas do dia na tradição copta antes do manuscrito sahídico *Pierpont Morgan M 574*, de Fayyum no final do século IX, editado e completamente analisado por H. Quecke[12].

Os ofícios

I. O *horologion* monástico

O *horologion* copta atual tem oito horas: prece matinal, terça, sexta, nona, décima primeira hora (vésperas) e completas, mais duas horas que aparentemente são acréscimos posteriores: a "Oração do Véu" e uma hora à meia-noite composta de três noturnos. Ambas as horas adicionais repetem a salmodia já distribuída nas outras seis horas. A Oração do Véu, uma duplicação das

9. Davis (org.), PO 14, 377.

10. A respeito desses textos, cf. Veilleux, *La liturgie*, 331-332.

11. Amélineau, E. (org.), *Oeuvres de Schenoudi*. Texte copte et trad. française, Paris, 1914, v. 2, 233, apud Burmester, O. H. E., The Canonical Hours of the Coptic Church, *OCP* 2 (1936) 82.

12. Quecke, *Untersuchungen* 117 ss. (ver p. 87 para a data do manuscrito).

completas, aparece pela primeira vez em Abu'l-Barakat ibn Kabar por volta de 1320, existe apenas em fontes árabes (um sinal seguro de sua origem tardia) e é composta de elementos de outras horas. É usada apenas em mosteiros[13].

Com exceção dessas duas adições posteriores, a estrutura de todas essas horas é a mesma[14]:

Orações iniciais fixas
Doze salmos (idealmente)
Leitura do Evangelho
Troparia (refrãos poéticos)
Kyrie eleison (41 ou 50 vezes)
Trisagion
Pai-nosso
Oração de absolvição de despedida
Oração final

A variedade entre as horas é mínima. A oração da manhã tem a Grande Doxologia (*Gloria in excelsis*), como seria de esperar, e o credo. Outras horas também têm certas peculiaridades menores, mas a estrutura básica é a mesma. Portanto, além da adição posterior de mais sete salmos aos doze originais na oração da manhã, e alguma variedade nas orações finais, essa é a estrutura de todas as horas tradicionais, da oração matinal às completas. Os refrãos ou troparia são um acréscimo posterior de origem palestina[15], e, se prescindirmos deles, veremos um ofício que é Cassiano quase puro.

---

13. Ver Burmester, The Canonical Hours 89-100. Para o texto de Abu'l Barakat, cf. Villecourt, L., Les observances liturgiques et al disciple du jeûne dans l'église copte (ch. XVI-XIX de la *Lampe des ténèbres*), *Le Muséon* 36 (1923) 249-292; 37 (1924) 201-282; 38 (1925) 261-320.

14. Cf. Burmester, The Canonical Hours 89-100; Id., *The Egyptian or Coptic Church*, 96-107; Quecke, *Untersuchungen*, 20 ss.

15. Sobre a questão de sua origem, cf. Baumstark, A., Palästinensisches Erbe im byzantinischen und koptischen Horologion, *Studi bizantini e neoellenici* 6 (1940) 463-469; Quecke, *Untersuchungen*, 47-52, Id., Neue griechische Parallelen zum koptischen Horologion, *Le Muséon* 77 (1964) 285-294; Burmester, The Canonical Hours, 84-94. Muitos dos mesmos textos são encontrados em grego no atual *horologion* bizantino — mas são de proveniência palestina, não bizantina.

II. Reminiscências de catedral

Mas, além dessa salmodia monástica, encontramos outros serviços, a oferta de incenso pela manhã e à tarde, e a tríplice salmodia da noite, da manhã e da tarde, que contém elementos aparentemente de origem catedral.

A Oferta de Incenso ocorre da seguinte maneira, com as partes variáveis ou próprias em itálico[16]:

Orações introdutórias fixas
Invitatório
Louvor de Maria
Súplicas aos santos
Oração de Incenso
Incensação do altar, com breves intercessões
Grande Intercessão
Incensação
Trisagion
Pai-nosso
Louvor de Maria
Doxologias (refrãos poéticos)
Credo
Incensação com orações
Bênção com velas e cruz
Solene *Kyrie eleison* (litania)
(*Leituras do AT* e litanias na Oferta Matinal de Incenso em certos dias de jejum)
Oração do Evangelho
Versículo de Salmo
Aleluia
Leitura do Evangelho
Incensação e breves intercessões

16. Sobre a oferta de incenso, ver Quecke, *Untersuchungen*, 2-13; Burmester, *The Egyptian or Coptic Church*, 35-45. O texto pode ser encontrado em John, Marquis of Bute, *The Coptic Liturgy, The Coptic Morning Service for the Lord's Day*, London, Cope and Fewick, 1908 (Christian Liturgies); Id., *The Coptic Morning Service for the Lord's Day*, trad. para o inglês por John, Marquess of Bute, K. T., com o original copta daquelas partes ditas em voz alta, Londres, 1882. Algumas partes também são traduzidas em Burmester, *The Egyptian or Coptic Church*, apêndice.

Oração de Absolvição ao Filho
(*Leitura do sinaxário* na Oferta Matinal de Incenso)
Veneração da cruz e do evangelho
Benção final

Esse ofício contém o que parecem ser resíduos de serviços de catedral mais antigos. Ainda mais significativo a esse respeito é a chamada Salmodia, que se refere não à salmodia bíblica, mas ao ofício cantado[17], um termo semelhante ao grego *asmatikos* ou antigo ofício de catedral cantado de Hagia Sophia na terminologia bizantina[18]. Essa Salmodia nunca foi submetida a uma análise rigorosa dos estudiosos e apresenta inúmeros problemas[19], mas os elementos de catedral em sua estrutura são particularmente evidentes na Salmodia da Tarde e na Salmodia da Noite. A primeira é raramente celebrada hoje, mas, quando feita, fica entre as completas (e a Oração do Véu nos mosteiros) e a Oferta Vespertina de Incenso. Possui os seguintes elementos (as partes variáveis próprias estão em itálico)[20]:

Salmodia da Tarde:
- Orações iniciais fixas
- Salmo 116
- Hos (ode) 4: Salmos 148–150 com aleluia
- *Psali (refrãos poéticos) de estação ou festa e dia*
- *Theotokia (hinos marianos) do dia*
- *Lobsh (coroa) da Theotokia*
- *Hino do Difnar (antifonário)*
- *Conclusão do Theotokia*

17. No uso pacomiano, a salmodia era característica do ofício dominical. Ver os *Preceitos* pacomianos, 15-18 (Veilleux, *Pachomian Koinonia*, v. 2, 147-148) e Veilleux, *La Liturgie*, 314.

18. Eu listo vários estudos sobre esse ofício em Taft, R., The Byzantine Office in the *Prayerbook* of New Skete: Evaluation of a Proposed Reform, *OCP* 48 (1982) 361 ss.

19. Cf. a discussão em Quecke, *Untersuchungen*, 52-80.

20. Ballin, C., *L'office copte. L'office des heures, l'offrande de l'incens, la psalmodie annuelle* (unpublished licentiate thesis), Roma, PIO, 1979, 73; Burmester, *The Egyptian or Coptic Church*, 108-111; trad. italiana do texto em Brogi, M., *La santa salmodia annuale della chiesa copta*, Cairo, Edizioni del Centro francescano di Studi orientali cristiani, 1962 (Studia orientalia christiana. Aegyptiaca).

A muito mais longa Salmodia da Noite, cantada entre os noturnos e o ofício da manhã, compreende[21]:

Salmodia da Noite:
    Orações iniciais fixas
    Versículos invitatórios (principalmente sálmicos)
    (Louvores de ressurreição aos domingos e no tempo pascal)
    Hos (ode) 1) Êxodo 15,1-21 com Psali (comentário poético sobre a ode)
    2) Salmo 135 com Psali
    3) Daniel 3,52-88 com Psali do mistério pascal e Psali da ode (sobre os três jovens na fornalha)

Litania dos santos
Doxologias da festa ou do dia
Hos (ode) 4: Salmos 148–150 com aleluia após cada versículo
Psali da festa ou do dia
Theotokia
Lobsch (coroa) da Theotokia
Hino do dia do Difnar (antifonário), com seu Tarh (responso)
Conclusão dos Theotokia
Credo
Litania conclusiva
Sanctus
Pai-nosso
Oração de Absolvição de despedida

A Salmodia da Manhã, que segue o ofício matinal do *Horologion*, é composta apenas de algumas peças poéticas e dificilmente pode ser chamada de ofício[22]. A Salmodia da Tarde e a da Noite parecem ser os resquícios, no primeiro caso, das laudes de catedrais e, no segundo, novamente das laudes, dessa vez precedidas de elementos da velha Vigília Dominical da Ressurreição como reconstruída por Mateos[23].

Quanto às vésperas de catedral na tradição egípcia, indícios delas ainda podem ser encontrados nas Vésperas da Etiópia, que são de proveniência egípcia,

21. Ballin, *L'office copte*, 90-94.
22. Burmester, *The Egyptian or Coptic Church*, 111.
23. Ballin, *L'office copte*, 95 ss. Sobre a vigília de catedral, ver cap. 3.

pelo menos em parte; Winkler identificou o resíduo de uma velha véspera de catedral na Oferta Vespertina de Incenso copta[24]; e Ugo Zanetti encontrou recentemente num manuscrito do século XIV no Mosteiro de São Macário em Wadi an-Natrun um canto vesperal de catedral de tipo bizantino, ou "Oração da décima primeira hora de acordo com o uso do Cairo". Outros manuscritos em São Macário têm o saltério distribuído segundo o modo bizantino, incluindo o Salmo invitatório 103 e os salmos vesperais selecionados das vésperas de catedral sabaítica bizantina: Salmos 140; 141; 129; 116[25].

Uso atual

Ao descrever os costumes litúrgicos de uma comunidade cristã viva e em desenvolvimento, é sempre temerário fazer generalizações. Isso é especialmente verdadeiro para comunidades que passam por um renascimento, como a Igreja copta ortodoxa do Egito, que na geração passada experimentou uma notável renovação espiritual e monástica. Portanto, devo me limitar a descrever aqueles costumes dos quais tenho experiência pessoal[26].

I. O *cursus* monástico de Scetis hoje

No enorme monastério copta ortodoxo de Dayr Abu Maqar (São Macário) no Wadi an-Natrun — Scetis antiga —, o ofício monástico diário é realizado em sua maior parte em duas sinaxes. Quando o sino toca às 3h00, os monges se levantam para rezar em suas celas até a sinaxe matinal, que dura aproximadamente das 4h30 às 6h30 e inclui noturnos, salmodia da noite, matinas, terça e sexta, tudo feito em sequência sem interrupção. O sino é tocado uma segunda vez antes das matinas, para convocar aqueles que preferiram prolongar sua oração solitária.

---

24. Winkler, Über die Kathedralvesper, 81-83; cf. o próximo capítulo.

25. Zanetti, U., Horologion copte et vêpres byzantines, *Le Muséon* 102 (1989) 237-254. Sou muito grato ao padre Zanetti por sua assistência sempre gentil e instrutiva durante minha "peregrinação-estudo litúrgica" no Egito no início do outono de 1981 (ver a nota a seguir).

26. Cf. Taft, R., A Pilgrimage to the Origins of Religious Life: the Fathers of the Desert Today, *The American Benedictine Review* 36 (1985) 113-142.

Os ofícios são executados em pé, exceto para as prostrações que acompanham as orações; pode-se sentar com as pernas cruzadas no chão se a posição de pé se torna excessiva (não há bancos nas igrejas monásticas coptas, embora seja comum encontrá-los nas igrejas seculares hoje). Ao contrário das igrejas seculares, que geralmente têm forma basilical, as igrejas monásticas são mais quadradas, e, quando se toma uma faixa substancial ao longo da parede leste para o santuário triplo fechado (haikal), a área restante fora do haikal é mais larga do que longa, e os monges ficam de pé em fila única, voltados para o haikal e de costas para a grade que separa o coro da nave. Não há lugares especiais, exceto para o padre mais velho presente, que sempre preside. Diante da fila dos monges, há um longo púlpito para segurar os livros necessários para a Salmodia, que ainda é recitada em copta, exceto por algumas partes celebradas em árabe. As horas do *Horologion*, feitas inteiramente em árabe e absolutamente invariáveis todos os dias, incluindo até mesmo as leituras, são feitas inteiramente de memória, sem livros. Assim, a igreja é iluminada apenas por uma ou duas velas, exceto durante a Salmodia, quando as lanternas são acesas para permitir a leitura.

O ofício é aberto quando o padre presidente pronuncia as frases iniciais das orações iniciais, que cada monge então recita para si mesmo. Visto que doze salmos por hora é um *pensum* considerável, a salmodia agora é feita da seguinte maneira: um precentor percorre a fila sussurrando o *incipit* de um salmo para cada monge, fazendo quantas rodadas forem necessárias para distribuir de uma vez, em sua ordem prescrita, todos os salmos designados da hora. Então, cada qual recita simultaneamente de cor seu(s) salmo(s) designado(s) em silêncio. Desnecessário dizer que tal prática é um abuso posterior, destinado a aliviar o fardo das sinaxes excessivamente longas. Após a salmodia, o leitor designado, em pé de frente para o santuário um pouco à direita das portas fechadas da divisória do haikal, recita a leitura do evangelho em voz baixa (por ser invariável, todos a conhecem de cor). Essa também é uma corrupção posterior. As atuais leituras invariáveis são das edições árabes impressas, que fornecem no máximo uma seleção de apenas duas ou três leituras por hora[27]. A leitura é seguida pelo Psali ou refrãos poéticos, executados por um solista da sua posição. Em seguida, o *Gloria Patri* é cantado por todos, e a hora é encerrada com o *Kyrie eleison*, o Trisagion, o pai-nosso e orações finais.

27. Burmester, The Canonical Hours, 90, nota 2; 93, nota 6; 95, nota 1; 99, nota 3.

Tal ofício é mais uma meditação em comum do que um serviço litúrgico. Como tal, é fiel à orientação primitiva das horas monásticas puras. Mas isso não é verdade no que concerne à Salmodia, um ofício cantado em copta num ritmo rápido, fortemente pontuado, quase *staccato*, o presidente mantendo o tempo do início ao fim com pequenos címbalos.

Nas tardes do dia da semana, das 18h00 às 18h30, os monges entoam as vésperas, as completas e a Oração do Véu. Nada é feito no refeitório antes da refeição do meio-dia, o único repasto em comum em São Macário.

No final de cada sinaxe, todos os monges, exceto o padre presidente, formam fila de frente para ele, de costas para a parede do santuário, enquanto ele diz as orações finais de intercessão; então, um a um, eles se aproximam dele e uns dos outros pela "paz", os mais novos colocando a palma da mão direita sobre a do mais velho (ou, se forem padres, pegando a mão deste com ambas as mãos). Então cada um beija a própria mão e a coloca sobre o peito — uma saudação de respeito comum no Egito até mesmo fora de tais circunstâncias formais. Os monges também dão a *pax* uns aos outros (ou apenas ao presidente, se o ofício tiver começado) ao entrar na igreja antes da sinaxe, embora com menos formalidade.

No sábado, a sinaxe vespertina começa às 16h00, porque a Oferta Vespertina de Incenso e a Salmodia Vespertina, não feitas em dias normais, são celebradas em preparação para os domingos ou festas. E de madrugada todos estarão na igreja novamente às 2h00, para os ofícios diários habituais, seguidos às 4h30 pela Oferta Matinal de Incenso, geralmente feita apenas nos dias eucarísticos; e às 5h30, pela liturgia eucarística.

No mosteiro de Dayr al-Baramus, o mais ao norte e o mais antigo dos quatro mosteiros ortodoxos coptas ativos em Wadi an-Natrun hoje, o *cursus* diário começa às 4h00 com a Salmodia da Tarde e da Noite, o ofício matinal do *Horologion* monástico e a Salmodia da Manhã, seguida por volta das 6h00 pela Oferta Matinal de Incenso e pela Eucaristia, que é celebrada diariamente em Baramus e alguns outros mosteiros "renovados". Às 11h00, os monges realizam suas tarefas e devoções, voltando para a igreja das 17h00 às 17h30 para as vésperas, as completas e a Oração do Véu. Esse serviço combinado é curto porque os salmos são distribuídos como em São Macário. No sábado à tarde e em véspera de festas, a Oferta Vespertina de Incenso também é celebrada. Não tenho informações sobre as Horas Menores em Baramus. Talvez algumas delas estejam incluídas nas duas sinaxes comuns, como em São Macário, com as outras recitadas em privado.

No culto paroquial, é costume celebrar a Oferta Vespertina de Incenso na véspera de qualquer dia em que a Eucaristia deve ser celebrada. Pela manhã, a Eucaristia é sempre precedida pela Oferta Matinal de Incenso. E, durante o mês de Khoiak, uma espécie de Advento copta em preparação para as celebrações do ciclo da Natividade, um ofício próprio muito popular chamado Salmodia de Khoiak, composto principalmente de poesia eclesiástica em louvor à Mãe de Deus, é celebrado em paróquias na presença de grandes multidões.

16

O rito etíope

Quase não há estudos cientificamente confiáveis a respeito das origens e do desenvolvimento do Rito etíope, de modo que há poucos dados seguros para oferecer em termos de contexto histórico. Tampouco há fartas informações sobre o Ofício Divino da Etiópia: textos e estudos publicados são raros e frequentemente inadequados. Exceções notáveis são a edição parcial e o estudo do ofício de catedral de Velat[1]; a versão latina e comentário de van Lantschoot, e a edição de Turaev do texto Ge'ez com tradução russa e comentários do *Horologion* etíope derivado do uso copta[2]. Além disso, um dos meus alunos de pós-graduação no Pontifício Instituto Oriental de Roma, o padre capuchinho etíope Habtemichael Kidane, filho de um padre ortodoxo etíope, está preparando sua tese de doutorado sobre o Divino Ofício da Igreja etíope. Sua tese de mestrado recém-concluída, um estudo propedêutico à de doutorado, forneceu-me muitas

1. Velat, B., *Ṣoma deggua*, PO 32/3-4; Id., *Études sur le me'erāf. Commun de l'office divin éthiopien. Introduction, traduction française, commentaire liturgique et musicale*, PO 33.

2. S. Congregazione "Pro Ecclesia Orientali" Prot. n. 293/1937: *Horologion Aethiopicum iuxta recensionem Alexandrinam Copticam*, Vatican, Typis polyglottis Vaticanis, 1940, preparado por Arnold van Lantschoot e publicado para uso privado pela Congregação Oriental (não disponível comercialmente); Turaev, B., *Chasoslov efiopskoj tserkvi.* Izdal i perevël na osnovanii neskol'skikh rukopisej B. Turaev, St.-Pétersbourg, 1897 (Mémoires de l'Academie impériale des sciences de St.-Pétersbourg, VII série, Classe historico-philologique, v. 1, n. 7).

informações valiosas para a preparação deste capítulo[3]. Finalmente, o professor Peter Jeffery, da Universidade de Delaware, teve a gentileza de colocar à minha disposição o primeiro rascunho de seu artigo sobre o canto etíope, que contém informações valiosas sobre o ofício[4].

Como o Rito copta, a tradição etíope tem horas paralelas monásticas e de catedral que permanecem separadas e não foram fundidas num só ofício como em outras famílias litúrgicas.

Os serviços de catedral[5]

As horas de catedral etíopes nativas são um ofício cantado como o *asmatikos* bizantino, celebrado solenemente pelos dabtara ou "mestres" nas igrejas maiores em dias de solenidade especial. Esse ofício da catedral compreende as três horas principais de vésperas, noturnos e matinas, exceto em certas épocas do ano, como a Quaresma, quando também podemos encontrar a terça, a sexta e a nona horas, bem como alguns ofícios especiais ocasionais.

Esses serviços são todos cantados pelos dabtara ou cantores profissionais no complexo canto de sua tradição. O qumet ou canto sagrado da Igreja etíope tem três modos[6]:

a) ge'ez, um tom simples para dias feriais e penitenciais
b) 'ezel para festas e funerais
c) ārārāy.

O canto é executado "āquāquām" (de *quoma*, permanecer em pé), isto é, de pé, marcando o tempo com o maquomeyā ou bastão do coro empunhado na mão direita e acompanhando o canto com movimentos corporais ao ritmo de tambores e ao chocalhar de sistros. Existem 24 variedades de āquāquām. A oscilação rítmica do canto dos dabtara foi comparada às árvores de uma floresta balançando lentamente em uníssono na brisa. Esses movimentos constituem

---

3. Kidane, Habtemichael, *L'ufficio divino della Chiesa Etiopica* (tese de mestrado não publicada), Roma, PIO, 1984.
4. Jeffery, P., The Living Tradition of Ethiopic Chant (manuscrito não publicado).
5. Kidane, *L'ufficio divino della Chiesa Etiopica*, 81 ss. Ver também Velat, *Études sur le me'erāf*, PO 33 passim.
6. Kidane, *L'ufficio divino della Chiesa Etiopica*, 38 ss., 47 ss.

a famosa "dança litúrgica" dos etíopes que tanto fascinou os ocidentais em nosso século.

I. Wāzēmā ou vésperas solenes[7]

Uma celebração festiva etíope se abre, no início da tarde da vigília, com o canto das vésperas, um serviço de quatro ou cinco horas de duração. Aqui está a estrutura das vésperas festivas:

Oração de abertura fixa
Wāzēmā (hino próprio)
Salmo 23
Baḥāmestu (antífona própria)
Qenē wāzēmā (hino de véspera) 1
Oração pela chuva
Salmo 92
Baḥāmestu (antífona própria)
Qenē wāzēmā (hino de véspera) 2
Oração pelo soberano
Salmo 140
Baḥāmestu (antífona própria)
Liṭon (oração de agradecimento vespertino)
Leituras de epístola
Yetebārak (cântico de Dn 3,52-56)
Yetebārak (antífona do cântico)
2 ou 3 qenē (hinos)
Mesbāk (salmo de aleluia)
Evangelho
Kidān (oração da tarde)
Salmo 101 com salast (antífona)
Salmo 84 com salām (antífona)
"Cristo Senhor, tem piedade de nós" (3 vezes)
Oração final
Credo
Pai-nosso

7. Ibid., 88 ss.; VELAT, *Études sur le meʿerāf*, PO 33, 128-129; WINKLER, Über die Kathedral vesper, 82-83.

Nos dias feriais, os dois salmos variáveis da salmodia inicial fazem parte do saltério contínuo, como pode ser visto de relance na tabela de salmos e cânticos do ofício ferial da Quaresma[8]. Mas, em dias festivos, esses dois salmos variáveis mais o Salmo 50 são substituídos pelos Salmos 23; 92; 140 — o último dos quais, pelo menos, é um elemento padrão das vésperas de catedral na tradição.

II. Mawaddes ou noturnos dominicais[9]

Após um período de repouso, as vésperas são seguidas pelo ofício noturno ou mawaddes ao primeiro canto do galo, matinas (laudes) ou ṣebehāta nagh e a Eucaristia, tudo feito sem interrupção[10].

Mawaddes consiste numa série de unidades de salmodia, orações e outros elementos, nos quais tanto o material monástico quanto o de catedral são misturados.

Aqui está a estrutura comum de mawaddes para tempos não penitenciais:

Oração de abertura fixa
Qeddus (Trisagion)
Kidān (oração da noite)
Mesbāk (salmo de aleluia)
Súplica da noite
Mesbāk (salmo de aleluia)
Liṭon (litania)
Oração pelos enfermos
Salmos 62; 63; 65
Oração pelos viajantes
Salmos 39–41 com arbā'et (antífona)
Oração pela chuva
Salmos 42–44
Oração pela colheita
Salmos 46–47
Oração pelas águas dos rios
Salmos 48–49 com baḥāmestu (antífona)
Salmo 50 com arbā'et (antífona)

8. Ver o esquema em Velat, *Études sur le me'erāf*, PO 33, 140a.

9. Kidane, *L'ufficio divino della Chiesa Etiopica*, 92 ss.

10. Ibid., 88.

Oração pelo rei
Oração pelo soberano
Salmos 117; 91 com baḥāmestu (antífona)
Salmo 92
Oração pela paz

III. Sebehāta nagh (Matinas)[11]

Sebehāta nagh, nossas matinas ou laudes, é encontrada em várias formas: ordinária ou ferial, para solenidades menores; festiva, para grandes festas; para a estação "das flores" dedicada à Mãe de Deus; para a Semana Santa; para o Sábado Santo. Na sebehāta nagh, dois coros de dabtara cantam os salmos alternadamente, intercalados com antífonas próprias e entremeados com orações, litanias, doxologias, hinos, invocações e intercessões.

A estrutura básica da sebehāta nagh festiva é:

Angargāri (antífona)
Esema la-ālam (antífona)
Liṭon (litania)
Za-āmelākeyā (Sl 62; 64; 91; 5)
Qenē za-āmelākeyā (hino com Sl 62)
Oração pelos enfermos
Nunc dimittis
Qenē za-sellase ou za-ye'eze (hino com *Nunc dimittis*)
Oração pelos viajantes
'Ezel (canto)
Cântico de Daniel 3,52-56
Qenē (hino)
Yetebārak (antífona de Dn 3)
Cântico de Daniel 3,57-90
Sebehāta nagh (antífona de sabbehewo ou laudes)
Sabbehewo (laudes: Sl 148–150)
Oração pelo rei
Abun (antífona)
Mawāse'et (hino ou antífona)
Esema la-ālam ou qenewāt (antífona)

11. Ibid., 94 ss.

Salmo 101 com salast (antífona)
Salmo 84 com salām (antífona)
"Cristo Senhor, tem piedade de nós" (3 vezes)
Oração final
Credo
Pai-nosso

Os elementos de catedral, como Salmos 148–150 e o cântico de Daniel 3, são imediatamente aparentes nesse serviço.

IV. Kestat za-āryām[12]

Outro serviço do ofício cantado, kestat za-āryām, é celebrado apenas nas trinta maiores festas dos ciclos mariano e santoral, incluindo a descoberta da Santa Cruz, que na tradição etíope não é considerada uma solenidade cristológica. Esse ofício é a hora etíope mais longa e mais rica em composições eclesiásticas, ou seja, não bíblicas. Ele substitui os outros ofícios matinais nas festas quando é celebrado, e inclui salmos mais todo o *corpus* dos cânticos do Antigo e do Novo Testamento[13] com antífonas, junto com inúmeras invocações, leituras do Senkessār (sinaxário), do *Livro dos Milagres de Maria*, dos Evangelhos, dos *Louvores de Maria* e várias orações reservadas ao sacerdote.

O Sa'ātāt ou horas etíopes

Além dos serviços da catedral, os etíopes também têm não um, mas vários outros *cursus* de orações diárias preservados em livros de ofício chamados sa'ātāta ou *horologia*[14]. Não apenas esses ofícios distintos são separados dos serviços de catedral, mas o que é completamente novo e peculiar à Etiópia é que não há um, mas quatro tipos independentes e concorrentes de *horologion* etíope, conforme identificado por Jeffery[15]:

1) o sa'ātāt za-Gebs ou "*Horologion* dos coptas"
2) o sa'ātāt de Abba Giyorgis Saglawi

12. Ibid., 99ss.
13. Há quinze deles no ofício etíope; ver Ibid., 61-62.
14. JEFFERY, Ethiopic Chant, 25.
15. Ibid., 25-29.

3) um sa'ātāt que inclui todo o saltério no *pensum* diário
4) o *cursus* de orações encontrado no *Códice Vaticano Etíope 21.*

I. O Sa'ātāt za-Gebs

Esperaríamos encontrar um ofício etíope semelhante ao dos coptas vizinhos, e, de fato, o sa'ātāt za-Gebs ou "*Horologion* dos coptas" é uma tradução do *Horologion* copta com a adição de elementos bizantinos. Esse *cursus* tem o tradicional ciclo sétuplo de ofícios antes da adição da prima: noturnos, matinas, terça, sexta, nona, vésperas, completas.

Não temos ideia de quando esse ofício de tipo copta foi introduzido e do uso que lhe foi dado em relação às outras tradições de ofício manuscritas. Pois sabemos pouco sobre a relação entre essas duas tradições cristãs africanas antes de 1270, quando houve um movimento "copticizante" sob a égide do monge etíope e teólogo Tekle Haymanot[16]. Em todo caso, está claro que em um momento ou outro as horas do *Horologion* monástico copta foram traduzidas para o ge'ez, a língua litúrgica etíope, e incorporadas ao ofício etíope[17]. O mesmo se aplica à Salmodia da Noite copta.

1. O ofício noturno:

O serviço noturno etíope nessas horas é simplesmente uma adaptação da Salmodia da Noite copta. Mas na redação etíope desse serviço é interessante notar que as laudes ou o "Quarto Hos" (cântico), Salmos 148–150, são precedidos nos manuscritos pelo título: "Em nome da Santíssima Trindade. Oração ao canto do galo"[18]. Isso confirma o que vimos no capítulo anterior sobre a natureza composta da Salmodia da Noite copta como um ofício de laudes de catedral ao qual se antepôs uma vigília de catedral com três cânticos.

Na tradição etíope, essas matinas ou hora do "canto do galo" terminam com material não encontrado no uso copta atual, incluindo três evangelhos com

---

16. Isaac, Ephraim, An Obscure Component in Ethiopian Church History: an Examination of Various Theories pertaining to the Problem of the Origins and Nature of Ethiopian Christianity, *Le Muséon* 85 (1972) 246 ss., 249 ss.

17. Texto ge'ez com tradução russa em Turaev, *Chasoslov* 2-127; versão latina em van Lantschoot, *Horologion*, 159-175.

18. Turaev, *Chasoslov*, 138-139; van Lantschoot, *Horologion*, 68.

temas escatológicos de vigília e vigilância na expectativa da parusia. Aqui está um esboço desse material adicional[19]:

Cânticos do NT: *Magnificat-Benedictus-Nunc dimittis* (Lc 7,46-55.68-79; 2,29-32)
Cântico de Ezequias do AT (Is 38,10-20)
Gloria in excelsis
Dignare domine (*Kataxioson*)
Salmo 91,2-3
Trisagion
Pai-nosso
Credo com seu prooemion
Oração e bênção antes do evangelho
Evangelho: Lucas 11,5-13
Troparia
Kyrie eleison 51 vezes
Absolvição
Oração
Psali
Oração e bênção antes do evangelho
Evangelho: Marcos 13,32-37
Evangelho: Mateus 25,14-30
Kyrie eleison 3 vezes
Invocação da Trindade
Oração de bênção de São Basílio
Invocação do Rei da Paz
Diácono: intercessão pela Igreja
Doxologia conclusiva

2. A décima primeira hora (vésperas)[20]:

Na recensão etíope do *Horologion* copta, ainda mais elementos de catedral não encontrados no uso copta são intercalados após a salmodia monástica e a leitura do evangelho da décima primeira hora (vésperas). Esses elementos peculiares à recensão etíope estão em itálico no seguinte esboço:

---

19. Turaev, *Chasoslov*, 72-87; van Lantschoot, *Horologion*, 159-175.
20. Turaev, *Chasoslov*, 72-87; van Lantschoot, *Horologion*, 40 ss.

Orações iniciais
Salmodia monástica (12 salmos): Salmos 116–117; 119–128
Leitura do Evangelho
Salmo 129,7-8 com refrão
Salmo 116,1, refrão; versículo 2, refrão; glória [...] ambos agora [...]; refrão
Phôs hilaron
Kataxioson (após o Nunc dimittis na recensão copta)
Salmo 91,1 com refrão
Salmo 122,1 com refrão
Troparia
Nunc dimittis
Salmo 140,1, refrão; versículo 2, refrão
Trisagion
Agradecimento vespertino

Em seguida, o *Horologion* copta recomeça com as orações conclusivas habituais: Ó Santíssima Trindade, pai-nosso etc.[21] Antes que muito mais trabalho seja feito sobre essa tradição litúrgica escassamente conhecida e pouco estudada, não podemos saber de onde, quando ou como esses elementos, alguns deles claramente de proveniência bizantino-sabaítica, entraram no uso etíope. Eles já fizeram parte do Rito copta também? Como eu disse no capítulo anterior, Ugo Zanetti descobriu em Dayr Abu Maqar manuscritos de uma variedade até então desconhecida de vésperas coptas intitulada "de acordo com o uso do Cairo", que na verdade é pouco mais do que uma redação copta das vésperas bizantino-sabaíticas[22]. Mas, até que todo esse material seja peneirado e estudado em sua relação com toda a história e desenvolvimento dessas tradições irmãs, qualquer coisa que eu diga sobre tudo isso seria pura especulação.

II. O Sa'ātāt de Abba Giyorgis Saglawi[23]

Abba Giyorgis, apelidado de Ba'āla Sa'ātāt, "Compositor do livro das Horas", foi um reformador litúrgico da pequena cidade de Sagla em Amhara, e

21. Ver Burmester, *The Egyptian or Coptic Church*, 104.
22. Ver nota 25 no capítulo anterior.
23. Kidane, *L'ufficio divino della Chiesa Etiopica*, 106 ss.; Jeffery, Ethiopic Chant, 29.

morreu por volta de 1426. Ele compôs o ofício que leva seu nome[24]. Esse sa'ātāt substituiu as horas de proveniência copta, como o *horologion* comum da Igreja ortodoxa etíope, ao contrário do que recentemente afirmei sobre o uso contínuo de tais horas na Etiópia[25].

Esse segundo tipo de sa'ātāt, aparentemente o único ainda em uso comum, compreende noturnos e uma décima primeira e décima segunda horas. Os noturnos e vésperas ou décima primeira hora são pouco mais que uma série de quatro leituras da Escritura, com um salmo responsorial antes da última, a qual é sempre um evangelho, nos noturnos. Essa unidade de leitura está inserida numa estrutura de orações de abertura e intercessões conclusivas, hinos, orações, cânticos etc. A décima segunda hora é um ofício devocional em louvor a Maria.

Assim, os etíopes podem dizer que foram eles que transformaram as horas numa Liturgia da Palavra centrada nas leituras das Escrituras um século antes de Lutero.

Essas horas são celebradas apenas na igreja, mas não requerem a participação dos dabtara ou cantores treinados necessários para o ofício cantado, e por isso são celebradas diariamente em igrejas e mosteiros por todo o país.

III. O Sa'ātāt do Saltério[26]

Outro sa'ātāt etíope tem as habituais sete horas de ofício, sem salmos nas completas (newam) ou no ofício da meia-noite (lelit), mas com trinta salmos e

24. Sobre Abba Giyorgis e seu sa'ātāt, ver TAMRAT, Taddesse, *Church and State in Ethiopia 1270-1527*, Oxford, Clarendon Press, 1972, 222ss.; HAILE, Getatchew, *Fekkare Haymanot* or the Faith of *Abba* Giyorgis Säglawi, *Le Muséon* 94 (1981) 236-237; Id., Writings of *Abba* Giyorgis Säglawi from Two Unedited Miracles of Mary, *OCP* 48 (1982) 65-91, esp. 65-66, 71, 81, 85.

25. TAFT, R., *The Liturgy of the Hours in the Christian East: Origins, Meaning, Place in the Life of the Church*, Cochin, K.C.M. Press, 1984, 192.

26. JEFFERY, Ethiopic Chant, 28; mss. *Vat. Aeth.* 15, in: GRÉBAUT, S.; TISSERANT, E., *Codices Aethiopici Vaticani et Borgiani*, pars prior, Vatican, Bibliotheca Vaticana, 1935, 45-48; EMML 2097, in: HAILE, Getatchew; MACOMBER, W. F., *A Catalogue of Ethiopian Manuscripts Microfilmed for the Ethiopian Manuscript Microfilm Library, Ada baba, and for the Hill Monastic Manuscript Library, Collegeville*, Collegeville, Minn., Hill Monastic Manuscript Library, St. John's Abbey and University, 1976-, v. 6; ambos citados em JEFFERY, nota 111.

três cânticos em cada uma das outras cinco horas, de modo que todo o saltério etíope, incluindo quinze cânticos bíblicos, é recitado a cada dia.

IV. O Sa'ātāt do *Codex Vaticanus Aethiopicus 21*[27]

O ofício manuscrito do século XV no *Códice vaticano etíope 21* apresenta um *cursus* não apenas com as orações usuais da meia-noite, da manhã e da tarde, mas também com a oração para cada uma das doze horas do dia, uma prática vista também no uso monástico ibérico descrito por Frutuoso de Braga[28].

Nesse *cursus*, as horas da manhã e do dia são apenas uma série de orações não bíblicas, sem salmodia, cânticos ou lições. Mas a hora da meia-noite e as vésperas têm quatro e cinco leituras bíblicas, respectivamente, e as vésperas incluem o ritual da luz com seu diálogo e oração de bênção da *Tradição Apostólica* 25[29]:

1. A hora da meia-noite[30]:

Oração de abertura
Leituras: Efésios 6,10-24
2 Pedro 3,8-14
Atos 12,6-11
Marcos 13,32-36
Oração a Cristo
Oração de imposição de mãos
Profissão de fé

2. Vésperas[31]:

"Oração de Efrém" vesperal
Lucernarium de *Tradição apostólica* 25

27. Jeffery, Ethiopic Chant, 29. O ms. é descrito em Grébaut; Tisserant, *Codices Aethiopici Vaticani* l, 85-105. Uma tradução pode ser encontrada em Salaville, S., La prière de toutes les heures dans la littérature éthiopienne, in: Id., *Studia orientalia liturgico-theologica*, Roma, EL, 1940, 170-185.

28. Ver acima, cap. 6, p. 150-151.

29. Citado acima, cap. 2, p. 52-53.

30. Grébaut; Tisserant, *Codices Aethiopici Vaticani* I, 86.

31. Ibid., 103-105.

3 orações vesperais
Leituras: Zacarias 14,5-9
Efésios 2,19-22
Tiago 4,7-12
Atos 10,34-38
Lucas 23,50-56
Oração de imposição de mãos
Credo com anátemas
Oração final

Uso atual[32]

Hoje, na Igreja ortodoxa etíope, o ofício pleno é celebrado apenas nos mosteiros. No uso paroquial, em véspera dos dias eucarísticos (domingos e festas), as vésperas são celebradas ao anoitecer, seguidas por volta da 1h00 por noturnos, matinas (laudes) e a liturgia eucarística, tudo feito em sucessão sem interrupção. Mas, é claro, apenas os dabtara e outros clérigos, excessivamente numerosos na Igreja ortodoxa etíope, estão presentes em toda a duração dos ofícios.

32. Comunicação pessoal de Habtemichael Kidane.

17

O ofício bizantino

História

Estamos acostumados — não sem razão — a ver o Rito bizantino como a tradição litúrgica formada na capital de Constantinopla, a "Nova Roma" fundada por Constantino no local da cidade de Bizâncio em 324. Mas, como o Rito romano e, de fato, a maioria das grandes tradições culturais, o Rito bizantino é um amálgama. Sua liturgia eucarística é o resultado da síntese litúrgica formada na liturgia de catedral de Constantinopla no início do século VIII[1]. Mas o antigo ofício de catedral de Hagia Sophia, a "Grande Igreja", caiu em desuso algum tempo depois da queda da cidade para os latinos durante a Quarta Cruzada em 1204, e foi gradualmente substituído pelo ofício monástico[2].

Portanto, é para os mosteiros de Constantinopla e, além deles, para os da Palestina que devemos olhar a fim de encontrar as origens do ofício "sabaítico" atualmente em uso nas igrejas que seguem o Rito bizantino[3]. Já estudamos nos

1. Ver TAFT, R., How Liturgies Grow: the Evolution of the Byzantine Divine Liturgy, *OCP* 43 (1977) 355-378; Id., The Liturgy of the Great Church: an Initial Synthesis of Structure and Interpretation on the Eve of Iconoclasm, *Dumbarton Oaks Papers* 34-35 (1980-1981) 45-75.

2. Para o antigo ofício de catedral de Constantinopla, cf. a bibliografia em TAFT, The Byzantine Office in the *Prayerbook* of New Skete, 361 nn. 48-60, 80-81, 104.

3. Para a história desse ofício sabaítico e sua introdução gradual no Rito bizantino, ver a bibliografia completa em Ibid., 358-370. Os melhores estudos de caráter geral são: ARRANZ, M., Les grandes étapes de la liturgie byzantine: Palestine-Byzance-Russie, in: *Liturgie de l'église particulière, liturgie de l'église universelle*, Roma, Edizioni liturgiche, 1976, 43-72 (BELS 7); Id., L'office divin en orient, in: *Dictionnaire de spiritualité* 11, 707-720; EGENDER,

capítulos 3 e 5 a descrição dos primeiros ofícios de catedral jerosolimitas no diário de Egéria, e o ofício monástico palestino conforme descrito nos escritos de Cassiano. Mas é apenas mais tarde, por volta do final do século VI ou início do século VII, que temos nossa próxima descrição razoavelmente detalhada de um ofício palestino no relato da visita dos abades João e Sofrônio ao abade anacoreta Nilo do Sinai[4]. Descrevi esta *agrypnia* ou vigília de noite inteira no capítulo 10. Ela compreendia o *hexapsalmos* (ver esquema 2 abaixo) seguido por todo o saltério litúrgico: todos os 150 salmos mais os nove cânticos bíblicos, com orações e leituras. A isso foram anexados elementos de laudes de catedral:

Os *Ainoi*: Salmos 148–150
Gloria in excelsis
Credo
Pai-nosso
Kyrie eleison 300 vezes
Oração conclusiva

Vésperas, no mesmo documento, consistem em:

Gloria Patri
"Bem-aventurado o homem" (Sl 1,1)
"Ó Senhor, clamei" (Sl 140,1) sem troparia (refrãos)
Phôs hilaron
Kataxioson
Nunc dimittis
"E o restante"

Essas são basicamente as vésperas bizantinas de hoje (ver esquema 1 abaixo), menos a poesia eclesiástica, o salmo responsorial, as orações e litanias da eucologia, e a procissão estacional agora anexada após a bênção final das vésperas.

O documento também relata a discussão que se seguiu à descrição que Nilo faz desses ofícios do anacoreta palestino[5]. Seus interlocutores João e Sofrônio

---

N., Introduction, in: *La prière des heures: Hôrologion*, Chevetogne, Éditions de Chevetogne, 1975, 25-56 (La prière des églises de rite byzantin 1); Hannick, C., Le texte de l'Oktoechos, in: *Dimanche: office selon les huit tons: Oktôêchos*, Chevetogne, Éditions de Chevetogne, 1968, 37-60 (La prière des églises de rite byzantin 3); Taft, R., Mount Athos: A Late Chapter in the History of the Byzantine Rite, *Dumbarton Oaks Papers* 42 (1988) 179-194. O seguinte resumo da história do ofício bizantino é baseado principalmente nessas fontes.

4. Longo, Il testo integrale della *Narrazione degli abati Giovanni e Sofronio*, 251 ss.

5. Ibid., 252 ss., 264-265.

expressaram seu espanto com a ausência de poesia eclesiástica e outros elementos além de peças fixas tradicionais como o *Gloria in excelsis* nas matinas e o *Phôs hilaron* nas vésperas. Eles mencionam especificamente os seguintes itens ausentes que esperavam encontrar: 1) nas vésperas: os refrãos ou troparia com Salmo 140; o *Kateuthynthêtô* ou responsório do Salmo 140,2, como nas vésperas pré-santificadas de hoje; 2) nos noturnos: o responsório invitatório "O Senhor é Deus" (Sl 117,27a, 26a) e os *kathismata anastasima*, ou refrãos poéticos, após a salmodia; e 3) nas matinas: os refrãos com os cânticos bíblicos; o responsório "Que tudo que respira louve o Senhor!" (Sl 150,6) antes do evangelho; e a troparia após o *Gloria in excelsis*. Para sua surpresa, Nilo respondeu que tudo isso era adequado para o clero, ou seja, para o ofício de catedral, mas não para monges.

A discussão mostra que todos esses elementos faziam parte do ciclo diário daquela época. Nilo estava bastante correto em vê-los como uma inovação, pois o primeiro elemento na formação desse ofício monástico híbrido palestino foi de fato o ciclo diário do *Horologion* palestino que ele descreve. E temos não apenas a descrição de Nilo, mas também três manuscritos do século IX exatamente desse tipo de horologion: *Sinai Greek 863*, organizado por J. Mateos[6], o não publicado *Sinai Greek 864*, e o *Horologion* siríaco organizado por M. Black de o *Berlin MS. Or. Oct. 1019*[7].

Conservadores como Nilo não foram capazes de evitar a incursão inexorável da poesia eclesiástica até mesmo nos ofícios monásticos na próxima etapa de sua evolução, a formação dos próprios dominicais e pascais, isto é, o ciclo móvel. Um primeiro estágio jerosolimita no desenvolvimento dessa poesia eclesiástica pode ser visto no fato de que, para matinas e vésperas, os manuscritos do século V ao VIII do lecionário georgiano de Jerusalém contêm os textos de vários cantos poéticos próprios não encontrados na anterior recensão armênia do século V do lecionário de Jerusalém[8]. Helmut Leeb estudou esse material em relação com a história do Ofício Divino bizantino[9].

---

6. Mateos, Un horologion inédit de Saint-Sabas.

7. Black, M., *A Christian Palestinian Syriac Horologion (Berlin MS. Or. Oct. 1019)*, Cambridge, At the University Press, 1967 (Texts and Studies, new series, 1).

8. Os respectivos manuscritos do lecionário são organizados por Renoux, A., *Le codex arménien Jérusalem 121*, PO 36/2 (cf. PO 35/1); Tarchnišvili, M., *Le grand lectionnaire de l'église de Jérusalem (Ve-VIIIe siècle)*, CSCO 188-189, 204-205, scr. iberici 9-10, 13-14.

9. Leeb, Helmut, *Die Gesänge im Gemeindegottesdienst von Jerusalem (vom 5. bis 8. Jahrhundert)*, Vienna, Herder, 1970 (Wiener Beiträge zur Theologie 28).

Ele parece ter entrado no uso monástico da Palestina e, em última análise, de toda a Igreja bizantina do seguinte modo. Depois que os persas destruíram a Cidade Santa em 614, os monges do Mosteiro de São Sabas recolheram os pedaços e restauraram a vida monástica. Como muitas vezes acontece após a destruição violenta, seguiu-se um período notavelmente criativo, e um novo ofício monástico foi produzido por meio de uma infusão maciça de poesia eclesiástica na velha salmodia monástica séria e sóbria descrita por Nilo.

Esse ofício monástico palestino foi então adotado pelos mosteiros de Constantinopla na restauração que se seguiu à primeira onda de Iconoclasmo (726-775), quando uma nova síntese monástica estava em formação sob a liderança do grande reformador monástico bizantino São Teodoro Estudita (morto em 826). Um aspecto interessante dessa síntese foi a adaptação a uma estrutura basicamente palestina das orações e litanias dos ofícios de vésperas e matinas de Constantinopla encontrados no *Euchologion* da capital. Nesses mosteiros estuditas, a composição de nova poesia eclesiástica continuou em ritmo acelerado, e o próprio São Teodoro concedeu amplo espaço às novas composições em sua adaptação dos ofícios monásticos palestinos. É dessa poesia que mais tarde se formaram as antologias bizantinas do domingo e do período quaresmal-pascal, o *Oktoichos*, o *Triodion* e o *Pentekostarion*. Os primeiros *Studite Typika* ou ordos litúrgicos para regular seu uso foram compostos no século IX ou X.

Esse ofício monástico urbano híbrido se espalhou pelos mosteiros bizantinos do Monte Athos, Geórgia, Rus' e sul da Itália. Enquanto isso, na Palestina, em São Sabas, os monges mantiveram um uso mais sóbrio, e é seu novo *Typikon*, chamado "de São Sabas" ou "de Jerusalém", que é o ancestral de nosso atual ofício bizantino. Essa síntese sabaítica, da qual temos testemunhos desde o século XII, pode ser encontrada em Constantinopla um século depois. Ela também alcançou o Monte Athos e assumiu o controle até mesmo na Rus' no final do século XIV. A expansão do movimento hesicasta favoreceu a difusão desse rito mais sóbrio, mais "monástico", e é esse uso que está codificado nas rubricas da *diataxis* ou "cerimonial" de Filoteu Kokkinos[10] que ainda estão em vigor hoje.

Algum tempo depois da queda de Constantinopla para os latinos em 1204, o ofício monástico substituiu o rito de catedral mais elaborado até mesmo nas

10. *PG* 154, 745-766. Filoteu era hegúmeno do Grande Lavra no Monte Athos antes de se tornar bispo de Heraclea em 1347 e patriarca de Constantinopla duas vezes: de 1353 a 1354 e de 1364 a 1376.

igrejas seculares da capital, e é essa síntese monástica dos usos monásticos palestino-constantinopolitano com a eucologia de Constantinopla que é o nosso atual "ofício bizantino".

Os ofícios

A estrutura complexa desse rito pode ser vista nos seguintes esquemas, em que a natureza composta dos ofícios é imediatamente aparente nos esquemas das páginas 320 a 323.

I. Vésperas

As vésperas nessa tradição são basicamente um lucernário de catedral jerosolimita com orações e litanias de Constantinopla, ao qual se antepôs uma sinaxe monástica de salmodia contínua[11]. As orações presidenciais agora agrupadas no início das vésperas e matinas deveriam, evidentemente, ser distribuídas por todo o ofício, cada uma em seu lugar apropriado. As numerosas "doxologias pendentes" ou *ekphoneseis* não ligadas a oração alguma, espalhadas ao longo desses serviços, geralmente indicam o local original de uma dessas coletas.

II. Orthros[12]

Em sua forma atual, o *orthros*, ou matinas, é, na verdade, uma fusão de quatro ofícios distintos. Em primeiro lugar, há o chamado Ofício Real, um breve serviço para o soberano celebrado, aparentemente, em fundações monásticas imperiais. Trata-se realmente de um serviço separado, estranho à estrutura das matinas. Como os monges gostam de adicionar mas apenas raramente subtraem material de seus ofícios, ele se tornou permanentemente anteposto às matinas bizantinas, embora na verdade seja frequentemente omitido no culto paroquial. A segunda parte do *orthros* é um noturno monástico de salmodia contínua. Aos domingos e festas, uma vigília de catedral do tipo descrito em Egéria e nas *Constituições Apostólicas* foi inserida para formar a terceira parte desse serviço

---

11. Ver Mateos, J., La synaxe monastique des vêpres byzantines, *OCP* 36 (1970) 248-272.

12. Quanto ao *orthros*, cf. Mateos, Quelques problèmes de l'orthros byzantin.

composto. A quarta parte, o louvor matinal de catedral, começa com o Salmo 50, e conclui, como seria de esperar, com laudes, intercessões, uma bênção e a despedida, seguida, nos dias feriais, por um breve apêndice.

ESQUEMA 1

VÉSPERAS

I. VÉSPERAS MONÁSTICAS

Abertura fixa

Bênção inicial e orações

Salmodia monástica

Salmo 103 invitatório
Sete orações vesperais ditas silenciosamente pelo padre durante o Salmo 103
Grande synapte
Salmodia

II. VÉSPERAS DE CATEDRAL

Lucernário

Salmodia vesperal e oferta de incenso

Salmos 140; 141; 129; 116, com estrofes intercaladas
Incensação

Introito

Nas Grandes Vésperas:
Entrada com turíbulo
Oração de introito
Hino da Luz: *Phôs hilaron*

Responsório e leituras

Prokeimenon
Na vigília de algumas festas:
Três leituras do AT ou das epístolas

(*Feriais quaresmais*: duas leituras do AT com prokeimenon antes de cada uma)

Intercessões

Ektene
Kataxioson
Grande synapte com aiteseis
Paz para todos
Oração de inclinação
Na vigília de algumas festas:
rogação (litê)

Aposticha e orações conclusivas

Aposticha
Nunc dimittis
Orações conclusivas e troparia
Despedida (apolysis)

ESQUEMA 2

MATINAS

Diário: | Festivo:

I. Ofício Real

Orações de abertura fixas
Salmos 19; 20
Trisagion
Pai-nosso
Troparia
Ektene

II. Noturnos

Invitatório

Hexapsalmos: Salmos 3; 37; 62; 87; 102; 142
Doze orações de matinas, ditas pelo padre durante o hexapsalmos
Grande synapte

Diário	Festivo
Versículos do Salmo 117 (*na Quaresma*: Is 26)	Versículos do Salmo 117

Diário:	Festivo:
Troparion (*na Quaresma*: troparia trinitária)	Troparion
Salmodia monástica	*Salmodia monástica* (omitida, com frequência, nas paróquias)
Salmodia, com hinos sessionais e pequena synapte após cada stasis	Salmodia: duas staseis, com pequena synapte após cada uma
	III. Vigília de catedral
	Salmos e hinos
	Salmo 118 ou
	Polyeleos: (Sl 134–135; *adição na Quaresma*: Sl 136)
	(*Em festas em usos eslavo e romeno*: ícone entronizado; megalynarion)
	Incensação
	Eulogitaria (*domingo*)
	Pequena synapte
	Hypakoe (*domingo*) ou hinos sessionais
	Hinos graduais (anabathmoi)
	Responsório
	Prokeimenon
	"Oremos ao Senhor!"
	Ekphonesis
	"Que tudo que respira louve o Senhor!"
	Evangelho
	Evangelho da ressurreição (*domingo*) ou da festa
	(*Domingo*: troparia da ressurreição; evangelho entronizado)

IV. Ofício da manhã

Invitatório

Salmo 50

	Troparia
(*Quaresma*: intercessões)	Intercessões

Cânone

Odes 1-3
Pequena synapte
Odes 4-6
Pequena synapte
Kontakion
Ikos
(*Uso grego*: Synaxarion)
Odes 7-9: Magnificat
Incensação
Pequena synapte

Laudes

Exaposteilarion (*Quaresma*: Photogogikon)	Exaposteilarion (*Domingo*: "Santo é o Senhor nosso Deus!")
Salmos 148–150	Salmos 148–150 com estrofes intercaladas
"Glória a ti que nos mostraste a luz!"	"Glória a ti que nos mostraste a luz!"
Doxologia	Grande Doxologia
Kataxioson	Kataxioson
	Trisagion
	Troparion/apolytikion

Intercessões e despedida

	Ektene
Synapte com aiteseis	Synapte com aiteseis
Oração de Inclinação	Oração de Inclinação
	Apolysis

Aposticha e orações conclusivas

Aposticha
Trisagion
"Santíssima Trindade [...]"
Pai-nosso
Troparion
Teotokion
Ektene
Apolysis

Mas, entre o invitatório (Sl 50) e as laudes, há nove odes poéticas[13] que agora constituem a maior parte do serviço. Essas odes, chamadas de "cânone", suplantaram, em grande parte, os nove cânticos bíblicos correspondentes do saltério litúrgico bizantino, exceto para o período quaresmal-pascal, em que a estrutura original de três cânticos foi preservada, de acordo com a lei de Baumstark segundo a qual os tempos litúrgicos mais solenes tendem a ser conservadores e a reter as formas antigas[14].

Em outras ocasiões, apenas o *Magnificat* foi mantido. Originalmente, a prática de fazer todos os nove cânticos diariamente era habitual apenas na *agrypnia* monástica, como vimos na vigília descrita pelo abade anacoreta Nilo do Sinai, no capítulo 10. Normalmente os nove cânticos eram distribuídos ao longo da semana, dois por dia, um variável e um fixo (o nono: *Magnificat/Benedictus*), com três no domingo, da seguinte forma[15]:

Dia	Cântico
Segunda-feira:	2, 9
Terça-feira:	3, 9
Quarta-feira:	4, 9
Quinta-feira:	5, 9
Sexta-feira:	6, 9
Sábado:	7, 9
Domingo:	1 (vigília de catedral)
	8, 9

Em 1976, os monges de New Skete, um mosteiro em Cambridge, Nova York, publicaram um ofício bizantino reformado que, embora não sem defeitos, é um movimento na direção certa para corrigir algumas das incoerências no uso atual bizantino da Liturgia das Horas[16].

13. Apenas oito são usadas fora da Quaresma, já que a segunda ode é suprimida durante o resto do ano. Sobre as razões para isso, ver Bernhard, L., Der Ausfall der 2. Ode im byzantinischen Neunodenkanon, in: Michels, T. (ed.), *Heuresis. Festschrift für A. Rohracher*, Salzburgo, Otto Müller, 1969, 91-101.

14. Baumstark, A., Das Gesetz der Erhaltung des Alten in liturgisch hochwertiger Zeit, *Jahrbuch für Liturgiewissenschaft* 7 (1927) 1-23; Id., *Comparative Liturgy*, Westminster Md., Newman, 1958, 27 ss.

15. Mateos, Quelques problèmes de l'orthros byzantin, 31-32.

16. Para uma crítica desta reforma, cf. Taft, The Byzantine Office in the *Prayerbook* of New Skete.

Uso atual

Hoje, o ofício sabaítico bizantino é a Liturgia das Horas mais amplamente usada no Oriente cristão. E seu uso não se limita a mosteiros. A celebração do louvor matinal e das vésperas segue sendo parte integrante do culto paroquial, pelo menos nos fins de semana e dias festivos em grande parte do Oriente bizantino. O seguinte testemunho de um anônimo leigo ortodoxo grego sobre a prática na Grécia é um exemplo:

> A atividade pastoral nas paróquias consiste sobretudo na celebração da liturgia. A cura das almas é principalmente celebrar a liturgia. Essa também é a fonte de devoção. De manhã, há o *orthros* (matinas e laudes) na igreja, seguido imediatamente pela celebração eucarística, que, no entanto, não é celebrada todos os dias da semana. À noite há vésperas, *hesperinos*. Assim, a Liturgia das Horas manteve o seu papel na vida cotidiana da paróquia. A celebração da liturgia é realizada com grande reverência. [...] Cada serviço é um canto alternado entre o padre e os cantores [...] Os cantores são homens da paróquia, em que os meninos seguem os passos dos pais e aprendem os costumes bizantinos desde a infância. Só o cantor principal de cada paróquia tem alguma formação profissional e é remunerado. Nem é preciso dizer que diariamente os cantores estão presentes em seus lugares para o *orthros* às 7h00 e para as vésperas às 18h00, até mesmo na mais pequena aldeia [...] As pessoas aprendem os cantos litúrgicos desde a infância, sem ajuda dos livros, e podem cantá-los espontaneamente a qualquer momento[17].

Mas, para ter uma noção real do significado desses serviços na vida da Igreja local, a aura de esplendor transcendente que arrebata o participante dessa tradição gloriosa, é preciso simplesmente vivê-la. Um dos serviços litúrgicos mais esplêndidos e comoventes da cristandade é a *vsenoshchnoe bdenie* ou "Vigília de toda a noite", praticada nas paróquias de tradição russa[18]. Essa vigília é um serviço que compreende vésperas solenes, a vigília do domingo de ressurreição, matinas e laudes, que nos mosteiros avançava noite adentro com uma

17. Tendenzen im Leben der orthodoxen Kirche Griechenlands, *Der christliche Osten* 37 (1982) 16-17.

18. Sobre esse serviço, cf. ARRANZ, M., N. D. Uspensky: The Office of the All-Night Vigil in the Greek Church and in the Russian Church, *St. Vladimir's Theological Quarterly* 24 (1980) 83-113, 169-195 (original francês em *OCP* 42 [1976] 117-155, 402-425). A descrição seguinte é adaptada de TAFT, R., Sunday in the Eastern Tradition, in: SEARLE, M. (org.), *Sunday Morning: a Time for Worship*, Collegeville, The Liturgical Press, 1982, 52ss.

longa salmodia monástica. No culto paroquial, essa vigília ou é dividida, com as vésperas no sábado à tarde e o restante antes da missa da manhã de domingo, ou, como no uso russo, é celebrada como uma unidade no sábado à tarde, mas sem a longa salmodia monástica. Nessa forma paroquial abreviada, ela dura pelo menos uma hora e meia e é um serviço de beleza incomparável.

Ela se inicia num jorro de luz e incenso, enquanto as portas do santuário brilhantemente iluminado são abertas diante da igreja escurecida, e o celebrante proclama em canto solene: "Glória à santa, consubstancial, vivificante e indivisa Trindade, sempre, agora e sempre, e nos séculos dos séculos!". Nenhum serviço bizantino começa sem uma bênção ou glorificação da Santa Trindade, o objetivo último de toda adoração. Em seguida, o diácono e o sacerdote convocam a congregação para a oração, com versículos adaptados do Salmo 94,6:

> Vinde, adoremos o nosso Deus e Rei!
> Vinde, adoremos Cristo, nosso Deus e Rei!
> Vinde, adoremos e nos prostremos diante do mesmo Senhor
> Jesus Cristo, nosso Deus e Rei!
> Sim, adoremos e nos prostremos diante dele!

Depois disso, o diácono, iluminando o caminho com uma enorme vela, símbolo de Cristo que ilumina nosso caminho, conduz o celebrante por toda a igreja incensando — realmente incensando, com nuvens de fumaça e não apenas algumas oscilações superficiais do turíbulo desde o distante santuário.

Enquanto isso, o coro entoa o salmo das vésperas, o Salmo 103, um salmo da criação. No Oriente, a liturgia não é apenas um serviço. É também o lugar da teofania. Na vigília dominical, como na Bíblia, a primeira teofania é a criação. Quando se canta o salmo invitatório, é dada ênfase especial ao tema cristológico das trevas e da luz, que constitui o simbolismo fundamental do ofício de catedral. Os versículos do salmo que expressam esse tema são repetidos duas vezes:

> O sol sabe a hora de se pôr.
> Tu fazes as trevas, e eis a noite.
> Como são numerosas as tuas obras. Senhor!
> Com sabedoria as fizeste todas!

Esse tema da luz é retomado imediatamente no rito central das vésperas, o lucernário, que abre com o Salmo 140, o coração de toda a salmodia vesperal cristã:

Ó Senhor, clamo a ti: ouve-me, ouve-me, Senhor!
Ó Senhor, clamo a ti: ouve-me!
Que minha prece seja o incenso diante de ti,
e minhas mãos erguidas,
o sacrifício da tarde.

Enquanto nuvens de incenso voltam a encher a igreja, sinal de nossas orações subindo ao trono de Deus, como diz o salmo, todas as velas da igreja são acesas, e o coro canta os refrãos próprios com os quais a salmodia é apresentada, refrãos mostrando como o mistério de luz que transforma a criação se cumpre na morte e ressurreição de Cristo. Aqui estão alguns dos refrãos variáveis do serviço de domingo no terceiro tom[19]:

> Tudo foi iluminado por tua ressurreição, ó Senhor, e o paraíso foi aberto novamente; toda a criação, exaltando-te, oferece a ti o hino perpétuo de louvor.
>
> Nós, que indignamente permanecemos na tua casa pura, entoamos o hino da noite, clamando das profundezas: "Ó Cristo nosso Deus, que iluminaste o mundo com a tua ressurreição, livra o teu povo dos teus inimigos, tu que amas a humanidade".
>
> Ó Cristo, que com a tua paixão escureceste o sol e com a luz da tua ressurreição iluminaste o universo: aceita o nosso hino noturno de louvor, ó tu que amas a humanidade.
>
> Tua ressurreição vivificante, ó Senhor, iluminou o mundo inteiro, e tua própria criação, que havia sido corrompida, foi restaurada. Portanto, libertos da maldição de Adão, clamamos: "Ó Senhor todo-poderoso, glória a ti".
>
> Tu passaste pela morte, ó Cristo, para que pudesses redimir nossa estirpe da morte; e, tendo ressuscitado dos mortos no terceiro dia, ressuscitaste aqueles que te reconhecem como Deus, e iluminaste o mundo. Ó Senhor, glória a ti.

Durante o canto do refrão final, o padre e o diácono, segurando o turíbulo fumegante, caminham em procissão pela igreja. Ao chegarem às portas do santuário, entoam o antiquíssimo Hino da Luz, o *Phôs hilaron*, que por mais de dezesseis séculos, dia após dia, sem variação nem mudança, proclamou que a luz do mundo não é o sol da criação durante o dia, nem a lâmpada noturna, mas o eterno Filho de Deus, "a verdadeira luz que ilumina a todos", nas palavras do prólogo do Evangelho de São João (1,9). Devo confessar que eu encontro consolo na

19. Trad. inglesa adaptada de NADSON, A., *The Order of Vespers in the Byzantine Rite*, London, Darton, Longman and Todd, 1965, 42-43.

companhia em que estou quando entoo este hino imortal. São Basílio, o Grande (morto em 379), que o cita em *Sobre o Espírito Santo* 29 (73), diz que ele já era tão antigo que ninguém se lembra quem o compôs, e certamente Egéria o ouviu em Jerusalém na mesma época. Uma visão literal do texto grego original diz:

> Ó alegre luz da santa glória do Pai imortal,
> celestial, santo e bendito Jesus Cristo!
> Quando chegamos ao pôr do sol e contemplamos a luz do entardecer,
> Nós te louvamos Pai, Filho e Espírito Santo, Deus!
> É apropriado em todos os momentos que sejas louvado
> com vozes auspiciosas, ó Filho de Deus, doador da vida.
> É por isso que o mundo inteiro te glorifica!

A coleta ao final das intercessões vesperais retoma os temas do serviço:

> Ó grande e exaltado Deus! Apenas tu és imortal e habitas em luz inacessível! Em tua sabedoria, criaste o universo inteiro: separaste a luz das trevas, dando ao sol o domínio do dia e à lua e às estrelas, o da noite. Nesta mesma hora, permites que nós, pecadores, nos aproximemos de ti com nossos hinos noturnos de louvor e glória. Em teu amor por nós, dirige nossas orações como incenso aos teus olhos e aceita-as como suave fragrância. Ao longo desta tarde e da noite que está por vir, preenche-nos com a tua paz. Veste-nos com a armadura de luz. Resgata-nos do terror da noite. Concede-nos aquele sono destinado a acalmar nossa fraqueza. Enquanto nos deitamos na cama esta noite, enche-nos de compunção e permite-nos recordar teu nome. Então, exultantes por tua alegria e iluminados por teus preceitos, possamos nos levantar para glorificar tua bondade, implorando tua grande ternura de coração não apenas pelos nossos próprios pecados, mas pelos de todo o teu povo. E, pela graça de Theotokos, toca a vida de todos nós com tua misericórdia. Pois tu és bom e repleto de amor por nós, ó Deus, e nós te rendemos glória, Pai, Filho e Espírito Santo: agora e para sempre e para os séculos dos séculos[20].

Apesar da sua grande solenidade, essa é a liturgia em seu aspecto mais básico, tomando os medos e necessidades comuns mas universais da vida humana e transformando-os em teofania, sinais de Deus. O medo da escuridão é um medo básico; a luz que a dispersa é uma necessidade sentida por todos. "Deus é luz", diz a Primeira Carta de João (1,15), e essa luz brilha no nosso mundo por meio do rosto transfigurado de Jesus Cristo.

20. *A Prayerbook*, Cambridge, NY, New Skete, 1976, 198-199.

Na vigília dominical, esse tema serve como matriz simbólica para expressar a unidade do mistério dominical — a Páscoa de Cristo — e seus símbolos sacramentais: o batismo, que na Igreja Primitiva era chamado de *phô-tismos* ou "iluminação", e a Eucaristia.

É um tema que permeia toda a espiritualidade e misticismo bizantinos. A vida do Espírito é uma iluminação por essa luz divina; ver Deus por essa luz é viver nele. Santo Irineu escreveu: "Ver a luz é estar na luz e participar de sua clareza; de igual modo, ver Deus é estar nele e participar de seu esplendor vivificante; assim, aqueles que veem Deus participam de sua vida" (*Adv. haer.* IV, 20,5).

E, numa passagem comovente de seu *Sermão sobre a transfiguração*, Anastácio do Sinai (morto por volta de 700) faz nosso Senhor transfigurado dizer: "É assim que os justos brilharão na ressurreição. É assim que serão glorificados; eles serão transfigurados em minha condição, eles serão configurados para esta forma, esta imagem, esta impressão, esta luz e bem-aventurança, e eles reinarão comigo, o Filho de Deus"[21].

É esse simbolismo que marca o ritmo das horas no ofício bizantino, evocando nos fiéis a nostalgia da visão divina que eles podem vislumbrar simbolicamente aqui na terra. É um simbolismo realizado na Eucaristia, como ouvimos no refrão entoado após a Comunhão: "Vimos a luz verdadeira! Recebemos o Espírito celeste!". Não há nada especificamente oriental ou bizantino em tudo isso — exceto o fato de que no Oriente ainda é uma realidade viva.

Na vigília dominical, as vésperas são seguidas por matinas, vigília da ressurreição e laudes. O invitatório das matinas, Salmo 117 na Septuaginta grega, retoma mais uma vez o tema da luz e o aplica a Cristo:

> O Senhor Deus é nossa luz! Bendito é aquele que vem em nome do Senhor!
> *Verso*: Dai graças ao Senhor, porque ele é bom! Eterno é o seu amor!
> *Verso*: Eles me cercaram, eles me rodearam, mas em nome do Senhor eu os venci!
> *Verso*: Não, não morrerei; viverei e declararei as obras do Senhor!
> *Verso*: A pedra rejeitada pelos construtores tornou-se a pedra angular; isso é obra do Senhor, uma maravilha aos nossos olhos[22].

---

21. Guillou, A., Homélie inédite d'Anastase le sinaite sur la transfiguration (étude et texte critique), *Mélanges d'archéologie et d'histoire* 67 (1955) 252.

22. *Prayerbook*, 69.

No culto paroquial, a salmodia monástica das matinas é geralmente omitida, e passa-se imediatamente aos três salmos do terceiro noturno, que na noite de sábado se transforma na salmodia da vigília da ressurreição descrita por Egéria (24:9-11) e pelas *Constituições Apostólicas* (II, 59:2-4). Os elementos desse serviço são:

1) Três salmos em memória dos três dias no túmulo;
2) uma incensação em memória das especiarias aromáticas trazidas pelas mulheres para ungir o corpo do Senhor, inaugurando assim a primeira vigília diante do túmulo, modelo de todas as vigílias cristãs de ressurreição, inclusive do que chamamos de "vigília fúnebre (*wake*)";
3) uma proclamação solene do evangelho da ressurreição, em memória do anjo que estava junto à pedra rolada do sepulcro anunciando: "Ele ressuscitou!"

Na tradição bizantina, a vigília atual começa com o canto solene de versículos selecionados dos Salmos 134, 135 e 118, acompanhados por refrãos das mulheres portadoras de mirra, aquelas que foram ao túmulo para ungir o corpo do Senhor e assim se tornaram as primeiras testemunhas da ressurreição. Assim que o coro entoa "Louvado seja o nome do Senhor" do Salmo 134, as portas do santuário são abertas, todas as luzes e velas da igreja são acesas, e o celebrante, precedido mais uma vez pelo diácono e sua vela, incensa novamente toda a igreja. Os refrãos dos portadores da mirra expõem o sentido desse serviço:

> Junto ao túmulo estava um anjo radiante de luz, que assim falou às mulheres portadoras de mirra: "Não deixeis vossa tristeza misturar as lágrimas ao unguento precioso. Vede a tumba diante de vós e constatai. Ele não está aqui; ele ressuscitou!".
> Com os primeiros raios do amanhecer, elas se dirigiram ao túmulo, soluçando e lamentando enquanto caminhavam. Mas, quando lá chegaram, foram surpreendidas por um anjo, que disse: "O tempo para lágrimas e tristeza acabou. Ide! Anunciai a seus amigos que ele ressuscitou!".
> Tuas amigas vieram com unguento, Senhor, na esperança de ungir teu corpo pisado e espancado, frio na morte. Mas o anjo estava diante delas, dizendo: "Por que buscar o vivente entre os mortos? Ele é Deus! Ele ressuscitou da sepultura"[23].

23. *Prayerbook*, 110-111.

Seguem-se o responsório e o canto solene do evangelho da ressurreição, após o qual o livro do evangelho é levado solenemente em procissão ao centro da igreja e ali entronizado, enquanto o coro canta o hino da ressurreição professando a fé de que, tendo ouvido o evangelho pascal, nós também vimos e provamos a glória de Deus:

> Tendo contemplado a ressurreição de Cristo, adoremos o santo Senhor Jesus Cristo, o único sem pecado. Adoremos a tua cruz, ó Cristo, cantemos e glorifiquemos tua santa ressurreição. Pois tu és nosso Deus, não conhecemos outro além de ti, invocamos teu nome. Vinde todos vós, fiéis, adoremos a santa ressurreição de Cristo. Pois vede, por meio da cruz a alegria chegou a todo o mundo. À medida que bendizemos continuamente ao Senhor, cantamos sua ressurreição, pois ele suportou a cruz e com a morte destruiu a morte.

Após as intercessões, um dos oito Cânones da Ressurreição é entoado de acordo com o tom dominical, enquanto os fiéis se aproximam para venerar o evangelho, ser ungidos com óleo aromático e receber um pedaço de pão bento, sinais da fortaleza necessária na verdadeira vigília, a vigília da vida.

Os mesmos temas de luz e triunfo pascal são encontrados em toda a rica poesia das laudes, especialmente nas odes do cânone, uma série de refrãos compostos de acordo com os temas dos cânticos bíblicos. Não há espaço para descrever tudo isso, mas as mesmas realidades são proclamadas: trevas e luz; as trevas do pecado superadas pela iluminação de Cristo Ressuscitado.

Igualmente importante, do ponto de vista litúrgico, é que essas realidades não são apenas afirmadas *pro forma*, de uma maneira monótona. Elas são gritadas, cantadas e entoadas como hinos. São entrelaçadas num cenário de poesia e procissão, movimento e descanso, escuridão e luz, fumaça e símbolo e música, de modo que o visitante casual se sente, não raro, um pouco sobrecarregado e motivado a dizer: "Ora, eles realmente creem em tudo isso!". E, de fato, eles creem. A Constituição do Vaticano II sobre a Sagrada Liturgia (nº 2) chama a liturgia "o meio notável pelo qual os fiéis podem expressar em sua vida e manifestar aos outros o mistério de Cristo e a real natureza da verdadeira Igreja". Um exemplo concreto do que isso significa pode ser visto em qualquer domingo na tradição bizantina. Uma de minhas anedotas favoritas vem dos confins orientais da Polônia entre as duas guerras mundiais. Um católico polonês acolheu em sua carruagem um pobre padre camponês ortodoxo que caminhava penosamente pela estrada de terra e o envolveu num discurso espiritual, um tanto nos tons polêmicos daqueles tempos pré-ecumênicos. O que era importante, dizia o latino, era a conversão dos pecadores, a confissão, o catecismo, a oração. Os ortodoxos estavam muito focados no ritual, o que é secundário em relação ao verdadeiro ministério da Igreja. O padre ortodoxo respondeu, com grande dignidade:

> Entre vós, é realmente apenas um acessório. Entre nós, ortodoxos (e com essas palavras ele se benzeu), não é assim. A liturgia é nossa oração comum, ela inicia nossos fiéis no mistério de Cristo melhor do que todo vosso catecismo. Ela faz passar diante dos nossos olhos a vida do nosso Cristo, o Cristo russo, e isso só pode ser compreendido em comum, em nossos ritos sagrados, no mistério dos nossos ícones. Quando alguém peca, ele peca sozinho. Mas, para compreender o mistério de Cristo Ressuscitado, nem vossos livros nem vossos sermões ajudam. Para isso, deve-se ter vivido com a Igreja Ortodoxa a Noite Alegre (de Páscoa). E ele se benzeu novamente[24].

A história se refere à vigília pascal, mas esse mesmo espírito litúrgico caracteriza cada vigília dominical, e na verdade todo o culto, no Oriente bizantino. Ao longo de todas as vicissitudes de sua história, o Oriente cristão preservou uma continuidade de fé e adoração, enraizada na ressurreição e na esperança do mundo vindouro, que sustentou seus fiéis durante a idade das trevas da opressão. As circunstâncias políticas muitas vezes privaram as Igrejas orientais da necessidade ou possibilidade de desenvolver as atividades apostólicas mais ativas que são tão essenciais à vida e organização da Igreja no Ocidente. Mas, enquanto os mistérios podem ser celebrados, a Igreja vive, mantida unida não por organização, nem autoridade, nem educação, mas pela comunhão ano após ano no ciclo regular dos ofícios da Igreja. Não é isso que é a liturgia?

---

24. Bourgeois, C., Chez les paysans de la Podlachie et du nord de la Pologne. Mai 1924-décembre 1925, *Etudes* 191 (1927) 585.

Parte III

Liturgia das Horas nas tradições ocidentais

Introdução

Os capítulos desta seção, como os da anterior, enfocarão as horas principais nas tradições litúrgicas ocidentais clássicas. Mas os caprichos peculiares da história litúrgica ocidental exigem algum afastamento do padrão estabelecido na Parte II: de vários pontos de vista, o que aconteceu com a Liturgia das Horas no Ocidente não é a regra, mas sua exceção. No Rito romano, e isso é de longe a tradição litúrgica com o maior corpo de adeptos, o Ofício Divino é em geral um assunto privado, um livro de orações, o breviário, algo que se "lê" sozinho. De tudo o que vimos até agora, deve ser perfeitamente óbvio para todos que essa é a última coisa que a Liturgia das Horas deveria ser. Mas foi isso que ela se tornou e, apesar dos resultados de mais de meio século de estudos litúrgicos[1], é o que continuou a ser. Como tudo isso aconteceu é resumido brevemente no capítulo 18 e na primeira parte do capítulo 19, como o pano de fundo necessário para a história posterior e para o século XVI e as reformas modernas da Liturgia das Horas no Ocidente.

---

1. Cf. SCHNITKER, Thaddäus A., *Publica oratio. Laudes matutinae und Vesper als Gemeindegottesdienste in diesem Jahrhundert. Eine liturgiehistorische und liturgietheologische Untersuchung* (Dissertação), Münster, 1977, 5-33, para os resultados dos estudos e propostas pré-Vaticano II sobre o Ofício Divino. O restante da tese trata do que aconteceu com tudo isso.

18

Da Liturgia ao livro de orações: o ofício torna-se o breviário no Ocidente

A dissolução do sistema de liturgia de catedral[1]

No final da Antiguidade, as comunidades cristãs nas cidades do Império Romano Ocidental — mesmo naquelas com vários prédios de igrejas e numerosos clérigos — eram organizadas como uma unidade sob a direção do bispo. Não havia nada como o sistema moderno de igrejas paroquiais, cada uma com seu próprio clero responsável pelo cuidado de várias almas que residiam dentro de limites claramente definidos. Era o bispo que presidia aos serviços na catedral, com o restante do clero — presbíteros, diáconos e clérigos menores — ajudando-o na celebração dos sacramentos e outros serviços litúrgicos e em seus outros deveres pastorais. Até mesmo pequenas cidades tinham um bom número de clérigos, e os fardos do cuidado pastoral não eram particularmente onerosos. Eles consistiam principalmente em celebrar os ofícios diariamente, e, nos fins de semana e festas, vigílias solenes e missa; em batizar, instruir, ministrar aos enfermos, supervisionar aqueles em penitência pública — numa palavra, basicamente o que hoje chamamos de "liturgia". Com o clero numeroso e a população pequena, os clérigos tinham tempo mais do que suficiente para entoar louvores matinais e o canto vesperal coletivamente na catedral. Esse sistema de

1. Cf. Beck, H. G. J., *The Pastoral Care of Souls in South-East France during the Sixth Century*, Roma, Università Gregoriana, 1950, 66-79 (Analecta Gregoriana 51); Addleshaw, G. W. O., *The Early Parochial System and the Divine Office*, London, Mowbray, s.d. (Alcuin Club Prayer Book Revision Pamphlets 15); Salmon, P., *The Breviary through the Centuries*, Collegeville, The Liturgical Press, 1962, 6 ss.

organização eclesiástica durou nas cidades com catedrais de algumas partes da Europa Ocidental até o século X ou XI.

Além da catedral com sua cura de almas nas mãos do "clero canônico" (*clerici canonici*), assim chamado por estar listado no "cânone" ou lista do clero da diocese, uma rede de mosteiros e conventos se espalhava nas cidades e no campo. É claro que também havia capelas rurais fora das cidades, mas inicialmente eram servidas, como no Oriente, por presbíteros enviados da catedral pelo bispo. Apenas a catedral tinha um batistério, e todas as festas principais eram celebradas apenas nessa igreja principal. Mesmo em cidades maiores como Roma, onde havia numerosas igrejas suburbanas, a unidade da única comunidade eucarística e eclesial era mantida por práticas como o *fermentum* ou o ato de portar uma partícula da Eucaristia da única Missa dominical papal ou "de catedral" para as comunidades periféricas como sinal da sua comunhão na única Eucaristia da *basilica senior*, a Igreja episcopal.

Posteriormente, essas capelas do campo e igrejas suburbanas passaram a ser servidas por seu próprio clero. Essas igrejas eram chamadas *minsters* na Inglaterra anglo-saxônica, igrejas batismais (*plebes baptismales*) na Gália, ou simplesmente *plebes* na Itália, de onde temos o *pieve* italiano, ainda usado para igrejas paroquiais em algumas partes da Itália Central e que, como a *minster* na Inglaterra, está na origem de muitos nomes de lugares.

Os historiadores referem-se a essas igrejas como paróquias de "primeira fundação", para distingui-las da posterior desintegração das dioceses urbanas em paróquias "de segunda fundação" em meados do século XII. Ao contrário desta última, que era servida por um presbítero, as paróquias de "primeira fundação" eram organizadas da mesma forma que as igrejas catedrais, exceto pelo fato de que o superior não era um bispo, mas um prelado chamado corepíscopo (do grego *chora*, uma habitação rural), preboste, custódio, arcipreste ou abade, dependendo da área em questão[2]. Lá, também, o corpo do clero compartilhava uma vida quase em comum e celebrava os ofícios conjuntamente.

Obviamente, o colapso final desse sistema teve consequências terríveis para a celebração pública da Liturgia das Horas. Com todo o fardo do cuidado pastoral e litúrgico sobre os ombros de um presbítero, e a invasão contínua do *cursus* completo dos ofícios monásticos como parte da obrigação diária do

2. Corepíscopo (*chorepiscopus*) também era um título latino. Ver Isidoro de Sevilha, *De eccl. officiis* II, 6, *PL* 83, 786-787.

clero paroquial, tornou-se impossível cumprir o ofício publicamente na igreja e fazer muito mais coisas no decorrer do dia. A solução inteligente teria sido retornar a celebração paroquial das horas às suas dimensões originais de catedral, mas a inteligência raramente foi uma força operante no desenvolvimento da liturgia.

Buscaram-se várias soluções para diminuir o fardo: celebrar os ofícios em rodízio, por exemplo, um dia em uma igreja, um dia em outra, e até mesmo fazer as horas em turnos pelo clero da igreja da qual era a vez. Outra solução, mais sinistra, era recitar as horas em particular. Esses estão entre os principais fatores da degeneração da Liturgia das Horas como *liturgia* no Ocidente no final da Idade Média.

Monasticização e privatização do ofício

Pierre Salmon detalhou como o *cursus* diário completo de horas, outrora distribuído entre as várias igrejas no início da Idade Média, passa a ser celebrado em sua totalidade em cada Igreja como parte da monasticização geral das horas ocidentais em áreas como Roma e sul da Gália[3]. Houve também uma monasticização progressiva do clero[4]. A reforma do clero sob São Crodegang, bispo de Metz (morto em 766), seguindo o modelo das comunidades monásticas que ele observara servindo nas grandes basílicas romanas, é apenas um exemplo do movimento sob Pepino e Carlos Magno para que os clérigos vivam "canonicamente", ou seja, em comum e rezando as horas juntos, o que a partir do século VIII passa a ser considerado uma obrigação diária de todo o clero.

A Regra de Crodegang, capítulo 4, acrescenta uma inovação que também terá efeitos de longo alcance: quem não puder estar na igreja para as horas em comum deve dizê-las em particular[5]. Essa era uma novidade inédita para o clero secular, embora fosse prática comum nos círculos monásticos, e, no século X, tornou-se uma legislação comum para o clero nas fontes canônicas ocidentais.

---

3. Salmon, *The Breviary*, cap. 2. Sobre a monasticização do ofício de catedral ocidental, ver cap. 8 acima.

4. Salmon, *The Breviary*, 8ss., e especialmente van Dijk, S. J. P.; Walker, J. Hazelden, *The Origins of the Moden Roman Liturgy. The Liturgy of the Papal Court and the Franciscan Order in the Thirteenth Century*, Westminster Md., Newman/London, Darton, Longmann & Todd, 1960, 16ss.

5. Salmon, *The Breviary*, 9-13.

Não é por acaso que nossos primeiros breviários portáteis, uma única coleção em um volume de todos os elementos necessários para a recitação dos ofícios anteriormente distribuídos em várias antologias (saltério, antifonário, responsorial, homiliário, evangeliário), aparecem nos círculos monásticos no século XI.

Os frades e a Universidade

Dois desenvolvimentos do século XIII contribuíram ainda mais para a disseminação dessa privatização crescente: os frades e a universidade medieval. Com o advento dos frades, surge no Ocidente uma classe de religiosos sem residência estável. Frequentemente em marcha, varrendo a face da Europa com suas viagens apostólicas, os frades tinham de cumprir seus ofícios onde quer que estivessem. E os numerosos estudantes clericais das universidades, embora obrigados aos horários públicos da igreja de seu benefício (aquele em que eram pagos para servir), não podiam estudar e cumprir essa obrigação ao mesmo tempo. Como de costume, os moralistas e canonistas vieram em seu socorro, fornecendo as brechas necessárias no que se tornara uma situação impossível. A primeira justificativa formal da recitação privada das horas é encontrada em Hostiensis (morto em 1271), *Preleções sobre os cinco livros das Decretais*[6]. Ele argumenta que, assim como o papa e sua cúria às vezes se dispensam do ofício do coro por causa da pressão do trabalho, outros clérigos também podem se dispensar, por uma boa razão, desde que compensem privadamente as horas perdidas. A oração comunitária, antes a *única* maneira, agora se reduz à *melhor* maneira de rezar as horas. E o que antes era uma obrigação de toda a comunidade cristã *in solidum*, e um dever especial do clérigo apenas porque ele era pago para servir uma comunidade específica em sua celebração, agora se tornou uma obrigação individual e pessoal do clero como tal.

Cônegos, capítulos e recitação privada

No século XV, a recitação privada do ofício tornou-se uma prática comum entre o clero paroquial; e a obrigação de celebração comum, outrora incumbente a todos, gradualmente recai sobre um remanescente de beneficiários profissionais do coro, os "cônegos" ou "capítulo de catedral". Mas levou pelo menos mais

6. Ibid., 14.

um século para que essa evolução terminasse. Até o Concílio de Trento (1545-1563), não conheço um único decreto sinodal que obrigue a recitação privada do ofício. Mais importante, não há um único decreto que aprove tal recitação como a norma. Até o século XVI, a legislação oficial da Igreja, pelo menos, continua a ver a recitação privada do ofício como uma exceção, permitida somente quando necessária[7].

O próprio Trento, na Sessão XXI, *Decreta Reformationis*, cânone 4, refere-se ao ofício público em paróquias, mas nunca à recitação privada. Apesar da linha oficial, no entanto, nessa época a noção precoce e medieval do ofício público em comum como o único normativo para todos havia morrido sob a pressão de novas formas de espiritualidade e vida apostólica e religiosa. Já no século XIV, a *devotio moderna* se afasta das observâncias medievais, regulares e externas para uma devoção mais espontânea, interior e pessoal. Entramos na idade da "vida devota" em reação ao excessivo externalismo das práticas religiosas medievais, e almas devotas preferem uma vida mais "interior" no lugar das "distrações" de oração comum, coral.

Religioso sem ofício coral: os jesuítas e depois

É nesse mundo que os jesuítas nasceram, aprovados em 1540 como uma ordem de seu núcleo original de sacerdotes seculares reformados que se reuniram em torno de Inácio Loyola durante seus estudos em Paris de 1528 a 1535. Como é bem conhecido, os jesuítas evitavam o ofício em coro. Isso, contudo, não por algum desgosto ou desrespeito pela oração pública da Igreja. É inquestionável a prova da devoção pessoal de Inácio às horas públicas e sua frequência diária a elas durante os "anos de peregrino"[8]. Seu único propósito em obstinadamente se recusar a deixar seus homens assumirem a *obrigação* do ofício comum, diário, em coro era exatamente o que constituía seu motivo para se recusar a aceitar a cura permanente de almas: ambos exigem residência fixa e a obrigação de estar em certos lugares em certos momentos, o que impediria a mobilidade e a liberdade que Inácio desejava aos esforços apostólicos que ele imaginava como a vocação de seus homens (*Constituições* 324, 586, 588-589)[9].

7. Ibid., 17 ss.

8. Ver Dudon, P., *St. Ignatius of Loyola*, Milwaukee, Bruce, 1949, 59.

9. Santo Inácio de Loyola, *The Constitutions of the Society of Jesus*, trans. with an introd. and commentary by G. E. Ganss, St. Louis, Institute of Jesuit Sources, 1970. As

Mas isso não significa que a devoção ao ofício público é, de alguma maneira, contrária ao espírito inaciano, como às vezes se supõe. As *Constituições* afirmam explicitamente que os jesuítas que "experimentam devoção neles", de acordo com o vocabulário daqueles dias do pietismo, encontrarão muita oportunidade de assistir a eles (586). Nesse regulamento, discernimos a essência do espírito inaciano. O trabalho e a devoção jesuítas foram direcionados *ad extra*, e Inácio se recusava resolutamente a legislar *qualquer coisa* que perturbasse ou restringisse de alguma maneira a obrigação apostólica jesuíta de servir quando necessário. Tudo o mais era subordinado a isso: oração, hábito, penitência — e liturgia. Nenhum jesuíta jamais deveria recusar uma missão, um serviço a seu vizinho, um ministério, uma obra de misericórdia, com a desculpa de que tinha de estar nas vésperas. O ofício podia ser celebrado em casas e igrejas jesuítas (586). O que era rejeitado era a *obrigação* de celebrá-los *regularmente* (586). Longe de se opor às horas, Inácio fazia o pequeno Ofício da Santíssima Virgem, junto com dois exames diários de consciência, o conteúdo da hora diária de oração que ele prescrevia aos estudantes jesuítas durante seu curso de treinamento (342-343).

Mas, ao contrário do que geralmente se supõe, a abolição do ofício coral na vida religiosa não foi uma invenção dos jesuítas. Das novas ordens de clérigos regulares do século XVI fundadas imediatamente antes ou depois dos jesuítas — teatinos (1524), barnabitas (1533), somaschi (1534), jesuítas (1540), clérigos regulares da Mãe de Deus (1574), camilianos (1582), clérigos regulares menores (1588) —, apenas as duas primeiras mantiveram a obrigação canônica do ofício no coro, embora, de fato, uma recitação coral simplificada do ofício fosse geralmente praticada por devoção ou por prescrição nas constituições[10]. Aqui, como em outros lugares, os jesuítas recebem muito crédito pela originalidade. Essas ordens, como os jesuítas, também não tinham hábito religioso distintivo, e várias tinham um "quarto voto" para este ou aquele propósito como um dos fundamentos de sua tradição.

Portanto, os jesuítas nessas e em outras questões não eram tão inovadores assim, mas eram preeminentemente homens de sua época, com o dinamismo e

---

referências às *Constituições* segundo a numeração oficial são apresentadas entre parênteses no texto. [Trad. bras.: *Constituições da Companhia de Jesus e normas complementares*, São Paulo, Loyola, 2004].

10. Cf. Andreu, F., Chierici regolari, in: *Dizionario degli istituti di perfezione*, Roma, Ed. Paoline, 1975, v. 2, 907; Clancy, T. H., *An Introduction to Jesuit Life. The Constitution and its History through 435 Years*, St. Louis, Institute of Jesuit Sources, 1979, 17-18.

a organização para adotar os novos métodos e popularizá-los em toda a Igreja latina. Mas as necessidades não foram criadas por eles. Eles já vinham assimilando desenvolvimentos que três séculos antes haviam levado ao movimento dos frades, ordens religiosas devotadas não apenas ao avanço espiritual de seus membros, como os monges, mas também ao aprendizado, ensino, pregação e escrita. Se os monges também faziam algumas dessas coisas, não era esse o propósito das fundações monásticas.

O início dessa mudança na vida religiosa remonta ao século XII, quando estava em gestação o que David Knowles descreve como um "novo mundo urbano, plebeu e mercantil", um mundo cujas necessidades não estavam sendo atendidas pelas ordens existentes de monges e cônegos[11].

> No final do século XII, uma sensação de lassidão e desintegração estava se infiltrando nos círculos superiores da vida da igreja. O avivamento monástico havia gastado sua força [...]
>
> Enquanto isso, na segunda metade do século XII, um clima religioso inteiramente novo estava se desenvolvendo nas cidades do norte da Itália e nos vales do Reno e do Ródano, que foram os primeiros distritos a lucrar com a nova riqueza e comércio e os primeiros a expandir a indústria da tecelagem, que suscitou a primeira revolução industrial na Europa medieval. Nesses centros populacionais, não afetados pelas ordens de monges e cônegos e servidos de maneira imperfeita por um clero ignorante e frequentemente degradado, surgiu um novo tipo de fervorosa piedade laica, contendo quase desde o nascimento os germes de todas as características posteriormente associadas aos primeiros protestantismo e inconformismo: desconfiança no sacerdotalismo e no sacramentalismo, insistência na leitura das Escrituras em vernáculo, zelo pela pregação e pela escuta de sermões, amor à associação e "encontros" para oração e organização de caridade. Destes, os mais conhecidos e permanentes, se excluirmos os albigenses francamente heterodoxos, foram os valdenses de Lyon, que se espalharam pela Lombardia e sul da Alemanha, e os humilhados [humiliati] de Milão e norte da Itália. Algumas dessas se tornaram ordens quase religiosas dentro da Igreja. [...] Para nosso propósito, o interesse de todas elas é o papel que desempenharam na pré-história dos frades, e nelas notamos: em primeiro lugar, a necessidade de uma vida devota por parte da população urbana, tanto do proletariado como da burguesia; em segundo, o apelo da pobreza e da vida comunitária; e, em terceiro lugar, a urgência de exortação moral e um estudo da vida de

11. Knowles, D., *From Pachomius to Ignatius. A Study in the Constitutional History of Religious Orders*, Oxford, Clarendon Press, 1966, 42.

Cristo, em vez de oração litúrgica. Ver-se-á de imediato que as principais "notas" do movimento dos frades — a pregação, a mendicância e o convite à "terceira" ordem, ou ordem "penitencial" dos leigos — correspondem exatamente a essas necessidades. A cisão, especialmente na Itália e na Provença, entre a Igreja oficial, endinheirada, quer de altos eclesiásticos ou grandes corporações religiosas, e as massas do povo, quer fossem citadinos abastados ou camponeses analfabetos, estava crescendo a cada ano, e as ameaças para o sistema sacerdotal e sacramental prefiguravam uma clivagem como a que de fato ocorreu trezentos anos depois[12].

Foram os frades e mais tarde a *devotio moderna* que iniciaram e promoveram o afastamento de uma vida espiritual de observâncias rituais, muitas vezes sobrecarregada e estéril até para os monges, como eles próprios abundantemente atestam. Um exemplo bastará: no capítulo de 1277, os Monges Negros da Inglaterra lamentam que,

> [...] por causa da duração do ofício, que causa desgosto e extingue a devoção, o estudo, outrora a glória da Ordem, tornou-se obsoleto. [...] Por isso, muitas pessoas que se distinguem pela dignidade, conhecimento e moral se afastam da Ordem e desdenhosamente se recusam a ingressar nela[13].

Não é de admirar, então, que o terreno fértil estivesse pronto para uma vida devocional interior mais afetiva, subjetiva e centrada na pessoa de Jesus, uma vida que encontra expressão na meditação e numa proliferação de "devoções", não em práticas monásticas mais tradicionais da *lectio divina*, o estudo dos Padres, e o ofício em coro[14].

Os frades foram, em última análise, incapazes de resolver o problema, e isso é visto em desenvolvimentos posteriores que culminaram na Reforma Protestante e na Reforma Tridentina Católica, movimentos que historiadores contemporâneos como Jean Delumeau mostram ter muito mais em comum do que pode parecer à primeira vista[15]. Os pontos de vista inacianos sobre a oração são parte dessa reação contra o externalismo medieval e o sacramentalismo ritua-

---

12. Ibid., 42-43.

13. Pantin, W. A., *Documents Ilustrating Activities of the General and Provincial Chapters of the English Black Monks*, London, 1931, 64 ss. (The Royal Historical Society, Camden Third Series XLV), citação extraída de van Dijk; Walker, *Origins*, 24.

14. Clancy, *An Introduction to Jesuit Life*, 13 ss., 28 ss.

15. Delumeau, J., *Catholicism between Luther and Voltaire: a New View of the Counter-Reformation*, London, Burns and Oates, 1977.

lístico que o movimento da reforma católica do século XVI compartilhou com os reformadores protestantes. Isso explica a popularidade dos primeiros livros jesuítas de piedade entre os protestantes[16]. Para ambos, a oração não era algo, como o ofício, a ser realizado em formas e horários determinados.

Inácio foi frequentemente acusado de estabelecer métodos extremamente restritivos de oração por aqueles que não conhecem seus escritos e seu espírito. Nada está mais longe da verdade. Nenhum fundador de ordem religiosa ou congregação na história se recusou mais resolutamente a elaborar qualquer legislação concernente à oração de seus religiosos formados, além da norma geral de união constante com Deus (*Constituições* 342-45, 582): "no que diz respeito à oração, meditação, [...] jejuns, vigílias e outras austeridades ou penitências, não parece conveniente dar-lhes qualquer outra regra além daquela que a discreta caridade dita a eles [...]" (582). Os *Exercícios espirituais* de Inácio contêm numerosos métodos de oração, mas o próprio número deles mostra que são apenas uma seleção de possibilidades a serem usadas na medida em que sejam úteis. A norma constantemente repetida de Inácio em todas essas questões é enfatizar o que quer que conduza ao fim buscado, sob a direção do guia espiritual ou superior, e sempre evitando excessos nas austeridades.

A fórmula que melhor resume o ensino de Inácio sobre a oração é sua expressão "encontrar Deus em todas as coisas". Como tal, a oração inaciana era mais semelhante à dos primeiros anacoretas egípcios, que evitavam um *cursus* de horas comuns de oração por causa da ordem evangélica de rezar sempre. Desse modo, eles oravam enquanto trabalhavam, e trabalhavam enquanto oravam. Tudo o que Inácio fez foi tornar apostólico o trabalho: longe de não ter "ofício" algum, o do jesuíta é qualquer missão que ele desempenhe sob obediência, com pureza de intenção e em união com Deus. Pois é sua vocação encontrar Deus não em salmos e leituras, em prostrações e vigílias, mas em tudo aquilo para o que a vontade de Deus o chama. Consequentemente, Inácio tinha uma visão muito neotestamentária de "liturgia" em seu sentido literal de serviço. Quando ele diz que os jesuítas votam "ir a qualquer lugar que Sua Santidade ordene [...] por aquilo que se refere à adoração de Deus e ao bem da religião cristã" (*Exame geral*, 7), ele não poderia ser mais paulino. Para Inácio e Paulo, a verdadeira "adoração a Deus" cristã é muito mais do que fazemos na igreja[17].

16. Clancy, *An Introduction to Jesuit Life*, 127-128, 148.
17. Ver cap. 18.

Meu propósito em tudo isso não é escrever uma *apologia pro domo mea*, mas simplesmente esclarecer as coisas, pondo a visão inaciana em seu contexto histórico. Isso é importante, eu acho, para os jesuítas e para a maior parte das congregações católicas latinas que os imitaram ao abolir o ofício em coro em benefício do apostolado. Inácio viu as necessidades apostólicas agudas da Igreja se desintegrando diante de seus olhos. Ele também viu que os monges da época, com seus ofícios, por mais que ele os amasse, não estavam fazendo nada para conter a maré. E assim tirou suas conclusões.

Ao decidir reduzir o peso da liturgia em favor da mobilidade apostólica, Inácio se mostrou um homem de grande visão. O que mostra como a prática real de tais intuições espirituais legítimas deve ser historicamente condicionada é sua decisão de ganhar tempo e mobilidade eliminando o ofício comum diário. Não teria passado pela cabeça de um católico latino do século XVI eliminar, em vez disso, as missas "privadas" diárias, mas, à luz da história litúrgica, essa teria sido a opção muito mais tradicional. Portanto, a escolha de Inácio foi totalmente latina, totalmente medieval. Antes da Idade Média ocidental, ninguém teria sonhado em preferir a missa particular diária às horas comuns dos dias de semana[18]. Se tal afirmação deixa o leitor perplexo, isso só mostra que nós também somos vítimas de nossos próprios clichês. Há a mesma quantidade de (na verdade, há mais) evidências históricas existentes para a obrigação da oração diária da manhã e da noite, em comum e incumbente de todos, leigos, bem como clérigos e religiosos, que há para a obrigação da missa dominical. Até a Idade Média, isso não mudará, e mesmo quando muda é somente no Ocidente. Mas é claro que Inácio e seus contemporâneos não faziam ideia de nada disso.

O que Inácio, e os fundadores que se inspiraram nele, faria hoje é, obviamente, outro assunto. Muitas coisas na vida religiosa atual — o cargo acadêmico e as exigências limitantes de especialização profissional, por exemplo — inevitavelmente impõem restrições muito maiores à mobilidade apostólica do que a oração comum. E os jesuítas hoje não veem problema em aceitar a cura das almas nas paróquias, embora Inácio, como vimos acima, exclua isso exatamente pelas mesmas razões que excluiu o coro. O mais importante é que, pelo que vimos, deve ficar claro que a questão não pode mais ser colocada em termos de "coro", um conceito medieval. A verdadeira questão é se, à luz do que sabemos da história das horas, qualquer cristão pode ser considerado permanentemente

18. Ver Taft, The Frequency of the Eucharist; Id., *Beyond East and West*, cap. 5.

dispensado da antiquíssima obrigação de louvar a Deus em comum no início e no final de cada dia.

A piedade sacerdotal do século XVII, especialmente na França, apenas promove a mesma tendência de interiorização entre o clero diocesano. A essa altura, o breviário se tornou o livro de orações particular do sacerdote; e estudiosos da época, como Thomassin, até tentam mostrar que a obrigação da recitação particular remonta à Idade Média e até mesmo aos primeiros cinco séculos![19]

Esses desenvolvimentos, fundamentais em toda a história das *atitudes* ocidentais em relação às horas e, associada a essas, à espiritualidade clerical privatizada, da qual o clero latino em geral ainda é vítima, também tiveram seu efeito no desenvolvimento do Breviário Romano em sua forma tridentina. Já falamos do papa e de sua cúria e dos frades. Eles haviam enfrentado quase o mesmo problema que os jesuítas enfrentariam posteriormente, mas ainda não havia chegado o momento para uma solução tão radical como a de Inácio. E foi somente com o Movimento Litúrgico de nosso tempo, e os estudos históricos sobre a natureza da Liturgia das Horas dele decorrentes, que chegamos a ver que a solução real não se encontra nem no privatismo litúrgico do pietismo do século XVI, nem no romantismo do renascimento beneditino do século XIX *à la* Guéranger, mas sim, talvez, em uma compreensão renovada do que é esse tipo de oração comum em primeiro lugar. Mas mitos são difíceis de morrer, como livros contemporâneos continuam a mostrar em suas referências ao ofício como algo originalmente para monges, livros que nos demais aspectos são verdadeiramente excelentes[20].

19. Salmon, *The Breviary*, 22.
20. Por exemplo Clancy, *An Introduction to Jesuit Life*, 19.

19

O Ofício Romano

De Bento aos frades

Não mudou muita coisa no esquema básico do Ofício Romano desde a época de São Bento: sua estrutura permaneceu substancialmente a mesma desde o século VI até o Vaticano II. A tradição diz que o papa São Gregório I, o Grande (590-604), o primeiro papa surgido dentre os monges, reformou o Ofício Romano, mas, se assim foi, não temos ideia do que ele fez. Uma coisa é certa, entretanto. Ele usou o monaquismo beneditino antigo como um instrumento em suas missões ao norte da Europa e Grã-Bretanha, e com elas os usos romanos se difundem em direção ao norte[1]. Em 596, Santo Agostinho de Canterbury trouxe livros de ofícios romanos para a Grã-Bretanha, e o Concílio de Cloveshoe em 747 decretou que os ofícios fossem celebrados de acordo com o uso da Igreja Romana. Da Grã-Bretanha, os usos romanos passaram para a Alemanha com São Bonifácio (morto em 755) e companheiros. Pepino, o Breve (751-768) suprimiu os ofícios gauleses em seu império em favor da liturgia romana. Assim, no século VIII, o Rito romano começou a dominar todo o Ocidente, com exceção da Península Ibérica, e, por fim, Gregório VII (1073-1085) impôs o Ofício Romano até mesmo lá.

Mas é claro que isso não implica uma uniformidade de usos litúrgicos em todos os lugares. Algumas igrejas, como Milão, se apegaram às suas próprias práticas, e outras adotaram a estrutura romana de acordo com suas próprias necessidades. De fato, Abelardo em 1140 afirma que mesmo em Roma o antigo

1. Van Dijk; Walker, *Origins*, 18 ss.

Rito romano era observado apenas na Basílica de Latrão[2]. O que ele quer dizer é que cada comunidade monástica que servia as basílicas romanas tinha suas próprias práticas locais, como era verdade em todos os lugares do Ocidente pré-tridentino, ainda é verdade em quase todo o Oriente e está se tornando verdade mais uma vez na tradição romana pós-Vaticano II. Pois, se os documentos disponíveis mostram uma continuidade básica de estrutura desde as primeiras fontes, passando pelo *Liber officialis* IV, 1-12 de Amalário de Metz (morto em 850) e pelo *De ordine antiphonarum* 1-7[3], até as reformas de Pio V e Pio X, é verdade, contudo, que essa moldura era simplesmente a estrutura das antífonas, coletas etc., que eram selecionadas de antologias como os antifonários e coleções, de acordo com as normas contidas nos calendários e costumes locais.

A história posterior, que não tenho espaço para detalhar aqui, incluiu rearranjos na distribuição dos salmos, a multiplicação de próprios santorais em detrimento do *proprium de tempore* e o acúmulo de ofícios votivos e ofícios para os mortos, até que se atinge o apogeu dos extremos góticos nos séculos XII e XIII, quando *monachus propter chorum* era a regra, e os ofícios ocupavam quase todos os momentos do dia do monge de coro[4]. Como van Dijk e Walker formularam, "a vida monástica medieval sofria de pura exaustão litúrgica, de supernutrição e consequente indigestão espiritual"[5]. Que uma coisa boa pudesse se tornar excessiva ainda não era um princípio litúrgico reconhecido. Já no século XI e especialmente no século XII, lamentos pelo fardo insuportável do ofício sobrecarregado estavam se tornando mais frequentes, o declínio de Cluny após a morte de Pedro, o Venerável, em 1156 e a ascensão do movimento cisterciense com seu retorno à antiga simplicidade beneditina são sinais de que algo estava prestes a mudar[6].

O ofício curial e os Frades Menores

É nesse ponto que o palácio papal e os Frades Menores entram em cena, numa história que foi reconstruída com maestria por S. J. P. van Dijk e Joan

2. *Ep.* 10, *PL* 178, 340.

3. Hanssens, J.-M. (org.), *Amalarii episcopi opera liturgica omnia*, Vatican City, Biblioteca Apostolica Vaticana, 1948-1950, 3 v. (ST 138-140); aqui, II, 403-457; III, 19-37.

4. Van Dijk; Walker, *Origins*, 20 ss.

5. Ibid., 21.

6. Ibid., 22 ss.

Hazelden Walker[7]. Como o papa e sua corte também tinham de desempenhar um dia de trabalho, eles "sempre encurtavam e, com frequência, alteravam (*semper breviabant et saepe alterabant*) o Ofício", como o decano conservador de Tongres, Ralph van der Beke (Radulfo de Rivo, morto em 1403), lastimou na *propositio 22* de seu *De canonum observantia liber*. Ele acrescenta que, "Em Roma, vi um ordinal desse Ofício. Foi compilado nos dias de Inocêncio III; e os Frades Menores seguem este ofício reduzido. Consequentemente, eles intitulam seus livros como 'segundo o uso da Cúria Romana'"[8]. Isso, em poucas palavras, resume a história do breviário romano do século XIII até Trento. Ralph censurou tudo isso, mas na época a reforma de Inocêncio III (morto em 1216) foi saudada com suspiros de alívio. O frade franciscano Salimbene de Adam, de Parma (morto depois de 1287), escreveu em sua loquaz crônica[9]:

> Inocêncio III melhorou o Ofício eclesiástico ao corrigir e reorganizar, acrescentar coisas próprias e suprimir as dos outros. Com tudo isso, ele ainda não está realmente em ordem, como muitos pensam. Ainda há muito que poderia ser omitido com segurança, já que ele é mais cansativo do que devocional, tanto para quem precisa dizer o Ofício como para quem assiste a ele.

Observe-se a parte final do clericalismo medieval, um claro testemunho da perda de qualquer noção de um ofício de catedral como parte dos deveres do Povo de Deus. Em seguida, Ralph fornece alguns exemplos de mudanças necessárias, concluindo: "Em suma, há muitas coisas no Ofício eclesiástico que poderiam ser corrigidas. E valeria a pena, pois é cheio de aspereza, embora isso nem sempre seja reconhecido".

É nesse século XIII, então, que a Liturgia das Horas romana começa a se metamorfosear no "breviário". A etapa crucial do processo foi a adoção, pelos Frades Menores, do ordinal de Inocêncio III, que regulamentava o ofício da cúria. Mais tarde, por volta de 1250, o grande ministro geral Haymo de Faversham revisou o ordinal do tipo curial para regular o uso franciscano dos livros de ofício existentes, e foi esse uso revisado que os frades difundiram por toda a cristandade latina.

---

7. Ibid., em que me baseio para o resumo histórico a seguir.

8. Citado em Ibid., 3.

9. Ibid., 1, de *Cronica*, MGH, *Scriptores* XXXII, 31. Para a reforma de Inocêncio III, cf. VAN DIJK; WALKER, *Origins*, 95 ss.

Evidentemente, a cúria e os frades não inventaram o breviário, como se pensava. Os breviários originais, como van Dijk e Walker mostraram, não eram livros de ofício portáteis ou livros destinados à recitação privada do ofício, mas simplesmente tentativas de sintetizar em um só volume os vários elementos do ofício espalhados por vários livros — saltério, antifonário, responsorial, homiliário, legendário (vida dos santos), biblioteca (leituras bíblicas) — com o ordinal para indicar o que foi usado onde e quando[10]. Esses breviários, ou antologias de peças selecionadas o suficiente para dizer um ofício coerente, estavam em uso na cúria papal antes da reforma de Inocêncio III. E, mesmo depois dessa reforma e de suas adaptações franciscanas, aqueles que usavam os novos breviários portáteis adaptaram-nos à sua maneira. A estabilidade da liturgia católica ocidental entre Trento e Vaticano II não deve ser remontada a esse período anterior, pois foi só depois de Trento que essa unidade e estabilidade litúrgicas a que os católicos latinos pré-Vaticano II estavam acostumados começaram a se estabelecer.

A era da reforma

O século XVI foi uma época de reformas. Nesse período, há evidências abundantes da esterilidade do ofício coral latino, e não é surpresa que a maioria das novas ordens religiosas tenha abandonado o coro. Até os monges estavam fartos. O beato Paulo Giustiniani (1476-1528), contemporâneo de Inácio de Loyola, reformador dos eremitas camaldulenses e fundador da Congregação dos eremitas camaldulenses de Monte Corona, fala da liturgia em termos notavelmente reminiscentes das *Constituições* jesuítas, com sua insistência numa liturgia marcada pela simplicidade e austeridade em reação à pompa renascentista predominante da época: "Nós não cantamos, exceto muito raramente. [...] Não deveis extrair prazer da pompa das procissões"[11].

Antes de Trento, houve várias tentativas de reforma do breviário, algumas delas com inspiração reconhecidamente mais humanista do que espiritual. O latim cristão era pouco mais do que macarrônico para o humanista da Renascença, clérigo ou não, e mais de um humanista clerical culto compartilhava esse desdém por muitos dos hinos e outros elementos do breviário (problemas

10. Cf. van Dijk; Walker, *Origins*, 26 ss.
11. Citado em Leclercq, J., *Alone with God*, London, Catholic Book Club, 1962, 111.

de linguagem litúrgica não foram criados pela Comissão Internacional de Inglês na liturgia; eles remontam à primeira vez que alguém decidiu traduzir as liturgias primitivas, predominantemente em grego, para alguma outra língua). Outros reformadores católicos do século XVI, mais motivados espiritualmente, desejavam expurgar o material hagiográfico apócrifo e legendário, aparar os excessivos ofícios votivos, dar mais espaço às leituras das Escrituras e restaurar o *proprium de tempore* à antiga centralidade que ele tinha antes de ceder lugar às incursões de um ciclo santoral desmesurado. Um terceiro grupo, mais pietista do que litúrgico, desejava um breviário mais adequado para a recitação privada com proveito espiritual.

I. O breviário de Quiñones[12]

Vamos nos deter aqui em apenas dois desses numerosos projetos de reforma do breviário do século XVI: o do cardeal franciscano espanhol Francisco de los Angeles de Quiñones, em 1535, e o de Pio V, que substituiu o de Quiñones depois de Trento, em 1568. O breviário de Quiñones foi uma das várias revisões encomendadas por Clemente VII. Destinado à recitação privada, sua primeira edição (1535) distribuía todo o saltério semanalmente, sem repetições, três salmos por hora; aumentava a duração das leituras das Escrituras "em sequência"; suprimia legendas, ofícios votivos, bem como elementos corais como antífonas, responsos, capítulos, intercessões e muitos hinos; e reduzia as matinas a um noturno com três leituras. O resultado foi um breviário curto, homogêneo, simples, fácil de usar, com grande quantidade de Sagrada Escritura. Sua desvantagem foi a oposição que provocou entre aqueles que o consideravam um afastamento muito radical da tradição.

A primeira edição, impressa com a aprovação de Paulo III em 1535, espalhou-se como um incêndio: teve onze reimpressões no primeiro ano. Uma edição revisada, com as antífonas restauradas em algumas partes, apareceu no ano seguinte (1536), também com a aprovação de Paulo III, permitindo que padres seculares a usassem se quisessem. Popularmente conhecido como *O Breviário da Santa Cruz* porque Quiñones era o cardeal de Santa Croce, um pouco abaixo

12. A respeito de Quiñones, ver SALMON, P., *L'office divin au Moyen Âge. Histoire de la formation du bréviaire du IXe au XVIe siècle*, Paris, Cerf, 1967, 178-184 (Lex orandi 43); JUNGMANN, *Pastoral Liturgy*, 200-214.

na mesma rua de onde estou datilografando este manuscrito, ele passou por mais de cem edições nos 32 anos em que esteve em uso, uma clara e suficiente indicação do quanto era necessário.

II. O breviário de Pio V

O breviário tridentino de Pio V (1568) representou um retorno aos princípios do cardeal Giampietro Carafa, que havia revogado a aprovação papal do breviário de Quiñones durante seu breve pontificado como Paulo IV (1555-1559), embora a aprovação tenha sido renovada por seu sucessor Pio IV (1559-1565). O novo breviário seria uma restauração do Ofício Romano, não uma nova criação, e assim os elementos corais foram restaurados, embora o material lendário e votivo expurgado por Quiñones tenha sido deixado de fora, e os ofícios foram encurtados e simplificados. Esse breviário de Pio V, excetuando a proliferação posterior de breviários neogalicanos locais na França do século XVII-XIX, substituiu todos os ofícios latinos que não podiam reivindicar uma tradição que remontasse a pelo menos dois séculos antes.

Reformas modernas

I. Pio X

À parte pequenos ajustes no curso dos séculos intermediários, especialmente nas leituras[13], a reforma seguinte do breviário romano foi a de Pio X em 1911. O problema básico do ofício de Pio V era seu retorno à situação pré-Quiñones em que o santoral era predominante, com o resultado inevitável de que o pequeno número de salmos no comum dos santos era repetido *ad nauseam*[14]. Pio X tentou integrar os ciclos santoral e temporal em vez de fazer com que o primeiro substituísse o segundo na maioria dos dias.

Mais importante, ele redistribuiu o saltério. O sistema romano tradicional era dividir o saltério entre noturnos (matinas) e vésperas, os primeiros contendo os Salmos 1–108, as últimas com os Salmos 109–150, distribuídos nessas duas horas ao longo de uma semana. Já vimos como Bento modificou isso, omitindo das matinas ou vésperas aqueles salmos que já tinham lugar fixo no

13. Righetti, *Storia liturgica*, v. 2, 677 ss.
14. Jungmann, *Pastoral Liturgy*, 202.

cursus (por exemplo, os Salmos 148–150 das laudes). Quiñones havia optado por uma distribuição do saltério baseada não na ordem bíblica dos salmos, mas na adequação e duração de cada salmo, três por hora, dois curtos e um longo, com o resultado de que cada hora tinha aproximadamente a mesma duração. Pio V voltou a um sistema romano tradicional ligeiramente modificado que só foi abandonado por Pio X. Este último reduziu as matinas (noturnos) dos tradicionais doze para nove salmos, e, pela primeira vez na história do louvor cristão matinal no Oriente ou no Ocidente, os salmos de laudes, Salmos 148–150, não eram ditos diariamente, mas um salmo de louvor era designado para cada dia da semana, começando com o sábado: Salmos 148; 116; 134; 145; 146; 147; 150. Além disso, os Salmos 50 e 62 foram abandonados como salmos fixos nas laudes, assim como os cânticos tradicionais, exceto para a Quaresma e vigílias[15]. Para qualquer pessoa com uma noção da história do ofício, isso representava um afastamento chocante da tradição cristã quase universal, e foi assim que as coisas permaneceram até o Vaticano II.

Também é digno de nota o desaparecimento de outro elemento de catedral do ofício de Pio X, dessa vez nas vésperas. Antes da reforma de Pio X, as vésperas no breviário romano tinham a seguinte estrutura[16]:

Invitatório: Salmo 69
Salmodia atual: 5 salmos
Leitura
Hino
Versículo: Salmo 140,2 (diariamente, exceto sábado)
Magnificat

Agora sabemos que o *Magnificat* é um acréscimo beneditino posterior, e que em Amalário de Metz (morto em 850), *Liber officialis* IV, 7:17-19, a incensação nas vésperas não ocorria em conjunção com o *Magnificat*, como hoje, mas com o versículo de Salmo 140,2: "Que minha prece seja o incenso diante de ti, e minhas mãos erguidas, o sacrifício da tarde"[17].

---

15. Righetti, *Storia liturgica*, v. 2, 690, fornece uma tabela com a distribuição do saltério de Pio X.

16. Ver Winkler, Über die Kathedralvesper, 97.

17. Ibid., 100-101; para Amalário, ver Hanssens (org.), *Amalarii episcopi opera liturgica omnia*, II, 435 (nota 3 acima).

Em todas essas diversas reformas até Pio X, o problema do Ofício Romano não era tanto sua estrutura, pois seu esquema básico havia mudado muito pouco desde nossos primeiros testemunhos até o trabalho da comissão de Pio X ser promulgado em 1911 e se tornar obrigatório em 1913 para todos os que anteriormente tinham estado vinculados ao breviário de Pio V. Muito mais sério do que qualquer defeito estrutural foi a tendência constante do agigantado santoral de estrangular o ciclo temporal mais importante, e a reforma de Pio X conseguiu podar esse crescimento desmesurado mais uma vez e restaurar para o domingo parte de sua primazia antiga.

II. Vaticano II

A reforma do Ofício Romano de 1971 que emanou do Vaticano II foi ainda mais radical do que a de Pio X. Mais uma vez, a estrutura básica das horas romanas foi mais ou menos respeitada, com estas exceções: em sintonia com o renovado interesse contemporâneo na proclamação da palavra de Deus, uma lição das Escrituras foi adicionada a cada hora, seguida por um responso curto e um cântico do evangelho; coletas foram fornecidas para cada salmo; o hino foi movido para o início dos ofícios, saindo de sua posição tradicional após a leitura e o responso. Eu julgaria como admiráveis todas essas mudanças estruturais. O hino agora abre a hora e expressa seu tema no início, e a centralidade da Sagrada Escritura certamente não precisa de defesa.

Além disso, o número de horas no *cursus* foi reduzido de oito (ou sete se contarmos os noturnos e laudes como uma só) para cinco pela supressão da prima e pela redução das horas restantes do dia para uma. Vigílias ou noturnos são substituídos por um "ofício de leituras", que pode ser lido a qualquer hora ou celebrado como uma vigília.

Grandes mudanças também aparecem no saltério. Numa ruptura com a tradição de longa data do saltério semanal, o *pensum* da salmodia é reduzido em três quartos e o saltério agora é distribuído em quatro semanas, em vez de uma. Além disso, o princípio monástico da salmodia contínua é abandonado em favor do princípio "de catedral" de selecionar salmos adaptados à hora, como fizera Quiñones. A comissão de reforma também teve a coragem de omitir alguns salmos ou versículos de salmos como "inadequados", e muitos mais cânticos bíblicos foram incluídos na salmodia do que antes. Na verdade, o repertório romano tradicional, não só de cânticos, mas também de hinos e leituras, foi amplamente expandido.

Por fim, certa flexibilidade de escolha é deixada a critério daqueles que usam o ofício, e a relação entre o ordinário e o próprio foi grandemente simplificada, não exigindo mais a tradição quase talmúdica outrora necessária para abrir caminho através do antigo Breviário Romano em certos dias.

A estrutura da oração da manhã e da noite no novo ofício é a seguinte:

Matinas		*Vésperas*
	Versículos de abertura	
Salmo 94		
	Hino	
	Salmodia	
Salmo matinal		2 salmos
Cântico do AT		Cântico do NT
Salmo de louvor		
	Leituras das Escrituras	
	Responso breve	
	Cântico do Evangelho	
Benedictus		Magnificat
	Orações	
Orações de oferta e louvor		Intercessões
	Coleta conclusiva	
	Bênção	

Mas o problema com a nova *Liturgia das Horas* romana não é estrutural. A estrutura renovada representa em muitos aspectos uma ruptura corajosa com o passado. Problemas — de linguagem, extensão, um *cursus* monástico muito cheio, salmos em demasia em uma semana — foram enfrentados com imaginação e determinação. Mas muitos acreditam que a relutância em fazer uma ruptura mais radical não apenas com as formas, mas com a mentalidade desse passado, prejudicou a recente reforma do Ofício Romano[18].

Nas discussões pós-Vaticano II sobre as horas, mais de uma voz perita se levantou em defesa de um ofício de "catedral" popular, adequado para a

18. Cf., por exemplo, Storey, W., The Liturgy of the Hours: Cathedral versus Monastery, in: Gallen, J. (org.), *Christians at Prayer*, Notre Dame/London, University of Notre Dame Press, 1977, 61-82 (Liturgical Studies).

celebração pública nas paróquias[19]. Mas, a partir do relato de Annibale Bugnini sobre as deliberações da comissão para a reforma do ofício, três coisas são claras[20]:

1) a preocupação primordial era produzir um livro de orações para clérigos e religiosos;
2) presumia-se simplesmente que essa oração seria feita, na maior parte, em privado. A celebração "com o povo", como a chamavam, foi imaginada e até desejada, mas todo o teor e vocabulário das discussões mostram que isso era a exceção, não o ponto de partida para a compreensão das horas;
3) a base histórica subjacente a grande parte da discussão era gravemente deficiente, baseada quase exclusivamente na tradição latina pós-medieval.

Esses mesmos defeitos de clericalismo, privatização e ignorância da tradição primitiva e oriental podem ser vistos também nas discussões da concelebração eucarística e, de fato, são endêmicos a grande parte do empreendimento litúrgico ocidental. A liturgiologia, como a filologia, é uma disciplina comparativa. O liturgiólogo que conhece apenas uma tradição é como um filólogo que conhece apenas uma língua.

Nos debates sobre o ofício, vê-se esse problema vir à tona, por exemplo, nas críticas de que o ofício é muito "monástico"[21]. O que se quer dizer é que o ofício tem elementos projetados para uso comum — como se isso fosse uma característica do uso monástico em vez do secular! De igual modo, as objeções contra a introdução de intercessões gerais no final das laudes e vésperas mostram um total desconhecimento do grande lugar que tais petições ocupavam no uso de catedral antigo[22].

Nessas condições, não é de surpreender que a nova *Liturgia das Horas* tenha um cunho monástico. Tal ofício, mais uma oração contemplativa do que

---

19. Entre eles, Herman Schmidt, SJ e Juan Mateos, SJ, consultores do Consilium ad exsequendam *Constitutionem de Sacra Liturgia*. Os artigos de Mateos, J., The Origins of the Divine Office, *Worship* 41 (1967) 477-485, e The Morning and Evening Office, *Worship* 42 (1968) 31-47, foram originalmente escritos em latim como *vota* submetidos ao Consilium.

20. Bugnini, A., *La riforma liturgica (1948-1975)*, Roma, Edizioni liturgiche, 1983, 482-557, esp. 482-483, 503 (BELS 30).

21. Ibid., 503.

22. Ibid., 543, nota 62.

um serviço devocional popular, pode ser eminentemente adequado para a oração privada de clérigos e religiosos. Mas isso contorna a verdadeira questão, a de saber se a Liturgia das Horas deve ser um livro de orações para o clero, ou algo mais.

Mas não quero fazer predições. Um compromisso, por definição, não pode satisfazer todas as expectativas, e os comitês raramente produzem algo além de um compromisso. O mesmo se aplica à nova Liturgia das Horas romana. A sua forma básica, de acordo com quatorze séculos de tradição romana, conserva um cunho monástico. Qualquer pessoa que sabe alguma coisa sobre a história da igreja dificilmente poderia esperar outra coisa.

Nem tudo está perdido. A flexibilidade é uma das marcas do culto católico romano pós-Vaticano II, e não há nada que impeça as comunidades de fazer hoje o que as comunidades fizeram nos séculos IV e V: desenvolver formas populares de oração matinal e vespertina adequadas para a celebração paroquial em comum. É claro que não poderíamos chamar isso de Ofício Romano "oficial", mas é difícil ver que diferença isso poderia fazer. Isso é exatamente o que está sendo feito em mais de um lugar aqui nos Estados Unidos. Os ofícios populares de grande sucesso em *Praise God in Song*, de William G. Storey e John Allyn Melloh, são uma prova disso[23].

Mas talvez um afastamento tão radical da *Liturgia das Horas* oficial não seja necessário. O desejo de uma celebração verdadeiramente pública dessa liturgia e, o que é mais importante, sua teologia subjacente encontram lugar de destaque na *Instrução geral sobre a Liturgia das Horas* de 2 de fevereiro de 1971[24]. Basta um pouco de imaginação. Pegando uma página do novo *Lutheran Book of Worship* dos Estados Unidos, ou do episcopal *Book of Common Prayer*[25], algumas comunidades descobriram que um lucernário pode ser facilmente usado para abrir vésperas "oficiais", e isso certamente está de acordo com o espírito da *Instrução geral*. Além disso, esse mesmo documento fornece tamanha variedade de hinos e tipos de salmodia que o verdadeiro problema não são tanto as limitações do próprio ofício, mas a incompetência de quem não pode celebrá-lo adequadamente e a indiferença de quem não o celebra de modo algum. É claro, por trás

23. MELLOH, John Allyn; STOREY, William G., *Praise God in Song*, Chicago, G.I.A., 1979.

24. *The Liturgy of the Hours. The General Instruction on the Liturgy of the Hours*, with a Commentary by A. M. Roguet, Collegeville, The Liturgical Press, 1971.

25. Ver o capítulo seguinte.

disso está a questão mais fundamental da privatização litúrgica ocidental e do excesso eucarístico. Mas já abordei esses problemas no capítulo 18.

O que o futuro trará não cabe ao historiador prever. A Eucaristia diária veio para ficar. Penso que é pura tolice a tentativa de convencer aqueles que a querem de que eles realmente não deveriam querer. Mas, nos dias anteriores à televisão, ao Vaticano II e aos assaltos, o devoto também comparecia à benção no domingo à noite e às devoções da novena pelo menos uma vez por semana. Como Carl Dehne mostrou em seu excelente artigo sobre as devoções privadas católicas, esses serviços preenchiam uma necessidade real e foram os verdadeiros sucessores do ofício de catedral no Ocidente[26]. Talvez seja hora de os católicos ocidentais se perguntarem mais uma vez se uma tradição litúrgica que para todos os fins práticos se limita à Eucaristia está realmente oferecendo uma dieta equilibrada.

A restauração do horário paroquial é uma possibilidade viável? Isso cabe ao liturgista pastoral decidir. Tudo o que o historiador pode fazer é remover os obstáculos à compreensão produzidos por uma leitura errônea do passado. Mas, onde os liturgistas pastorais assumiram suas responsabilidades nesse assunto, seus esforços não foram sem sucesso[27].

---

26. Dehne, Carl, Roman Catholic Popular Devotions, in: Gallen, *Christians at Prayer*, 83-99.

27. Por exemplo, na Universidade de Notre Dame (Indiana, EUA), onde *Praise God in Song* (nota 23 acima) e a *Liturgia das Horas* do Vaticano II são celebrados com grande eficácia. Sobre esta e outras tentativas de restaurar a celebração pública de catedral do Ofício Divino nos Estados Unidos e em outros lugares, ver os escritos de Schnitker, Bartolomiello, Quentin e Rheinhart citados na seção 10 da Bibliografia abaixo.

20

As Horas nas Igrejas da Reforma

Os reformadores protestantes do século XVI no continente e na Inglaterra tiveram, em relação ao Ofício Romano medieval, exatamente os mesmos problemas de seus contemporâneos católicos, como Quiñones. Os ofícios eram muito complicados, o santoral desmesurado estrangulava o ciclo temporal e interrompia a salmodia contínua, não se lia Escritura suficiente, as legendas dos santos eram frequentemente absurdas e constituíam um obstáculo para um maior uso da Escritura. A diferença entre os reformadores protestantes e Quiñones é que os primeiros tiveram o bom senso de perceber que o ofício era para todos, não apenas para o clero. Portanto, eles não aboliram as horas, mas as puseram no vernáculo.

Lutero[1]

Lutero, como seus contemporâneos católicos, considerava sufocantes o santoral pesadamente abarrotado e os ofícios votivos medievais, cheios de legendas. Então começou a reformá-los. Mais confiante do que versado em assuntos litúrgicos, ele pensava que as matinas e vésperas diárias eram basicamente serviços de proclamação da palavra de Deus[2]. Ele não poderia estar mais errado. O louvor matinal e as vésperas não podem, de forma alguma, ser considerados

1. Alexander, J. Neil, Luther's Reform of the Daily Office, *Worship* 57 (1983) 348-360.
2. Lehmann, H. T. (ed.), *Luther's Works*, v. 53: Leupold, U. S. (org.), *Liturgy and Hymns*, Philadelphia, Fortress, 1965, 38.

serviços da Palavra — embora, é claro, alguém seja livre para pensar que devam sê-lo. De qualquer forma, Lutero passou a reformar as horas com base nisso. Ele manteve o esquema romano básico de matinas e vésperas, mas deu mais espaço para as leituras das Escrituras e insistiu na pregação. Essas duas horas eram concebidas como serviços diários comuns, pois Lutero se opunha às Missas em dias da semana[3].

Estrasburgo

Em Estrasburgo, também, a Igreja Reformada de Bucer e outras preservaram uma oração vernacular cotidiana matutina e vespertina, que manteve a estrutura básica das horas romanas, mas abandonaram as antífonas e inseriram após a salmodia uma *lectio continua* da Bíblia, do Novo Testamento pela manhã e do Antigo Testamento à tarde, seguida de um sermão[4].

O Livro luterano de culto[5]

O novo *Lutheran Book of Worship*, de 1978, preparado sob a orientação segura do ilustre liturgista luterano americano Eugene L. Brand, contém as horas de Oração matinal (matinas), Oração vespertina (vésperas) e Oração ao fim do dia (completas). Matinas e vésperas são estruturadas conforme a tabela a seguir. Silêncio para meditação, depois uma coleta, segue cada salmo ou cântico, como no antigo uso monástico. Depois de cada leitura, também há silêncio e, se assim se desejar, um responsório.

Matinas:	*Vésperas*:
"Ó Senhor, abre meus lábios [...]"	Serviço de luz (opcional):
	Procissão com vela
Doxologia	Proclamação e responso
	Phôs Hilaron
	Acendimento de velas durante o hino

3. Ibid., 37-38.

4. Old, H. O., Daily Prayer in the Reformed Church of Strasbourg, 1525-1530, *Worship* 52 (1978) 121-138.

5. *Lutheran Book of Worship*, Minneapolis, Augsburg, 1978.

Matinas:	*Vésperas*:
	Agradecimento pela luz
Salmo invitatório 94 (95)	Salmo vesperal 140 (141)

2º Salmo

(outros salmos e um cântico do AT podem ser adicionados)	(outros salmos e um cântico do NT podem ser adicionados)

Hino

1-2 leituras

Benedictus ou Te Deum	Magnificat
Oração do dia ou outras orações	Litania

Pai-nosso

Bendição

Hino conclusivo

(opcional)

Se houver um sermão, a bendição é omitida e o serviço continua:

Oferta (coleta)

Hino

Sermão

Oração

Bendição

Nas matinas, a bênção pascal e o *Te Deum* podem substituir a bendição.

O Serviço de Luz das vésperas, com o Salmo 140 (141) e sua coleta, é um excelente exemplo do que pode ser feito para tomar um ofício vespertino ocidental tradicionalmente estruturado e "catedralizá-lo"[6]. O serviço pode começar com uma procissão em que uma grande vela acesa é levada ao seu púlpito diante da congregação. Em seguida, a proclamação da luz do entardecer é entoada pelo líder *(L)*:

L. Jesus Cristo é a luz do mundo.
R: A luz que a escuridão não pode superar.
L. Fica conosco, Senhor, pois é noite.
R: E o dia está quase terminando.
L. Que tua luz disperse as trevas.
R: E ilumine tua igreja.

6. Ibid., 142ss.

Em seguida, canta-se o *Phôs hilaron*. Durante o hino, outras velas são acesas a partir da grande, caso tenha sido usada no rito de entrada. Segue-se o agradecimento pela luz:

L. O Senhor esteja convosco.
R: E também contigo.
L. Demos graças ao Senhor nosso Deus.
R: É justo agradecê-lo e louvá-lo.
L. Bendito és tu, ó Senhor, nosso Deus, rei do universo, que conduziste o teu povo Israel por uma coluna de nuvem durante o dia e uma coluna de fogo à noite: ilumina as nossas trevas com a luz do teu Cristo; que tua Palavra seja lâmpada para os nossos pés e luz para o nosso caminho; pois tu és misericordioso e amas toda tua criação, e nós, tuas criaturas, te glorificamos, Pai, Filho e Espírito Santo.
R: Amém.

Segue-se o salmo vesperal tradicional de catedral, Salmo 140 (141). Os versículos 1-4a.8, com o versículo 2 como a antífona tradicional, são cantados à maneira romana com a antífona repetida no início do salmo e seguindo a doxologia. A unidade do salmo é concluída com sua coleta, que dá o tom do serviço:

Ant. Que minha prece seja o incenso diante de ti.
e minhas mãos erguidas, a oferenda da tarde.
V. Senhor, eu te chamei; depressa! Vem!
presta ouvidos à minha voz quando te chamo.
Senhor, põe uma guarda à minha boca,
vigia a porta dos meus lábios;
Com os olhos em ti, Deus Senhor,
refugiei-me junto a ti; não me faças entregar a alma;
Glória ao Pai, ao Filho e ao Espírito Santo, como era no princípio, agora e sempre. Amém.
Ant. Que minha prece seja o incenso diante de ti.
e minhas mãos erguidas, a oferenda da tarde.
(Silêncio para meditação)
Líder: Que o incenso de nossa oração de arrependimento suba diante de ti, ó Senhor, e tua bondade desça sobre nós, para que, com a mente purificada, possamos cantar teus louvores com a Igreja na terra e toda a hoste celestial, e possamos glorificar-te para todo o sempre.
Congregação: Amém.

O Livro de oração comum[7]

Sem dúvida, o mais importante de todos os ofícios reformados do século XVI é o do anglicano *Livro de oração comum*. Para seu grande mérito, dentre todas as igrejas cristãs ocidentais apenas a comunhão anglicana preservou, até certo ponto, pelo menos os serviços diários de louvor matinal e o canto vesperal como uma parte viva do culto paroquial. Como Louis Bouyer disse em seu *Liturgical Piety*, um livro que teve uma enorme influência positiva em iniciar os católicos no significado e valor da oração litúrgica, o canto matutino e vesperal no *Livro de oração comum*

> [...] é um Ofício Divino que não é uma devoção de especialistas, mas um Ofício verdadeiramente público de todo o povo cristão [...] devemos admitir francamente que os Ofícios de oração matinal e o canto vesperal, como celebrados ainda hoje na catedral de São Paulo, na abadia de Westminster, na York Minster ou na catedral de Canterbury, não são apenas uma das mais impressionantes, mas também uma das mais puras formas de oração cristã comum que podemos encontrar em qualquer parte do mundo[8].

O arcebispo Cranmer, como os seus contemporâneos continentais de quem ele extraiu alguma inspiração para a sua reforma das horas, adotou soluções semelhantes às que já vimos. A matéria-prima com a qual Cranmer trabalhou foi o uso do Sarum então corrente na Inglaterra, mas seus princípios foram em grande parte quiñonianos. O *Prefácio* do *Book of Common Prayer* de 1549 é em grande parte uma paráfrase do prefácio de Quiñones, e Cranmer também tomou emprestados a estrutura básica dos ofícios de Quiñones e os princípios dessa reforma: reduzir o santoral, eliminar as legendas, usar mais as Sagradas Escrituras. O saltério e as leituras das Escrituras deviam ser lidos em sequência contínua (*lectio continua*). Para os reformadores, o propósito dos ofícios era edificar por meio da pura Palavra de Deus; e, por alguma razão, todos parecem ter visto a *lectio continua* como a mais fiel a esse objetivo, embora seja difícil comprovar esse princípio historicamente com base na tradição da liturgia de catedral. De qualquer forma, foram excluídas leituras não bíblicas, assim como

7. Ratcliff, E. C., The Choir Offices, in: Clarke, W. K. Lowther; Harris, C. (org.), *Liturgy and Worship. A Companion to the Prayer Books of the Anglican Communion*, London, SPCK, 1954, 266ss.

8. Bouyer, Louis, *Liturgical Piety*, Notre Dame, University of Notre Dame Press, 1955, 47 (Liturgical Studies).

antífonas, responsos e invitatórios, que interrompem o texto encontrado na Bíblia. Os dois ofícios de matinas e vésperas tinham a mesma estrutura:

Pai-nosso
Verso inicial ("Ó Senhor, abre meus lábios...") e doxologia
(Nas matinas: Sl 94 [95])
Salmos
Leitura do AT
Cântico
Leitura do NT
Cântico
Senhor, tem misericórdia de nós [...]
Credo
Pai-nosso
Sufrágios
3 coletas

Nas matinas, os cânticos são o *Te Deum* ou *Benedicite* (Dn 3) e o *Benedictus* de Lucas 1,68-79; nas vésperas, o *Magnificat* e o *Nunc dimittis*. Em ambos os ofícios, foram adicionados elementos de outras horas tradicionais que eram suprimidas: parte do material de conclusão nas matinas é retirada da prima (o Credo de Atanásio nas festas, orações, terceira coleta), e parte das vésperas provém das completas (*Nunc dimittis*, credo, terceira coleta). A segunda coleta é do Ofício da Bem-Aventurada Virgem Maria.

O novo Livro de oração episcopal

As revisões posteriores do livro de orações afetarão a substância desses serviços apenas na reforma de 1977. Naquele ano, o *Proposed Book of Common Prayer*, agora aprovado para uso nos Estados Unidos, restaurou as completas com seu tradicional Cântico de Simeão que o Livro de Orações de 1549 tinha transferido para as vésperas. Uma nova oração do meio-dia também é fornecida. Mas a estrutura básica da oração da manhã e da tarde permanece a mesma da tradição do Livro de Orações, exceto por uma maior flexibilidade, pela inserção de versículos, responso e doxologia para os salmos e, nas vésperas, pela adição de *Phôs hilaron* ou algum outro hino vesperal adequado. Além disso, um lucernário é fornecido com a intenção de devolver alguns elementos da catedral à tradição. Esse breve ofício pode ser usado para introduzir as vésperas, como no *Livro luterano de culto*, caso em que voltaria a juntar esse serviço ao *Phôs hilaron*. Portanto, as orações da manhã e da noite são as seguintes (os elementos opcionais estão em itálico):

Matinas:		*Vésperas*:
	Versículos de abertura	
	Confissão do pecado	
	Invitatório	
Salmos 94 (95) ou 99 (100)		Versículos invitatórios
		Phôs hilaron ou outro hino
	Salmo(s) fixo(s)	
	Leitura (usualmente do AT)	
	Oração silenciosa	
	Cântico	
	Leitura 2 (NT)	
	Oração silenciosa	
	Cântico	
	Credo dos Apóstolos	
	Pai-nosso	
	Sufrágios	
	3 coletas	
	Oração de agradecimento	
	Despedida	
	Graça	

O lucernário está estruturado da seguinte forma:

Uma ordem de culto para a tarde

I. *O serviço da luz:*
   Saudação: "Luz e paz em Jesus Cristo nosso Senhor [...]"
   Leitura breve
   Coleta pela Luz
   Phôs hilaron ou outro Hino da Luz

II. *Se este serviço for usado de forma independente, como um serviço completo, ele pode continuar*:

Salmodia
Leitura (a menos que já tenha havido uma)
Magnificat ou outro cântico
Intercessões
Pai-nosso
Bênção
Despedida
Sinal da paz

Só podemos parabenizar as igrejas luterana e episcopal americanas por restaurar esses elementos de catedral para a oração vespertina. É irônico, entretanto, ver o equilíbrio alterado desse modo. Pois as recentes reformas do ofício no Ocidente não só catedralizaram a longa e defeituosa tradição ocidental das vésperas, mas, ao mesmo tempo, enfraqueceram a antiga e forte tradição dos elementos de catedral das laudes ocidentais.

PARTE IV
O que tudo isso significa

Introdução

O que eu disse até agora foi, pelo menos na intenção, uma interpretação objetiva da história e da forma atual da Liturgia das Horas nas tradições do cristianismo oriental e ocidental. O que se segue nesta seção final é mais experiencial, fruto da reflexão sobre minha própria experiência cantando a Liturgia das Horas dia após dia, solenemente e em comum, de acordo com o uso russo do rito bizantino. Essa experiência, no entanto, foi confrontada com anos de estudo do Ofício Divino na tradição da Igreja, tanto oriental como ocidental, ao longo de toda a sua história. Portanto, é uma reflexão pessoal — mas não, creio eu, arbitrariamente subjetiva.

21

Para uma teologia da Liturgia das Horas

Surpreendentemente, apesar de sua importância na vida litúrgica da Igreja, especialmente na vida religiosa e clerical, nos últimos tempos tem havido relativamente poucos escritos sobre a teologia ou espiritualidade do Ofício Divino[1]. Mas, desde o aparecimento em 1945 do clássico de Dom Gregory Dix, *The Shape of the Liturgy*[2], é costume inscrever o ofício sob o título de "santificação do tempo", como uma "liturgia do tempo" distinta da Eucaristia "escatológica". Além disso, Dix vê o ofício como algo novo, parte da revolução do século IV no espírito do culto.

Aqui está o argumento de Dix[3]. Na Igreja pré-nicena, a fé e o culto informavam toda a vida interior do crente, mas, como a vida secular era pagã, a liturgia e a vida diária eram distintas e até opostas. O culto era contracultural, renunciador ao mundo, exclusivo, não totalmente inclusivo, como se tornaria mais tarde no monaquismo.

O movimento monástico varreu o mundo do século IV, trazendo em sua esteira uma nova ênfase na edificação pessoal no culto cristão. Esse elemento, embora presente desde o início, "tinha até aqui encontrado apenas expressão restrita no culto cristão coletivo e nenhuma no rito eucarístico" (323). A *Tradição Apostólica* de Hipólito apresenta um regime de oração "reconhecidamente

1. Há um trabalho sobre a teologia da *Liturgia horarum* romana, recentemente reformada: de Reynal, D., *Thélogie de la Liturgie des heures*, Paris, Beauchesne, 1978 (Beauchesne religions).

2. Dix, *The Shape of the Liturgy.*

3. Ibid., 323-332. As referências a citações dessas páginas serão indicadas no texto.

de caráter semimonástico", que "representa o aspecto puramente *pessoal* da devoção, e se destaca [...] do culto coletivo da *ecclesia*" (324). Obviamente, havia "reuniões privadas", ceias de ágape, por exemplo, para edificação, mas não eram assembleias coletivas.

> [...] O culto coletivo dos cristãos pré-nicenos em suas formas oficiais e organizadas, a sinaxe e a Eucaristia, era esmagadoramente um culto "que renuncia ao mundo", que deliberada e rigidamente rejeitava toda a ideia de santificar e expressar para Deus a vida da sociedade humana em geral [...] (326).

Esse é o cenário desenhado por Dix, que mudaria no século IV quando o sistema pré-niceno de oração *privada*, desenvolvido pelos monges numa grande parte de seu culto *público*, leva à introdução de serviços de louvor no culto público de igrejas seculares. O culto mais antigo enfatizava a ação coletiva da Igreja. Os novos ofícios, embora feitos em comum, destinam-se principalmente a expressar e evocar a devoção do fiel individual.

Para Dix, portanto, o ofício de catedral é "um resultado direto do movimento monástico-ascético" (328). Os monges deram à Igreja o ofício e, com ele, a ideia de que toda a vida se consumava no culto, em vez de ver o culto como "a contradição da vida cotidiana, tal como a igreja pré-nicena" (332).

Outra novidade é que esses serviços, ao contrário da Eucaristia, eram abertos a todos. É verdade, catecúmenos e outros também recebiam a despedida no ofício, antes das Orações dos Fiéis finais, "mas o elemento da oração no ofício secular nunca foi grande, e a maior parte do ofício [...] era sempre aberta a todos" (331).

Acredito que as fontes históricas já citadas são suficientes para mostrar como Dix está totalmente errado em quase todos os aspectos dessa interpretação. A oração que vimos, por exemplo, na *Tradição Apostólica* não é "semimonástica", mas se encontra em continuidade direta com uma tradição de oração privada cristã diária que remonta aos primórdios da Igreja. Todo o desenvolvimento posterior é simplesmente uma expansão e formalização dessa tradição anterior. O que aconteceu no século IV foi apenas mais uma etapa do processo. Os monges oravam nas mesmas horas do sistema anterior. Se fossem cenobitas, faziam isso em comum porque *koinobion* significa vida comum: eles faziam *tudo* juntos. E, quando as igrejas seculares subiram à superfície, elas transformaram alguns dos momentos de oração privados em serviços públicos porque "reunir-se" era o que significava ser "igreja".

Basta ler novamente os primeiros Padres sobre as horas de catedral para ver como é infundada a noção de Dix de que os ofícios de catedral eram mais expressões de piedade individual do que uma ação coletiva da Igreja. As *Constituições Apostólicas* II, 59, um dos nossos primeiros testemunhos do ofício de catedral, são bastante explícitas neste ponto:

> Quando ensinas, bispo, ordena e exorta o povo a frequentar a igreja regularmente, de manhã e à tarde todos os dias, e não abandoná-la de forma alguma, mas reunir-se continuamente e não diminuir a Igreja ausentando-se e fazendo faltar um membro ao Corpo de Cristo. Pois isto não é dito apenas para o benefício dos sacerdotes, mas que cada um dos leigos ouça o que foi dito pelo Senhor como proclamado a si mesmo: "Quem não está comigo está contra mim, e quem não ajunta comigo, dispersa" (Mt 12,30). Não vos disperseis ao não vos reunirdes, vós que sois membros de Cristo, vós que tendes Cristo por cabeça, segundo a sua própria promessa, presente e comunicante a vós. Não sejais negligentes, nem roubeis o salvador dos seus próprios membros, nem repartis o seu corpo, nem disperseis os seus membros, nem prefirais as necessidades desta vida à Palavra de Deus, mas reuni-vos todos os dias de manhã e à tarde, cantando salmos e orando nas casas do Senhor, de manhã entoando o Salmo 62, e à tarde, o Salmo 140.
>
> Mas, especialmente no sábado, e no dia da ressurreição do Senhor, que é dia do Senhor, reuni-vos ainda mais diligentemente, enviando louvores a Deus, que fez tudo por meio de Jesus e o enviou a nós e permitiu que ele sofresse e o ressuscitou dos mortos. Do contrário, como se defenderá diante de Deus aquele que não se reúne nesse dia para ouvir a palavra salvífica concernente à ressurreição, o dia em que realizamos três orações de pé, em memória daquele que ressuscitou em três dias, dia em que se realiza a leitura dos profetas e a proclamação do evangelho e a oferta do sacrifício e a dádiva do alimento sagrado?

A conclusão, que se refere indiscriminadamente ao ofício diário e à Eucaristia dominical, é por si só prova suficiente de que não há base para distinguir, como Dix faz, entre a missa como uma "ação coletiva da Igreja" e "ofícios de devoção" do século IV.

Em primeiro lugar, movimentos em direção a assembleias não eucarísticas matinais e vespertinas são vistos bem antes da era pós-nicena e constantiniana. Além disso, considerar o ágape pré-niceno e outras assembleias cristãs não eucarísticas como "privadas" é introduzir categorias e distinções anacrônicas que não encontram nenhum suporte nas fontes desse período inicial. O mesmo se aplica à noção de que os novos ofícios eram "inclusivos", enquanto a Eucaristia era "exclusiva". Catecúmenos e outros recebiam a despedida nos ofícios do século IV exatamente da mesma maneira, exatamente pelo mesmo motivo e exatamente no mesmo ponto das orações em que eram na Liturgia da Palavra. E ambos tinham o mesmo número de "orações", que não eram nada desprezíveis, como vimos nas *Constituições Apostólicas* VIII, 35-39 (cf. 6-9), onde elas parecem quase infinitas[4]. Essas despedidas nada tinham a ver com o fato de um serviço ser eucarístico ou não, mas com quem podia ou não participar de certos atos do povo sacerdotal de Deus. Quanto ao novo *espírito* desses serviços, dirigidos à edificação, não há diferença alguma entre isso e o espírito da vida e do culto cristãos no próprio Novo Testamento, como veremos.

Mas, desde Dix, desenvolveu-se toda uma teologia das horas como uma "santificação do tempo" distinta da Eucaristia "escatológica" no Dia do Senhor. A conclusão inevitável é que idealmente a Eucaristia deveria ser celebrada apenas aos domingos — como se as horas de catedral do louvor matinal e do canto vesperal não fossem também parte integrante da celebração do Dia do Senhor!

Teorias anteriores haviam tomado o rumo oposto, considerando a Eucaristia o "ápice do Ofício Divino", como se a celebração diária da Eucaristia tivesse alguma estreita conexão com as horas diárias de oração, como uma joia em seu engaste[5].

Devo confessar francamente que não vejo nenhuma justificativa para nada disso nas fontes, que desde o início são razoavelmente claras sobre o sentido da vida e da liturgia cristãs e, nesse contexto, sobre o sentido da Liturgia das Horas. Pois as horas não extraem seu significado da Eucaristia, nem da vida cotidiana cristã em oposição a uma expectativa escatológica de outro mundo, nem do ciclo natural da manhã e da noite, nem da devoção e edificação pessoais como distintas do trabalho da comunidade. Em vez disso, extraem seu significado daquilo que por si só dá significado a todas essas coisas: o mistério pascal da salvação em Cristo Jesus. Essa é a base de qualquer teologia do culto cristão que toma, como certamente deve, o Novo Testamento como ponto de partida.

---

4. Ver cap. 3, nota 30.

5. A esse respeito, cf. Dubois, J., Office des heures et messe dans la tradition monastique, *LMD* 135 (1978) 62 ss.; de Vogüé, *La Règle de S. Benoît* VII, 240 ss. (trad. inglesa em CS 54, 159 ss.); Taft, The Frequency of the Eucharist, 17-18.

Culto no Novo Testamento

Um princípio fundamental da teologia do Novo Testamento é que toda a história da salvação é recapitulada e "personalizada" em Jesus[6]. Nada é mais claro do que o fato de que tudo na história sagrada — evento, objeto, lugar sagrado, teofania, culto — foi simplesmente assumido na pessoa do Cristo Encarnado. Ele é o Verbo eterno de Deus (Jo 1,1.14); sua nova criação (2Cor 5,17; Gl 6,15; Rm 8,19 ss.; Ap 21–22) e o novo Adão (1Cor 15,45; Rm 5,14); a nova Páscoa e seu cordeiro (1Cor 5,7; Jo 1,29.36; 19,36; 1Pd 1,19; Ap 5 ss.); a nova aliança (Mt 26,28; Mc 14,24; Lc 22,20; Hb 8–13), a nova circuncisão (Cl 2,11-12) e o maná celestial (Jo 6,30-58; Ap 2,17); templo de Deus (Jo 2,19-27), o novo sacrifício e seu sacerdote (Ef 5,2; Hb 2,17–3,2; 4,14–10,14); o cumprimento do descanso sabático (Cl 2,16-17; Mt 11,28–12,8; Hb 3,7–4,11) e a Era Messiânica que estava por vir (Lc 4,16-21; At 2,14-36). Nem a lista nem as referências são exaustivas. Ele é simplesmente "tudo em todos" (Cl 3,11), "o alfa e o ômega, o primeiro e o último, o princípio e o fim" (Ap 1,8; 21,6; 22,13). Tudo o que veio antes se cumpre nele, "Porque a lei não tem mais que uma sombra das coisas boas que virão, em vez da verdadeira forma dessas realidades" (Hb 10,1); e isso inclui realidades cultuais, "Portanto, que ninguém vos condene por questões de comida ou de bebida, de festa, ou lua nova ou sábado. Tudo isso é apenas sombra do que há de vir, mas a substância pertence a Cristo" (Cl 2,16-17).

Isso é fundamental para qualquer teologia do culto cristão. O templo e altar do Antigo Testamento com seus rituais e sacrifícios são substituídos não por um novo conjunto de rituais e santuários, mas pela autoentrega de uma pessoa, o próprio Filho de Deus. Doravante, o verdadeiro culto que agrada ao Pai não é outro senão a vida, morte e ressurreição salvíficas de Cristo. E nosso culto é essa mesma existência sacrificial em nós. Paulo nos diz: "Tão certo como portamos a imagem do homem do pó, também portaremos a imagem do homem do céu" (1Cor 15,49; cf. Fl 2,7-11; 3,20-21; Ef 4,22-24), o Cristo Ressuscitado, "imagem do Deus invisível, o primogênito de toda a criação" (Cl 1,15; cf. 2Cor 4,4), que nos conforma à sua imagem pelo dom do seu Espírito (2Cor 3,15; Rm 8,11 ss.29). Para São Paulo, "viver é Cristo" (Fl 1,21), e ser salvo é conformar-se a Cristo morrendo para si mesmo e ressuscitando nele para uma nova vida (2Cor 4,10 ss.; 13,4; Rm 6,3 ss.; Cl 2,12-13.20; 3,1-3; Gl 2,20; Ef 2,1 ss.; Fl 2,5 ss.; 3,10-11.18-21)

6. Nas páginas seguintes, retomo algum material do meu artigo The Liturgical Year: Studies, Prospects, Reflections, *Worship* 55 (1981) 14 ss.

que, como o "último Adão" (1Cor 15,45), é a forma definitiva da natureza humana redimida (1Cor 15,21-22; Rm 5,12-21; Cl 3,9-11; Ef 4,22-24). Esse padrão deverá ser repetido em cada um de nós de modo que Cristo seja realmente "tudo em todos" (Cl 3,11), para que só então tenhamos "completado o que está faltando nas aflições de Cristo em favor de seu corpo, isto é, a igreja" (Cl 1,24). Pois conheceremos "o poder da sua ressurreição" somente se "participarmos de suas dores, tornando-nos semelhantes a ele em sua morte" (Fl 3,10).

Longe de ser uma inovação do século IV, a edificação e a santificação pessoal e a relação íntima da liturgia com a vida cotidiana são a essência da mensagem do Novo Testamento a respeito do novo culto. De fato, para São Paulo a liturgia *é* a vida cristã. Ele nunca usa a nomenclatura cultual (liturgia, sacrifício, sacerdote, oferenda) para outra coisa senão uma vida de autoentrega, vivida segundo o modelo de Cristo[7]. Quando fala do que chamamos de liturgia, como em 1 Coríntios 10–14, Efésios 4 ou Gálatas 3,27-28, ele deixa claro que seu propósito é construir o Corpo de Cristo naquele novo templo e liturgia e sacerdócio, nos quais santuário, ofertante e oferecido são um. Pois é na liturgia da Igreja, no ministério da palavra e do sacramento, que o modelo bíblico de recapitulação de tudo em Cristo é devolvido à coletividade e aplicado à comunidade de fé que nele viverá.

Para tomar de empréstimo um termo dos estudiosos da Bíblia, a liturgia é o contínuo *Sitz im Leben* do padrão salvador de Cristo em todas as épocas, e o que fazemos na liturgia é exatamente o que o próprio Novo Testamento fez com Cristo: ele o aplicou, ao que ele era e é, ao presente. Pois o *Sitz im Leben* dos Evangelhos é o cenário histórico não do evento original, mas de sua narração durante os primeiros anos da Igreja primitiva. O Novo Testamento e a liturgia não nos contam essa história sagrada repetidamente como uma anamnese perpétua? Observe-se que isso não é kerygma, como costuma ser chamado erroneamente. Kerygma é a pregação da Boa Nova a fim de despertar a resposta de fé na nova mensagem. Mas o kerygma escrito e proclamado na assembleia litúrgica para nos recordar o nosso compromisso com a Boa Nova já ouvida e acolhida na fé, ainda que já "as saibamos e permaneçamos firmes na verdade presente" (2Pd 1,12), é anamnese, e é isso que fazemos na liturgia. Fazemos anamnese, memória, dessa força salvadora dinâmica em nossa vida, para que

7. Ver, por exemplo, Romanos 10,9; 12,1; 15,16; Filipenses 2,17; 4,18; 2 Timóteo 4,6; também Hebreus 13,11-16.

penetre cada vez mais nas profundezas de nosso ser, para a edificação do Corpo de Cristo.

> O que era desde o princípio, o que ouvimos, o que vimos com os nossos olhos, o que contemplamos e nossas mãos tocaram do Verbo da vida — pois a vida se manifestou e nós vimos e damos testemunho e vos anunciamos a vida eterna que estava voltada para o Pai e se manifestou a nós —, o que vimos e ouvimos nós vo-lo anunciamos também a vós, para que vós também estejais em comunhão conosco. E nossa comunhão é comunhão com o Pai e com seu Filho Jesus Cristo. E isto vos escrevemos para que nossa alegria seja completa (1Jo 1,1-4).

Parece-me, então, que a dicotomia entre expectativa escatológica e santificação da vida surgiu muito antes do século IV, *pace* Dix, e foi resolvida pela Igreja apostólica. Mas não foi resolvida com o abandono da escatologia do Novo Testamento, que vê Cristo como aquele que inaugura a era da salvação. O que foi abandonado foi a crença equivocada de que isso implicava uma parusia iminente. Mas isso não modifica o ponto principal da escatologia cristã, a saber, que o tempo final não está no futuro, mas no *agora*. E é operante agora, embora não exclusivamente, por meio da anamnese em palavra e sacramento da realidade presente dinâmica de Emanuel, "Deus conosco", pelo poder de seu Espírito em cada época.

Nos Evangelhos, a transição para essa nova era da história da salvação é retratada nos relatos das aparições de Jesus pós-ressurreição[8]. Eles nos apresentam um novo modo de sua presença, uma presença real e experimentada, mas muito diferente da primeira presença antes de sua páscoa. Quando ele aparece, não é reconhecido imediatamente (Lc 24,16.37; Jo 2,14.7.12). Há uma aura estranha sobre ele; os discípulos estão inseguros, com medo; Jesus deve tranquilizá-los (Lc 24,36 ss.). Em Emaús, eles o reconhecem apenas na fração do pão — em seguida, ele desaparece (Lc 24,16.30-31.35). Tal como sua presença entre nós agora, sua presença para os discípulos é acessível apenas por meio da fé.

O que esses relatos pós-ressurreição parecem nos dizer é que Jesus está conosco, mas não como estava antes[9]. Ele está conosco e não está conosco, presença real e ausência real. Ele é aquele a quem o "céu deve acolher até os tempos

---

8. Stanley, D. N., *A Modern Scriptural Approach to the Spiritual Exercises*, Chicago, Loyola University Press, 1967, 278 ss.

9. Ibid., 280 ss.

do restabelecimento de tudo aquilo de que Deus falou pela boca dos seus santos profetas de outrora" (At 3,21), mas que também disse: "eu estou convosco todos os dias, até a consumação dos tempos" (Mt 28,20). É simplesmente essa realidade que vivemos na liturgia, crendo, de acordo com Mateus 18,20, que, "onde dois ou três estiverem reunidos em meu nome, eu estarei no meio deles", celebrando também a Ceia do Senhor para "proclamar a morte do Senhor até que ele venha" (1Cor 11,26) no espírito dos primeiros cristãos, com seu grito litúrgico de esperança, "Marana-tha! Amém. Vem, Senhor Jesus!" (Ap 22,20).

Portanto, o Jesus da Igreja apostólica não é o Jesus histórico do passado, mas o Sacerdote Celestial que intercede por nós constantemente diante do trono do Pai (Rm 8,34; Hb 9,11-28), e dirige ativamente a vida de sua Igreja (Ap 1,17–3,22 e passim)[10]. A visão das pessoas que produziram esses documentos não se voltava para trás, para os "bons e velhos tempos" quando Jesus estava com elas na terra. Vemos essa nostalgia somente após a morte de Jesus, antes de as aparições da ressurreição darem origem à fé cristã.

A Igreja, de fato, manteve um registro dos eventos históricos, mas eles foram reinterpretados à luz da ressurreição e destinavam-se a ajudar os cristãos a compreender o significado de Jesus em suas vidas[11]. Que este era o principal interesse da Igreja do Novo Testamento — o Cristo ressuscitado contemporâneo, ativo, presente na Igreja por meio de seu Espírito —, isso pode ser visto nos primeiros escritos, as cartas de São Paulo, que nada dizem sobre os detalhes históricos da vida de Jesus.

É essa consciência de Jesus como o Senhor não do passado, mas da história contemporânea que é o objetivo de toda espiritualidade cristã e da anamnese litúrgica. A visão cristã está enraizada na compreensão gradualmente adquirida da Igreja apostólica de que a parusia não era iminente e que a vitória escatológica e definitiva conquistada por Cristo deve repetir-se em cada um de nós, até o fim dos tempos. E, visto que Cristo é tanto modelo quanto fonte dessa luta, o Novo Testamento apresenta tanto sua vitória quanto seu culto ao Pai como nossos: assim como nós morremos e ressuscitamos com ele (Rm 6,3-11; 2Cor 4,10 ss.; Gl 2,20; Cl 2,12-13.20; 3,1-3; Ef 2,5-6), então também somos nós que nos tornamos uma nova criação (2Cor 5,17; Ef 4,22-24), uma nova circuncisão (Fl 3,3), um novo templo (1Cor 3,16-17; 6,19; 2Cor 6,16; Ef 2,19-22), um novo

10. Ibid., 284-285.
11. Ibid., 285.

sacrifício (Ef 5,2) e um novo sacerdócio (1Pd 2,5-9; Ap 1,6; 5,10; 20,6). É por isso que meditamos sobre o modelo de sua vida, o anunciamos, o pregamos, o celebramos, o tornamos cada vez mais nosso. Por isso, a Igreja apostólica nos deixou um livro e um rito, palavra e sacramento, para que tudo o que Cristo fez e foi nós possamos fazer e ser nele. Por isso, a história sagrada nunca está terminada: continua em nós.

A novidade do ritual cristão

Acho justo dizer que essa visão de culto do Novo Testamento é algo surpreendentemente, radicalmente novo. É claro que os seres humanos sempre se reuniram para se expressar em algum rito, de modo que, quando os cristãos o fazem, não estão inventando nada novo[12]. O que é novo é a *visão* que expressam.

O próprio rito é simplesmente um conjunto de convenções, um padrão organizado de signos e gestos que os membros de uma comunidade usam para interpretar e representar para si próprios sua relação com a realidade, bem como para expressar e transmiti-la aos outros[13]. É uma forma de dizer o que nós, como grupo, somos, no sentido pleno deste *somos*, com nosso passado que nos fez o que somos, nosso presente em que vivemos o que somos, e o futuro que esperamos ser. O ritual, então, é ideologia e experiência em ação, a celebração ou interpretação-mediante-ação de nossa experiência humana e como a vemos.

As sociedades humanas têm usado o ritual especialmente para expressar sua perspectiva religiosa, seu sistema universal de relacionamento com as questões fundamentais da vida. Uma religião é diferente de uma filosofia pessoal de vida porque é uma perspectiva *compartilhada*, uma perspectiva comum da realidade. Como tal, ele depende da história, da lembrança coletiva de coisas passadas pelo grupo, de eventos que, na memória coletiva da comunidade, foram transformados em episódios simbólicos-chave, determinantes do ser e da autocompreensão da comunidade.

Essa é a base do comportamento ritual. Pois é interpretando seu passado que uma comunidade se relaciona com o presente e lida com o futuro. No processo de representação ritual, eventos constitutivos passados se fazem

12. Retomo aqui algum material do meu artigo Thanksgiving for the Light — Toward a Theology of Vespers, *Diakonia* 13 (1978) 27-50.

13. Sigo aqui algumas das ideias de TURNER, V., Ritual, Tribal, Catholic, *Worship* 50 (1976) 504-526.

presentes no tempo ritual, a fim de comunicar sua força às novas gerações do grupo social, proporcionando, assim, uma comunidade de identidade ao longo da história.

Nos sistemas religiosos primitivos e naturais, o passado era visto como cíclico, como um padrão de estações naturais que se repetia continuamente. Os rituais eram celebrações desse ciclo de outono, inverno, primavera, colheita — de morte natural e renascimento. Mas, mesmo nesse estágio primitivo, homens e mulheres passaram a ver esses ritmos naturais como símbolos de realidades superiores, de morte e ressurreição, da persistência da existência humana além da morte natural.

Assim, até mesmo o ritual religioso natural não é apenas uma interpretação da experiência, mas implica uma busca pelo além, por um significado último no ciclo da vida que parecia ser um círculo sempre recorrente, finalizado pela morte. A descoberta da história foi um avanço nesse processo: viu-se que a vida tinha um padrão que se estendia além dos ciclos fechados da natureza, de vida e morte. O tempo adquiriu um novo significado e o ritual humano se transformou de uma forma de interpretar a *natureza* para uma forma de interpretar a *história*.

Assim, os eventos do passado passaram a adquirir um valor simbólico universal na mente da comunidade; de fato, esses eventos foram tão fundamentais que criaram e constituíram a própria identidade da comunidade. Ao celebrar esses eventos ritualmente, a comunidade os tornava de novo presentes e mediava para seus membros seu poder formativo. É claro que geralmente se tratava de eventos de salvação, de fuga da calamidade e da morte, e foi apenas mais um passo para eles se transformarem, na memória coletiva do grupo, em símbolos do cuidado de Deus e da salvação eterna.

Foi o que aconteceu com Israel. O que torna a liturgia israelita diferente de outros rituais é a revelação. Os judeus não tinham de *imaginar* que sua fuga do Egito era um sinal da providência salvadora de Deus: ele lhes disse isso. Quando celebravam esse Êxodo ritualmente na refeição da Páscoa, eles sabiam que estavam celebrando mais do que a universalização de um evento passado na imaginação histórica de seus poetas e profetas. A aliança com Deus, que eles reafirmaram ritualmente, era uma realidade permanente e, portanto, sempre presente porque Deus assim o havia dito.

Aqui encontramos uma diferença básica entre o culto judeu-cristão e outros cultos. O culto bíblico não é uma tentativa de contatar o divino, de mediar para nós o poder da intervenção de Deus em eventos salvíficos passados. É o contrário. É um culto aos já salvos. Não buscamos Deus para apaziguá-lo; ele se curvou até nós.

Com a liturgia cristã, damos mais um passo em nossa compreensão do ritual. Como no Antigo Testamento, nós também celebramos um evento salvífico. O significado desse evento também foi revelado para nós. Mas é aí que termina o paralelo. Pois o ritual do Antigo Testamento esperava um cumprimento prometido; não era apenas uma efetivação da aliança, mas a promessa de um futuro messiânico ainda não realizado. No Cristianismo, o que todos os outros rituais se esforçam para alcançar já foi, acreditamos, cumprido de uma vez por todas por Cristo. A reconciliação com o Pai foi realizada eternamente no mistério de seu Filho (2Cor 5,18-19; Rm 5,10-11). A lacuna é preenchida para sempre por meio da iniciativa de Deus.

Portanto, o culto cristão não é o modo como buscamos entrar em contato com Deus; é uma celebração de como Deus nos tocou, nos uniu a si mesmo e está sempre presente para nós e habitando em nós. Não é estender-se para uma realidade distante, mas uma celebração alegre de uma salvação que é tão real e ativa na celebração ritual quanto foi no evento histórico. É um ritual aperfeiçoado pelo realismo divino; ritual em que a ação simbólica não é um memorial do passado, mas uma participação na eternamente presente Páscoa salvífica de Cristo.

A liturgia cristã, portanto, festeja publicamente o mistério da nossa salvação já realizada em Cristo, agradecendo e glorificando a Deus por ela, para que seja intensificada em nós e comunicada aos outros para a edificação da Igreja, para a glória perpétua do Santo Nome de Deus.

Liturgia: uma obra da Igreja

Portanto, a liturgia é uma atividade da Igreja. É uma das formas pelas quais a Igreja responde com louvor, entrega, ação de graças, ao chamado da palavra e ação reveladoras e salvíficas de Deus. Essa doxologia eterna é uma resposta *a* algo, e é importante notar que essa ação divina em si não é extrínseca à liturgia, mas uma parte integrante dela. A liturgia não é apenas nossa resposta; é também o chamado eternamente repetido. É tanto a ininterrupta atividade salvífica de Deus quanto nossa resposta orante a ela com fé e compromisso ao longo dos tempos.

A liturgia, portanto, é muito mais do que uma expressão individual de fé e devoção, e infinitamente mais do que uma expressão subjetiva do "nosso ponto de vista" ou "de onde estão nossos pés". É antes de tudo uma atividade de Deus em Cristo. Cristo salva ao longo dos séculos na atividade do corpo do qual ele é a cabeça. Ele o faz na palavra que nos chama à conversão a ele e à união com ele, e à reconciliação uns com os outros nele. Ele cria, nutre, cura e restaura essa vida na água, no óleo e no alimento do sacramento e une sua oração à nossa para glorificar o Pai por esses dons. E tudo isso é liturgia.

A liturgia, então, é a obra comum de Cristo e sua Igreja. Essa é a sua glória. É também o que torna possíveis as afirmações extraordinárias que a Igreja fez sobre a natureza do culto cristão. Nossas orações são indignas, mas na liturgia o próprio Cristo ora em nós. Pois a liturgia é o sinal eficaz da presença salvífica de Cristo na sua Igreja. Sua oferta de salvação está eternamente ativa e presente diante do trono do Pai. Por nossa celebração dos mistérios divinos, somos atraídos para a ação salvífica de Cristo, e nossa oferta pessoal é transformada em um ato do Corpo de Cristo por meio da adoração do corpo com sua cabeça. Aquilo por que homens e mulheres se esforçaram em vão ao longo da história no ritual natural — o contato com o divino — é, em Cristo, transformado de imagem em realidade.

É claro, Cristo, por meio do Espírito, também faz todas essas coisas fora da liturgia — todo esse chamado, cura, nutrição, salvação e oração em nós e conosco. Então, o que há de tão especial na liturgia? Certamente não sua eficácia, pois Deus é sempre eficaz em tudo o que faz. Os obstáculos vêm de nós. O que é especial sobre a liturgia é que ela é uma atividade *visível* de *toda a* Igreja. De fato, em certo sentido, a Igreja é Igreja apenas na liturgia, pois uma reunião em seu sentido mais amplo é uma reunião apenas quando está reunida! A liturgia, portanto, é diferente da oração privada e de outros meios e veículos de graça e salvação por ser um "símbolo", um movimento simbólico que tanto expressa o que somos, como também nos chama a sê-lo mais plenamente. É uma celebração do fato de que fomos salvos em Cristo, e na própria celebração esse mesmo mistério salvador de Cristo é oferecido a nós novamente na anamnese para nossa aceitação infinitamente renovada, e como motivo perpétuo para nosso canto de jubiloso agradecimento e de louvor: "O Todo-Poderoso fez por mim grandes coisas: santo é o seu Nome" (Lc 1,49).

Fazemos tudo isso juntos porque *somos* um "juntos", e não apenas indivíduos. A salvação cristã é por sua própria natureza "Igreja", uma "reunião", um único Corpo de Cristo, e, se não expressamos isso, então não somos o que proclamamos ser. A redenção no Novo Testamento é uma união, uma solidariedade diante do mal deste mundo. Isso necessariamente leva à comunidade, porque apenas em comum novos valores humanos podem ser efetivamente liberados e cumpridos. Cristo veio não apenas para salvar as pessoas, mas para mudar o curso da história, criando o fermento de um novo grupo, um novo Povo de Deus, paradigma do que todos os povos um dia devem ser. Nos Atos dos Apóstolos, a vida desse grupo é sustentada em *reuniões*, e sua dinâmica básica é em direção à unidade: que possam ser um em Jesus, que possam se amar como Jesus os amou e como o Pai ama Jesus — essa é a vontade e oração de Jesus no último discurso do Evangelho de João (15,9 ss.; 17,20 ss.). Esse é o remédio para o ódio, a divisão e a inimizade, produtos do egoísmo que é a raiz de todo o mal.

A menos que seja visto nesse contexto mais amplo de toda a vida, o que a comunidade faz em suas sinaxes não faria muito sentido, pois a liturgia não é um fim em si mesma. É apenas o meio e a expressão de uma vida juntos em Cristo. É isto que é primordial: uma vida comum de apoio mútuo e generosidade, de colocar a si mesmo em segundo lugar para que os outros possam estar em primeiro lugar. A oração em comum é um dos meios para essa unidade, parte do cimento do grupo, bem como a sua alegre celebração do fato de que incoativamente, se não perfeitamente, essa unidade já existe.

Portanto, é para a *vida* que o culto sempre se direciona. Vemos isso em 1 Coríntios 11–14 e Mateus 5,23-24. Vemos isso na *Didaqué* 14:1-2: "E no dia do Senhor do Senhor, depois de vos terdes reunido, parti o pão e oferecei a Eucaristia, [...] Mas ninguém que tenha uma contenda com seu vizinho se junte a vós até que ele esteja reconciliado, para que vosso sacrifício não seja contaminado". Alguns anos depois, por volta de 111-113 d.C., vemos isso no relato truncado de uma assembleia cristã na carta do governador pagão Plínio ao imperador Trajano, durante a época das perseguições no Império Romano. Plínio interrogara os cristãos a respeito de suas reuniões privadas, que os puseram sob suspeita após o decreto de Trajano proibindo *hetaeriae* ou reuniões secretas. Plínio obviamente não compreendeu a informação que recebera deles. Mas entendeu que essas assembleias cristãs requeriam o comprometimento em relação a uma aliança com implicações éticas estritas:

> Eles insistiram, no entanto, que toda a sua falta ou erro consistia no fato de que estavam acostumados a se reunir antes do amanhecer em um dia determinado para cantar um hino a Cristo como Deus e se comprometer mutuamente, por meio de um voto religioso, não a algum crime, mas sim a não cometer nenhum furto ou roubo ou adultério, nem a voltar atrás com a sua palavra, nem recusar a devolução de um empréstimo quando este fosse cobrado (Plínio, o Jovem, *Ep.* 10, 96:7).

Vemos isso nas perguntas feitas aos *baptizandi* em Hipólito, *Tradição Apostólica* 20:

> E, quando forem escolhidos os que vão receber o batismo, examine-se a sua vida: tiveram vida virtuosa quando eram catecúmenos? Visitavam os enfermos? Fizeram todo tipo de bom trabalho? E, quando aqueles que os apresentaram testemunharem sobre cada um: "Ele fez", que ouçam o evangelho.

Em suma, a pedra de toque de nossa liturgia é se ela está ou não sendo vivida em nossa vida. O momento simbólico está simbolizando o que realmente somos? A nossa celebração compartilhada da vida é um sinal de que realmente vivemos dessa forma?

Ao assumir essa perspectiva, estamos fazendo exatamente o que vimos o Novo Testamento fazer com o mistério que é Cristo: nós o recordamos, fazemos anamnese dele, como um meio para reencontrar esse mistério, para que possamos vê-lo como ele é, o modelo e a fonte do que devemos ser. Mas seu propósito não é apenas didático. Sua luz resplandecente não serve apenas para iluminar nossas deficiências. Também queima nossa escuridão e nos atrai para sua luz divina.

Portanto, a liturgia tem precisamente a mesma dinâmica do Novo Testamento e também contém minha resposta a ele. Para me apropriar de uma expressão de Mark Searle, assim como a Bíblia é a Palavra salvadora de Deus nas palavras dos seres humanos, a liturgia são os atos salvíficos de Deus nas ações de homens e mulheres. E ambos têm o mesmo fim: que possamos responder ao chamado e vivê-lo. Em certo sentido, de fato, a liturgia é mais inclusiva do que as Escrituras, pois compreende *tanto* a Palavra salvadora *quanto* as ações salvadoras de Deus, e nossa resposta a ambas. Entretanto, assim como a Palavra e as ações de Deus são vistas aqui na forma sacramental, mas estão presentes a nós a cada momento, simbolizadas porém não esgotadas no movimento ritual, também minha resposta ritual é apenas o movimento simbólico do que deve ser a resposta de cada momento meu, com a ajuda de Deus.

Pois a liturgia é um encontro presente. A salvação é agora. A morte e a ressurreição de Jesus são eventos passados apenas em sua historicidade, isto é, com relação a nós. Mas elas estão eternamente presentes em Deus, que entrou em nossa história, mas não está enredado nela, e trouxeram a presença de Deus entre nós para o cumprimento em Jesus, e aquela realidade duradoura que encontramos em cada momento de nossa vida. O passado memorizado é o eficaz evento salvífico da salvação agora, re-(a)presentado em símbolo. No Senhor

Ressuscitado, a criação é finalmente vista como deveria ser, e Cristo é Adão, ou seja, toda a humanidade.

Portanto, o Jesus que recordamos é o cumprimento de tudo o que veio antes. Mas esse cumprimento do passado é direcionado ao futuro. Pois, assim como Cristo se tornou tudo e cumpriu tudo, para que possamos ser cumpridos devemos nos tornar ele. E só podemos fazer isso permitindo que ele nos conforme a ele próprio, ao seu padrão, o modelo da nova criação. É essa nossa transformação em uma nova humanidade que é o verdadeiro culto da Nova Lei. O antigo culto e sacerdócio foram substituídos pela auto-oferta do Filho de Deus, e nosso culto é repetir esse mesmo padrão em nossa própria vida, um padrão que celebramos em símbolo quando nos reunimos para recordar o que ele foi e o que nós devemos ser.

Para expressar essa identidade espiritual, São Paulo usa vários verbos compostos que começam com a preposição *syn* (com): Eu sofro com Cristo, sou crucificado com Cristo, morro com Cristo, sou sepultado com Cristo, ressuscito e vivo com Cristo, sou levado para o céu e sento-me à direita do Pai com Cristo (Rm 6,3-11; Gl 2,20; 2Cor 1,5; 4,7 ss.; Cl 2,20; Ef 2,5-6)[14]. Essa é uma das maneiras com que Paulo enfatiza a necessidade de participação pessoal na redenção. Devemos "revestir-nos de Cristo" (Gl 3,27), e assimilá-lo; de alguma forma experimentar com a graça de Deus os principais eventos pelos quais Cristo nos salvou e repeti-los no padrão de minha própria vida. Pois, ao sofrê-los, ele transformou as experiências humanas básicas em uma nova criação. Como vivenciamos esses eventos? Nele; entrando assim no mistério de sua vida, para que cada um possa afirmar com Paulo: "Com Cristo, eu sou um crucificado; vivo, mas não sou mais eu, é Cristo que vive em mim" (Gl 2,20).

Isso é o que é a vida cristã, nossa verdadeira liturgia. Nosso culto comum é uma metáfora viva dessa mesma realidade salvífica, não apenas a representando e re-apresentando constantemente em símbolo para evocar nossa resposta em fé e ações, mas efetuando-a ativamente em nós pelo trabalho do Espírito Santo, a fim de construir o corpo de Cristo em novo templo, liturgia e sacerdócio em que ofertante e oferta são um.

É isso que tenho em mente quando digo que toda a liturgia é anamnese. Não é apenas uma reminiscência psicológica, não apenas um recordar, mas uma profecia ativa, que se autorrealiza, e na qual, pelo poder de Deus, nos tornamos

14. Stanley, *A Modern Scriptural Approach*, 210-211.

o que celebramos, enquanto ao mesmo tempo lhe agradecemos e o glorificamos por essa grande dádiva.

2 Pedro 1,12-16 diz:

> Por isso tenho a intenção de *recordar*-vos sempre estas coisas, embora já o saibais e permaneçais firmes na verdade presente. Mas julgo ser justo [...] alertar-vos por meio de *lembretes* [...] Eu velarei com todo o cuidado para que, depois do meu passamento, tenhais a possibilidade, em qualquer ocasião, de conservar a *lembrança* destes ensinamentos. De fato, não é por termos ido atrás de fábulas sofisticadas que vos demos a conhecer a vinda poderosa de nosso Senhor Jesus Cristo, mas sim por tê-lo visto com nossos próprios olhos em todo o seu esplendor.

A liturgia também nos lembra os poderosos feitos de Deus em Cristo. E, ao sermos lembrados, nós recordamos; e, ao recordar, nós celebramos; ao celebrar, nós nos tornamos o que fazemos. O dançarino dançando é a dança.

Liturgia e espiritualidade

A vida cristã, de acordo com as várias metáforas do Novo Testamento, é um processo de conversão em Cristo[15]. Ele é o *Ursakrament* que vimos o Novo Testamento apresentar como a personalização de tudo o que veio antes, e a recapitulação, a conclusão, o modelo e o antegosto de tudo o que será. Como tal, ele não é apenas o mistério do amor do Pai por nós, "a imagem do Deus invisível" (Cl 1,15); ele também é a revelação do que devemos ser (1Cor 15,49; 2Cor 3,18; Rm 8,29). Sua vida é a história de entrar na humanidade pecaminosa e retorná-la ao Pai por meio da cruz, um retorno que foi aceito e coroado na redenção e na exaltação de Cristo (Fl 2,5 ss.). E essa mesma história, como vimos, também é apresentada como a história de todos, o arquétipo de nossa experiência de retornar a Deus por meio de uma vida de morte a nós mesmos, vivida segundo o padrão que Cristo nos mostrou: "Ele morreu por todos, a fim de que os vivos não vivam mais para si mesmos, mas para aquele que morreu e ressuscitou por eles" (2Cor 5,15).

No Novo Testamento, o próprio processo de sua composição revela a crescente percepção deste fato: nossa passagem final para o Pai pela morte e

15. Ver Searle, M., The Journey of Conversion, *Worship* 54 (1980) 48-49, e Id., Liturgy as Metaphor, *Worship* 55 (1981) 111 ss.

ressurreição devia ser precedida por uma vida de morte ao pecado e uma nova vida em Cristo. A essência da reflexão do Novo Testamento sobre a vida de Cristo é fazê-lo testemunhar esta nova consciência: a de que a nova era não seria um final rápido, mas uma nova história sagrada. Como disse o abade Patrick Regan, o eschaton não é um tempo ou uma coisa, é uma pessoa, o novo Adão, Jesus Cristo (1Cor 5,20 ss.42 ss.). E a nova criação é uma vida vivida nele (2Cor 5,13-19) — ou melhor, sua vida em nós (Gl 2,20)[16].

A liturgia tem, portanto, o mesmo propósito do evangelho: apresentar essa nova realidade em "anamnese" como um signo contínuo para nós, não de uma história passada, mas da realidade presente de nossa vida nele. "Eis que *agora* é o tempo aceitável; eis que *agora* é o dia da salvação" (2Cor 6,2). A liturgia da Igreja apresenta-nos uma celebração multidimensional dessa realidade básica, mas a realidade é sempre a mesma. O que celebramos é o fato de que Jesus viveu, morreu e ressuscitou para nossa salvação, e que morremos para o pecado e ressuscitamos para uma nova vida nele, na expectativa do cumprimento final. O Batismo celebra o início desse dom em nós. A Eucaristia o nutre e o celebra como comunidade de vida agora, e como sinal de que já começaram os últimos dias, quando comeremos e beberemos à mesa de Deus no reino.

Essa celebração comum da nossa salvação em Cristo é a mais perfeita expressão e realização da espiritualidade da Igreja. Existem muitas "escolas" de espiritualidade, mas elas são legítimas apenas na medida em que estão enraizadas no culto da Igreja. A finalidade da vida espiritual é "revestir-se de Cristo", até que se possa dizer, como São Paulo: "vivo, mas não sou mais eu, é Cristo que vive em mim" (Gl 2,20). E essa vida é criada, alimentada e renovada na liturgia. Batizados no mistério de sua morte e ressurreição, nós ressuscitamos nele, tendo nos "revestido de Cristo". Doravante ele habita em nós, reza em nós, anuncia-nos a palavra da sua nova aliança, sela-a com o seu sacrifício, alimenta-nos com o seu corpo e sangue, conduz-nos à penitência e à conversão, glorifica o Pai em nós. Na proclamação e na pregação, ele nos explica seu mistério; no rito e no canto, ele o celebra conosco; na graça sacramental ele nos dá a força para vivê-lo.

O mistério que é Cristo é o centro da vida cristã, e é esse mistério e nada mais que a Igreja renova na liturgia para que possamos ser atraídos para ele. Quando saímos da assembleia para voltar às nossas outras tarefas, temos apenas

16. Regan, Patrick, Pneumatological and Eschatological Aspects of Liturgical Celebration, *Worship* 51 (1977) 347.

de assimilar o que experienciamos antes e realizar o mistério em nossa vida: numa palavra, tornar-nos outros Cristos. Pois a finalidade da liturgia é gerar em nossa vida o que a Igreja realiza para nós em seu culto público. A vida espiritual é apenas outra palavra para uma relação pessoal com Deus, e a liturgia nada menos é do que a expressão comum da relação pessoal da Igreja com Deus.

Em tal espiritualidade litúrgica, o culto público da Igreja e a vida espiritual do indivíduo são uma coisa só. Toda a suposta tensão — na espiritualidade — entre público e privado, objetivo e subjetivo, litúrgico e pessoal, é uma ilusão, uma falsa dicotomia. Pois, em seu culto público, a Igreja realiza precisamente esse trabalho de formação espiritual.

O Ofício Divino como liturgia

Portanto, a liturgia é simplesmente uma celebração da vida cristã — ou da "vida espiritual", se assim se quiser —, e o mesmo se aplica à Liturgia das Horas. Não é nada mais nada menos do que uma celebração comum do que somos, ou melhor, do que nos tornamos e estamos sempre nos tornando em Cristo. E fazemos isso em comum porque toda a vida cristã é uma vida compartilhada, uma vida em grupo. Ao longo da história, grupos sociais sempre se reuniram para expressar em rito e festa sua visão comum do que são, porque essa é uma das formas de *sê*-lo. Um grupo que não faz nada como grupo não é um grupo.

Mas, se o que somos como grupo é o Corpo de Cristo, e se o Cristo eternamente presente é um hino eterno de louvor e glória diante do trono do Pai, é nossa vocação entrar nesse evento salvífico; viver essa vida de Cristo de louvor e glória sacerdotal. E assim a Igreja, como seu Corpo Místico, associa-se à oração sacerdotal eterna da sua cabeça. Ao fazê-lo, ela participa verdadeiramente do louvor salvífico de Cristo, segundo a teologia do Vaticano II na *Constituição sobre a Sagrada Liturgia* 83-85:

> Cristo Jesus, sumo sacerdote da nova e eterna aliança, assumindo a natureza humana, introduziu neste exílio terrestre aquele hino que é cantado em todas as épocas nos salões do céu. Ele une toda a comunidade da humanidade a si mesmo, associando-a ao seu próprio canto deste cântico de louvor divino. Pois ele continua sua obra sacerdotal por intermédio de sua Igreja, que está incessantemente empenhada em louvar ao Senhor e interceder pela salvação de todo o mundo. Ela o faz não apenas celebrando a Eucaristia, mas também de outras maneiras, especialmente rezando o Ofício Divino. [...] É verdadeiramente a voz da noiva dirigindo-se ao noivo; é a oração que o próprio

Cristo, junto com seu corpo, dirige ao Pai. Portanto, todos os que realizam este serviço não estão apenas cumprindo um dever da Igreja, mas também participando da maior honra concedida à esposa de Cristo, pois, ao oferecer esses louvores a Deus, eles se põem diante do trono de Deus em nome da Igreja, sua Mãe[17].

Espírito do ofício de catedral

Tradicionalmente, o louvor matinal e as vésperas, junto com a Eucaristia, têm sido os principais meios pelos quais a Igreja exerce esta *leitourgia*. Por si só, não há nenhum significado místico especial sobre a manhã e a tarde como momentos de oração. São o início e o fim do dia, por isso é perfeitamente natural selecioná-los como os "momentos simbólicos" em que expressamos o que deve ser a qualidade do dia inteiro. Como vimos no capítulo 3, os ofícios de catedral no início do século V haviam enriquecido a estrutura da salmodia e da oração com ritos e símbolos que revelavam as horas matutinas e vespertinas como sacramentos do mistério de Cristo. Nesse sentido, o ofício de catedral primitivo pode ser chamado de "santificação do tempo", pois o tempo é "sacramentalizado" em um símbolo do tempo que o transcende.

No mistério litúrgico, o tempo se transforma em evento, uma epifania do reino de Deus. Toda a criação é um sacramento cósmico de nosso Deus salvador, e o uso de tal simbolismo pela Igreja no ofício é apenas um passo na restauração de todas as coisas em Cristo (Ef 1,10). Para o cristão, tudo, incluindo a manhã e a tarde, o dia e a noite, o sol e seu ocaso, pode ser um meio de comunicação com Deus: "Os céus narram a glória de Deus, o firmamento proclama a obra de suas mãos" (Sl 18,1).

"Deus é luz" (1Jo 1,15)

O símbolo natural básico do qual brota essa elaboração ritual é, naturalmente, a luz, um tema que remonta ao Antigo Testamento e além, ao uso proeminente de imagens do sol no paganismo do mundo mediterrâneo.

> Por trás das imagens da luz e do sol nas religiões do Oriente Próximo estava a tentativa de encontrar significado e esperança para a vida humana na vitória

17. Abbott, W. M. (trad.), *The Documents of Vatican* II, New York, The America Press, 1966, 163-164.

diária da luz sobre as trevas: a aurora era o prenúncio do resgate divino e da salvação eterna. Na verdade, o poder da luz de trazer esperança é muito mais antigo e mais profundo do que a mera história humana. Ao responder ao poder da luz como eles responderam, as religiões do Oriente Próximo deram expressão litúrgica aos anseios e às agitações do protoplasma, a necessidade sem nome da própria substância da vida de ser sustentada pela luz[18].

Apesar do poder das imagens do sol e da luz no judaísmo helenístico (Fílon), ele não parece ter afetado de maneira especial o ritual da oração judaica da manhã e da tarde. A bênção Yotzer do Shemá recitada nessas horas na sinagoga realmente se refere à luz e às trevas no contexto da criação, mas sua aplicação simbólica não parece ter sido ritualizada: "Bendito seja tu, Senhor nosso Deus, Rei do universo, tu que formas a luz e crias as trevas, que fazes a paz e crias todas as coisas (Is 45,7), que iluminas a terra e os que nela habitam com misericórdia, e da tua bondade renovam diariamente a obra da criação [...]"[19].

De qualquer forma, os cristãos foram rápidos em aplicar esse simbolismo a Cristo; é um tema constante do Novo Testamento, especialmente na literatura joanina:

> Nele estava a vida e a vida era a luz dos homens. A luz brilha nas trevas, e as trevas não a compreenderam. Houve um homem enviado por Deus: seu nome era João. Ele veio como testemunha, para dar testemunho da luz, a fim de que todos cressem por ele. Ele não era a luz, mas devia dar testemunho da luz. Vinha ao mundo a verdadeira luz, que ilumina todo homem (Jo 1,4-9).
>
> Eu sou a luz do mundo. Aquele que vem em meu seguimento não andará nas trevas; ele terá a luz que conduz à vida (Jo 8,12; cf. 9,5).
>
> Aquele que me vê, vê Aquele que me enviou. Eu, a luz, vim ao mundo, a fim de que todo aquele que crê em mim não permaneça nas trevas (Jo 12,45-46; cf. 12,35-36).

Em Cristo, essa iluminação já foi realizada: "dai graças ao Pai que vos tornou capazes de partilhar da herança dos santos na luz. Ele nos arrancou ao poder

---

18. Pelikan, J., *The Light of the World. A Basic Image in Early Christian Thought*, New York, Harper & Brothers, 1962, 13.

19. Cf. Oesterly, W. O. E., *The Jewish Background of the Christian Liturgy*, Gloucester, Peter Smith, 1965, 48. Sem dúvida, a tradição judaica oferece paralelos no ritual das luzes de Hannukah e no ritual do acender das luzes do Sabbat na tarde de sexta-feira e da lâmpada de Havdalá ao término do Sabbat. Mas não conheço nenhum paralelo nos rituais *diários* domésticos ou sinagogais dos judeus nos primeiros séculos cristãos.

das trevas e nos transferiu para o Reino do Filho do seu amor; nele somos libertos; nossos pecados são perdoados" (Cl 1,12-13; cf. 1Ts 5,5; Hb 6,4; 10,32).

Efésios 5, bem como 1 João enfatizam que essa iluminação tem uma dimensão moral e comunitária:

> Deus é luz, e, de trevas, nele não há vestígio algum. Se dissermos: "Estamos em comunhão com ele", ao passo que andamos nas trevas, mentimos e não praticamos a verdade. Mas, se andamos na luz, como também ele está na luz, estamos em comunhão uns com outros, e o sangue de Jesus, seu filho, nos purifica de todo pecado (1Jo 1,5-7).
>
> Outra vez vos escrevo um mandamento novo, que é verdadeiro nele e em vós; porque vão passando as trevas, e a verdadeira luz já alumia. Quem pretende estar na luz, embora odiando seu irmão, está sempre nas trevas. Quem ama seu irmão, permanece na luz, e nele nada há que o faça tropeçar. Mas quem odeia seu irmão encontra-se nas trevas; ele caminha nas trevas e não sabe para onde vai, porque as trevas lhe cegaram os olhos (1Jo 2,8-11).

Mas talvez a passagem decididamente mais bela para nossos propósitos seja a descrição no Apocalipse da luz do Cordeiro na Cidade de Deus, a Nova Jerusalém. O visionário está descrevendo a Cidade Celestial:

> Nenhum templo, porém, vi na cidade, porque seu templo é o Senhor, o Deus Todo-Poderoso, bem como o Cordeiro. A cidade não precisa do sol nem da lua para a iluminarem, pois a glória de Deus a ilumina e sua lâmpada é o Cordeiro. As nações caminharão à sua luz; e os reis da terra lhe trarão sua glória. Suas portas nunca se fecharão durante o dia, pois nesse lugar não haverá mais noite [...] (Ap 21,22-26).

A passagem é um cumprimento deliberado da profecia de Isaías (60,1-3.11.19-20) na visão que o profeta tem da mesma morada celestial:

> Põe-te de pé e torna-te luz, pois está chegando a tua luz: a glória do Senhor se levantou sobre ti. Eis, as trevas cobrem a terra [...] mas sobre ti o Senhor vai levantar-se e a sua glória, sobre ti, é avistada. As nações vão caminhar para a tua luz e os reis, para a claridade da tua aurora. Suas portas ficarão permanentemente abertas, de dia, de noite, nunca serão fechadas [...] Doravante, a luz do dia para ti não será mais o sol nem a lua com seu luar, a luz da noite. É o Senhor que será para ti a luz perene, o teu Deus será o teu esplendor. Doravante o teu sol não se porá mais, a tua lua não mais desaparecerá, pois o Senhor será tua lua para sempre e os dias do teu luto terão passado [...]

Não demorou muito para que esse simbolismo se transformasse na poesia e nos hinos do culto cristão. Um venerável hino é citado em parte em Efésios 5,14. Clemente de Alexandria (morto em 215), *Protrepticus* 9, 84:2, fornece o texto completo:

> Desperta, ó tu que dormes,
> levanta-te dentre os mortos e sobre ti o Cristo resplandecerá,
> o sol da ressurreição, gerado antes da estrela da manhã (Sl 109),
> que dá vida com seus próprios raios.

Essa luz dada por Cristo é a salvação e é recebida no batismo. Hebreus 6,4-6, uma passagem notavelmente reminiscente dos três estágios da iniciação, fala de "pessoas que um dia receberam a luz, provaram o dom celeste, partilharam do Espírito Santo, saborearam a excelente palavra de Deus e os poderes do mundo vindouro". E, na Igreja primitiva, o batismo era chamado de "*phôtismos*" ou "*phôtisma*", iluminação; aqueles a serem batizados eram "*illuminandi, phôtizomenoi*".

Não é surpreendente, então, que os cristãos orassem voltados para o Oriente, como vimos no capítulo 2, vendo no sol nascente um símbolo de Cristo Ressuscitado, luz do mundo. Pois Malaquias 4,2 profetizou: "nascerá o sol da justiça, trazendo a cura em suas asas"; e Zacarias proclamou que em Jesus "virá nos visitar o astro nascente vindo do alto, que aparecerá aos que se acham nas trevas e na sombra da morte, a fim de guiar os nossos passos no caminho da paz" (Lc 1,78-79). Tampouco é notável que no ofício vespertino, celebrado ao pôr do sol e no início da escuridão, a hora de acendimento da lâmpada, os cristãos fossem atraídos para ver a lâmpada da tarde como um símbolo de Cristo, a luz do mundo, a lâmpada da Cidade Celestial onde não há escuridão nem noite, mas apenas dia, e para render graças a Deus por ela.

Como vimos em vários textos citados nos capítulos anteriores, essa "sacramentalização" do nascer e do pôr do sol, com sua lâmpada vespertina, não é de forma alguma uma novidade do século IV. Já na última década do século I, Clemente de Roma (1Clem. 24:1-3) relaciona a sucessão natural de luz e trevas com a ressurreição dos justos na parusia; e, por volta de 250, o tratado de Cipriano *Sobre o pai-nosso* 35-36 é o primeiro a aplicar o tema da ressurreição aos tempos iniciais da oração cristã:

> Também se deve orar pela manhã, para que a ressurreição do Senhor seja celebrada pela oração matinal. [...] Da mesma forma, ao pôr do sol, quando

passa o dia, é necessário orar. Pois, visto que Cristo é o verdadeiro sol e o verdadeiro dia, quando oramos e pedimos, no momento em que o sol e o dia do mundo se retiram, para que a luz venha sobre nós novamente, oramos pela vinda de Cristo, que nos fornece a graça da luz eterna. Pois nos Salmos o Espírito Santo declara que Cristo é chamado dia [...] "Eis o dia que o Senhor fez: que ele seja nossa felicidade e nossa alegria" (Sl 117,24). De igual modo, o profeta Malaquias atesta que ele é chamado de sol, quando diz: "Para vós que temeis meu nome levantar-se-á o sol de justiça, trazendo a cura em suas asas" (Ml 3,20).

Do que se segue, é evidente que Cipriano via esses momentos como sinais do que todo "tempo" cristão deve ser:

> Se, nas Sagradas Escrituras, Cristo é o verdadeiro sol e o verdadeiro dia, não se exclui nenhuma hora em que Deus deva ser adorado com frequência e sempre, para que nós, que estamos em Cristo, isto é, no verdadeiro sol e dia, perseveremos durante todo o dia em nossas petições, e oremos. E, quando pelas leis da natureza, segue-se o recorrente retorno da noite, não pode haver dano das trevas noturnas para os que rezam, porque, para os filhos da luz, mesmo à noite há dia. Pois, se alguém tem luz no coração, quando é que está sem luz? Ou, para quem Cristo é sol e dia, quando é que este não tem sol e dia?
>
> Portanto, nós que estamos sempre em Cristo, isto é, na luz, não cessemos de orar nem mesmo à noite [...] Nós, amados irmãos, que estamos sempre na luz do Senhor [...] devemos contar a noite como dia. Acreditemos que caminhamos sempre na luz. Não sejamos impedidos pelas trevas das quais escapamos, que não haja perda de orações durante a noite. [...] Que nós, que pela indulgência de Deus somos recriados e renascidos espiritualmente, imitemos o que estamos destinados a ser. Que nós, que no reino teremos apenas o dia, sem a interferência da noite, estejamos tão vigilantes à noite como à luz [do dia]. Nós, que devemos orar sempre e render graças a Deus, não cessemos de orar e agradecer aqui também.

Louvor matinal

Esses símbolos permaneceram parte integrante do tecido da oração diária cristã. Dietrich Bonhoeffer, um mártir do século XX que ninguém poderia acusar de estar apartado da cultura moderna e das agonias da história contemporânea, fala da oração matutina cristã comum em termos com os quais os Ciprianos e os Clementes, os Basílios e os Bentos, estariam completamente de acordo:

O dia do Antigo Testamento começa ao anoitecer e termina com o pôr do sol. É o tempo da expectativa. O dia da igreja do Novo Testamento começa com o romper do dia e termina com a aurora da manhã seguinte. É o tempo do cumprimento, a ressurreição do Senhor. Cristo nasceu à noite, uma luz na escuridão; a luz do meio-dia tornou-se noite quando Cristo sofreu e morreu na cruz. Mas, no alvorecer da manhã de Páscoa, Cristo saiu vencedor do túmulo [...] Cristo é o "sol da justiça", que se eleva sobre a congregação expectante (Ml 4,2), e aqueles que o amam "serão como o sol quando se levanta em sua força" (Jz 5,31). O início da manhã pertence à Igreja do Cristo ressuscitado. Ao romper do dia, ela recorda a manhã em que a morte e o pecado jazem em derrota, e nova vida e salvação foram dadas à humanidade.

O que nós hoje, que já não temos medo ou respeito diante da noite, sabemos da grande alegria que nossos antepassados e os primeiros cristãos sentiam todas as manhãs com o retorno da luz? Se voltássemos a aprender algo do louvor e adoração que são devidos ao Deus trino e uno ao nascer do dia, ao Deus Pai e Criador, que preservou nossa vida durante a noite escura e nos despertou para um novo dia, ao Deus Filho e Salvador, que conquistou a morte e o inferno por nós e habita em nosso meio como Vitorioso, ao Deus Espírito Santo, que derrama o brilho da Palavra de Deus em nosso coração ao amanhecer, afastando todas as trevas e todo pecado e ensinando-nos a orar corretamente — então também começaríamos a sentir algo da alegria que vem quando a noite passa e os irmãos que moram juntos em unidade se reúnem de manhã cedo para louvar a Deus em comum, ouvir a Palavra em comum e orar em comum. A manhã não pertence ao indivíduo; pertence à Igreja do Deus trino e uno, à família cristã, à irmandade. [...]

A vida comum sob a Palavra começa com um culto comum no início do dia. [...] O profundo silêncio da manhã é interrompido primeiramente pela oração e pelo canto da comunidade. [...]

Para os cristãos, o começo do dia não deve ser sobrecarregado e oprimido por preocupações persistentes com o trabalho do dia. No limiar do novo dia está o Senhor que o criou. Todas as trevas e distrações dos sonhos da noite se retiram diante da luz clara de Jesus Cristo e de sua Palavra que desperta. Toda inquietação, toda impureza, todo cuidado e ansiedade fogem diante dele. Portanto, no início do dia, que todas as distrações e conversas fúteis sejam silenciadas e que o primeiro pensamento e a primeira palavra pertençam àquele a quem pertence toda a nossa vida. "Desperta, ó tu que dormes, levanta-te dentre os mortos e sobre ti o Cristo resplandecerá" (Ef 5,14)[20].

---

20. Bonhoeffer, Dietrich, *Life Together*, San Francisco, Harper & Row, 1954, 40-43. Agradeço ao meu colega John Allyn Melloh por esta referência.

Desse modo, no início do dia, fazemos como Jesus fazia (Mc 1,35), começamos o dia com oração. No louvor da manhã, renovamos o nosso compromisso com Cristo, consagrando o dia mediante ação de graças e louvor. E a hora fornece nossos símbolos. O sol nascente, uma das maravilhas contínuas da criação de Deus, fonte de vida e alimento, calor e luz, leva-nos espontaneamente ao louvor, à gratidão e à oração pela proteção ao longo do dia. E, visto que celebramos o que somos, e o cerne de nossa realidade é que fomos salvos pela morte e ressurreição salvíficas de Jesus, o sol nascente evoca em nossa mente aquele verdadeiro Sol da Justiça cujo surgimento nos proporciona a luz da salvação. Outra parte da nossa celebração é o exercício da nossa intercessão sacerdotal em prol de todo o mundo, pois, como corpo de Cristo, também partilhamos as suas responsabilidades.

Como vimos nos capítulos 3-4, Basílio (*Regras maiores* 37,3), Crisóstomo (*Comentário sobre Sl 140*; *Catequeses batismais* VIII, 17) e as *Constituições Apostólicas* (VIII, 38-39) deixam claro que o louvor matinal servia para consagrar o dia às obras de Deus, para agradecê-lo pelos benefícios recebidos, especialmente o benefício da redenção na ressurreição de seu Filho, para reacender nosso desejo por ele como um remédio contra o pecado no início do dia e pedir ajuda contínua. Na *Conferência* 21:26, Cassiano fez o abade Theonas exortar longamente os monges sobre os mesmos temas[21]:

> Mas o que direi das primícias que certamente são oferecidas por todos os que servem a Cristo fielmente? Pois, quando as pessoas acordam do sono e se levantam com vigor renovado após o repouso, antes que recebam qualquer impulso ou pensamento em seu coração, ou admitam qualquer lembrança ou consideração de trabalhos, consagrem seus primeiros e nascentes pensamentos como oferendas divinas. O que eles estão realmente fazendo senão oferecendo as primícias de nossos frutos por meio do Sumo Sacerdote Jesus Cristo para o desfrute desta vida e uma figura da ressurreição diária? E também, quando despertos do sono, oferecem a Deus um sacrifício de alegria e o invocam com o primeiro movimento de sua língua e celebram seu nome e louvor; e, ao abrirem, como a primeira coisa [que fazem], a porta de seus lábios para cantar hinos a ele, oferecem a Deus os ofícios de sua boca; e a ele

21. Adaptado de NPNF, ser. 2, v. 11, 513-514. Observe-se nessa passagem como os antigos consideravam o sono uma espécie de morte. Sobre isso, ver BACHT, H., Die Motives des Schlafentzugs im frühen Monchtum. In: PFLUG, G.; Eckert, B.; FRIESENHAHN, H. (org.). *Bibliothek-Buch-Geschichte. Kurt Köster zum 65. Geburtstag*, Frankfurt, Vittorio Klostermann, 1977, 357-360.

também, da mesma forma, trazem as primeiras ofertas de suas mãos e seus pés, quando se levantam da cama e se põem em oração. E, antes de usar seus membros para seus próprios fins, não tomam para si nada de seu serviço, mas avançam seus passos para sua glória, e os usam em seu louvor; e assim produzem os primeiros frutos de todos os seus movimentos estendendo as mãos, dobrando os joelhos e prostrando todo o corpo. Pois de nenhuma outra maneira podemos cumprir o que cantamos no salmo: "Antecipei-me à aurora e grito"; "de manhã, minha oração já está diante de ti" (Sl 118,147-148; 87,14), a menos que, depois de nosso descanso no sono, quando, como dissemos acima, somos restaurados das trevas e da morte para esta luz, tenhamos a coragem de não começar por tomar para nosso próprio uso qualquer um de todos os serviços tanto da mente como do corpo. [...] E muitos, mesmo dentre aqueles que vivem no mundo, observam este tipo de devoção com extremo cuidado, quando se levantam antes do amanhecer, ou muito cedo, e não se dedicam de forma alguma aos negócios comuns e necessários deste mundo antes de se apressar rumo à igreja e se esforçar para consagrar aos olhos de Deus as primícias de todas as suas ações e obras.

Vésperas

Ao anoitecer, após um dia de trabalho, nos voltamos mais uma vez para Deus em oração. O término do dia nos lembra as trevas da paixão e morte de Cristo, e a natureza passageira de toda a criação terrena. Mas o dom da luz nos faz lembrar novamente de Cristo, a luz do mundo. Com as vésperas fechamos o dia, tal como as completas nos posteriores ofícios monásticos urbanos. E, tal como na oração matutina, o serviço das vésperas termina com intercessões pelas necessidades de toda a humanidade; em seguida, na coleta e bênção final, agradecemos a Deus pelas graças do dia, sobretudo pela graça do Cristo Ressuscitado. Pedimos perdão pelos pecados do dia e rogamos por proteção durante a noite que se aproxima, pois somos exortados: "não se ponha o sol sobre o vosso ressentimento. Não deis oportunidade alguma ao diabo [...] Qualquer amargura, irritação, cólera, tudo isso deve desaparecer do meio de vós, bem como toda espécie de maldade. Sede bons uns para com os outros, sede compassivos; perdoai-vos mutuamente como Deus vos perdoou em Cristo" — e a motivação é clara: "pois somos membros uns dos outros" (Ef 4,25-32).

Em *Regras maiores* 37,4, Basílio enfatiza o agradecimento e a confissão das faltas do dia como o propósito da hora vespertina:

> E, quando o dia termina, devemos agradecer pelo que nos foi dado durante o dia ou pelo que fizemos corretamente, e confissão deve ser feita pelo que

erramos — uma ofensa cometida, seja voluntária ou involuntária, ou talvez despercebida, seja em palavras ou atos ou no próprio coração —, conquistando o favor de Deus em nossas orações por todas as nossas falhas. Pois o exame das ações passadas é um grande auxílio para a prevenção de falhas semelhantes no futuro.

A coleta que conclui as vésperas nas *Constituições Apostólicas* VIII, 37 expressa uma noção semelhante:

> Ó Deus [...] que fez o dia para as obras de luz e a noite para o alívio de nossa enfermidade [...] misericordiosamente aceita agora nosso agradecimento noturno. Tu, que nos fizeste atravessar o dia até o princípio da noite, preserva-nos por meio de teu Cristo. Conceda-nos um fim de tarde pacífico e uma noite livre de pecado, e nos dá vida eterna por meio de teu Cristo [...]

O segundo elemento básico do rito das vésperas em cada tradição é o agradecimento pela luz, em que a Igreja usa o acender da lâmpada ao pôr do sol para nos lembrar da visão joanina do Cordeiro que é a lâmpada eterna da Jerusalém celestial, o sol que nunca se põe. Vimos isso já no início do século II no rito doméstico ao qual Tertuliano faz alusão em sua *Apologia* 39:18, e que está descrito nas *Tradições Apostólicas* 25, com sua oração de agradecimento pela lâmpada ao anoitecer:

> Damos-te graças, Senhor, por meio de Teu Filho Jesus Cristo, nosso Senhor, por quem tens brilhado sobre nós e nos revelado a luz inextinguível. Assim, quando tivermos completado a duração do dia e chegado ao início da noite, e quando nos tivermos contentado com a luz do dia que criaste para nossa satisfação; e agora que, pela tua graça, não nos falta a luz do entardecer, nós te louvamos e glorificamos mediante teu Filho Jesus Cristo, nosso Senhor, por meio do qual sejam a glória, o poder e a honra a ti com o Espírito Santo, agora e sempre, pelos séculos dos séculos. Amém.

Crisóstomo em Antioquia não menciona um lucernário, mas discute mais de uma vez sobre o tema da penitência e da reconciliação nas vésperas:

> [...] que cada um se dirija a seus afazeres com temor e tremor, e passe o dia como quem é obrigado a voltar aqui ao anoitecer para apresentar ao mestre um relato do dia e pedir perdão pelas falhas. Pois é impossível, mesmo que sejamos dez mil vezes vigilantes, evitar sermos suscetíveis a todos os tipos de falhas [...] E é por isso que sempre ao anoitecer devemos pedir perdão ao mestre por todas essas faltas. [...] Em seguida, devemos passar o tempo da

noite com sobriedade, e, desse modo, estaremos prontos para nos apresentar mais uma vez no louvor da manhã (*Catequeses batismais* VIII, 17-18)[22].

Com efeito, o arrependimento é a razão pela qual os Padres escolheram o Salmo 140 para as vésperas, segundo o *Comentário ao Salmo 140*, 1, de Crisóstomo: "Ordenaram que fosse dito como um salutar remédio e perdão dos pecados, para que tudo o que nos tenha maculado ao longo do dia [...] ao entardecer nós nos livramos disso por meio dessa canção espiritual. Pois é, de fato, um remédio que destrói todas essas coisas"[23].

Portanto, para Crisóstomo, as vésperas são basicamente um serviço penitencial e, poderíamos acrescentar, eficaz, pois o perdão humildemente pedido é, de fato, concedido. Nas tradições orientais, a oblação de incenso que acompanha esse salmo vesperal (inspirado, sem dúvida, no versículo 2: "Que minha prece seja o incenso diante de ti, e minhas mãos erguidas, a oferenda da tarde") tem um significado penitencial em referência à nossa auto-oferta de arrependimento que se eleva com nossas orações e mãos erguidas.

Oração escatológica

O pedido de proteção durante a escuridão da noite tem conotações escatológicas. Não sabemos o dia nem a hora (Mt 24,36; 25,13); a morte chega como um ladrão à noite (1Ts 5,2; 2Pd 3,10; Ap 3,3; 16,15); o noivo vem à noite e devemos ser encontrados à espera, lâmpadas nas mãos (Mt 25,1-13). Esse é um tema padrão da oração noturna; também o é o tema cósmico daqueles que em vigília unem suas vozes às dos anjos e de toda a criação em louvor a Deus, como no *Benedicite* de Daniel, enquanto o mundo dorme.

O cânone 27 dos *Cânones de Hipólito* do Egito por volta de 336-340 expressa esse tema escatológico, mostrando como ele forma a ponte que une as orações da tarde e da manhã, que, mais uma vez, como toda liturgia, são simplesmente momentos expressivos do hino incessante de louvor que é a vida cristã:

> Que cada um tenha o cuidado de orar com grande vigilância no meio da noite, pois nossos pais disseram que a essa hora toda a criação é assídua no serviço de louvar a Deus, todas as hostes angelicais e as almas dos justos bendizem a Deus. Pois o Senhor dá testemunho disso, dizendo: "No meio

22. Wenger, (org.), (SC 50), 256-257.
23. *PG* 55, 427.

da noite, ressoou um grito: 'Eis o esposo! Saí ao seu encontro'" (Mt 25,6). Ao canto do galo, novamente, é um momento em que há orações nas igrejas, pois o Senhor diz: "Vigiai, pois, porque não sabeis quando vai chegar o senhor da casa, se à tarde ou no meio da noite, ao cantar do galo ou de manhã" (Mc 13,35), o que significa que devemos louvar a Deus a cada hora. E, quando um homem dorme em sua cama, deve orar a Deus em seu coração[24].

Deve ficar claro a partir desses textos que a tradição mais antiga de oração pública não eucarística nada tinha a ver com teorias da "santificação do tempo", com *kairós* e *chronos*, com uma liturgia do "tempo" ou da "história" distinta da Eucaristia "escatológica". Em vez disso, o ofício da manhã dedica o novo dia a Deus, e o ofício vespertino no final do dia nos leva a refletir sobre as horas que acabaram de passar, com agradecimento pelo bem que elas trouxeram e tristeza pelo mal que fizemos.

Observe-se a límpida simplicidade da teologia litúrgica da Igreja primitiva refletida na estrutura básica e no espírito do louvor matinal e das vésperas. Como todas as orações do Antigo e do Novo Testamento, eles são uma glorificação de Deus que brota da proclamação jubilosa de seus atos salvíficos: "Porque o Todo-Poderoso fez por mim grandes coisas: santo é o seu Nome!" (Lc 1,49). Este é o cerne da oração bíblica: lembrança, louvor e agradecimento — e estes podem então desembocar em pedido pela continuação desse cuidado salvífico em nosso tempo de necessidade atual. A recordação, a anamnesis, está também no cerne de toda celebração ritual, pois as celebrações são celebrações *de* algo: por meio do símbolo, do gesto e do texto tornamos presente — proclamamos — mais uma vez a realidade que festejamos.

Na tradição litúrgica primitiva, essa realidade é um acontecimento único, o mistério pascal em sua totalidade, o mistério de Cristo e da nossa salvação nele. Esse é o significado do batismo; é o significado da Eucaristia; é também o significado do ofício. A anamnese do evento de Cristo é a fonte de toda oração cristã. Isso ainda se reflete no próprio do ofício bizantino encontrado no ciclo diário dos *Oktoechos*: os textos são todos diretamente focados no mistério pascal da salvação. Aqui estão, por exemplo, alguns dos refrãos do ofício bizantino para as vésperas de sábado, tom 3:

> Tudo foi iluminado por tua Ressurreição, ó Senhor, e o Paraíso foi aberto novamente; toda a criação, exaltando-te, oferece a ti o hino perpétuo de louvor.

24. PO 31, 397.

> Nós nos prostramos em adoração diante de tua preciosa Cruz, ó Cristo, e louvamos e glorificamos tua Ressurreição: pois foi por tuas feridas que fomos curados.
>
> Louvamos o Salvador, encarnado de uma Virgem: porque foi crucificado por nós e ressuscitou ao terceiro dia, concedendo-nos a grande misericórdia.
>
> O Cristo, tendo descido entre os que estavam no Inferno, proclamou, dizendo: "Coragem, eu venci. Eu sou a Ressurreição e vos levarei embora, depois de ter destruído as portas da morte".
>
> Nós, que indignamente permanecemos na tua casa pura, entoamos o hino da noite, clamando das profundezas: "Ó Cristo, nosso Deus, que iluminaste o mundo com a tua ressurreição, livra o teu povo dos teus inimigos, tu que amas a humanidade".
>
> Ó Cristo, que pela tua Paixão escureceste o sol e com a luz da tua Ressurreição iluminaste o universo: acolhe o nosso cântico noturno de louvor, ó tu que amas a humanidade.
>
> Tua ressurreição vivificante, ó Senhor, iluminou o mundo inteiro, e tua própria criação, que havia sido corrompida, foi chamada de volta. Portanto, libertos da maldição de Adão, clamamos: "Ó Senhor todo-poderoso, glória a ti".
>
> Tu passaste pela morte, ó Cristo, para libertar nossa estirpe da morte; e, tendo ressuscitado dos mortos no terceiro dia, ressuscitaste contigo aqueles que te reconhecem como Deus, e iluminaste o mundo. Ó Senhor, glória a ti[25].

É incorreto, portanto, ver o Ofício Divino principalmente como "histórico" em vez de "escatológico". Teologicamente, a vinda de Cristo é um evento indivisível, embora possa se cruzar com a história humana em diferentes momentos. O eschaton, o cumprimento final da história, já ocorreu em Cristo. O tempo do reino, o início dos dias finais, já começou. Em *todo* verdadeiro culto cristão a ênfase básica deve estar *sempre* nesse elemento escatológico; na história da salvação, sim, mas como uma realidade indivisível e eternamente presente que é o Reino de Deus em sua plenitude na Páscoa de Cristo.

Portanto, a Liturgia das Horas, como toda liturgia cristã, é uma proclamação escatológica da salvação recebida em Cristo, e uma glorificação e um agradecimento a Deus por esse dom. Nesse sentido original e primitivo, a Liturgia das Horas — na verdade, toda liturgia — está além do tempo. Para o cristão, realmente não há espaço sagrado, nem pessoas ou tempos sagrados: todos são redimidos em Cristo, para quem só Deus é santo, e aqueles a quem ele deu sua santificação, seus santos, ou seja, seu povo.

25. Tradução adaptada de Nadson, *The Order of Vespers in the Byzantine Rite*, 42-43.

O desenvolvimento posterior do calendário cristão e de seu próprio introduziu nos ofícios comemorações históricas de eventos individuais da história da salvação. Mas isso não deve obscurecer a pureza original do significado da primitiva oração cristã da manhã e da tarde, que não era uma "comemoração histórica" nem uma "liturgia do tempo" em oposição ao serviço "escatológico, além-do-tempo" da Eucaristia. Ambos eram e são um louvor do mesmo Deus pela mesma razão: Cristo.

Os cristãos, por meio da fé, tinham a alegria suprema de saber que viviam uma nova vida em Cristo, uma vida de amor compartilhada com todos da mesma fé. Para aqueles que podiam se reunir ao amanhecer, o que poderia ter sido mais normal do que voltar os primeiros pensamentos do dia para esse mistério de sua salvação e louvar e glorificar a Deus por isso? E no final do dia eles se reuniam mais uma vez para pedir perdão pelas faltas do dia e louvar a Deus mais uma vez por seus feitos poderosos. Dessa maneira, o ritmo natural do tempo se tornava um hino de louvor a Deus e uma proclamação, perante o mundo, da fé em sua salvação em Cristo.

O ofício como celebração de nossa vida em Cristo

A Liturgia das Horas é, portanto, uma santificação da vida, ao nos voltarmos para Deus no início e no final de cada dia para fazer o que toda liturgia sempre faz — celebrar e manifestar em momentos rituais o que é e deve ser a postura constante de cada minuto nosso do dia: nossa oferta sacerdotal incessante, em Cristo, de nós mesmos, para o louvor e a glória do Pai, em agradecimento pelo seu dom salvífico em Cristo.

Pois o ritual cristão se distingue não apenas por seu cumprimento escatológico e seu realismo sacramental; também é distintivo por ser apenas a expressão externa do que está presente dentro de nós. A salvação é uma realidade interior que implica todo um modo de vida. Portanto, o verdadeiro ritual cristão é o oposto dos rituais mágicos, que se concentram no funcionamento das coisas. O ritual cristão é *personalista*: o propósito da Eucaristia não é mudar o pão e o vinho, mas nos mudar, a você e a mim. E assim nossa liturgia deve ser uma expressão da aliança em nosso coração, uma celebração do que somos. Caso contrário, é uma demonstração vazia.

Portanto, existe na liturgia uma dialética constante entre a celebração e a vida. Pois, se não vivemos o que celebramos, nossa liturgia é uma insignificante expressão do que não somos. Como vimos no Novo Testamento, especialmente em São Paulo, o verdadeiro culto do cristão é interior. É a vida da auto-oblação na caridade, uma vida como a de Cristo, que é vivida no serviço de amor — em suma, uma vida de autoentrega. Paulo diz aos coríntios que sua Eucaristia, de fato, não é Eucaristia, porque o mistério da comunhão, isto é, a unidade em Cristo, que a Eucaristia expressa não foi vivido em suas vidas (1Cor 11,17-34).

Esse mistério é um mistério da oferta de si, de doação pelos outros, em obediência à vontade do Pai, que nos mostrou, em Cristo, que essa é a única vida digna das pessoas humanas. Isso é o que São Paulo quer dizer em Romanos 12,1: "Eu vos exorto pois irmãos, em nome da misericórdia de Deus, a vos oferecerdes vós mesmos em sacrifício vivo, santo e agradável a Deus: *este será o vosso culto autêntico*". Na presente dispensação, é claro, há apenas um sacrifício aceitável, o de Cristo. Mas sua oferta precisa ser preenchida. Devemos preencher o que está faltando no sacrifício de Cristo (ver Cl 1,24). Isso não significa que a obra salvífica de Cristo foi imperfeita. Em vez disso, ela permanece incompleta até que todos os homens e mulheres tenham livremente entrado na oferta de Cristo, fazendo de suas vidas, também, uma oblação cristã. Essa oferta é agradável aos olhos de Deus somente porque Cristo fez de nós seu corpo, de forma que nossa oferta se une à dele e é por ela transformada.

Fazemos essa oferta em cada ato de nossa vida cristã. Nós a fazemos quando nossa fé é expressa na caridade, como em Hebreus 13,15-16: "Por Jesus, ofereçamos sem cessar a Deus um sacrifício de louvor, isto é, o fruto dos lábios que confessam o seu nome. Não olvideis a beneficência e o mútuo auxílio comunitário, *pois são estes sacrifícios que agradam a Deus*". Também oferecemos liturgia quando proclamamos nossa fé. Em Filipenses 2,17, Paulo fala do "sacrifício litúrgico que é vossa fé". Em Romanos 1,9, ele diz "Deus, ao qual presto um culto com minha pessoa, proclamando o Evangelho de seu filho", e em 15,16: "Meu serviço sacerdotal é o anúncio das boas novas de Deus".

É por isso que somos todos sacerdotes: como cristãos, *oferecer* é da própria essência de nossa vida. E tudo o que temos para oferecer somos nós próprios, como testemunho da nossa fé, professando-a perante os outros e vivendo-a no amor. 1 Pedro 2,2 diz: "Vós sois a raça eleita, a comunidade sacerdotal real, a nação santa, o povo que Deus conquistou para si, para que proclameis os altos feitos daquele que das trevas vos chamou para sua maravilhosa luz".

Portanto, para o Novo Testamento não há separação entre liturgia e vida. Nossa vida cristã é nossa liturgia. É por esse motivo que o Novo Testamento usa o vocabulário litúrgico e sacerdotal apenas para duas coisas: 1) para Cristo e sua oferta; 2) para todos nós e a oferta de nossa vida. Para o cristão, então, culto, sacrifício, liturgia são uma vida de fé e amor fraterno, ou seja, de entrega a Deus e serviço aos outros. E esses dois, fé e caridade, são realmente uma coisa só. Pois, pela fé, vemos o mundo como o lugar onde o amor de Deus é ativo e concedido a cada pessoa de uma maneira única; e, portanto, vemos cada pessoa como amável. Dizer "sim" a Deus e "não" às pessoas é impossível para o cristão. "Se alguém disser: 'Amo a Deus', e odeia seu irmão, é um mentiroso" (1Jo 4,20). O culto, portanto, não é um departamento da vida; é a própria vida.

Toda verdadeira liturgia cristã é uma celebração dessa realidade. Assim, os ofícios no início e no final do dia são apenas momentos rituais simbólicos do tempo como um todo. Nessa condição, eles são uma proclamação de fé ao mundo e participam de nossa missão de testemunhar Cristo e sua salvação. Também são um louvor e ação de graças por esse dom da salvação em Cristo. Por fim, são nossa oração sacerdotal, como povo sacerdotal de Deus, para as nossas necessidades e as do mundo inteiro.

Espírito do ofício monástico

O trecho de *Constituições Apostólicas* II, 59, citado no início deste capítulo, exorta a Congregação a estar regularmente presente nos ofícios da oração da manhã e das vésperas, bem como na vigília dominical e na Eucaristia. Afirma explicitamente que essa exortação é dirigida não apenas ao clero, mas também aos leigos.

Essa passagem é importante para neutralizar um equívoco comum, frequentemente expresso em documentos modernos sobre o ofício: a noção de que certas categorias e grupos na Igreja são "delegados" a orar o ofício em nome da Igreja. Quando presbíteros e diáconos são ordenados hoje no Rito romano, eles são solicitados a rezar pela Igreja. Acho importante entender essas noções posteriores no contexto da tradição primitiva. Podemos e devemos orar *por* todos, incluindo a Igreja e suas necessidades e intenções. Mas ninguém pode orar *no lugar de* outra pessoa, como uma espécie de roda de oração viva que gira vicariamente enquanto o mundo se ocupa com seus negócios. Alguns podem ser chamados a assumir livremente as obrigações de uma vida mais totalmente dedicada à oração em comum, mas não no sentido de que sejam "orantes oficiais" por outros, os quais, por isso, poderiam se considerar dispensados do mandamento evangélico de orar. O fardo da oração comum incumbe a todos.

Muitos clérigos católicos latinos pós-Vaticano II consideram a obrigação canônica de recitar o breviário o resultado de um legalismo tridentino posterior, inadequado à nossa mentalidade "moderna". A verdade da questão é um pouco diferente. A privatização do ofício em um breviário tornado livro de orações clerical certamente não é tradicional, pois tradicionalmente a Liturgia das Horas é algo que *um grupo celebra*, não algo que *um indivíduo lê*. O maior estreitamento disso numa grave obrigação canônica foi ainda um desenvolvimento posterior na Igreja latina, num período em que sua vida encontrou expressão na multiplicação da legislação canônica. Mas não é totalmente fora da tradição pensar que a assistência em comum nos horários da catedral principal é considerada obrigatória. A novidade é pensar que *apenas* o clero é obrigado. Na Igreja primitiva, isso era uma obrigação tanto da esposa ou avó do padre quanto do próprio padre. O que é não tradicional, portanto, não é a *obrigação* do ofício, mas sua *clericalização*. Como tantas outras coisas na história da Igreja, o que antes era propriedade de todo o Povo de Deus degenerou num resíduo clerical, apenas uma reminiscência do que estava destinado a ser.

Mas o que dizer das horas monásticas? Isso não contradiz o que tantas vezes ouvimos sobre o propósito da obrigação do coro? É certo que as ordens monásticas são delegadas a oferecer o culto oficial em nome de toda a Igreja?

De acordo com Dom Adalbert de Vogüé, no capítulo 8 de seu clássico comentário sobre a *Regra de São Bento* concernente ao significado do Ofício Divino, nenhum monge antigo em suas orações tinha ideia de "realizar um ato em nome da Igreja"[26]. Essa noção puramente latina é em grande parte o resultado do monaquismo urbano no Ocidente dos séculos V ao VI, quando as comunidades monásticas serviam aos principais santuários da cidade, como as grandes basílicas romanas, e eram responsáveis pelo culto. Isso, por fim, resulta na ideologia cluniacense do "*monachus propter chorum*", e passou para a literatura do renascimento beneditino dos tempos modernos, como na seguinte citação do comentário de Delatte de 1913 sobre a regra beneditina: "O trabalho próprio e distintivo do beneditino, sua sorte na vida, sua missão, é a liturgia. Ele faz a sua profissão para ser na Igreja uma sociedade de louvor divino, alguém que glorifica a Deus segundo as formas instituídas pela Igreja, a qual sabe glorificar o Senhor"[27].

Mas os primeiros monges não tinham essa "mística litúrgica", que se deve mais ao renascimento religioso neogótico do romantismo do século XIX do que

---

26. DE VOGÜÉ, *La Regle de s. Benôit* VII, 193 ss. (trad. inglesa CS 54, 139).

27. Apud Ibid., 196 (trad. inglesa CS 54, 134); cf. as opiniões semelhantes citadas na p. 197.

aos Padres da Igreja. O significado da palavra "monge" é um inimigo de tais distinções. Para o monge antigo, a vida era uma oração contínua, sem compartimentação da vida em oração "litúrgica" e outros tipos de oração e trabalho. A única regra era a primazia absoluta do espiritual na vida cotidiana desses homens. O movimento monástico começou na segunda metade do século III com os "solitários", porém o significado original de *monachos* não é viver sozinho, mas viver sem uma esposa. Sua motivação é a necessidade de um coração "unificado": "Senhor, mostra-me teu caminho e eu me conduzirei segundo a tua verdade. Unifica meu coração para que ele tema o teu nome. Senhor meu Deus, quero celebrar-te de todo o coração" (Sl 86,11-12).

Segundo 1 Coríntios 7,32, a pessoa casada é "dividida" (*memeristai*) pelos cuidados familiares; o monge é dedicado ao serviço de Deus "indivisivelmente", sem nenhum outro objetivo ou tarefa na vida[28]. "O foco em uma só coisa" é a característica do monge, e o objetivo dessa existência unilateral era a vida com Deus, uma vida vivida por meio da oração incessante. Assim, os monges oravam enquanto trabalhavam, e trabalhavam enquanto oravam. Onde quer que estivessem, refeitório, oratório, oficina, cela, as diferenças eram apenas acidentais. O que eles buscavam, em última análise, era o que os autores espirituais modernos chamariam de *estado de oração*[29], um grau de perfeição espiritual conhecido do movimento hesicasta no Oriente bizantino, no qual cada respiração, a própria existência de cada um é uma oração contínua, não sujeita à fragmentação em sucessivos atos, nem à interrupção por atividades externas.

Atividades necessárias, como comer, forçavam o monge antigo a interromper seus *ofícios*, sua salmodia, suas prostrações; mas ele nunca interrompia sua oração! Portanto, a regra não era, como hoje, fixar um número *mínimo* de horas para oração e dar o restante do tempo a outras ocupações, mas fixar uma quantidade *máxima* de tempo a ser relutantemente concedida a necessidades físicas como o sono, e dar o restante à oração. Deus é tudo e exige não uma parte do nosso tempo, mas todo ele. O *monachos* era o unilateral, o que não se distraía, com uma ideia fixa, sintonizado somente em Deus.

De fato, em certo sentido, pode-se dizer que os primeiros anacoretas viviam a liturgia em vez de celebrá-la. A vida parecia ter substituído a liturgia,

---

28. Guillaumont, Antoine. *Aux origines du monachisme chrétien: Pour une phenomenologie du monachisme, Bégrolles-en-Mauges, Abbaye de Bellefontaine,* s.d., 218-223.

29. Ver Hausherr, Comment priaient les pères, 39 ss.

exceto para os serviços de fim de semana que eles tinham em comum com todos os cristãos. No restante do tempo, toda a sua vida era uma oração viva. Só mais tarde o ofício monástico se separa do resto da vida e se torna uma "obrigação", um *pensum* a ser cumprido sempre que possível.

Mais tarde, também, vem a noção do ofício monástico como um "culto público". Com base nos documentos citados no capítulo 4, é evidente que a salmodia originalmente monástica era a Palavra de Deus para nós, como de Vogüé apontou[30]. Os salmos dos monges não eram cantos de louvor na boca da Igreja, como na oração da catedral, mas a Palavra de Deus sobre a qual se meditava antes de se dirigir a ele com uma resposta devota. Só mais tarde a salmodia monástica é vista como a oração da Igreja a Deus, nossa mensagem a ele, aproximando-se assim da noção do louvor matinal e das vésperas de catedral. Vemos essa mudança já na pré-beneditina *Regra do Mestre* 47. É claro, as duas ideias não se opõem, pois Deus é de fato glorificado na liturgia por nós — mas apenas na medida em que somos santificados por sua graça, pois nossa glorificação a ele é seu presente para nós, não nosso para ele. Mas essa mudança de ênfase é digna de nota, pois assim chegamos a uma noção cultual de salmodia monástica que simplesmente não é encontrada nos textos monásticos do final do século IV e início do século V. A oração monástica antiga expressava uma espiritualidade diferente daquela que animava as horas de catedral. Toda a vida cenobítica era uma comunhão, e, portanto, também uma comunhão na oração, mas os primeiros cenobitas não tinham a menor noção de participar de uma oração "oficial" da Igreja.

Portanto, há originalmente uma orientação ligeiramente diferente nas duas espiritualidades da Oração das Horas. Mas elas acabam se unindo no monaquismo urbano, de modo que hoje, a meu ver, é legítimo dizer que as diferenças são mais de estilo do que de substância, mais na estrutura e no objetivo dos ofícios do que em suas teologias. A vocação de todos os cristãos, não apenas dos monges, é ser uma oração viva, e a tradição de longa data também ensinou aos monges que seu louvor a Deus faz parte da *leitourgia* oficial da Igreja. Por vocação, eles têm o privilégio de dar expressão simbólica comum mais frequente ao que, idealmente, deve ser o ritmo de toda a vida cristã: uma comunhão orante e contínua com o Deus vivo e uns com os outros nele.

Essa teologia do ofício monástico é expressa no *Prefácio* do *Thesaurus liturgicae horarum monasticae* pós-Vaticano II, publicado pela confederação das

30. DE VOGÜÉ, *La Règle de S. Benoît* VII, 209-221 (trad. inglesa CS 54, 139-149).

congregações beneditinas em 1976. O "Dei" do *Opus Dei*, como I. Hausherr mostrou, é um genitivo objetivo como também subjetivo: uma obra de Deus em nós, antes de ser uma obra que fazemos em resposta ao seu chamado[31]. Portanto, a oração dos monges é um *louvor contemplativo*, pois as horas monásticas comemoram repetidamente o motivo de nosso louvor nas grandes obras de Deus, e o monge contempla tal motivo e glorifica a Deus por isso: "O Todo-Poderoso fez por mim grandes coisas: santo é o seu Nome!" nas palavras do *Magnificat* de Maria (Lc 1,49), que já usamos para resumir toda a dinâmica da anamnese litúrgica e do louvor de agradecimento.

31. Hausherr, I., Opus Dei, *Monastic Studies* 11 (1975) 195 ss.

22

A Liturgia das Horas como escola de oração da Igreja

Diz-se que o Ofício Divino tem um valor superior a outras formas de oração porque é aprovado pela Igreja, e isso é perfeitamente verdadeiro. Como oração da Igreja, é a oração do próprio Cristo, o Cristo pleno, cabeça e membros, e esse fato por si só dá à nossa oração um valor transformador que ela não pode ter quando a fazemos sozinhos. Pois é em nossa oração comum que a Igreja é mais plenamente e visivelmente Igreja: "em vossas reuniões, que haja uma só oração, uma só súplica, uma só mente, uma só esperança no amor, na alegria irrepreensível que é Jesus Cristo. [...] Vinde juntos todos vós a um só templo de Deus e a um só único altar, a um só Jesus Cristo [...]", exorta Inácio de Antioquia na sua *Carta aos Magnésios* 6-7.

Mas isso não responde por que a Igreja abençoou precisamente essa forma de oração como sua oração diária *par excellence*. Sem dúvida, muitos motivos poderiam ser apresentados para provar a excelência do ofício, mas três se destacam em minha mente: o Ofício Divino é uma oração bíblica, objetiva e tradicional.

I. Tradicional

Podemos tratar rapidamente da última qualidade, pois já vimos muitas provas dela. A Liturgia das Horas é tradicional — e com isso não quero dizer "conservadora" ou "tradicionalista" — na medida em que resistiu ao teste do tempo em todas as Igrejas da cristandade que podem, com toda seriedade histórica, reivindicar uma antiga tradição litúrgica. É uma forma de oração compartilhada por católicos romanos e orientais, ortodoxos do Leste e ortodoxos orientais, anglicanos, episcopais, luteranos e outros, de uma maneira ou de outra, desde os primeiros séculos até os nossos dias. Esse é um histórico muito respeitável, que a Igreja, permanecendo fiel a sua herança, não poderia ignorar.

II. Bíblica

Mesmo que o Ofício Divino tenha evoluído apenas gradualmente durante os primeiros séculos cristãos, o mais importante é que o padrão dessa oração remonta ao próprio Novo Testamento. Quando a comunidade cristã primitiva se reunia para orar, ela se lembrava dos feitos poderosos de Deus e o glorificava por eles. Orava especialmente para o cumprimento de sua santa vontade (Cl 1,13-14; 4,2; Fl 1,3-11). Ela se comprometia novamente com a aliança com Deus em Cristo. Rezava "marana-tha" e "venha o teu reino", para o cumprimento do fim dos tempos. Todos esses elementos ainda são operantes na Liturgia das Horas.

III. Objetiva

A característica final, objetividade, é realmente o resultado das duas primeiras. O objetivo da vida cristã é entrar cada vez mais plenamente no mistério de Jesus Cristo, o Novo Adão, paradigma da humanidade recriada. Como memorial desse mistério, a Liturgia das Horas é um encontro verdadeiro e eficaz com o Pai por meio de Jesus no Espírito, enquanto nosso coração permanecer aberto para responder com fé a esse sinal eclesial do interminável apelo divino que ecoa ao longo dos séculos nos ritos da Igreja.

Por causa dessa objetividade, o ofício é a própria escola de oração da Igreja, um noviciado no qual ela ensina seus antigos modos de glorificar a Deus em Cristo como Igreja, juntos como um só corpo, em união com, e segundo, o exemplo de sua cabeça. Nenhuma outra forma de oração está tão enraizada nos mistérios da história da salvação à medida que eles se desdobram dia a dia no ciclo anual da Igreja. Por meio dessa dieta constante da Sagrada Escritura, Deus não apenas fala sua Palavra para nós, não apenas contemplamos continuamente os mistérios centrais da salvação, mas nossa própria vida é gradualmente sintonizada com esse ritmo, e meditamos repetidamente sobre essa história de Israel, recapitulada em Jesus, que é também a saga da nossa própria odisseia espiritual. A marcha de Israel no horizonte da história é uma metáfora da peregrinação espiritual de todos nós.

Além disso, nossa própria resposta a essa palavra profética em nossa vida também é revelada. Nos salmos, respondemos a Deus em suas próprias orações. Isso dá ao Ofício Divino uma concentração no essencial, não no periférico; dá-lhe um equilíbrio na medida em que seus ritmos são ditados pela Igreja e não por nossa própria subjetividade. Quanta penitência, quanta festa, quanta contrição, quanto louvor, quanta petição e quanto agradecimento deve conter a nossa oração? Está tudo lá na pedagogia milenar dos ofícios da Igreja. Quanta devoção à Mãe de Deus, quanto jejum, quanta atenção aos santos, quanta atenção aos mistérios da vida terrena de Jesus? O Ofício Divino com seus próprios sazonais e festivos tem tudo isso.

Isso confere à oração da Igreja uma abrangência equilibrada e objetiva, um remédio seguro para o excesso unilateral e os exageros de um devocionalismo subjetivo que coloca toda a sua ênfase apenas nos aspectos da vida de oração que calham de ter apelo pessoal para o indivíduo em determinado momento, muitas vezes por motivos menos do que ideais. Santa Gertrudes rezava "*ut devotio ipsius concordet cum officiis ecclesiae*", para que a sua devoção estivesse de acordo com os ofícios da Igreja. Esse é o guia seguro de que se está no caminho certo. Pois uma piedade eclesial objetiva não é totalmente penitencial, nem totalmente eucarística, nem totalmente mariana, nem apenas devoção à paixão. Não é *apenas* cristológica nem *apenas* trinitária. É uma síntese equilibrada de tudo isso[1].

Portanto, a oração de acordo com os ofícios comuns da Igreja é uma escola interminável de oração que constantemente nos tira de qualquer sentimentalismo burguês e egoísmo invertido que possa haver em nossas devoções "privadas", e nos atrai inexoravelmente para os valores espirituais objetivos de uma vida vivida de acordo com o mistério que é Cristo. O que São Bento diz em seu "Prólogo" à *Regra* sobre o mosteiro como escola a serviço do Senhor pode ser aplicado igualmente à Liturgia das Horas, pois o "Prólogo" não é senão uma meditação sobre os versículos da Sagrada Escritura e da salmodia ouvidos nos ofícios todos os dias. Nicetas (morto após 414), bispo de Remesiana (Bela Palanka

1. Certamente, seria eclesiolatria fingir que a Igreja sempre manteve esse equilíbrio adequado em seus usos litúrgicos, pois ela também vive na história. Mas, pelo que sei de tentativas particulares de reforma litúrgica, passadas e presentes, ainda prefiro as inadequações da Igreja de Cristo a fantasias individuais. As primeiras têm a vantagem de serem compartilhadas, e é isso que é a liturgia. E, se as últimas estiverem certas, a Igreja acabará por reconhecê-lo.

na Iugoslávia), discutindo a utilidade das vigílias em seu tratado *Sobre as vigílias dos servos de Deus* 8, expõe uma doutrina semelhante:

> Devo passar agora ao próximo ponto, como prometi, e dizer uma palavra sobre sua utilidade — embora isso possa ser mais bem aprendido pela experiência do que expresso em palavras. Parece que devemos "provar", como diz a Escritura, "quão doce é o Senhor" (Sl 33,9). Somente aquele que provou, entende e sente o grande peso tirado de nosso coração, a indolência sacudida de nossa mente quando vigiamos, entende e sente a luz que inunda a alma de quem vigia e ora, a graça e presença que preenche cada membro com alegria. Vigiando, todo o medo é expulso e nasce a confiança, a carne se enfraquece, os vícios se dissipam e a caridade se fortalece, a loucura desaparece e a prudência toma seu lugar, a mente é aguçada, o erro é embotado, o diabo, instigador de nossos pecados, é ferido pela espada do Espírito. Existe algo de que precisamos mais do que tais vantagens, algum lucro maior do que tais ganhos, algo mais doce do que esta alegria ou algo mais abençoado do que esta felicidade? Preciso apenas invocar o testemunho do Profeta que no início de seus salmos descreve o homem feliz e indica sua felicidade suprema neste versículo: "Ele medita na lei do Senhor de dia e de noite" (Sl 1,2)[2].

Dessa maneira, as horas proporcionam-nos um quadro que molda, alimenta e modera nossa oração privada, e que a nossa oração privada, por sua vez, torna mais interior, pessoal e intensa. Qualquer aspecto da vida humana, para ser fecundo, exige estrutura e consistência. Aqueles que realizam mais trabalho são geralmente aqueles que seguem uma programação, que levam uma vida razoavelmente regular. O mesmo se aplica à vida espiritual. Aqueles que oram no mesmo horário todos os dias são os que oram todos os dias. Caso contrário, as coisas do espírito muitas vezes se perdem na confusão de nossas outras obrigações diárias mais mundanas, mas aparentemente mais urgentes.

Além disso, as horas têm um grande poder consolador e fortalecedor para qualquer pessoa com um senso de história humana, um senso de solidariedade da humanidade ao longo dos tempos, um senso daquele artigo tão negligenciado do credo, a comunhão dos santos. Quando nos levantamos pela manhã e nos juntamos para cantar louvores a Deus na alvorada de um novo dia, quando celebramos, ao cair das trevas, nossa fé na verdadeira luz do mundo com o canto das vésperas, quando vigiamos com os anjos e os corpos celestes do firmamento

2. Nicetas de Remesiana, *Writings*, New York, The Fathers of the Church, 1949, 62 (The Fathers of the Church).

enquanto o mundo dorme, estamos fazendo, em obediência ao mandamento de rezar sempre, o que homens e mulheres têm feito desde o tempo de Jesus. Em todas as épocas, em todas as terras e em todas as raças: na privacidade do lar, no deserto ou na caverna, na cabana do camponês e na cela eremita, no coro gótico ou na capela rural, no campo de concentração ou na estação missionária na selva; a cada hora do dia, alguém levanta a voz na oração da Igreja, para se juntar aos coros celestiais e terrestres ao longo dos tempos na glorificação do Deus Todo-Poderoso. Em nossa era de individualismo narcisista, muitas vezes ouvimos as pessoas dizerem que "não ganham nada indo à Igreja". O que se "ganha com isso" é o privilégio inestimável de glorificar o Deus todo-poderoso.

Certamente, para aproveitar as horas como verdadeira espiritualidade, uma escola de oração, é preciso ser uma pessoa que ora e cuja vida é penetrada pelas Escrituras. A Bíblia é uma história do incessante chamado de Deus, de sua atração e reunião, e da constante obstinação de seu povo. E os Padres e monges da Igreja primitiva, em sua meditação sobre essa história sempre repetida, sabem que *eles* eram Abraão, *eles* eram Moisés. *Eles* foram chamados para fora do Egito. *Eles* receberam uma aliança. Eles sabiam que vagar pelo deserto até a Terra Prometida era a peregrinação de suas vidas também. Os vários níveis de Israel, Cristo, Igreja, nós, estão sempre lá. E os temas da redenção, do êxodo, do deserto, dos remanescentes fieis e do exílio, da Terra Prometida e da Cidade Santa de Jerusalém, são todos metáforas da saga espiritual de nossa própria vida.

Os ofícios da Igreja só podem ser vividos plenamente por alguém cuja vida é permeada de tal *lectio divina* da Bíblia. Os estudos bíblicos contemporâneos estão corretamente interessados no *Sitz im Leben* do que é recontado no texto bíblico. Mas na vida da Igreja também há um *Sitz im Gottesdienst*, e na vida espiritual há um *Sitz in meinem Leben*. Como disse Jean Daniélou:

> A fé cristã tem apenas um objeto, o mistério de Cristo morto e ressuscitado. Mas esse mistério único subsiste de diferentes modos: é prefigurado no Antigo Testamento, é realizado historicamente na vida terrena de Cristo, está contido no mistério nos sacramentos, é vivido misticamente nas almas, é realizado socialmente na Igreja, é consumado escatologicamente no reino celestial. Assim, o cristão tem à sua disposição vários registros, um simbolismo multidimensional, para exprimir essa realidade única. Toda a cultura cristã consiste em apreender as ligações que existem entre a Bíblia e a liturgia, o evangelho e a escatologia, o misticismo e a liturgia. A aplicação desse método às Escrituras é chamada de exegese; aplicado à liturgia, é chamado

de mistagogia. Consiste em ler nos ritos o mistério de Cristo e em contemplar sob os símbolos a realidade invisível[3].

São Paulo nos diz: "Tudo o que foi escrito outrora, o foi para a nossa instrução" (Rm 15,4). Mas não será para nossa instrução a menos que constantemente incluamos o texto bíblico no diálogo pessoal de nossa contemplação privada. Pois, enquanto nossa salmodia não for uma resposta a tal *lectio divina*, uma verdadeira *meditatio* no sentido original de repassar lentamente o texto revelado para saboreá-lo em suas profundezas em relação a nós mesmos, é claro que o Ofício Divino nunca alcançará seu sentido pleno em nossas vidas.

Assim como a *lectio* injeta em nossa vida uma visão da existência humana enraizada na história da salvação, a salmodia do ofício é sua resposta cósmica e escatológica. Pois é sobretudo no ofício que evocamos aquela visão de um universo salvo e transformado, no hino de louvor cósmico diante do trono do Cordeiro lido nos capítulos finais do Novo Testamento (Ap 19–22):

> Depois disso, ouvi como um grande rumor de imensa multidão que dizia, no céu: "Aleluia! A salvação, a glória e o poder são do nosso Deus. Pois seus julgamentos são plenos de verdade e justiça...". Nisto, saiu do trono uma voz que dizia: "Louvai o nosso Deus, vós todos, os seus servos, vós que o temeis, pequenos e grandes!". Ouvi então como um ruído de imensa multidão [...] "Aleluia! Porque o Senhor, o nosso Deus Todo-Poderoso, manifestou seu Reinado. Alegremo-nos, exultemos e demos glória a ele, porque chegaram as núpcias do Cordeiro. Sua esposa se preparou. [...]" Um anjo me disse: "Escreve! Felizes os convidados ao banquete das núpcias do Cordeiro!" [...]
>
> Vi então um céu novo e uma nova terra, porque o primeiro céu e a primeira terra desapareceram e o mar já não existe. E a cidade santa, a nova Jerusalém, eu a vi descendo do céu, de junto de Deus, preparada como uma esposa que se enfeitou para seu esposo. E ouvi uma voz forte, vinda do trono, que dizia: "Eis a morada de Deus com os homens. Ele habitará com eles. Eles serão seu povo. [...] Ele enxugará toda lágrima de seus olhos. Já não haverá morte. Já não haverá luto, nem clamor, nem sofrimento, pois o mundo antigo desapareceu". [...]
>
> Nenhum templo, porém, vi na cidade, porque seu templo é o Senhor, o Deus Todo-Poderoso, bem como o Cordeiro. A cidade não precisa do sol nem da lua para iluminá-la, pois a glória de Deus a ilumina e sua lâmpada é o Cordeiro. E os reis da terra lhe trarão sua glória. Suas portas nunca se fecharão

3. Minha tradução de Le symbolisme des rites baptismaux, *Dieu vivant* 1 (1945) 17.

> durante o dia, pois nesse lugar já não haverá noite. Levar-lhe-ão a glória e a honra das nações. [...]
>
> Ele mostrou-me depois um rio de água da vida, brilhante como cristal, que jorrava do trono de Deus e do Cordeiro. No meio da praça da cidade e dos dois braços do rio, há uma árvore de vida [...] e sua folhagem serve para a cura das nações. Já não haverá maldição. O trono de Deus e do Cordeiro estará na cidade e seus servos lhe prestarão culto: verão sua face, e seu nome estará sobre suas frontes. Já não haverá noite, ninguém mais precisará de luz da lâmpada nem da luz do sol, porque o Senhor Deus difundirá sobre eles a sua luz, e reinarão pelos séculos dos séculos.

Esse é o que será nosso fim, e a Liturgia das Horas, como outros símbolos da vida cristã, nos dá o incrível privilégio de antecipá-lo agora.

Bibliografia seleta de tópicos

1. Geral e período inicial
2. Armênio
3. Assírio-caldeu
4. Sírio-ocidental e maronita
5. Copta
6. Etíope
7. Bizantino
8. Itália, Roma, ofícios ocidentais em geral
9. Ofícios latinos fora da Itália
10. Século XVI e reformas modernas do ofício

1. Geral e período inicial

BACHT, H. Agrypnia. Die Motives des Schlafentzugs im frühen Monchtum. In: PFLUG, G. et al. (org.). *Bibliothek-Buch-Geschichte. Kurt Köster zum 65. Geburtstag.* Frankfurt: Vittorio Klostermann, 1977, 353-369.

BAUMSTARK, A. *Noctuma laus. Typen friühchristlicher Vigilienfeier und ihr Fortleben vor allem im römischen und monastischen Ritus. Aus dem Nachlass hrsg. von O. Heiming.* Münster: Aschendorff, 1956 (LQF 32).

BECKWITH, R. T. The Daily and Weekly Worship of the Primitive Church in Relation to its Jewish Antecedents. In: BECKWITH, R. T. et al. *Influences juives sur le culte chrétien.* Louvain: Mont César, 1981, 89-122 (Textes et études liturgiques 4).

BRADSHAW, P. *Daily Prayer in the Early Church.* London: SPCK, 1981, e New York: Oxford, 1982 (ACC 63).

_____. *The Origins of the Daily Office.* Alcuin Club Annual Reports, 1978.

CALATI, B. et al. *La preghiera nel tempo. Introduzione alla liturgia delle ore*. Quaderni di Vita monastica 7 (= *Vita monastica* 123, out.-dez. 1975; 124-125, jan.-jun. 1976). Camaldoli, 1976.

CASSIEN (Msgr.); BOTTE, B. *La Prière des heures*. Paris: Cerf, 1963 (Lex orandi 35).

CHADWICK, O. *The Origins of Prime*. *JTS* 49 (1948) 178-182.

DEKKERS, E. Were the Early Monks Liturgical? *Collectanea Cisterciensia* 22 (1960), 120-137.

DE VOGÜÉ, A. Le sens de l'office divin. In: *La Règle de S. Benoit*, VII: *Commentaire doctrinal et spirituel*. Paris: Cerf, 1977, cap. 8, 184-248 (SC hors série). (*The Rule of St. Benedict. A Doctrinal and Spiritual Commentary*. Trad. J. B. Hasbrouck. Kalamazoo: Cistercian Publications, 1983, 127-172 [CS 54]).

DUGMORE, C. W. *The Influence of the Synagogue upon the Divine Office*. Westminster: The Faith Press, 1964 (ACC 45).

FROGER, J. *Les Origins de Prime*. Roma: Edizioni liturgiche, 1946 (BEL 19).

_____. Note pour rectifier l'interprétation de Cassien *Inst*. III, 4; 6 proposé dans Les Origines de Prime. *ALW* 2 (1952) 96-102.

GOLTZEN, H. Nocturna laus. Aus Arbeiten zur Geschichte der Vigil. *Jahrbuch für Liturgik und Hymnologie* 5 (1960) 79-88.

GRISBROOKE, W. J. The Divine Office in Public Worship. *Studia liturgica* 8 (1971-1972) 129-168; 9 (1973) 3-18, 81-106.

GUILLAUMONT, A. Le problème de la prière continuelle dans le monachisme ancien. In: LIMET, H.; RIES, J. (org.). *L'expérience de la prière dans les grands religions*. Louvain-la-Neuve: Centre d'histoire des religions, 1980, 285-293 (Homo religiosus 5).

HADIDIAN, D. Y. The Background and Origin of the Christians Hours of Prayer. *Theological Studies* 25 (1964) 59-69.

HANSSENS, J.-M. *Aux origines de la prière liturgique. Nature et genèse de l'office des matines*. Roma: Pontifical Gregorian University, 1952 (Analecta Gregoriana 57).

_____. Nature et genèse de matines. *Gregorianum* 34 (1953) 434-440.

_____. Nocturna Laus. *Gregorianum* 39 (1958) 747-756.

HAUSHERR, I. Comment priaient les Pères? *Revue d'ascétique et de mystique* 32 (1956) 33-58, 284-296.

_____. *The Name of Jesus*. Kalamazoo: Cistercian Publications, 1978, cap. 3 (CS 44).

_____. Opus Dei. *OCP* 13 (1947) 195-218; trad. inglesa: *Monastic Studies* 11 (1975) 181-204.

HEIMING, O. Die altmailändische Heiligenvigil. In: CASEL, O. (org.). *Heilige Überlieferung. Festschrift I. Herwegen*. Münster: Aschendorff, 1938, 174-192.

______. Zum monastischen Offizium von Kassianus bis Kolumbanus. *ALW* 7 (1961) 89-156.

JEREMIAS, J. Daily Prayer in the Life of Jesus and the Primitive Church. In: *The Prayers of Jesus*. London: SCM Press, 1974, 66-81 (Studies in Biblical Theology, series 2, n. 6).

JUNGMANN, J. A. The Origin of Matins. In: *Pastoral Liturgy*. New York: Herder, 1962, 105-122.

LEEB, H. *Die Gesänge im Gemeindegottestdienst von Jerusalem (vom 5. bis 8. Jahrhundert)*. Vienna: Herder, 1970 (Weiner Beiträge zur Theologie 28).

MARCORA, G. *La vigilia nella liturgia. Ricerche sulle origini e primi sviluppi (sec. I-VI)*. Milan: Ambrosius, 1954 (Archivo ambrosiano 6).

MATEOS, J. The Morning and Evening Office. *Worship* 42 (1968) 31-47.

______. Office de minuit et office du matin chez S. Athanase. *OCP* 28 (1962) 173-180.

______. L'office dominical de la Résurrection. *Revue du clergé africain* (maio 1964) 263-288.

______. L'office du soir. Ancienne structure et réalisations concrètes. *Revue du clergé africain* (jan. 1964) 3-25.

______. L'office monastique à la fin du IV siècle: Antioche, Palestine, Cappadoce. *OC* 47 (1963) 53-88.

______. The Origins of the Divine Office. *Worship* 41 (1967) 477-485.

______. Quelques anciens documents sur l'office du soir. *OCP* 35 (1969) 347-374.

______. Quelques aspects théologiques de l'office du matin. *Revue du clergé africain* (jul. 1965) 335-349.

______. La vigile cathédrale chez Egérie. *OCP* 27 (1961) 281-312.

MEARNS, J. *The Canticles of the Christian Church Eastern and Western in Early and Medieval Times*. Cambridge: The University Press, 1914.

RAES, A. Les complies dans les rites orientaux. *OCP* 17 (1951) 133-145.

SCHNEIDER, H. Die biblischen Oden. *Biblica* 30 (1949) 28-65, 239-272, 433-452, 479-500.

STOREY, W. G. The Liturgy of the Hours: Cathedral vs. Monastery. *Worship* 50 (1976) 50-70.

TAFT, R. *The Liturgy of the Hours in the Christian East: Origins, Meaning. Place in the Life of the Church*. Cochin, Kerala (Índia): K. C. M. Press, 1984.

______. Praise in the Desert: the Coptic Monastic Office Yesterday and Today. *Worship* 56 (1982) 130-158.

______. *Quaestiones disputatae* in the History of the Liturgy of the Hours: the Origins of Nocturns, Matins, Prime. *Worship* 58 (1984) 130-158.

_____. *Thanksgiving for the Light*. Toward a Theology of Vespers. *Diakonia* 13 (1978) 27-50.

VAN DER MENSBRUGGHE, A. Fausses pistes de recherche sur les origines des vigiles et des matines. In: PASCHKE, F. (org.). *Überlieferungsgeschichtliche Untersuchungen*. Berlin: Akademie-Verlag, 1981, 553-572 (TU 125).

_____. Prayer Time in Egyptian Monasticism. *Studia Patristica*, Berlin: Akademie-Verlag, 2/2 (1957) 435-454 (TU 64).

VEILLEUX, A. *La liturgie dans le cénobitisme pachômien au quatrième siècle*. Roma: Herder, 1968 (Studia Anselmiana 57).

WALKER, J. Hazelden, Terce, Sext and None. An Apostolic Custom? *Studia Patristica*, Berlin: Akademie-Verlag, v. 5 (1962) 206-212 (TU 80).

WINKLER, G. New Study of the Early Development of the Office. *Worship* 56 (1982) 27-35 (ver também 56: 264-267).

_____. Das Offizium am Ende des 4. Jahrhunderts und das heutige chaldäische Offizium, ihre strukturellen Zusammenhänge. *Ostkirchliche Studien* 19 (1970) 289-311.

_____. Über die Kathedralvesper in den verschiedenen Riten des Ostens und Westens. *ALW* 16 (1974) 53-102.

_____. Ungelöste Fragen im Zusammenhang mit den liturgischen Gebräuchen in Jerusalem. *Handes Amsorya* 101 (1987) 303-315.

ZERFASS, R. *Die Schriftlesung im Kathedraloffizium Jerusalems*. Münster: Aschendorff, 1948 (LQF 48).

2. Armênio

The Book of Hours or the Order of Common Prayers of the Armenian Apostolic Orthodox Church. Evanston: Ouzoomian House, 1964.

Breviarium Amenium sive dispositio communium Armeniacae Ecclesiae precum a sanctis Isaaco patriarcha, Mesrobio doctore, Kiudio atque a Joanne Mantagunensi habita. Venice: Mechitarist Press, 1908.

CONYBEARE, F. C. *Rituale Armenorum, being the administration of the sacraments and the breviary rites of the Amenian Church...* Oxford: Clarendon Press, 1905.

RAES, A. Note sur les anciennes matines byzantines et arméniennes. *OCP* 19 (1953) 205-210.

WINKLER, G. The Armenian Night Office I: *Journal of the Society for Amenian Studies* 1 (1984) 93-113; II: *Revue des études arméniennes* n.s. 17 (1983) 471-551.

_____. Nochmals das armenische Nachtoffizium und weitere Anmerkungen zum Myrophorenoffizium. *Revue des études arméniennes* n.s. 21 (1988-1989) 501-519.

3. Assírio-caldeu

DALMAIS, I.-H. Le thème de la lumière dans l'office du matin des Églises syriennes-orientales. In: BOTTE, B. et al. (org.). *Noêl, Epiphanie, retour du Christ* ed. Paris: Cerf, 1967, 257-276 (Lex orandi 40).

GELINEAU, J. Données liturgiques contenues dans les sept madrošé "de la nuit" de saint Ephrem. *OS* 5 (1960) 107-121.

HUSMANN, H. *Die Melodien des chaldäischen Breviers Commune*. Roma: PIO, 1967 (OCA 178).

______. Die Tonarten der chaldäischen Breviergesänge. *OCP* 35 (1969) 215-248.

JAMMO, S. H. L'office du soir chaldéen au temps de Gabriel Qatraya. *OS* 12 (1967) 187-210.

MACLEAN, A. J. *East-Syrian Daily Offices*. London: Revington, Percival & Co., 1894.

______. The East Syrian or Nestorian Rite. The Evening, Night and Morning Services with the Propria of the Liturgy, as said on the Feast of the Epiphany, from the Gazza of the Library of the Propaganda Fide in Rome. In: CONYBEARE, F. C. *Rituale armenorum*. Oxford: Clarendon Press, 1905, 298-388.

MATEOS, J. *Lelya-Ṣapra. Les offices chaldéens de la nuit et du matin*. Roma: PIO, 1976 (OCA 156).

______. Les différentes espèces de vigiles dans le rite chaldéen. *OCP* 27 (1961) 46-67.

______. Les matines chaldéennes, maronites et syriennes. *OCP* 26 (1960) 51-73.

______. Un office de minuit chez les chaldéens. *OCP* 25 (1959) 101-113.

______. L'office divin chez les chaldéens. In: CASSIEN (Msgr.); BOTTE, B. (org.). *La prière des heures*. Paris: Cerf, 1963, 253-281 (Lex orandi 35).

______. L'office paroissial du matin et du soir dans le rite chaldéen. *LMD* 64 (1960) 65-89.

MOLITOR, J. *Chaldäisches Brevier. Ordinarium des ostsyrischen Stundengebets*. Düsseldorf: Patmos, 1961.

PATHIKULANGARA, V. Divine Office in Malabar Liturgy. *EL* 88 (1974) 131-141.

PUDICHERY, S. Ramsa. *An Analysis and Interpretation of the Chaldean Vespers*. Bangalore: Dhamaram College, 1972 (Dhamaram College Studies 9).

TAFT, R. On the use of the Bema in the East-Syrian Liturgy. *Eastern Churches Review* 3 (1970) 30-39.

VELLIAN, J. *East Syrian Evening Services*. Kottayam: Indian Institute for Eastern Churches, 1971.

WINKLER, G. Das Offizium am Ende des 4. Jahrhunderts und das heutige chaldäische Offizium, ihre strukturellen Zusammenhänge. *Ostkirchliche Studien* 19 (1970) 289-311.

4. Sírio-ocidental e maronita

BAUMSTARK, A. *Festbrevier und Kirchenjahr der syrischen Jakobiten.* Paderborn: F. Schöningh, 1910 (Studien zur Geschichte und Kultur des Altertums, Bd. 3, Heft 3-5).

_____. Das syrische-antiochenische Ferialbrevier. *Der Katholik* (1902) II: 401-427, 538-550; (1903) I: 43-54.

The Book of Common Prayer of the Antiochian Syrian Church. Trad. Bede Griffiths. New York: John XXIII Center, Fordham University, s.d.

BREYDEY, M. L'édition Assémanienne du bréviaire maronite. Histoire et valeur obligatoire. *OC* 42 (1958) 105-109.

_____. *L'office divin dans l'église syro-maronite.* Beyrouth: Imprimerie catholique, 1960.

_____. *Kult, Dichtung und Musik im Wochenbrevier der Syro-Maroniten.* Kobayath, Libanon, 1971, 3 v.

BROCK, S. The Fenqito of the Monastery of Mar Gabriel in Tur 'Abdin. *Ostkirchliche Studien* 28 (1979) 168-182.

CODY, A. The Early History of the Octoechos in Syria. In: GARSOÏAN, N. G.; MATHEWS, T. F.; THOMSON, R. W. (org.). *East of Byzantium: Syria and Armenia in the Formative Period.* Washington: Dumbarton Oaks, 1982, 89-113.

_____. L'eucharistie et les heures canoniales chez les Syriens jacobites. Une description des cérémonies. *OS* 12 (1967) 55-81, 151-186.

_____. L'office divin chez les Syriens jacobites. *POC* 19 (1969) 293-319.

DALMAIS, I.-H. L'hymnographie syrienne. *LMD* 92 (1967) 63-72.

FRANCIS ACHARYA. *Prayer with the Harp of the Spirit.* Vagamon, Kerala (Índia): Kurisumala Ashram, 1980, 1982, 1985, 3 v., v. 1, ^{2}1983.

GEMAYEL, P. La structure des vêpres maronites. *OS* 9 (1964) 105-134.

HEIMING, O. *Syrische* 'Eniānē *und griechische Kanones.* Münster: Aschendorff, 1922 (LF 26).

_____. Die 'Enajānēhirmen der Berliner Hs. Sachau 349. *OC* ser. 3, 5 (1930) 19-55.

HUSMANN, H. Die melkitische Liturgie als Quelle der syrischen Qanune iaonaie. Melitene und Edessa. *OCP* 41 (1975) 5-56.

_____. Die syrischen Auferstehungskanones und ihre griechischen Vorlagen. *OCP* 38 (1972) 209-242.

_____. Eine alteorientalische christliche Liturgie: altsyrisch-melkitisch. *OCP* 42 (1976) 156-196.

_____. Syrischer und byzantinischer Oktoechos. Kanones und Qanune. *OCP* 44 (1978) 65-73.

JEANNIN, J. L'Octoèchos syrien. *OC* n.s. 3 (1913) 177-298.

______.; LECLERCQ, J. Octoèchos syrien. *DACL* 12, 1888-1900.

MARIANI, B. *Breviarium syriacum seu Martyrologium syriacum saec. IV juxta cod. SM. Musaei Brit. Add. 12150...* Roma/Freiburg: Herder, 1956 (Rerum eccl. doc. Series minor: Subsidia studiorum 3).

MATEOS, J. Une collection syrienne de "prières entre les marmyata". *OCP* 31 (1965) 53-75, 305-335.

______. Le "Gloria in excelsis" du début des offices maronites. *OS* 12 (1967) 117-121.

______. L'invitatoire du nocturne chez les syriens et les maronites. *OS* 11 (1964) 353-366.

______. Les matines chaldéennes, maronites et syriennes. *OCP* 26 (1960) 51-73.

______. Prières initiales fixes des offices syrien, maronite et byzantin. *OS* 11 (1966) 488-498.

______. Prières syriennes d'absolution du VIIe-IXe siècle. *OCP* 24 (1968) 252-280.

______. Le ramšo maronite. In: *De officio matutino et vespertino in ritibus orientalibus.* Roma: S. Anselmo, 1968-1969, 60-69 (Pro manuscripto).

______. "Sedre" et prières connexes dans quelques anciennes collections. *OCP* 28 (1962) 239-287.

______. Les strophes de la nuit dans I'invitatoire du nocturne syrien. In: *Mémorial Mgr. G. Khouri-Sarkis.* Louvain: Imprimerie orientaliste, 1969, 71-81.

______. Trois recueils anciens de prooemia syriens. *OCP* 33 (1967) 457-482.

The Prayer of the Faithful according to the Maronite Liturgical Year. Ed. B. Gemayel. Brooklyn: Diocese of St. Maron, 1982, 1984, 1985, 3 v.

PUYADE, J. Composition interne de l'office syrien. *OS* 2 (1957) 77-92; 3 (1985) 25-62.

______. Les heures canoniales syriennes et leur composition. *OS* 3 (1958) 401-428.

RAES, A. Les deux composantes de l'office divin syrien. *OS* 1 (1956) 66-75.

TABET, J. L'eschatologie dans l'office commun maronite. *Parole de l'Orient* 2 (1971) 5-30.

______. *L'office commun maronite. Etude du lilyō et du ṣafrō.* Kaslik, Lebanon: Université S.-Esprit, 1972 (Bibliothèque de I'Université S.-Esprit).

______. Les trois prières variables au début des complies maronites. *Parole de l'Orient* 1 (1970) 11-26.

______. Le témoignage de Bar Hebraeus (+1286) sur la vigile cathédrale. *Melto* 5 (1969) 113-121.

______. Le témoignage de Sévère d'Antioche (+538) sur la vigile cathédrale. *Melto* 4 (1968) 6-12.

5. Copta

The Agpeya, being the Coptic Orthodox Book of Hours according to the present-day usage in the Church of Alexandria. Los Angeles: Sts. Athanasius and Cyril of Alexandria Orthodox Publications, 1982.

'ABDALLAH, A. *L'Ordinamento liturgico di Gabriele V, 88° Patriarca copto* (1409-1427). Cairo: Edizioni del Centro francescano di studi orientali christiani, 1962 (Studia orientalia christiana: Aegyptiaca).

'ABD-AL-MASIH, A. Doxologies in the Coptic Church. *Bulletin de la Société d'archéologie copte 4* (1938) 97-113; 5 (1939) 175-191; 6 (1941) 19-76; 7 (1942) 31-61.

BALLIN, C. *L'office copte. L'office des heures, l'offrande de l'incens, la psalmodie annuelle.* Dissertação de mestrado. Roma: PIO, 1979.

BAUMSTARK, A. Palästinensisches Erbe im byzantinischen und koptischen Horologion. *Rivista di studi bizantini e neoellenici* 6 (1940) 463-469.

BORSAI, I. Y a-t-il un *Octoechos* dans le système du chante copte? In: *Studia Aegyptiaca l. Recueil d'études dédié a V. Wessetzky.* Budapeste, 1974, 39-53.

BROGI, M. *La santa salmodia annuale della chiesa copta.* Traduzione, introduzione e annotazione di Marco Brogi. Cairo: Edizioni del Centro francescano di studi orientali cristiani, 1962 (Studia orientalia christiana: Aegyptiaca).

BURMESTER, O. H. E. The Canonical Hours of the Coptic Church. *OCP* 2 (1936) 78-100.

_____. *The Egyptian or Coptic Church. A Detailed Description of her Liturgical Services and the Rites and Ceremonies observed in the Administration of her Sacraments.* Cairo: Printing Office of the French Institute of Oriental Archaeology, 1967, 31-45, 96-111 (Publications de la Société d'archéologie copte: textes et documents).

_____. Four Parchment Folios of a Bohairic Horologion from Scetis. *Bulletin de la Société d'archéologie copte* 17 (1963-1964) 49-56.

_____. Fragments of a Ṣa'îdic Horologion from Scetis. *Bulletin de la Société d'archéologie copte* 18 (1965-1966) 23-45.

_____. The Greek Kîrugmata. Versicles and Responses, and Hymns in the Coptic Liturgy. *OCP* 2 (1936) 363-394 (sobre o ofício, 387 ss.).

_____. *The Horologion of the Egyptian Church.* Coptic and Arabic text from a medieval manuscript, translated and annotated. Cairo: Edizioni del Centro francescano di studi orientali cristiani, 1973 (Studia orientalia christiana: Aegyptiaca).

_____. The Ṭurûḥât of the Coptic Church. *OCP* 3 (1937) 78-109.

_____. The Ṭurûḥât of the Coptic Year. *OCP* 3 (1937) 505-549.

_____. The Ṭurûḥât of the Saints. Bulletin de la Société d'archéologie copte 4 (1938) 141-194; 5 (1939) 85-157.

CRAMER, M. *Koptische Hymnologie in deutscher Übersetzung.* Wiesbaden: Harrassowitz, 1969.

_____. *Koptische Liturgien. Eine Auswahl.* Trier: Paulinus, 1973 (Sophia 11).

_____. Monastische Liturgie in den koptischen Klostern. *Jahrbuch für Liturgiewissenschaft* 14 (1934) 230-242, esp. 235-240.

_____. Zum Aufbau der koptischen Theotokie und des Difnars. Bermerkungen zur Hymnologie. In: NAGEL, P. (org.). *Probleme der koptischen Literatur.* Wissenschaftliche Beiträge der Martin-Luther-Universität Halle-Wittenberg, 1968, 1.(K2), 197-223.

EURINGER, S. Der mutmassliche Verfasser der koptischen Theotokien und des äthiopischen Weddâsê Mârjâm. *OC* n.s. 1 (1911) 215-226.

_____. Die Sonntagsteotokie; ein Marienhymnos der koptischen Kirche. *Passauer theologische-praktische Monatsschrift* 19 (1909) 407-412, 480-485.

EVELYN-WHITE, H. G. *The Monasteries of the Wâdi 'n Natrûn*, parte II: *The History of the Monasteries of Nitria and Scetis.* New York: The Metropolitan Museum of Art Egyptian Expedition, 1932.

GIAMBERARDINI, G. Il *Sub tuum praesidium* e il titolo *Theotokos* nella tradizione egiziana. *Marianum* 31 (1969) 324-369.

_____. *La croce e il crocifisso presso i Copti.* Studia orientalia christiana: Collectanea 7 (Cairo, 1962) 45-100 + PI. v-xxx (sobre o ofício, 58-67, 71-80).

JOHN, Marquis of Bute. *The Coptic Morning Service for the Lord's Day.* London: Cope and Fenwick, 1908 (Christian Liturgies).

_____. *The Coptic Morning Service for the Lord's Day.* Translated into English by John, Marquess of Bute, K. T., with the original Coptic of those parts said aloud. London, 1882.

LAUZIÈRE, M. E. Les théotokies coptes. *Echos d'Orient* 39 (1940-1942) 312-327.

MALAK, H. Les livres liturgiques de l'église copte. In: *Mélanges E. Tisserant.* Vatican: Typis polyglottis Vaticanis, 1964, v. III.2, 1-35 (ST 233).

MALLON, A. Les théotokies ou office de la Sainte Vierge dans le rite copte. *Revue de l'Orient chrétien* 9 (1904) 17-31.

MUYSER, J. Le "Psali" copte pour la première heure du Samedi de la joie. *Le Muséon* 65 (1952) 175-184.

O'LEARY, De Lacy. The Coptic Theotokia. In: *Coptic Studies in Honor of W. E. Crum.* Boston: The Byzantine Institute, 1950, 417-420 (Bulletin of the Byzantine Institute 2).

_____. *The Coptic Theotokia. Text from Vatican Cod. Copt. xxxviii, Bibl. Nat. copte 22, 23, 35, 69 and other MSS. including fragments recently found at the Dêr Abû Makâr in the Wadi Natrun.* London: Luzac & Co., 1923.

_____. *The Daily Office and Theotokia of the Coptic Church*. London, 1910.

_____. *The Difnar (Antiphonarium) of the Coptic Church*. London: Luzac & Co., 1926, 1928, 1930, 3 v.

_____. On a Directory Fragment recently Discovered in the Wadi n-Natrun. *JTS* 24 (1923) 428-432.

La Prière quotidienne dans l'église copte. Cairo: Institut catéchètique, s.d. (Collection "Liturgie et catéchèse", cahier n. 4).

QUECKE, H. Dokumente zum koptischen Stundengebet. In: *XVII. Deutscher Orientalistentag vom 21. bis 27. Juli 1968 in Würzburg*, 392-402. *Zeitschrift der Deutschen Morgenländischen Gesellschaft*, Supplementa 1. Wiesbaden, 1969.

_____. Erhebet euch, Kinder des Lichtes! *Le Muséon* 76 (1963) 27-45, 266.

_____. Fragmente einer Handschrift des koptischen Horologions in den Bibliotheken zu Leipzig und Berlin (Cod. Tisch. XXI und Ms. or. fol. 2556g). *Orientalia* n.s. 36 (1967) 305-322.

_____. Neue griechische Parallelen zum koptischen Horologion. *Le Muséon* 77 (1964) 285-294.

_____. Eine griechische Strophe in koptischer Uberlieferung. *OCP* 32 (1966) 265-270.

_____. Ein koptisch-arabisches Horologion in der Bibliothek des Katharinenklosters auf dem Sinai (Cod. Sin. ar. 389). *Le Muséon* 78 (1965) 99-117.

_____. Das *Sub tuum praesidium*... im koptischen Horologion. *Enchoria. Zeitschrift für Demotistik und Koptologie* 1 (1970).

_____. *Untersuchungen zum koptischen Stundengebet. Louvain: Université catholique de Louvain, 1970 (Publications de l'Institut* orientaliste de Louvain 3).

TAFT, R. Praise in the Desert: the Coptic Monastic Office Yesterday and Today. *Worship* 56 (1982) 513-536.

TURAEV, B. A. K voprosu o proiskhozhdenii koptskikh THEOTOKIA. *Vizantijskij Vremennik* 14 (1907) 189-190.

_____. Paskhalnaja sluzhba Koptskoj Tserkvi. In: *Commentationes Philologicae in Honour of E. B. Pomjalovskie*. St. Petersburg, 1897.

USPENSKIJ, Porfirij. *Verouchenie, bogosluzhenie, chinopoluzhenie i pravilatserkovnago blagochenija egipetskikh khristian (Koptov)*. St. Petersburg: Imp. Akad. Nauk, 1856.

VIAUD, G. *La liturgie des coptes d'Egypte*. Paris: Maisonneuve, 1978.

VILLECOURT, L. Les observances liturgiques et la discipline du jeûne dans I'Eglise copte (ch. XVI-XIX de la *Lampe des ténèbres*). *Le Muséon* 36 (1923) 249-292; 37 (1924) 201-282; 38 (1925) 261-320.

6. Etíope

BOLOTOV, V. Review of B. Turaev, *Chasoslov efiopskoj tserkvi. Khristianskoechtenie* 205 (1898) 189-198.

KIDANE, Habtemichael. *L'ufficio divino della Chiesa Etiopica.* Roma: PIO, 1998.

LEPSIA, T. The Three Modes and the Signs of the Songs in the Ethiopian Liturgy. In: *Proceedings of the Third International Conference of Ethiopian Studies*, Addis Ababa 1966. Adis Abeba: Institute of Ethiopian Studies, Haile Selassie I University, 1970, v. 2, 162-187.

SALAVILLE, S. La prière de toutes les heures dans la littérature èthiopienne. In: ______. *Studia orientali liturgico-theologica.* Roma: EL, 1940, 170-185.

TURAEV, B. *Chasoslov efiopskoj tserkvi.* Izdal i perevël na osnavani neskol'kikh rukopisej B. Turaev. St. Petersburg, 1897 (Mémoires de l'Académie impériale des sciences de St.-Pétersbourg, VIIIe série, Classe historico-philologique, v. 1, n. 7).

VAN LANTSCHOOT, A. S. Congregazione "Pro Ecclesia Orientali" Prot. N. 293/1937: *Horologion Aethiopicum iuxta recensionem Alexandrinam Copticam.* Vatican: Typis polyglottis Vaticanis, 1940.

VELAT, B. *Études sur le me'erāf. Commun de l'office divin éthopien. Introduction, traduction française, commentaire liturgique et musicale*, PO 33.

______. *Ṣoma deggua*, PO 32/3-4: Introduction, vii-xvii.

7. Bizantino

(A bibliografia sobre o ofício bizantino é enorme. Segue-se aqui uma seleção de alguns dos clássicos mais antigos e das obras recentes mais importantes. Para uma lista mais completa, incluindo traduções dos ofícios, consulte-se a bibliografia anexada a R. Taft, The Byzantine Office in the *Prayerbook* of New Skete, listado abaixo.)

ARRANZ, M. La liturgie des heures selon l'ancien Euchologe byzantin. In: *Eulogia: Miscellanea liturgica in onore di P. Burkhard Neunheuser.* Roma: Editrice Anselmiana, 1979, 1-19 (Studia Anselmiana 68, Analecta liturgica 1).

______. Le sacerdoce ministeriel dans les prières secrètes des vêpres et des matines byzantines. *Euntes docete* 24 (1971) 186-219.

______. Les grandes étapes de la Liturgie Byzantine: Palestine-Byzance-Russie. Essai d'aperçu historique. In: *Liturgie de l'église particulière et liturgie de l'église universelle.* Roma: Edizioni liturgiche, 1976, 43-72 (BELS 7).

_____. Les prières presbytérales de la "Pannychis" de l'ancien Euchologe byzantin et la "Panikhida" des défunts. *OCP* 40 (1974) 314-343; 41 (1975) 119-139.

_____. Les prières presbytérales de la Tritoektî de l'ancien Euchologe byzantin. *OCP* 43 (1977) 70-93, 335-354.

_____. Les prières presbytérales des matines byzantines. *OCP* 37 (1971) 406-436; 38 (1972) 64-115.

_____. Les prières presbytérales des Petites Heures dans l'ancien Euchologe byzantin. *OCP* 39 (1973) 29-82.

_____. Les prières sacerdotales des vêpres byzantines. *OCP* 37 (1971) 85-124.

_____. L'office de l'Asmatikos Hesperinos ("vêpres chantées") de l'ancien Euchologe byzantin. *OCP* 44 (1978) 107-130, 391-412.

_____. L'office de l'Asmatikos Orthros ("matines chantées") de l'ancien Euchologe byzantin. *OCP* 47 (1981) 122-157.

_____. L'office de la veillée nocturne dans I'Eglise grecque et dans l'Eglise russe. *OCP* 42 (1976) 117-155, 402-425.

_____. N. D. Uspensky: The Office of the All-Night Vigil in the Greek Church and in the Russian Church. *St. Vladimir's Theological Quarterly* 24 (1980) 83-113, 169-195 (tradução do título anterior).

BALFOUR, D. La réforme de l'*Horologion. Irénikon* 7 (1930) 167-180.

BAUMSTARK, A. Palästinensisches Erbe im byzantinischen und koptischen Horologion. *Rivista di studi bizantini e neoellenici* 6 (1940) 463-469.

_____. Das Typikon der Patmos-Handschrift 266 und die altkonstantinopolitanische Gottesdienstordnung. *Jahrbuch für Liturgiewissenshaft* 6 (1926) 98-111.

BERNHARD, L. Der Ausfall der 2. Ode im byzantinischen Neunodenkanon. In: *Heuresis. Festschrift für Andreas Rohracher.* Salzburgo: Vittorio Klostermann, 1969, 91-101.

BONNET, G. *La mystagogie de temps liturgiques dans le Triodion.* Dissertação. Paris: Sorbonne, 1978.

BORGIA, N. *Horologion. Diurno delle chiese di rito bizantino.* Roma: PIO, 1929, 152-254 (Orientalia Christiana 56 16/1).

CALÌ, L. Le ipakoè dell'octoichos bizantino. *Bollettino della Badia Greca di Grottaferrata* 19 (1965) 161-174.

CAPPUYNS, N. *Le Triodion. Étude historique sur sa constitution et sa formation.* Dissertação. Roma: PIO, 1935.

DI SALVO, B. Considerazioni sugli Sticherà del vespero e delle laudi dell'októechos bizantino della domenica. *OCP* 33 (1967) 161-175.

DOLGER, F. Lumen Christi. Der christliche Abendhymnus *Phôs hilaron. AC* 5 (1936) 1-43.

EGENDER, N. Introduction. In: *La prière des heures: Hôrologion*. Chevetogne: Éditions de Chevetogne, 1975 (La prière des églises de rite byzantin 1).

EHRHARD, A. Das griechische Kloster Mâr-Saba in Palästina: seine Geschichte und sein literarischen Denkmäler. *Römische Quartalschrift* 7 (1893) 32-79.

FRAZEE, C. St. Theodore of Stoudios and Ninth Century Monasticism in Constantinople. *Studia monastica* 23 (1981) 27-58.

GROSDIDIER DE MATONS, J. Kontakion et canon. Piété populaire et liturgie officielle à Byzance. *Augustinianum* 20 (1980) 191-203.

______. *Romanos le Mélode et les origines de la poésie religieuse à Byzance*. Paris: Beauchesne, 1977 (Beauchesne religions).

HANNICK, C. Étude sur l'akolouthia asmatiké (avec quatre figures). *Jahrbuch der österreichischen Byzantinistik* 19 (1970) 243-260.

______. *Studien zu den Anastasima in den sinaitischen Handschriften*. Dissertação. Vienna, 1969.

______. Le texte de l'Oktoechos. In: *Dimanche. Office selon les huit tons: Oktôêchos*. Chevetogne: Éditions de Chevetogne, 1968, 37-60 (La prière des églises de rite byzantin 3).

HUSMANN, H. Hymnus und Troparion. Studien zur Geschichte der musikalischen Gattungen von Horologion und Tropologion. In: *Jahrbuch des Staatlichen Instituts für Musikforschung Preussischer Kulturbesitz*. Berlin: Merseburger 1971.

JANERAS, S. I vangeli domenicali della resurrezione nelle tradizioni liturgiche agiopolitae bizantina. In: *Paschale Mysterium. Studia in memoria dell'Abate Prof. Salvatore Marsili (1910-1983)*. Editrice Anselmiana, 1986, 55-69 (Studia Anselmiana 91, Analecta liturgica 10).

KALLISTOS (Arquimandrita). Historikê episkopêsis tou Triódiou, to schedion kai ho katartismos autou. *Nea Siôn* 29 (1934) 44-61, 153-161, 177-184, 330-346, 452-467, 502-516, 553-570, 609-615.

KARABINOV, I. A. *Postnaja Triod. Istoricheskij obzor eja plana, sostava, redaktsii i slavjanskikh perevodov*. St. Petersburg: V. Smirnov, 1910.

KORAKIDÊS, A. S. *Archaioi hymnoi*: 1. *Hê epilychnios eucharistia "Phôs hilaron..."* 2. *Ho aggelos hymnos (Gloria)...* Atenas, 1979, 1984.

KOROLEVSKIJ, C. La codification de l'office byzantin. Les essais dans le passé. *OCP* 19 (1953) 25-58.

LEEB, H. *Die Gesänge im Gemeindegottesdienst von Jerusalem (vom 5. bis 8. Jahrhundert)*. Vienna: Herder, 1979 (Wiener Beiträge zur Theologie 28).

LEROY, J. La conversion de s. Athanase l'Athonite à l'idéal cénobitique et l'influence studite. In: *Le millénaire du Mont Athos, 963-1963. Etudes et mélanges*. Chevetogne: Éditions de Chevetogne, 1963, v. 1, 101-120.

______. Le cursus canonique chez. S. Théodore Studite. *EL* 68 (1954) 5-19.

_____. La réforme studite. In: *Il monachesimo orientale 181-214*. Roma: PIO, 1958 (OCA 153).

_____. *Studitisches Mönchtum. Spiritualität und Lebensform*. Graz/Vienna/Cologne: Styria, 1969 (Geist und Leben der Ostkirche 4).

_____. La vie quotidienne du moine studite. *Irénikon* 27 (1954) 21-50.

LONGO, A. Il testo integrale della *Narrazione degli abati Giovanni e Sofronio* attraverso le Hermêneiai di Nicone. *Rivista di studi bizantini e neoelinici* 12-13 (1965-1966) 223-267.

MANSVETOV, I. *Tserkovnyj ustav (Tipik), ego obrazovanie i sud'ba v grecheskoj i russkoj tserkvi*. Moscou: Tip. Lissnera i Romana, 1885.

MARY (Mother), K. Ware. *The Festal Menaion*. London: Faber and Faber, 1969, 1977.

_____. *The Lenten Triodion*. London/Boston: Faber and Faber, 1978.

MATEOS, J. Un horologion inédit de Saint-Sabas. Le Codex sinaïtique grec 863 (IXe siècle). In: *Mélanges E. Tisserant*. Vatican: Typis polyglottis Vaticanis, 1964, v. III.1, 47-76 (ST 233).

_____. Prières initiales fixes des offices syrien, maronite et byzantin. *OS* 11 (1966) 488-498.

_____. La psalmodie dans le rite byzantin. *POC* 15 (1965) 107-126 (reimpresso em *OCA* 191, 7-26).

_____. La psalmodie variable dans le rite byzantin. *Acta philosophica et theologica*, Roma: Societas Academica Dacoromana, 2 (1964) 327-339.

_____. Quelques anciens documents sur l'office du soir. *OCP* 35 (1969) 347-374.

_____. Quelques problèmes de l'orthros byzantin. *POC* 11 (1961) 17-35, 201-220.

_____. La synaxe monastique des vêpres byzantines. *OCP* 36 (1970) 248-272.

_____. Le Typicon de la Grande Eglise. Roma: PIO, 1962-1963, 2 v. (OCA 165-166).

MINISCI, T. I typica liturgica dell'Italia bizantina. *Bollettino della Badia Greca di Grottaferrata* n.s. 7 (1953) 97-104.

PALACHKOVSKY, V. L'économie du salut dans l'Office divin byzantin. *EL* 94 (1980) 311-322.

_____. S. Théodore le Confesseur et l'office choral. *Studia patristica*, Berlin: Akademie-Verlag, 13/2 (1975) 387-390 (TU 116).

RAES, A. Note sur les anciennes matines byzantines et arméniennes. *OCP* 19 (1953) 205-210.

ROUGERIS, P. Ricerca bibliografica sui typica italo-greci. *Bollettino della Badia Greca di Grottaferrata* n.s. 27 (1973) 11-42.

SCHMEMANN, A. *Introduction to Liturgical Theology*. Crestwood, NY: St. Vladimir's Seminary Press, 1966.

SKABALLANOVICH, M. *Tolkovyj Tipikon. Ob"jasnitel'noe izlozhenie Tipikona s istoricheskim vvedeniem*. Kiev: N. T. Korchak-Novitskij, 1910, 1913, 1915, 3 v.

SMOTHERS, E. R. Phôs hilaron. *Recherches de sciences religieuses* 19 (1929) 266-283.

STRUNK, O. The Antiphons of the Oktoechos. *Journal of the American Musicological Society* 13 (1960) 50-67.

_____. The Byzantine Office at Hagia Sophia. *Dumbarton Oaks Papers* 9-10 (1956) 175-202.

TAFT, R. The Byzantine Office in the Prayerbook of New Skete: Evaluation of a Proposed Reform. *OCP* 48 (1982) 336-370.

_____. Mount Athos: A Late Chapter in the History of the "Byzantine Rite". *Dumbarton Oaks Papers* 42 (1988) 179-194.

TARDO, L. L'ottoeco nei mss. melurgici. *Bollettino della Badia Greca di Grottaferrata* n.s. 1 (1947) 26-38, 133-143; 2 (1948) 26-44.

TILLYARD, H. J. W. *The Hymns of the Octoechus*. Copenhagen: E. Munksgaard, 1940-1949, Parts I-II (Monumenta musicae byzantinae, Transcripta 3 and 5).

_____. *The Hymns of the Pentecostarium*. Copenhagen: E. Munksgaard, 1960 (Monumenta musicae byzantinae, Transcripta 7).

TOMADAKIS, E. Un problema di innografia bizantia: il rimaneggiamento dei testi innografici. *Bollettino della Badia Greca di Grottaferrata* n.s. 26 (1972) 3-30.

TREMPELAS, P. *Akolouthia kai taxeis hagiasmou hydatôn, egkainiôn, orthrou kai hesperinou kata tous en A thênais idia kôdikas, 147-274. Mikron Euchologion*, v. 2. Atenas, 1955.

TRIPOLITIS, A. *Phôs hilaron*. Ancient Hymn and Modern Enigma. *Vigiliae Christianae* 24 (1970) 189-196.

USPENSKIJ, N. D. Pravoslavnaja vechernja. (Istorichesko-liturgicheskij ocherk). *Bogoslovskie trudy* 1 (1959) 5-52.

_____. Chin vsenochnogo bdenija na pravoslavnom vostoke i v Russkoj Tserkvi. *Bogoslovskie trudy* 18 (1977) 5-117; 19 (1978) 3-69.

VAILHÉ, S. Le monastère de S.-Sabas. *Echos d'Orient* 2 (1898-1899) 332-341; 3 (1899-1900) 12-28 168-177.

_____. Les écrivains de Mar-Saba. *Echos d'Orient* 2 (1898) 1-11 33-47.

8. Itália, Roma, ofícios ocidentais em geral (ver também a seção 1)

ADDLESHAW, G. W. O. *The Early Parochial System and the Divine Office*. London: Mowbray, s.d. (Alcuin Club Prayer Book Revision Pamphlets 15).

ALBAREDA, A. M. *Bibliografia de la Regla benedictina*. Montserrat: Monestir de Montserrat, 1933.

BATIFFOL, P. *History of the Roman Breviary*. London/New York: Longmans, Green and Co., 1912.

BAUDOT, J. *The Roman Breviary. Its Sources and History*. St. Louis: B. Herder/London: Catholic Truth Society, 1909.

BÄUMER, S. *Geschichte des Breviers. Versuch einer quellenmässingen Darstellung des altkirchlichen und des römischen Officiums bis auf unsere Tage*. Freiburg/B.: Herder, 1895. Trad. francesa. *Histoire du Bréviaire*. Paris: Letouzey et Ané, 1905.

BROU, L. Où en est la question des "Psalter Collects"? *Studia Patristica*, Berlin: Akademie-Verlag, 2/2 (1957) 17-20 (TU 64).

_____.; WILMART, A. *The Psalter Collects from V-VI Century Sources*. London: Harrison and Sons, 1949 (HBS 83).

CALLEWAERT, C. *Sacris erudiri*. Steenbrugge: Abbatia S. Petri, 1940.

CATTANEO, E. *Il breviario ambrosiano. Note storiche ed illustrative*. Milan, 1943.

CHEVALIER, U. *Repertorium hymnologicum. Catalogue des chants, hymnes, proses, séquences, tropes en usage dans l'Église latine depuis les origines jusqu'à nos jours*. Louvain: Lefever, 1892, 2 v.

DE BHALDRAITHE, E. The Morning Office in the Rule of the Master. *Regulae Benedicti studia. Annuarium intemationale* 5 (1976) 201-223.

DE SAINTE MARIE, H. The Psalter Collects. *EL* 65 (1951) 105-110.

DE VOGÜÉ, A. *La Règle du Maître*. Paris: Cerf, 1964-1965, 3 v. (SC 105-107).

_____. *The Rule of St. Benedict, a Doctrinal and Spiritual Commentary*. Trad. J. B. Hasbrouck. Kalamazoo: Cistercian Publications, 1983 (CS 54).

GAMBER, K. *Sacrificum vespertinum. Lucernarium und eucharistisches Opfer am Abend und ihre Abhängigkeit von den Riten der Juden*. Regensburg: F. Pustet, 1983 (Studia patristica et liturgica 12).

HEIMING, O. Zum monastischen Offizium (ver seção 1).

HOFMEISTER, P. Zur Geschichte des Chordienstes. *Liturgisches Jahrbuch* 12 (1962) 16-31.

HUGHES, A. *Medieval Manuscripts for Mass and Office. A Guide to their Organization and Teminology*. Toronto-Buffalo-London: University of Toronto Press, 1982.

JASMER, P. A Comparison of the Monastic and Cathedral Vespers up to the Time of St. Benedict. *The American Benedictine Review* 34 (1983) 337-360.

JASPERT, B. *Bibliographie der Regula Benedicti 1930-1980. Ausgaben und Übersetzungen*. Hildesheim: Gerstenberg, 1983 (Regulae Benedicti studia, Supplementa 5).

JUNGMANN, J. A. (org.). *Brevierstudien*. Trier: Paulinus, 1958.

KORHAMMER, M. *Die monastischen Cantica im Mittelalter und ihre altenglischen Interlinearversionen: Studien und Textausgabe*. Munich: W. Fink, 1976 (Münchener Universitätsschriften: Philosophische Fakultät, Bd. 6).

LEAHY, E. G. Archivio di San Pietro, Cod. B. 79, and Amalarius: Notes on the Development of the Medieval Office. *Manuscripta* 28 (1984) 79-91.

LEEB, H. *Die Psalmodie bei Ambrosius.* Vienna: Herder, 1967 (Wiener Beiträge zur Theologie 18).

MITCHELL, N. The Liturgical Code in the Rule of Benedict. In: FRY, T. (org.). *RB 1980. The Rule of St. Benedict in Latin and English with Notes.* Collegeville: The Liturgical Press, 1981, 379-414.

MOHRMANN, C. À propos des collectes du psautier. *Vigiliae Christianae* 6 (1952) 1-19.

MONACHINO, V. *La cura pastorale a Milano, Cartagine e Roma nel secolo IV.* Roma: Pontifical Gregorian University, 1947 (Analecta Gregoriana 41).

______. *S. Ambrogio e la cura pastorale a Milano nel secolo IV.* Milan: Centro Ambrosiano di documentazione e studi religiosi, 1973.

NEUFVILLE, J.; DE VOGÜÉ, A. *La Règle de S. Benoît.* Paris: Cerf, 1972-1977, 7 v. (SC 181-196; v. 7 hors série).

PASCHER, J. *Das Stundengebet der römischen Kirche.* Munich: K. Zink, 1954.

______. Der Psalter für Laudes und Vesper im alten römischen Stundengebet. *Münchener theologische Zeitschrift* 8 (1957) 255-267.

PINELL, J. *La Liturgia delle Ore.* Genoa: Marietti, 1990 (Anamnesis 5).

RIGHETTI, M. *Storia liturgica.* Milan: Ancora, 1955, v. 2.

SALMON, P. *The Breviary through the Centuries.* Collegeville: The Liturgical Press, 1962.

______. *L'office divin au Moyen Âge. Histoire de la formation du bréviaire du IXe au XVIe siècle.* Paris: Cerf, 1967 (Lex orandi 43).

VANDENBROUCKE, F. Sur la lecture chrétienne du psautier au Ve siècle. *Sacris erudiri* 5 (1953) 5-26.

VAN DIJK, S. J. P.; WALKER, J. Hazelden. *The Origins of the Modem Roman Liturgy. The Liturgy of the Papal Court and the Franciscan Order in the Thirteenth Century.* Westminster Maryland: Newman/London: Darton, Longmann and Todd, 1960.

WINKLER, G. Über die Kathedralvesper (ver seção 1).

9. Ofícios latinos fora da Itália (ver também seções 1 e 8)

BECK, H. G. *The Pastoral Care of Souls in South-East France during the Sixth Century.* Roma: Pontifical Gregorian University, 1950 (Analecta Gregoriana 51).

BERNAL, J. Primeros vestigios del lucernario en España. *Liturgica*, Abadia de Montserrat, 3 (1966) 21-50 (Scripta et documenta 17).

BISHOP, W. C. The Breviary in Spain. In: *The Mozarabic and the Ambrosian Rites.* London, 1924, 55-97 (Alcuin Club Tracts 15).

BROU, L. Le psautier liturgique wisigothique et les éditions critiques des psautiers latins. *HS* 8 (1954) 88-111.

CURRAN, M. *The Antiphonary of Bangor and the Early Irish Monastic Liturgy.* Dublin: Irish Academic Press, 1984.

FERNÁNDEZ ALONSO, J. *La cura pastoral en la España romanovisigoda.* Madrid: Estades artes gráficas, 1955.

HEIMING, O. Zum monastischen Offizium (ver seção 1).

JUNGMANN, J. A. The Pre-monastic Morning Hour in the Gallo-Spanish Region in the 6th Century. In: *Pastoral Liturgy.* New York: Herder, 1962, 122-157.

MARTÍN PATINO, L. El Breviarium mozárabe de Ortiz. Su valor documental para la historia del oficio catedralico hispanico. *Miscelanea Comillas* 40 (1963) 207-297.

MEYER, W. *Die Preces der mozarabischen Liturgie.* Berlin: Weidmannsche Buchhandlung, 1914 (Abhandlungen der königlichen Gesellschaft der Wissenschaften zu Göttingen. Philologisch-historische Klasse, n. F. Bd. 15. Nr. 3).

MONACHINO, V. *La cura pastorale a Milano, Cartagine e Roma* (ver seção 8).

MORIN, J. Explication d'une passage de la règle de saint Colomban relatif à l'office des moines celtiques (antiphona, chora, psalta). *RevB* 12 (1895) 200-201.

PINELL I PONS, J. *De liturgiis occidentalibus, cum speciali tractatione de liturgia hispanica.* Roma: S. Anselmo, 1967 (Pro manuscripto).

_____. El "matutinarium" en la liturgia hispana. *HS* 9 (1956) 61-85.

_____. El oficio hispáno-visigótico. *HS* 10 (1957) 385-427.

_____. Las horas vigiliares del oficio monacal hispánico. Estudio y edición critica. *Liturgica*, Abadia de Montserrat, 3 (1966) 197-340 (Scripta et documenta 17).

_____. Las "missas", grupos de cantos y oraciones en el oficio de la antigua liturgia hispana. *Archivos Leonenses*, Léon, 8 (1954) 145-185.

_____. *Liber orationum psalmographicus. Colectas de salmos del antiguo rito hispánico.* Barcelona-Madrid: Consejo Superior de Investigaciones Científicas, 1972 (Monumenta Hispaniae sacra, serie litúrgica 9).

_____. San Fructuoso de Braga y su influjo en la formación del oficio monacal hispánico. *Bracara Augusta*, Braga, 22, fasc. 5-54 (1968) 63-66.

_____. Una exhortación diaconal en el rito hispánico: La supplicatio. *Analecta sacra Terraconensia* 36 (1963) 3-23.

_____. Vestigis del lucernari a occident. *Liturgica*, Abadia de Montserrat, 1 (1956) 91-149.

PORTER, A. W. S. Cantica mozarabici offici. *EL* 49 (1935) 126-145.

_____. Early Spanish Monasticism. *L* 10 (1932) 1-15, 66-79, 156-167; 11 (1933) 199-207; 12 (1934) 31-52.

_____. Monasticismo español primitivo. El oficio monastico. *HS* 6 (1953) 1-34 (tradução da seção da entrada anterior referente ao ofício.).

_____. Studies in the Mozarabic Office. *JTS* 35 (1934) 266-286.

ROCHA, P. R. *L'office divin dans l'église de Braga: originalité et dépendences d'une liturgie particulière au Moyen Âge*. Paris: Fundação Calouste Gulbenkian/Centro Cultural Português, 1980 (Cultura medieval e moderna 15).

SZÖVÉRFFY. J. *Iberian Hymnody. Survey and Problems*. Classical Folia Editions, 1971.

WINKLER, G. Über die Kathedralvesper (ver seção 1).

10. Século XVI e reformas modernas do ofício

ALEXANDER, J. N. Luther's Reform of the Daily Office. *Worship* 57 (1983) 348-360.

BARTOLOMIELLO, F. La Liturgia delle Ore nell'esperienza delle varie comunità. In: *Esperienze cristiane della preghiera*. Milan: O. R., 1979, 76-91.

BLOM, J. M. *The Post-Tridentine English Primer*. Catholic Record Society Monograph Series, v. 3, 1982.

BUGNINI, A. *La riforma liturgica (1948-1975)*. Roma: Edizioni liturgiche, 1983 (BELS 30).

DEHNE, C. Roman Catholic Popular Devotions. In: GALLEN, J. (org.). *Christians at Prayer*. Notre Dame/London: University of Notre Dame Press, 1977, 83-99 (Liturgical Studies).

GRISBROOKE, W. J. The 1662 Book of Common Prayer: its History and Character. *Studia liturgica* 1 (1962) 146-166.

GY, P.-M. Projets de réforme du Bréviaire. *LMD* 21 (1950) 110-128.

JUNGMANN, J. A. Why was the Reform Breviary of Cardinal Quiñonez a Failure? In: *Pastoral Liturgy*. New York: Herder, 1962, 200-214.

LEGG, J. W. (org.). *The Second Recension of the Quignon Breviary*. London: Harrison and Sons, 1908, 1912, 2. (HBS 35, 42).

The Liturgy of the Hours. The General Instruction on the Liturgy of the Hours, with a commentary by A.-M. Roguet. Collegeville: The Liturgical Press, 1971.

OLD, H. O. Daily Prayer in the Reformed Church of Strasbourg 1525-1530. *Worship* 52 (1978) 121-138.

QUENTIN, C. La prière du matin à l'église. *Questions liturgiques* 61 (1980) 149-150.

_____. Retour aux vêpres. *Questions liturgiques* 61 (1980) 37-42.

RATCLIFF, E. C. The Choir Offices. In: CLARKE, W. K. Lowther; HARRIS, C. (orgs.). *Liturgy and Worship. A Companion to the Prayer Books of the Anglican Communion*. London: SPCK, 1932, 257-295.

RHEINHART, S. Das Gebet der Kirche. Stundengebet mit der Gemeinde. Ein Erfahrungsbericht. *Gottesdienst* B-18/19 (1979) 142-143.

SALMON, P. *L'office divin au Moyen Âge* (ver seção 8).

SCHNITKER, T. A. *Publica oratio. Laudes matutinae und Vesper als Gemeindegottesdienste in diesem Jahrundert. Eine liturgiehistorische und liturgietheologische Untersuchung*. Dissertação. Münster, 1977.

STOREY, W. The Liturgy of the Hours (ver seção 1).

Índice de Peças Litúrgicas (= IPL)

Índice de Citações Patrísticas (= ICP)

Índice geral

(Nota: os termos técnicos são listados sob "terminologia")

B

C

D

E

F

G

H

J

M

N

O

P

Q

R

S

T

U

V

W

Z

Edições Loyola

editoração impressão acabamento

Rua 1822 nº 341 – Ipiranga
04216-000 São Paulo, SP
T 55 11 3385 8500/8501, 2063 4275
www.loyola.com.br